넥스트 레벨

The Smart Money Method

The Smart Money Method was originally published in the UK by Harriman House Ltd in 2020,
www.harriman-house.com

Next level

넥스트 레벨

스티브 클래펌 지음 | 안진환 옮김 | 이현열 감수

알키

맥스와 핀에게 이 책을 바칩니다.

목표를 높게 잡고

단계별로 실행에 옮기며

과정을 즐기길 바란다.

목차

들어가기에 앞서 008

서론 011

| 1장 | 훌륭한 투자의 요건 015

| 2장 | 투자 아이디어의 탐색 021

| 3장 | 가설 테스트 053

| 4장 | 업계에 대한 이해 081

| 5장 | 퀄리티란 무엇인가 093

| 6장 | 기업 퀄리티 분석 113

| 7장 | 경영진 135

| 8장 | 기업의 재무제표 167

| 9장 | 가치 평가 217

| 10장 | 아이디어 전달 261

| 11장 | 포트폴리오 관리 279

| 12장 | 거시경제 분석 325

| 13장 | 전망 347

| 14장 | 코로나19 관련 후기—
한국어판 특별장 377

감사의 말 401

이 책은 어떤 내용을 다루는가?

나는 독창적 아이디어의 탐색에서부터 주식 매수의 결정 그리고 매수한 주식을 추적 관찰하는 방법과 매도 시점을 결정하기까지, 투자의 생애 주기 전반에 대한 나의 연구 조사 프로세스를 소개하고자 한다. 이에 따라 우리는 사업의 품질을 평가하고, 기업의 가치를 평가하며, 해당 주식을 전체 포트폴리오에 얼마만큼의 비중으로 넣어야 적절한지 판단하는 방법 등을 살펴볼 것이다.

이 책은 투자 이론에 대해서는 거의 다루지 않는다. 나는 그런 이론이 주식시장에서 돈을 벌려는 사람들에게 특별한 의의가 있거나 도움이 된다고 생각하지 않는다. 투자는 상식이며, 학문적 내용은 몇 가지 가치 평가 배수valuation multiples와 재무 비율financial ratios을 이해하는 데 국한되는 것으로 본다. 물론 이 부분에 대해서도 설명할 것이다.

나는 가능한 전문 용어가 없는, 일반인을 위한 책을 만들려고 노력했음을 밝힌다.

어떤 독자가 읽으면 좋은가?

나는 모든 수준의 투자 경험을 염두에 두고 이 책을 썼지만, 가장 많은 혜택을 얻을 수 있는 독자는 아마 중급 수준의 투자자일 것이다. 스키로 치면 평행 회전을 배우기 시작한 수준과 같다고 할 수 있다. 하지만 주식 투자에 있어 완전 초보자도 책의 내용에 쉽게 접근할 수 있을 것이며, 바라건대 경험이 많은 노련한 투자자와 전문 투자자들 역시 자신의 게임을 개선하는 데 도움이 되는 몇 가지 핵심 지식과 정보를 접할 수 있을 것이다.

어떻게 구성했는가?

이 책의 구성은 내 연구 조사 프로세스의 시간적 순서를 그대로 따른다. 나는 늘 주식 투자의 아이디어를 찾는 것으로 시작하므로 첫 순서는 투자 아이디어를 탐색하는 몇 가지 방법에 대해 설명한다. 그런 다음 가설을 테스트하는 방법을 알아볼 것이다. 나는 일반적으로 한 가지 구체적 이유가 있을 때 무언가를 매수할 가치가 있다고 판단한다. 따라서 그것이 유효한 이유도 짚어볼 것이다.

이어서 나는 기업과 사업 모델의 품질을 평가하는 방법, 재무 성과를 평가하는 방법, 주식의 가치를 평가하는 방법을 소개한 다음, 주식 매수에 대한 최종 결정을 내리는 방법을 설명할 것이다. 최종 결정에는 당연히 어떤 가격에 얼마만큼의 수량을 매수하는지도 포함된다.

마지막으로 거시경제 환경을 지켜보는 등 투자를 추적 관찰하는 방법과 매도 시점을 잡는 방법을 설명하고, 몇 해 전부터 당대의 새로운 화두로 떠오른 글로벌 팬데믹이 주식 투자의 접근 방식을 어떻게 바꿀 것인지에 대한 나름의 전망과 생각을 밝히며 글을 마치려 한다.

서론

모든 투자자의 핵심 목표는 시장에서 승리하는 주식을 선택하는 것이다. 수천 개의 뉴스레터도 정확히 그렇게 하도록 돕는다고 주장한다. 그리고 여기에는 때로 실패한 헤지펀드 매니저가 내놓는 뉴스레터도 포함된다.

나 역시 헤지펀드 주식 애널리스트 출신이다. 그런 내가 쓴 이 책의 차별점은 특정 주식에 관한 팁은 제공하지 않는다는 것이다. 대신 나는 주식을 선택하는 기술을 개선하는 데 도움이 되는 방법론을 설명하고, 시장을 이기는 훌륭한 주식을 찾는 데 필요한 도구와 기법을 알려줄 것이다.

방법론과 프로세스는 성공적인 투자의 필수 요소다. 책에서 나는 헤지펀드 주식 애널리스트 시절 기업들에 막대한 규모의 투자를 하면서 내가 따른 프로세스를 설명할 것이다. 당시 투자 규모는 종종 건별로 1억 달러를 넘곤 했다.

그렇게 큰 금액을 투자할 때는 당연히 일반 투자자의 능력으로는 감당할 수 없는 엄청난 양의 실사due diligence(대상 기업의 재무, 영업, 법률, 환경, 인적자원, IT 활동 등에 대한 조사–옮긴이)를 수행해야 한다. 좋은 소식은 그러한 노력의 대부분이 그렇듯 여기에도 파레토 법칙Pareto rule이 적용된다는 사실이다. 즉 필요한 작업의 20퍼센트를 제대로 수행하면 그것이 나머지 80퍼센트의 과정을 자동으로 이끌어준다는 얘기다. 그리고 이것은 주식과 관련한 결정의 99퍼센트에도 충분히 적용할 수 있다. 나는 여기서 더 나아가 전문가들이 투자를 평가하는 데 이용하는 몇 가지 지름길도 알려줄 것이다.

어쩌면 내가 무슨 자격으로 이런 책을 쓰는지 궁금한 독자가 있을지도 모르겠다. 나는 다양한 투자은행에서 애널리스트로 일했으며, 매년 내가 속한 영역에서 투자자들이 평가한 상위 10위 안에 선정되곤 했다. 이어서 나는 고객사 중 한 곳으로 적을 옮겼고, 이후 런던에 기반을 둔 수십억 파운드 규모의 헤지펀드 두 곳에서 파트너 및 연구 조사 책임자 직위를 역임했다. 나는 50억 파운드 규모의 자산운용사에서 국제 주식을 선별하고 포트폴리오를 운영한 바 있으며, 지금은 영국에서 가장 크고 가장 성공적인 투자 기관 몇 곳과 온라인 투자자 학교에서 기관 애널리스트들을 교육하는 사업을 운영하고 있다.

나는 일부 고객을 위해서는 맞춤형 연구 조사도 수행한다. 예를 들면 2019년 한 고객에게서 홍콩 증시에 상장된 CK허치슨CK Hutchison을 검토해달라고 부탁하는 전화가 걸려왔다. CK허치슨은 중국 출신의 홍콩 기업인인 리카싱이 경영하는 기업집단으로, 엄청나게 복잡한 사업체다. 나의 고객은 40명의 애널리스트로 구성된 팀을 보유하고 있음에도 심층 분석을 수행할 시간이나 포렌식 기술은 없었다.

CK허치슨은 일단 저렴해 보였다. P/E(주가수익비율. 주가를 주당순이익으로 나눈 것으로, PER로도 표기한다-옮긴이)가 7~8배로, 매우 낮은 밸류에이션 배수로 거래되고 있었기 때문이다. 그리고 홍콩 및 세계 곳곳의 항구와 같은 환상적인 자산, 영국의 공익사업체인 노섬브라이언 워터Northumbrian Water와 같은 안전 자산, 일련의 재생 전력 발전 자산 등을 보유했다. 내 고객의 관심을 끈 또 다른 긍정적 요소는 다음과 같다.

- 리카싱은 억만장자이자 세계에서 가장 성공한 사업가 중 한 명이다.
- 지주회사가 소유한 많은 자산이 별도로 상장될 경우 모회사의 2배 또는 3배의 배율로 평가될 것이다.
- 기업집단이 지리적으로 그리고 여러 섹터에 걸쳐 이해관계가 분산되어 있는 관계로 경기 침체에 대한 회복력이 높아 투자 리스크가 감소한다.

당시 CK허치슨이 상장된 홍콩에서는 현지의 정치적 소요 사태가 주식시장의 평가를 약화하는 요인으로 작용하고 있었다. 나의 고객은 자연스럽게 구미가 당겼다. 이 고품질의 국제 자산 포트폴리오를 할인된 가격에 매수할 수 있다면? 어쩌면 시장은 해당 사업체가 지역적 불안 요소에 크게 노출되지 않았음에도 단지 홍콩 증시 상장 기업이라는 이유만으로 저평가하고 있는지도 몰랐다. 나의 고객은 나를 통해 바로 그런 점을 알아보고 싶었던 것이다.

새로 접하는 기업집단에 대한 나의 일반적인 작업 방식은 일련의 초기 검토 과정을 수행해 고객의 요구에 부응하기 위한 작업의 범위를 결정하는 것이다. CK허치슨과 같은 복잡한 사업체의 경우 초기 검토에 보통 2~3시간이 걸리지만, 때로는 하루 정도 걸리기도 한다. 초기 검토에 들어가고 딱 4시간 후 나는 고객에게 해당 프로젝트의 포기를 제안하는 이메일을 보냈다.

그 이유는? 그리고 어떻게 그렇게 빨리 결정할 수 있었을까?

이유는 간단하다. 나는 CK허치슨이 복잡한 소유권 구조를 사용한 결과로 그룹의 대차대조표에서 제거된 엄청난 양의 부채를 발견했다. 무려 100억 달러 이상! 그래서 그 기업집단의 부채 수준이 경제적 실재보다 낮아 보였던 것이고, 그 결과 가치 평가valuation는 실제보다 더 매력적으로 보였던 것이다.

내가 이것을 빠르게 발견할 수 있었던 까닭은 지난 25년 동안 연구 조사 프로세스를 꾸준히 발전시켜왔기 때문이다. 바로 여기에 이 책의 테마와 특장점이 담겨 있다. 때때로 사업체가 이렇게 복잡하면 나의 연구 조사 프로세스는 형사의 수사 업무와 비슷해지지만, 무기를 쓰는 것은 아니다. 그리고 일반 기업을 대상으로 하는 경우에는 비교적 간단하고 수월하게 수행한다.

나는 그 오랜 세월 동안 수천 시간을 들여 수천 개의 기업 발표 자료와 연례 보고서를 읽었고, 회사 경영진과 헤아릴 수 없을 정도로 많은 회의를 진행했으며, 수만 개의 연구 조사 보고서를 검토했다.

이 책은 그 과정에서 내가 체득한 노하우와 실무 경험의 핵심 사항을 녹여낸 모음집이다. 말콤 글래드웰Malcolm Gladwell은 특정 분야에서 전문가가 되려면 적어도 1만 시간은 투자해야 한다는 '1만 시간의 법칙'을 강조했는데, 나는 이미 수년 전에 그 기준을 확실히 충족한 셈이다. 독자 여러분은 이 책을 통해 내가 전문가가 되기까지 저지른 적잖은 실수를 피하고 나처럼 많은 시간을 할애하지 않아도 되길, 그럼으로써 귀중한 시간을 절약할 수 있게 되길 바란다. 누구든 이 책을 읽은 후에는 분명 더 나은 투자자가 될 것이다.

Next level

1장

훌륭한 투자의 요건

서론

어떤 주식이든 단기적 또는 장기적으로 시장을 이기는 주식이라면 나는 훌륭한 투자라고 생각한다. 헤지펀드 주식 애널리스트로 일하던 시절 나는 다음 두 가지 중 하나의 궤적을 따를 것이라 믿을 수 있는 주식을 찾곤 했다.

- **향후 18~30개월 동안 50퍼센트 이상 주가가 상승한다.**
- **지배적인 강세장에서 20퍼센트 이상의 절대적 하락세를 보인다.**

물론 주식을 매수 또는 매도할 때 당사자가 기대한 대로 결과가 나오리라는 보장은 없다. 내가 얻은 실제 결과도 매우 변동이 심했다. 하지만 어쨌든 전 세계적으로 투자할 수 있는 주식이 엄청나게 많은 상황에서 이와 같은 선택 기준은 노력의 영역을 좁히는 유용한 방법이다.

주가 상승의 경로

주식이 시장을 이기려면, 즉 시장보다 나은 성과를 내려면 다음 세 가지 중 하나가 발생해야 한다. 참고로 액티브 매니저는 대개 시장 벤치마크와 관련한 성과로 평가되며, 헤지펀드 매니저는 절대적 수익으로 평가된다.

1. 주식이 재평가된다. 즉 시장 참여자들이 주당순이익이나 현금 흐름 대비 더 높은 배율을 지불할 준비를 한다.

2. 회사가 높은 자본이익률RoC과 강력한 현금 흐름을 생성하고, 이러한 현금 흐름을 유사하게 높은 비율로 재투자한다.

3. 회사의 수익이 증가하거나 해당 수익에 대한 컨센서스(consensus: 애널리스트들이 전망한 실적의 평균치-옮긴이) 추정치가 상승한다.

재평가를 예상하는 것은 가능하지만, 타이밍을 맞추기는 어렵다. 내가 찾는 재평가 기회의 유형은 예를 들면 고아 주식(담당하는 애널리스트가 없거나 거의 없는 종목-옮긴이)이거나 더 강력한 스토리를 갖고 시장에 진입하는 '경쟁 주식' 등이다. 경쟁 주식의 등장은 기존 우세 주식의 평가를 재조명하게 만들 가능성이 크다. 재평가는 때로 새로운 유행이나 트렌드로 인해 발생하기도 하지만, 그러한 기회는 극히 드물다고 봐야 한다. 어쨌든 이러한 촉매가 없으면 시장이 특정 투자의 질을 인식할 때까지 기다려야 하므로 인내심 있는 투자자가 더 높은 배율로 보상을 받는 데 상당한 시간이 걸릴 수 있다. 나는 이러한 유형의 촉매가 없는 한 이 접근 방식을 피하는 경향이 있다.

복리 수익을 창출할 수 있는 스노볼형 종목compounder은 일반적으로 환상적인 장기 투자 대상이지만, 가치가 높게 평가된 경우가 흔하다. 최근 몇 년 동안 초저금리와 저성장이 만연함으로써 그러한 기업을 본질적으로 더욱 가치 있게 만들었으며, 그에 따라 그들에 대한 평가도 훨씬 더 높아졌다. 그들은 장기 투자 포트폴리오에는 여전히 적합하지만, 나의 특별한 상황 전략에는 맞지 않는다.

나는 증권가의 과도하다 싶을 정도로 보수적인 수익 예측을 활용해 향후 2~3년 동안의 수익에 대한 컨센서스 기대치를 능가할 수 있는 회사를 찾는 데 초점을 맞춘다. 여기서 컨센서스 기대치는 회사에 대해 셀사이드sell-side analyst(증권사의 애널리스트로서 기업의 향후 실적과 여타의 투자 근거를 추정 및 평가해 리포트로 매수측인 바이사이드buy-side에 정보를 제공한다. 셀사이드와 구분하기 위해 자산운용사 애널리스트는 바이사이드 애널리스트라 칭한다-옮긴이) 브로커들이 내놓는 예측의 평균을 취하면 얻을 수 있다. 일반적으로 회사가 기대치를 넘어서면 재평가의 혜택도 누리게 되므로 이러한 투자의 수익성은 매우 높다고 할 수 있다. 반대로 공매도의 경우 예측을 빗나갈 가능성이 큰 주식을 찾는다.

만약 예측을 능가하는 주식이 고품질의 사업체이거나, 재평가 중인 업계에 속하거나 혹은 여타의 다른 혜택을 누리게 되면 훨씬 더 좋은 것이다.

이것이 내가 투자 대상을 찾을 때 알아보는 사항들이다. 다음으로 생각할 것은 **어디를 봐야 하는가**다.

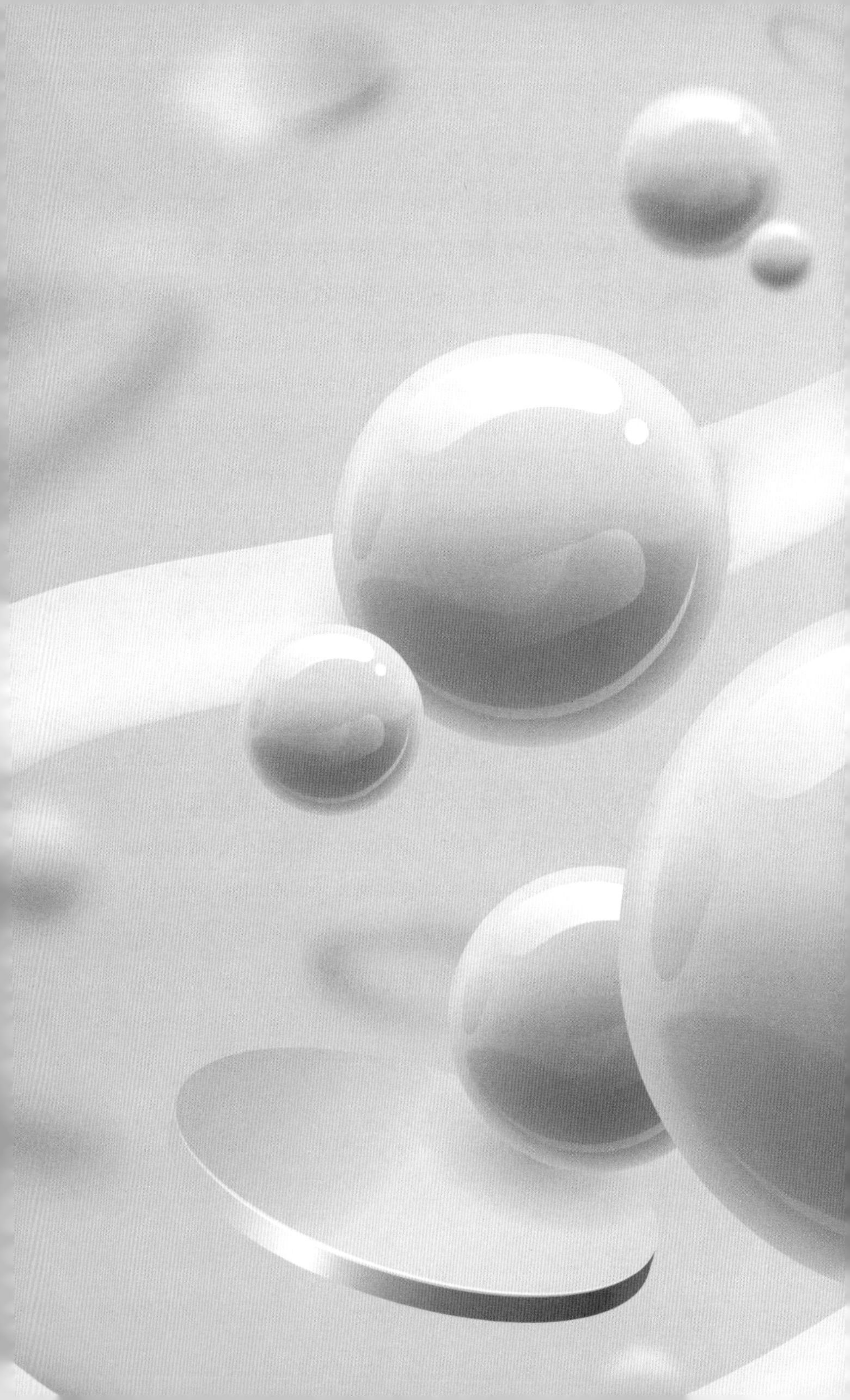

Next level

2장 투자 아이디어의 탐색

아마도 대다수 투자자들이 겪는 가장 큰 실질적인 제약은 시간 부족일 것이다. 특히 투자 기회가 복합적이기에 더욱 그렇다. 포트폴리오를 구성할 때 선택할 수 있는 주식이 너무 많다는 의미다. 수천 개의 주식 가운데 어떤 것으로 포트폴리오를 구성해야 하는가? 모든 종목을 조사하는 것은 불가능하다. 아이디어 생성 전략이 중요한 이유다. 내가 일하던 헤지펀드의 잠재 고객, 주로 컨설턴트와 기관 투자자들로 이뤄진 그들이 가장 많이 하는 질문은 당연히 이것이었다. "당신은 투자 아이디어를 어디에서 얻습니까?"

그들은 수학적으로 보장된 결과를 생성하는 선별 시스템이 있다는 내용을 듣고 싶어 했다. 그러나 적어도 내 경우에는 일부 프로세스가 과학적이기는 하지만, 나의 정말 좋은 아이디어는 종종 본질적으로 개념적 산물이라는 것이다. 아이디어를 생성하는 공식 같은 것이 내게는 없다는 뜻이다. 대신 나는 투자 기회를 드러낼 **가능성**이 큰 분야에 초점을 맞춘다.

때로는 테마가 있지만, 내 최고의 아이디어는 상당히 무작위적으로 생성되는 경향을 띤다. 물론 그럼에도 일반적으로 한 가지 공통점은 있다. 변수를 변경하고 회사의 수익성에 미치는 영향을 고찰한다는 점이다. 이것이 앞으로 내가 설명할 최고의 투자 아이디어를 창출하는 방식이다.

나는 투자자들이 오늘이나 내일, 다음 주 또는 다음 달이면 가치가 없어질 정보를 읽는 데 너무 많은 시간을 할애한다고 생각한다. 우리는 일반적으로 더 큰 문제에 대해 생각하는 시간을 충분히 갖지 않는다. 현재에 초점을 맞추는 것은 장기적 펀더멘털fundamental(한 나라의 경제 상태를 표현할 때 가장 기초적 자료가 되는 성장률·물가 상승률·실업률 등의 주요 거시경제 지표—옮긴이)에 대한 주의를 산만하게 만드는 요인이다.

지난주에 어느 TV 방송국이 얼마에 인수되었는지에 관심을 쏟는 것보다 왜 TV 산업이 통합의 물결을 타고 있는지 그 이유를 따지는 것이 훨씬 더 중요하다. 가격과 가치 평가도 중요한 요소이긴 하지만, 나는 늘 그 **이유**와 **정도**까지 파악해야 한다는 사실을 상기하고자 노력한다.

이 장에서 나는 주식 투자 아이디어를 생성하는 데 도움이 되는 출처들에 대해 간략히 설명하고, 각각의 장단점에 대해 살펴볼 것이다.

탐색 영역

낚시를 하려면 물고기가 있는 곳으로 가야 한다. 다음은 내가 아이디어를 도출할 때 참고하는 일련의 출처들이다. 출처들의 범위별로 그룹화했음을 참고하라.

• 비대칭적 보상 • 자신의 지식 • 시장의 행위 • 외부 출처 • 테마별 투자 • 거시적 요인 • 무작위 정보

사실 나는 아이디어의 출처에 대해 크게 신경 쓰지 않지만, 여기서 중요한 것은 분류나 그룹화가 아니라 포트폴리오를 채우고 꾸준히 갱신하기에 충분한 아이디어를 생성하는 것이다.

비대칭적 보상

내가 가장 좋아하는 기회는 보상이 비대칭적인 경우다. 긍정적 측면은 상당히 많은 반면, 불리한 면은 많지 않기 때문이다. 공매도의 경우에는 이와 반대로 작용한다. 때때로 특정 주식이 시장의 선호에서 멀어지는 일이 벌어진다. 그럴 때 시장을 더욱 열광적으로 바꾸고 주가 회복 기회를 노릴 수 있으려면 일반적으로 경영진 교체 등과 같은 이벤트가 필요하다. 아이디어가 어떠하고 출처가 무엇이든 '리스크와 비례하지 않는 보상'의 개념은 중요한 조사 대상이다.

자신의 지식

병렬 비교 • 내 최고의 투자 아이디어는 주로 병렬 비교를 통해 형성된다. 나는 특정한 주식 투자 아이디어나 테마가 떠오르면 그것을 다른 주식이나 산업 또는 지역에 적용해본다. 몇 가지 예를 살펴보자.

- 독일의 다국적 대형 슈퍼마켓 체인 알디Aldi와 리들Lidl은 영국 식품 소매업체의 가치 평가를 무너뜨렸다. 호주에서도 같은 일이 벌어지는지 지켜보자.
- 우버Uber는 미국 전역에서 입지를 다지고 있다. 뉴욕 택시업계에 자금을 제공하는 회사 메달리온파이낸셜Medallion Financial(종목 코드 TAXI)의 주식을 매

도하자.

- 자동차 판매가 증가하고 있고, 유가 하락으로 주행 마일도 증가하고 있다. 타이어 제조업체 종목을 사거나 버스 회사 그레이하운드Greyhound의 소유주인 퍼스트그룹FirstGroup의 주식을 매도하자.
- 유가가 하락하고 있다. 석유 서비스 기업의 주식을 매도하자. 그들이 석유 회사보다 더 빠르고 더 가파른 수익 감소를 겪을 것이기 때문이다.

아이디어의 수와 다양성에는 한계가 없다. 공통 테마는 변수를 변경하고 그 함의를 알아내는 것이다.

선별 작업 • 선별 작업은 이례적 평가를 식별하고 과대평가되거나 저평가된 주식을 발견하는 데 유용한 방법이다. 특히 주류에서 벗어난 가치 평가 매개변수를 사용할 때 그렇다. 나는 종종 선별 작업을 통해 아이디어를 걸러내고, 잠재적으로 흥미로운 일련의 주식을 발굴한다. 선별 작업은 따로 책 한 권을 써도 될 만큼의 가치 있는 테마이지만, 웹에도 이용할 수 있는 자료가 많다는 사실을 참고하기 바란다. 물론 여기서도 그 핵심은 짚어본다.

선별 작업에는 몇 가지 장점이 있다. 내가 꼽는 주요 장점은 투자 기회를 매력도 순서대로 계층화하는 데 도움이 된다는 사실이다. 선별 작업을 여러 차례 수행하면 다수의 상대적 측정값에 따라 가격이 낮거나 가치가 높은 매력적인 기회가 저절로 드러난다. 종종 당신이 이미 테마와 관련된 이유나 미시경제적 이유로 관심을 기울이던 주식이 수 차례의 선별 작업에서 가격이 저렴한 것으로 두드러질 수 있다는 얘기다. 당연히 더 많은 선별 작업에서 발견된 회사에 더 높은 우선순위를 부여해야 한다.

가치 평가는 하나의 선별 작업 도구일 뿐이다. 선별 작업의 또 다른 형태로 정량적 연구 조사 혹은 퀀트 연구 조사를 들 수 있다. 이것은 현재 어떤 시장이나 테마, 예컨대 어떤 모멘텀(추세)에 정량적 투자자가 끌리는지, 또는 그들이 무엇을 싫어하는지 이해하는 데 도움이 된다. 또 주식을 특정 스타일로 분류하는 데 도움이 되며, 이러한 분류는 활용 가능한 투자 기회를 식별하는 데 유용할 뿐만 아니라 해당 주식이 종내 내 포트폴리오에 추가되는 경우 리스크 요인을 이해하는 데도 유용하다.

때때로 테마에 맞을 뿐 아니라 바람직해 보이는 특정한 정량적 팩터factor(주식의 수익률에 영향을 미치는 요소—옮긴이)를 보유하며, 가치 평가 관점에서도 흥미로운 대상으로 부상하는 특정 주식이 보일 것이다. 이 세 가지는 강력한 긍정적 신호이므로 마땅히 해당 주식을 추가 작업의 우선순위에 올려야 한다.

개인적 관찰 • 피델리티마젤란펀드Fidelity Magellan Fund의 매니저로 이름을 날렸던 전설적인 투자자 피터 린치Peter Lynch는 《전설로 떠나는 월가의 영웅One Up on Wall Street》이라는 비범한 책을 썼는데, 책에서 그는 어떤 쇼핑백이 가장 인기 있는지 알아보기 위해 쇼핑몰에서 쇼핑객을 관찰한 경험을 소개한다.

나 역시 밖을 돌아다니다가 아이디어를 얻는 경우가 많다. 한번은 스페인계 백화점 엘코르테잉글레스에서 쇼핑하다가 이탈리아 제조사 피콰드로Piquadro에서 내놓은 매력적인 노트북 가방을 발견했다. 피콰드로는 처음 들어보는 브랜드였다. 나는 그 회사에 관심이 갔다. 샘소나이트Samsonite의 경쟁 업체 그리고 잠재적인 인수 합병 대상이 될 수 있다고 생각한 것이다. 나중에 인터넷으로 검색해보니 이미 상장된 기업으로,

곧 런던의 리젠트 스트리트에 매장을 열 예정이었다. 런던의 헤지펀드 매니저들이 상품을 접하고 주가를 올리는 데 시간이 얼마 걸리지 않을 것으로 판단했다. 실제로 상황은 그렇게 전개됐다. 하지만 나는 거기에 투자하지 않았다. 유동성이 제한되어 있고, 경영진이 미팅 시간을 내는 걸 꺼리는 것 같아서였다.

[표 2.1] 피콰드로 주가

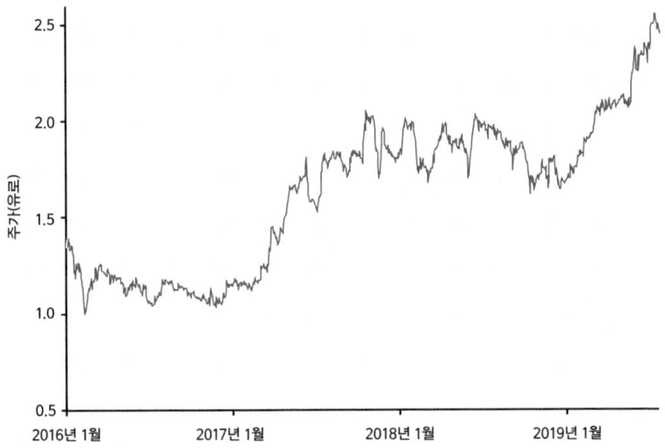

출처: 비하인드더밸런스시트(www.behindthebalancesheet.com)에서 인용한 센티오(Sentieo) 데이터

오늘날의 세상은 피터 린치의 전성기보다 훨씬 더 복잡하고 정교하다. 나는 우리 뉴욕 사무실의 세일즈맨이 자신의 펀드가 10억 달러를 돌파했을 때 피터 린치에게 최고급 샴페인 한 병을 신물하기 위해 보스턴으로 날아갔던 일을 기억한다. 1980년대 후반이던 그 시절만 해도 그런 행위로 펀드매니저의 환심을 사는 게 가능했다. 하지만 요즘에는 그러기 힘들다. 일단 그런 선물은 준법 경영 위원회에 보고해야 하기 때문이다. 분명 그는 결국 그 샴페인을 자신이 마시며 자축해야 할

것이다.

개인적 관찰이 얼마나 자주 훌륭한 보상을 안겨주는지 놀라울 정도다. 1990년대에 나는 영국의 버스 회사들에 주목한 적이 있었다. 그중 세 회사는 두세 달 간격으로 미국의 버스 사업체를 인수했다. 나는 새로운 자회사 몇 곳을 방문하기 위해 미국으로 날아갔다. 당시 내가 방문한 모든 식당에는 '직원 구함'이라는 표지판이 내걸려 있었다.

노동력은 이들 사업체에 가장 큰 단일 비용이었다. 버스 회사들의 수익성 증가가 상당한 역풍에 직면할 것임이 분명했다. 그리고 당시에는 영국의 버스 사업체가 미국에서 성공한 전례도 없는 상황이었다. 나는 연구 조사 보고서에 「영국 버스, 서부 진출-잘게 잘려 절단되지 않을까?」라는 제목을 달았다. 그리고 표지에 1947년 사고로 찌그러진 한 스쿨버스의 사진을 실었다. 버스의 지붕 일부가 뜯겨나가고, 차체의 중간 부분이 무너져내린 모습이었다. 이것은 내가 가장 좋아하는 보고서 표지다.

눈을 뜨고 자세히 살피는 것은 투자의 첫 번째 규칙 중 하나다.

다른 투자자들 • 예전에 나의 상사 중 한 명은 다른 투자자와 투자 포지션에 대해 논의하지 말라는 매우 엄격한 규칙을 적용했다. 자신은 주저 없이 규칙을 어기면서 우리에게만 준수하라고 엄격하게 요구했다. 결과적으로 브로커가 주최하는 만찬은 기피 대상이 되었다. 만찬은 특정 브로커가 런던의 세인트제임스에 위치한, 완벽한 개인 연회실이 있는 호화로운 불스틴Boulestin 레스토랑 같은 곳에 12명 정도의 헤지펀드 매니저를 초대해 모든 매니저가 저녁 식사를 하며 시장에 대한 아이디어와 전망을 제시하고 토의하는 자리다.

매우 드문 경우지만 그런 자리에 참석하면 나는 상사가 이미 거부했거나 그가 거부할 것으로 짐작되는 아이디어를 얘기해야 했다. 나는 이 만찬에서 멋진 아이디어를 얻은 적이 없으며, 게다가 내게는 항상 아이디어가 풍부했기에 그다지 신경 쓰지도 않았다. 하지만 늘 재미있고 유쾌한 자리였으며, 친구를 사귀고 당시의 지배적 분위기를 감지할 수 있는 투자자 커뮤니티로서 나름의 의미가 있었다.

지금은 이러한 이벤트가 훨씬 더 정교하게 발전했다. 보다 최근에는 내가 접근할 수 있는 정보의 출처가 더 적어지면서 그 가치가 높아졌다는 뜻이다. 동료 투자자와 점심을 함께 하거나 커피 한잔을 하는 것은 일반적으로 상당히 유익한 시간이다. 아이디어와 문제를 교환하고, 특정 주식이나 섹터에 대한 지식을 늘릴 수 있기 때문이다. 어쩌면 당신은 업계 동료의 포지션에 회의나 의구심을 품은 채 자리를 뜰 수도 있다. 최고의 투자자는 자신의 투자 아이디어를 거부할 수 없는, 매우 설득력 있는 방식으로 제시하지만 말이다. 어쨌든 그런 자리는 새로운 아이디어를 도출할 수 있는 비옥한 기반이 될 수 있다. 또한 다른 사람의 접근 방식이나 관점에는 무언가 배울 거리가 있는 경우가 흔하지 않은가.

개인적인 정보 출처 • 나는 운 좋게도 다양한 산업 분야와 업종에 종사하는 많은 사람들을 알고 있다. 친구와 이야기를 나누면 종종 명확하지 않거나 알려지지 않은 시장의 한구석에 대해 알 수 있는 기회가 있다. 자신의 가게에 특정 제품을 충분히 구비할 수 없다는 친구의 말은 그 제품을 만드는 회사와 나아가 그 상위에 위치한 기계 공급 업체에 대한 기회로 연결될 수 있다.

소매업체는 한 주 동안 실적이 좋은지 나쁜지, 또는 경쟁 업체가 사람을 잃거나 점유율을 얻고 있는지 등을 알려줄 수 있다. 그들은 해당 섹터의 동향이나 본사 직원의 사기에 대한 내부자의 통찰력을 제공할 수 있다. 우리 아이가 다니는 학교의 학부모 중 한 명은 영국 최고의 소매점 중 한 곳에서 고위직을 맡은 적이 있었다. 몇 잔의 와인을 마신 후 내가 그쪽으로 화제를 돌리자 그녀는 회사 직원들의 사기가 엄청나게 떨어졌다고 불평했다. 이런 종류의 일화는 기본적인 공매도의 기회를 고려하는 데 유용한 자료다.

헤지펀드 억만장자는 당연히 인맥이 풍부할 것이며, 의심의 여지없이 작은 규모의 투자자들이 활용할 수 없는 정보처가 있을 것이다.

경영진 추적 • 나는 뛰어난 경영진이 있다는 이유로 주식을 선택하지는 않는다. 훌륭한 경영진은 통상 시장에서 인정받아 주가에 반영되는데, 나는 그것을 반영하는 것이 나의 기술 중 하나라고 생각하지 않는다. 상당히 모순적인 전략일 수도 있다고 보기 때문이다.

마틴 프랭클린Martin Franklin 경의 사례를 보자. 그는 수년에 걸쳐 뛰어난 실적을 올린 자든Jarden으로 엄청난 성공을 거둔 경영자다. 하지만 몇 개의 롤업roll-up(여러 소규모 회사를 인수 합병하는 방식-옮긴이) 사업체, 즉 플랫폼 기업을 구축하려던 그의 시도는 화학 부문인 플랫폼스페셜티프로덕츠Flatform Specialty Products와 노마드푸드Nomad Foods가 주식시장의 선호에서 멀어지면서 결국 실패로 돌아갔다.

이 전략은 업계 내에서 인수를 통해 성장하는 것이다. 플랫폼스페셜티프로덕츠는 엘리먼트솔루션즈Element Solutions로 이름을 변경했다. 여기서 조언을 하자면 최근에 이름이 변경된 주식을 매수할 때는 특히 주의를 기울여야 한다. 일반적으로 어두운 과거와 단절하려고 이름을 바꾸기 때문이다. 그 주식은 몇 년이 지난 지금도 여전히 회복세를 타지 못하고 있다. 노마드푸드는 2016년에 50퍼센트 이상 하락했고, 최근에야 반등하는 모습을 보이기 시작했다.

때때로 나는 뛰어난 경영자, 보통 내가 아는 인물이 기업을 되살리려고 뛰어든 경우에는 해당 주식의 매수를 고려한다. 하지만 그런 경우라도 일단 가격이 저렴해야 한다.

퀄리티에 대한 아이디어 • 수익성이 높은 또 다른 전략은 장기적으로 퀄리티가 높아질 주식이나 장기적 성장 주식을 잘못된 가격, 즉 기회를 과소평가한 가격으로 매수하는 것이다. 이 테마는 5장에서 더욱 자세히 탐구할 것이다.

당신이 잘 아는 회사 • 일부 투자자들이 사용하는 한 가지 방법은 자신이 잘 이해하고, 적절한 가격에 소유하고 싶은 일단의 회사를 선별하는 것이다. 그렇게 선별한 그룹 안에 머물면서 가급적 동일한 주식을 반복적으로 소유하면 이미 알고 있는 지식을 활용하는 걸 고수하는 게 가능하다. 상장 주식시장의 매력은 인내하며 기다릴 수만 있다면 시장의 변동성이 원하는 가격에 원하는 회사를 소유할 수 있는 기회를 제공한다는 것이다. 하지만 이러한 전략은 많은 절제력이 필요하다.

나는 때때로 과거에 소유했던 주식으로 돌아가기도 하지만, 대개는 그것이 승자였을 경우에만 그렇다. 물론 과거에 돈을 잃은 주식을 피하는 것이 확고한 규칙이라는 의미는 아니다. 수년 동안 많은 실수를 저지르고 나면 경험의 세계가 제한되기 마련이다. 나 역시 업계의 많은 사람과 마찬가지로 약간은 미신을 따른다. 내가 아는 한 매니저는 연승 행진을 이어가던 몇 달 동안 행운의 커프스단추를 바꿔 차는 걸 거부했다.

근본적 아이디어 • 나의 가장 큰 기회는 간단한 근본적 아이디어에 있다. 이는 다양한 장소에서 얻을 수 있다. 대중의 인식과는 달리 훌륭한 투자 아이디어는, 특히 대형 기관의 경우 일반적으로 셀사이드 애널리스트 커뮤니티에서 나오지 않는다. 나는 다양한 출처에서 아이디어를 얻는 경향이 있다. 이 장의 나머지 부분에서 한 번에 하나씩 그에 대해 논의할 것이다.

시장의 행위

IPO와 민영화 • 나는 IPO Initial Public Offering, 즉 기업공개를 좋아한다. 모든 시장 참여자에게 평등한 기회가 주어지기 때문이다. 그러나 오직 소수의 사람만이 해당 주식의 평가를 통해 실질적 이점을 누릴 수 있을 것이다. 특히 민영화는 자유를 얻은 경영진이 새로운 소유자에게 상당한 가치를 창출할 수 있는 잠재력을 갖기에 수익성이 커질 수 있다.

나는 사실 상장이 임박한 민영화 기업에 대한 리포트를 쓰는 주식 브로커 리서치 애널리스트로 투자 경력을 시작했다. 당시의 영국 시장은 민영화를 잘 이해하지 못했다. 비교 대상이 없는 경우가 많았고, 정부에서는 저렴하게 매각하기를 원했다. 그 시절에는 내가 확인하고 당시 CEO였던 콜린 마셜 Colin Marshall이 분한 마음에 동조한 바와 같이 영국공항공단 British Airports Authority, BAA만이 열악한 장기 투자 대상으로 취급되었다. 하지만 BAA는 명백한 승자였으며, 심지어 영국가스공사 British Gas는 훨씬 더 수익성이 높은 것으로 판명되었다.

세계에서 손꼽히는 성공적인 헤지펀드 중 하나인 더칠드런스인베스트먼트 TCI의 크리스 혼 Chris Hohn 경은 민영화가 제공한 기회를 이용해 반복적인 성공을 거두었다. 좋은 회사가 저렴하게 매각되고, 경영진이 정치적 족쇄에서 해방되는 것을 긍정적 신호로 본 것이다. 그는 호주

철도 오라이즌Aurizon과 스페인 공항 사업자 아에나Aena의 민영화 그리고 에어버스Airbus에 대한 정부 개입의 축소를 이용해 환상적인 성과를 거두었다.

스핀오프(분사) • 근래에 파산에서 벗어난 주식과 새로운 분사도 유익한 기회가 될 수 있다. 분사 기업의 경영진은 독립적인 전략을 추구할 수 있는 자금과 자유가 생기지만, 그들의 비즈니스에 대한 시장의 이해는 제한적일 수 있기 때문이다.

스핀오프 주식이 특히 흥미로운 점은 두 가지 형태로 나오기 때문이다. 하나는 덜 매력적인 모회사에서 분사한 매력적인 성장 주식으로, 예컨대 맥도날드McDonald에서 파생한 치포틀레Chipotle를 들 수 있다. 다른 하나는 더 흥미진진한 모회사에서 분사한 손댈 수 없는 주식으로, 이온E.ON에서 파생한 주니퍼Juniper를 들 수 있다.

분사 기업이 모회사보다 규모가 훨씬 작거나 성격이 다른 경우에는 일반적으로 부자연스러운 소유자의 손에 넘어가게 된다. 예를 들면 분사로 인해 ETFExchange Traded Fund(주식처럼 거래가 가능하고 특정 주가지수의 움직임에 따라 수익률이 결정되는 펀드-옮긴이) 또는 대형주 펀드의 포트폴리오에 소형주가 들어가게 될 경우 주식 매도를 강요당할 수 있다. 이는 주식에 불리한 기술적 포지션을 창출해 가격 하락으로 이어질 수 있다. 많은 책이 스핀오프에 관해 논하지만, 내가 거기서 느끼는 매력은 정보의 이점을 누리는 시장 참여자가 거의 없다는 점에서 IPO의 경우와 유사하다.

시장 관찰 • 시장은 일반적으로 이벤트에 과민 반응하기 때문에 급격한 매도 분위기는 종종 과거의 주식을 다시 살펴보거나 이전에 과대평가된 것으로 치부한 아이디어를 다시 고려하는 유용한 지점이 될 수 있다. 소송 위협이나 경영진 이탈, 고객 상실 또는 최근 아마존Amazon에 의한 파괴 위협과 같은 이벤트는 주가 붕괴의 원인이 될 수 있다. 보다 일반적인 것은 이행의 문제로, 특히 시장의 예상치를 하회한 경우에는 해당 주식을 다시 고려할 기회가 될 수 있다.

나는 그러한 이벤트가 **다음 해**의 수익에 미칠 영향을 살펴보는 경향이 있다. 주식은 현재 연도의 컨센서스 예측에 미달한 경우 두들겨 맞는 게 일반적이지만, 이후의 연도에서는 추정치가 훨씬 낮게 수정되기에 인내심 있는 투자자에게 좋은 할인 기회를 제공한다.

외부 출처

독서 • 나는 책이나 잡지, 신문 등을 많이 읽지 않고 성공한 투자자를 만나본 적이 없다. 세상에서 무슨 일이 일어나고 있는지, 그리고 그것이 미래의 성장과 기업의 전망에 어떤 영향을 미칠 수 있는지 이해하는 것은 투자 성공의 필수 요소다.

목록의 첫 번째이자 접근성도 높은 것은 양질의 신문과 잡지다. 나는 매일 〈파이낸셜 타임스〉를 읽지 않고는 시장을 추적하지 않는다. 그리고 신문은 늘 하드카피 형태로 읽는데, 물리적 종이에는 기억을 돕는 특정한 레이아웃이 담기기 때문이다. 기억해내기 위해서는 내가 얻을 수 있는 모든 도움이 필요한 편이라 그렇다.

그러나 일간신문을 읽는다고 해서 반드시 주식 투자 아이디어를 얻을 수 있는 것은 아니다. 실제로 어제의 주식시장 동향 보도에서 특정 주식을 상승시킨 요인에 대한 설명은 다음과 같은 속성을 지닌다.

- 일반적으로 해석에 오류가 있다.
- 항상 주의를 산만하게 한다.
- 해당 주식의 미래 잠재력에 대한 견해를 형성하는 데 도움이 되지 않는다.

사실 나도 시장에 대한 보도를 읽지 않았다면 훨씬 더 많은 돈을 벌었을 텐데, 어쨌든 신문 읽기는 습관 같은 것이 되어 지금도 즐기는 편이다.

금융 전문 간행물과 블로그는 테마별 문제에 대한, 특히 단기 동향에 대한 아이디어를 생성하는 데 도움이 될 수 있다. 그러나 오래되었거나 낡은 아이디어 혹은 이미 다들 거쳐간 아이디어를 검토하느라 시간을 낭비할 수도 있다. 나는 정말로 똑똑한 블로거나 언론인조차도 당신을 기발한 아이디어로 이끄는 경우는 거의 없다고 믿는다. 그리고 좋은 아이디어 하나에는 언제나 버려야 할 몇 가지가 더 따른다는 점을 잊지 말아야 한다.

투자의 귀재는 결코 흔치 않다. 때로 생각을 촉발하는 콘텐츠와 유용한 자료를 생성하는 소수가 있긴 하지만, 일반적으로 그들은 블로그를 작성하지 않고 돈을 관리한다.

내가 좋아하는 블로그는 다음과 같다. 먼저 존 헴프턴John Hempton의 브론테캐피털Bronte Capital 블로그brontecapital.blogspot.com로, 그는 전문 매니저이기 때문에 예외에 속한다. 다음은 벤 칼슨Ben Carlson의 어웰스오브커먼센스A Wealth of Common Sense 블로그awealthofcommonsense.com와 제시 펠더Jesse Felder의 더펠더리포트The Felder Report 블로그thefelderreport.com/blog 등이다. 펠더는 종종 흥미로운 자료를 게시하지만, 내가 그의 결론에 매번 동의하는 것은 아니다.

시중에는 금융 전문 출간물이 실로 많다. 그중에서 내가 선호하는 것은 〈배런즈Barron's〉와 〈블룸버그 비즈니스위크Bloomberg Businessweek〉, 〈이코노미스트The Economist〉 정도다. 〈이코노미스트〉는 금융 전문 저널은 아니지만, 비즈니스에 관한 정보를 얻을 수 있는 필독 자료라 할 수 있다.

셀사이드 브로커 • 혹시 개인 투자자들은 프로들이 골드만삭스Goldman Sachs나 모건스탠리Morgan Stanley를 선호하는 애널리스트들로부터 최신 연구 조사 자료가 도착하기를 기다린 다음, 모두 그에 따라 움직인다고 생각하는가? 물론 그런 일이 없는 것은 아니지만, 그것은 뛰어난 성과를 올리는 탁월한 경로가 아니다.

애널리스트, 적어도 최고의 애널리스트는 산업을 이해하는 능력으로 펀드매니저나 투자자의 시간을 아껴줄 수 있다. 하지만 그들은 대개 투자 기회를 식별하고 진입 시점을 잡는 데에는 덜 능숙하다. 그럼에도 때로 애널리스트의 조언은 특정 테마 또는 상승세나 하락세의 기회 등 다른 곳으로 당신을 안내할 수 있다.

내 생각에는 주식 세일즈맨이 돈을 버는 투자 아이디어를 얻을 수 있는 훨씬 더 나은 원천이다. 나는 때때로 주식 세일즈맨의 아이디어를 참고하고, 브로커는 다른 방식으로 이용한다. 나는 특정 아이디어를 선택하는 경우 종종 그것을 다른 각도에서 살펴본다. 예를 들어 미국에서 특정 생산업체의 주가가 회복되고 있다면 그 회사의 고객사 주식에 대한 공매도를 고려해야 할까, 아니면 유럽의 경쟁 업체 주식에 대한 매수를 고려해야 할까? 이에 대해서는 이 장의 뒷부분에서 더 자세히 다룰 것이다.

일반적으로 벌지브래킷 회사bulge-bracket firms(전 세계에 고객을 두고 유가증권 인수, 자금 조달 주선, 인수 합병 자문 등의 서비스를 제공하는 투자은행-옮긴이)는 시장 전반에 대한 예측을 제시하고 국경 간 비교를 수행하며, 현금 흐름(돈이 시장에 들어오는가, 아니면 나가는가?)에 대한 피드백과 경제 분석을 제공하는 데 탁월하다. 반면 지역의 브로커는 일반적으로 그들의 시장 내에서 주식 투자 기회를 선택하고, 종종 단순한 시장의 가십 같은 흥미로운 특색을 제공하는 데 더 능숙하다.

브로커 애널리스트의 가장 중요한 서비스는 예측을 생성하고, 그에 따라 컨센서스 예측을 창출하는 것이다. 이것은 나의 무기고에서 필수적인 도구가 된다. 나는 주로 컨센서스의 잘못된 부분을 식별해 작전을 펴기 때문이다. 나중에 내가 어떻게 개별 브로커들의 예측을 파고들어가 컨센서스를 해체하는지 그 방법을 설명할 것이다.

독립적인 연구 조사 제공자 • 최근 몇 년 사이에 1인 전략가나 섹터 애널리스트에서 경제학자 및 전략가로 구성된 팀에 이르기까지 전문 연구 조사 제공 업체가 하나의 산업으로 부상했다. 이전부터 업계에는 엄청난 양의 통계 자료와 함께 시장에서 일어나는 일에 대한 상세한 일일 요약을 제공하는 에드 야데니Ed Yardeni의 야데니리서치Yardeni Research가 있었고, 후발 주자로는 기술적 분석과 함께 유용한 주간 집계 그리고 각기 다른 테마에 노출된 흥미로운 일련의 주식을 제공하는 스트래티가스Strategas와 같은 회사가 있었다. 역시 후발 주자에 속하는 네드 데이비스Ned Davis의 네드데이비스리서치Ned Davis Research는 방대한 통계 라이브러리를 보유하고, 경제와 시장의 장기적 추세에 대한 포괄적인 이해력을 자랑한다.

이들은 모두 미국 회사들이다. 영국에는 앤디 리즈Andy Lees가 지휘하는 매크로스트래티지파트너십Macrostrategy Partnership이 있고, 피터 워버턴Peter Warburton의 이코노믹퍼스펙티브즈Economic Perspectives가 있다. 그리고 나는 그 서비스를 이용한 적은 없지만, 디애널리스트The Analyst가 좋은 투자 아이디어를 제공한다고 생각한다. 러셀 네이피어Russell Napier의 일렉트로닉리서치인터체인지ERIC와 같은 플랫폼에서도 많은 아이디어를 찾을 수 있다. 이곳에서는 단일 보고서 형태로 연구 조사 결과를 구매할 수 있다. 러셀은 뛰어난 경제학자이자 전략가이며, 나는 그의 세상에 대한 이해를 통해 엄청난 이득을 얻은 적이 있다.

전문 아이디어 교환소 • 전문가와 아마추어 애널리스트가 대중을 상대로 아이디어를 홍보할 수 있는 전문 아이디어 교환소가 많다. 일부 유저(일반적으로 1년에 한두 차례 게시해야 할 의무를 지닌다)는 매우 유능한 애널리스트이지만, 품질 상태는 아주 다양하다. 현재 거래소에서 가장 잘 알려진 곳은 섬제로SumZero다. 나는 이곳의 연구 조사는 일반적으로 초저평가deep-value된 투자나 작고 비유동적인 주식에 편중된 탓에 여러 아이디어에 설득력이 없다고 판단한다.

테마별 투자

에너지 효율성이나 인구 고령화와 같은 테마는 종종 기회를 제공한다. 여기서 문제는 그것들이 너무 두드러지는 경향이 있어 일반적으로 상승 여력이 제한적이라는 것이다. 나는 그것들을 전술적(좋은 기회를 노릴 수 있는) 테마와 구조적 테마로 나눈다. 후자는 때때로 인구통계와 연결된다.

전술적 테마 • 좋은 기회를 노릴 수 있는 테마는 매우 다양한데, 예를 들면 다음과 같다.

- **원자재 가격의 변동성: 예컨대 유가가 하락하면 유류 공급 회사의 주식**

을 매도하라. 일반적으로 2차 효과는 '골드러시에는 삽 제조사의 주식을 사라'라는 격언과 유사하게 가장 효과적으로 작용한다.

- 거시경제적 변수의 움직임: 예컨대 미국의 인건비 인플레이션이 고조되어 외식업종 부문의 자금난을 유발할 것이라는 전망 등이 있다.
- 지정학적 전망의 잠재적 변화: 예컨대 나는 2015년 니얼 퍼거슨Niall Ferguson의 발표를 들은 후 오바마는 국내 문제에 중점을 두었지만, 차기 미국 대통령은 외부로 눈을 돌릴 가능성이 크다는 것을 깨달았다. 그에 따라 국방비 지출의 증가를 예상할 수 있었고, 이는 곧 방위산업주에 투자할 기회가 되었다.
- 정책의 변경 가능성: 예컨대 금리 및 양적 완화QE에 대한 중앙은행의 옵션이 부족해짐에 따라 정부의 인프라 지출이 증가하는 경우 등이다.

2017년 선진 경제체들, 특히 미국은 전통적인 경기 사이클의 후기 단계에 들어섰다. 인프라 투자가 회복될 것으로 예상했기에 그것이 주가에 아직 완전히 반영되지 않은 건설 회사의 주식을 사는 것이 유익한 전략으로 보였다.

나는 이를 진즉에 예상하고 아일랜드의 건설 대기업 CRH를 골라놓았는데, 그 주식은 실제로 아주 탁월한 성과를 거두었다. 내가 처음 추천한 지 18개월 만에 60퍼센트 이상 상승한 것이다. 이후 우리는 일부 이익을 실현했고, 예상하던 추가 상승이 이뤄지지 않아 나머지 포지션을 축소했다.

구조적 테마 • 구조적 테마는 보다 장기적 성격을 띠며, 비교적 멈출 수 없는 흐름과 관련이 있을 때 특히 효과적일 수 있다. 한 예로 일본이나 미국의 인구 고령화를 들 수 있다. 보청기와 틀니 그리고 노인 전용

[표 2.2] CRH의 주가 변동

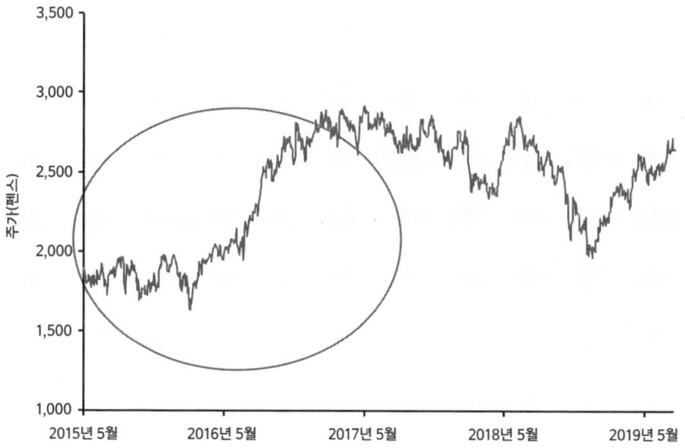

출처: 비하인드더밸런스시트에서 인용한 센티오 데이터

아파트 등의 수요가 증가할 가능성이 매우 크며, 이 인구 집단은 운전을 덜 하고 소비도 덜 하므로 일반적으로 경제와 주식시장의 덜 긍정적인 동인이 되기 마련이다.

그렇지만 이러한 테마들의 추세는 눈에 뻔히 보이며, 일반적으로 주가는 이처럼 알려진 추세를 잘 반영한다. 이와 관련한 주식의 장기 수익률이 우수하지 못할 거라는 의미는 아니지만, 그것이 나의 대규모 수익 목표에 부합하지 못할 것은 분명하다.

나는 위와 비슷하지만, 시장에서 주가 상승 여력이 낮다고 여겨지며 거래되는 테마에 초점을 맞추는 것을 선호한다. 예를 들어 물은 전 세계적으로 점점 희소해지는 것으로 알려진 자원이다. 너무 많이 사용되고 너무 많이 낭비되는데, 대수층은 점점 줄어들고 있다. 투자하기에 비옥한 땅인 셈이다.

그러나 수자원 관련 주식은 일반적으로 실적이 저조했다. 따라서 장기적으로 제품에 대한 수요가 대폭 증가할 가능성이 큰 수자원 관련 특정 주식은 가령 기술적으로 민감한 지역과 경쟁이 치열한 업계에서 운영하는 보청기 회사들보다 훨씬 저평가된 상태에서 매수할 수 있다.

예를 들어 나는 이 섹터에서 중국 기업이 인수할 가능성이 매우 크다고 생각하는 한 투자 대상을 찾았다. 그 회사의 제품이 농업에서 부족한 수자원을 보다 효과적으로 사용할 수 있도록 돕기 때문이다.

지정학적 테마 • 지정학적 트렌드도 투자의 테마를 발생시킨다. 대표적 사례가 2016~2017년의 브렉시트와 트럼프의 대통령 당선이었다. 2017년 트럼프의 취임 연설을 들으면서 나는 메모에 한 가지 요점을 추가했다. 바로 **보호무역주의**protectionism였다. 결과적으로 바이크 회사 할리데이비슨Harley-Davidson에 대한 나의 열정이 커졌다.

- 할리데이비슨은 제품의 30퍼센트를 수출하고 있었는데, 국경세 시스템으로 바뀌어 혜택을 받게 될 터였다.
- 국경세가 부과되지 않는 경우 직접 관세가 부과될 수 있었다. 이는 일본 및 유럽의 할리데이비슨 경쟁사에 영향을 미칠 터였다.
- 인건비가 상승할 수 있었지만, 할리데이비슨은 가처분소득이 상대적으로 높은 미국 근로자들 덕분에 혜택을 받게 될 터였다.
- 마찬가지로 중소기업에 대한 낙관론이 높아지면 소비자의 신뢰와 매출 증가로 이어질 수 있었다.
- 트럼프가 성공하면 미국 제품에 대한 미국 대중의 선호도가 높아질 터였다.

사실 나는 할리데이비슨의 10-K(미국의 상장 기업이 미국증권거래소에 매년 제출해야 하는 기업 실적 보고서-옮긴이)를 열어보는 단계까지는 가지 않았다. 나는 전기 자전거와 일본 기업의 경쟁력, 철강 가격 상승과 같은 명백한 리스크가 이미 해당 주식의 주가 배수에 반영되어 있다고 믿었다. 이 종목은 나의 관심 목록에 올랐지만, 나는 운 좋게도 그 이상 더 파고들지는 않았다. 할리데이비슨 주식은 특히 유럽 지역의 매출이 미국의 자동차 및 관련 수입품에 대한 유럽 관세의 영향에 직격타를 맞을 것이라는 시장의 두려움 때문에 하락했다. 초기 분석에서 더 높은 가중치를 부여했어야 하는 리스크 요소였던 셈이다.

테마 위주 접근 방식 • 일부 투자자는 테마에 치중하는 접근 방식을 사용하는데, 여기에는 결국 널리 알려진 테마에 지나친 비용을 지불하는 것으로 끝날 수도 있다는 리스크가 따른다. 그럼에도 이 접근 방식은 포트폴리오를 구성하거나 분산화를 이루고 기회를 발굴하는 데에는 크게 도움이 되는 훌륭한 방법이다. 내가 찾은 가장 좋은 예는 포트폴리오를 구성할 때 따르는 테마를 게시하는 크레스캣캐피털Crescat Capital이다. 그들의 한 보고서에는 다음과 같은 테마가 포함되어 있었다.

• 인구 고령화 • 아시아의 전염병 • 호주의 부채 위기 • 방송국 인수 합병 • 중국의 통화 및 신용 거품 • 미국의 소비 회복 • 유럽의 분열 • 미국 연방준비제도Fed(약칭은 '연준')의 완화 기조 • 미국의 경기 부양책 • 전 세계적 명목화폐의 가치 저하 • 새로운 석유 및 가스 자원 • 디플레이션의 고조 • 기계의 부상 • 보안과 방어 • 황혼기에 접어든 공익사업 부문

크레스캣캐피털은 많은 수의 테마를 특색 있게 조합함으로써 테마별 노출도가 다양하고 고도로 차별화된, 마치 그들만의 비법 같은 포트폴리오를 생성할 가능성이 크다. 나는 그들이 각 테마에 제한적으로 집중한다고 생각한다. 이것은 내 접근 방식과는 정반대이지만, 그 유효성은 높다고 할 수 있다. 그들은 또한 영리한 제목을 뽑는 데 능하다.

거시적 요인

원자재 가격의 변동 그리고 그와 유사한 움직임 • 원자재 가격이나 환율 또는 기타 투입 비용의 변동은 해당 원자재의 직접적인 생산자를 훨씬 뛰어넘어 전반적인 기업의 수익성에 상당한 영향을 미칠 수 있다. 수익 동인의 변동(예를 들면 호텔 그룹의 경우 국내로 들어오는 외국인 관광객 수의 변동)은 원자재 가격의 변동과 유사하거나 더 큰 영향을 미칠 수 있다. 이러한 움직임을 예측하거나 시장을 앞서는 것은 어려운 일일 수 있지만, 가장 큰 기회는 종종 그런 곳에 놓여 있다.

이상하게도 나는 우리가 유가 조정이나 반등 또는 석탄이나 철광석 가격의 유사한 움직임에 곧 직면할 것으로 확신한 적이 몇 차례 있었다. 농산물은 투입물의 다양성과 날씨의 영향으로 예측이 훨씬 더 까다로우며, 개별 포장하지 않고 무더기로 판매하는 벌크 상품의 경우도 마찬가지다.

예를 들어 유가 부문에서 원자재 시장의 흐름을 미리 알 수 있는 좋은 방법은 없으므로 그런 엉성한 기반에 투자하는 것은 실로 도박이나 다름없다. 마찬가지로 환율 변동은 매력적인 투자 기회를 창출할 수 있고 주가에 단일하게 가장 큰 거시적 영향을 미치지만, 지속적으로 올바르게 따라잡기는 정말 어렵다.

그렇긴 하지만 때때로 석유 서비스 장비 회사의 가치 평가가 설득력이 있고, 적어도 유가나 시추 활동이 하락하기보다는 상승할 가능성이 더 크다는 확신을 가질 수 있다. 그러면 유가나 시추 활동에 즉각적 변동만 생기지 않는다면 매수한 주식의 가치를 어느 정도는 보호할 수 있다는 것을 알고 합리적 투자를 진행할 수 있다. 이 경우 대개 잠재적 상승이 기다림에 대한 보상을 얻기에 충분히 이뤄진다고 볼 수 있다.

무작위 정보

잘못된 이익 예측에 관한 무작위적 아이디어 • 좋은 분석은 시장에 대한 정보 우위를 창출할 수 있다. 그러한 분석의 주요 목표는 시장이 회사의 중·장기 이익 기회를 과소평가 또는 과대평가한 주식을 식별하는 것이다.

눈여겨봐야 할 유인에는 회사에 대한 수요 현황의 변동이나 투입 비용(예컨대 항공사와 유가)의 변동 등과 같은 요소가 포함된다. 주요 공급 업체나 고객과의 관계 변화는 잠재적 문제를 드러낼 수 있고, 핵심 구성 요소의 부족은 공급망에 엄청난 문제를 일으킬 수 있다.

2016년 에어버스의 CEO는 A350과 같은 고도로 정교화한 항공기에서 화장실 문의 공급 부족으로 인해 납품이 지연되는 일이 발생할 줄은 꿈에도 몰랐다고 토로했다. 그들은 해당 품목을 조디아크에어로스페이스Zodiac Aerospace라는 단일 공급 업체에서 조달했는데, 거기서 제조상의 문제가 발생해 전체 납품 일정이 틀어진 것이다. 이렇게 공급 업체의 문제는 심각한 파급효과를 유발할 수 있다. 하지만 단기적으로는 상당한 영향을 끼치더라도 장기적 관점에서 수익을 창출하는 힘은 손상되지 않을 가능성이 크다는 점을 참고해야 한다.

[표 2.3] 2015년 조디아크 에어로스페이스의 주가 약세

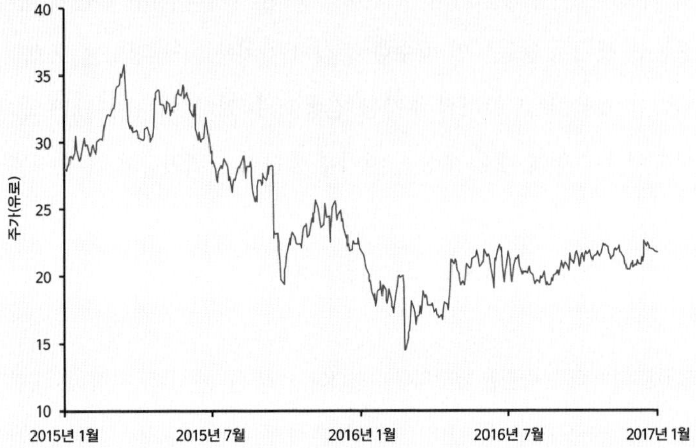

출처: 비하인드더밸런스시트에서 인용한 센티오 데이터

마찬가지로 외부적 이벤트(예컨대 특정 시설의 화재)는 때로 매수 기회가 될 수 있다. 이런 사건이 발생하면 단기 수익의 차질에 대한 반응으로 주가가 하락하지만, 회사의 장기적 수익 잠재력은 영향을 받지 않기 때문이다.

환율은 국제시장에서 주가 변동의 아주 큰 거시적 동인에 속한다. 에어버스는 주로 유로로 비용을 지출하고 달러로 매출을 올리기에 유로와 달러의 관계에 민감하다. 실제로 에어버스의 신흥 시장Emerging Market 고객 다수는 2015년부터 2017년까지 달러 강세로 인한 자국 통화의 평가절하로 불이익을 받았다.

무슨 일이 일어나고 있는지 이해하는 것은 첫 번째 단계다. 제반 상황을 비교 검토해 최상의 주식 투자 아이디어를 결정하는 것이 진정한 기술이다.

즉각적인 아이디어 • 아이디어는 대개 개발하는 데 많은 시간과 노력이 필요하고, 그 유효성을 확인하는 데에는 더 오랜 시간이 걸리지만, 때로는 아무런 노력을 기울이지 않는 상황에서 쉽게 튀어나오기도 한다. 누군가가 무언가를 말했는데, 거기서 아이디어를 얻고 그것이 옳다는 확신이 드는 경우다. 나는 바이사이드 투자 경력을 밟는 동안 그 경우를 단 몇 차례 경험했을 뿐이지만, 매번 결과는 매우 만족스러웠다. 그런 예를 살펴보자.

한 회사가 대규모 투자자 콘퍼런스에서 발표를 하고 있었다. 대기업인 그 회사는 해당 지역 이외의 글로벌 투자자들을 위해 프레젠테이션 자리를 마련한 것이었는데, 참석자들은 별로 주의를 기울이는 모습을 보이지 않았다. 그러자 회사의 투자자 관계IR, Investor Relations 책임자가 자리에서 일어나 "우리는 유동성이 풍부합니다"라고 말했다. 포럼에서 불쑥 내뱉으면 안 되는 말이었다. 그때부터 시장은 그 회사의 유동성에 대해 걱정하기 때문이다. 특히 유동성이 풍부하다는 그들의 주장에 설득력이 부족한 상황이라 더욱 그랬다. 프레젠테이션이 끝난 후 나와 대화를 나눈 한 헤지펀드 매니저는 그 회사의 주식과 그보다 상황이 더 나쁜 경쟁사 한 곳의 주식에 대해 공매도에 들어갈 것이라는 의사를 밝혔다. 내게는 보스에게 긴급 문자메시지를 보낼 충분한 정보가 취합된 셈이었다.

또 다른 경우는 다소 아이러니컬했는데, 이번에는 발표자가 곧 상장할 예정인 한 그룹의 펀드매니저라는 점에서 그랬다. 그는 한 브로커가 주최한 아이디어 만찬 석상에서 자신의 회사 주식에 대해 과도한 낙관론을 펼쳤다. 그 자리에서 그렇게 해야 할 필요를 느꼈다는 사실은 나의 의심을 불러일으켰고, 그의 옹호 논리 역시 너무 약해서 나는 그 주식이 공매도 대상이라는 확신이 들었다. 나는 회사에 보고했고, 동료들은 나보다 확신은 덜했지만 그 주식은 1년도 안 돼 폭락했다.

특히 매수 아이디어는 때때로 매우 단순하다. 저평가된 자산 상황을 아주 빠르게 식별할 수 있기 때문이다. 나의 경우 투자 콘퍼런스에 참석했을 때 몇 번 이런 일이 일어났다. 그럴 때 필요한 것은 주의를 기울여 경청하는 것뿐이다.

중동의 한 회사가 런던 나이츠브리지의 멋진 호텔에서 열린 신흥시장 콘퍼런스에서 프레젠테이션을 하고 있었다. 그 회사의 재무 담당 최고 책임자CFO는 자리에서 일어나 회사의 자산 가치가 현재 주가의 5배 이상이라 생각한다고 설명했다. 사무실에 돌아와 빠르게 조사한 결과 주가의 3배에 해당하는 가치에 대한 외부의 가치 평가 증거가 있었고, 해당 국가의 경제 상황이 나아지면 장기적으로 훨씬 더 많은 가치가 있을 것으로 보였다. 우리는 그 주식을 샀고, 2배로 뛰었을 때 경제 상황이 우려 단계로 접어들 기미를 보여 매도하기 시작했다.

보다 최근에는 내가 주주이자 비상임 애널리스트로 참여한 회사인 하드먼앤드코Hardman & Co의 전 고객인 PPHE 호텔 그룹의 CFO가 VVIP 개인 투자자를 위한 우리의 투자자 포럼 이벤트에서 프레젠테이션을 했다. 그는 자사의 주가와 자산 가치, 프로그램 등에 대해 설명했다. 그의 개발 프로그램을 들어보니 부동산이 주가의 2배 가치가 될 것이 분명했다. 안타깝게도 회사의 윤리 규정으로 인해 당시 나는 투자할 수 없었지만, 많은 고객이 큰돈을 벌었다. 이후 그 회사의 주가는 거의 4배 가까이 뛰었다.

유레카의 순간 • 아이디어가 항상 즉각적으로 나오는 건 아니지만, 때로는 뿌린 씨앗이 결실을 맺어 "유레카!"라는 탄성이 터져 나오는 순

[표 2.4] PPHE 호텔 그룹의 주가

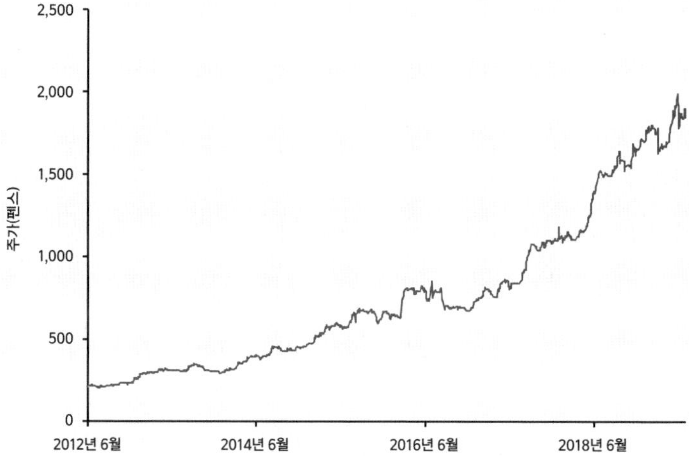

출처: 비하인드더밸런스시트에서 인용한 센티오 데이터

간도 있다. 2016년 9월, 나는 한 벌지브래킷 회사가 주최한 일련의 오찬 강연회에 참석했다. 그 회사의 애널리스트들이 각자 자신의 분야에 대해 강연하는 자리였다. 나는 예전에 WPP와 스카이Sky의 주식을 보유한 적이 있어서 특히 유럽의 미디어 분야에 관심이 많았다.

미디어 담당 애널리스트는 자신이 맡은 분야의 다양한 산업과 관련 주식에 대해 훌륭히 짚어나갔고, 나는 음악 스트리밍 비즈니스에 대한 그의 설명에 흥미를 느꼈다. 그는 프랑스의 매스미디어 대기업 비방디Vivendi에 대한 긍정적 전망을 피력했다. 스포티파이Spotify와 같은 음악 스트리밍 앱은 고객에게 월 10달러 또는 10파운드를 청구하는데, 그중 60퍼센트는 음반 회사에, 10퍼센트는 제작자에게 돌아가고 나머지 30퍼센트가 매출 총이익이 된다. 물론 광고와 고객 확보, 서비스 개발 등에 들어가는 비용은 이 30퍼센트의 이익금으로 해결해야 한다.

그 애널리스트는 비방디에 대한 자신의 분석에 따르면 비방디의 음악 부문 규모가 100억 달러에 달하므로 현재 매우 저렴하게 거래되고 있는 셈이라고 설명했다. 당시 비방디의 자회사인 유니버설뮤직Universal Music의 세계시장 점유율은 30퍼센트를 넘어선 상태였다. 음악의 매력은 영화와 달리 고객이 계속 반복해 듣는다는 것이다. 스포티파이 등의 앱은 음반 회사에 총 감상 시간을 기준으로 대가를 지불한다.

나는 사무실로 돌아오는 길에 이에 대해 곰곰이 생각했다. 스포티파이에 대해서는 조금 알고 있었다. 한 자산운용사의 주식 발행 검토를 도울 때 접한 적이 있었다. 나는 책상에 앉자마자 가장 먼저 스포티파이의 가치를 확인했다. 2015년 7월 발행 당시 기준 85억 달러였다. 하지만 그 이후로 유료 가입자 수는 다음의 [표 2.5]에서 보듯이 급격히 증가했다.

같은 기준으로 스포티파이는 100억 달러가 훨씬 넘는 가치가 있어야 마땅했다. 심지어 유니콘(10억 달러 이상의 가치가 있는 비상장 기술 기업) 평가에 일반적으로 수반되는 차감 기준을 적용하고, 스포티파이 배수에 담긴 약간의 과장을 감안하더라도 그랬다.

어쨌든 몇 가지 의구심에도 불구하고 스포티파이에 대한 나의 대략적 평가는 비방디의 음악 비즈니스에 대한 셀사이드 애널리스트의 평가와 유사했다. 하지만 스트리밍만으로도 비방디는 스포티파이 수익의 20퍼센트(음반 회사에 지불하는 60퍼센트의 3분의 1)를 챙겼고, 추가적 비용도 없었다. 스포티파이의 매출 총이익률은 30퍼센트였지만, 비용이 매출의 30퍼센트보다 크므로 사실상 적자를 보고 있었다.

비방디는 스포티파이뿐만 아니라 디저Deezer와 애플뮤직Apple Music을 위시한 여타의 모든 스트리밍 서비스(약 400개에 달한다)에서 수입을 챙길 터였다. 만약 풍부한 정보를 바탕으로 냉철하게 판단하는 벤처캐피털리스트들의 스포티파이 가치 평가가 거의 정확한 것이라면 비방디의 음악 부문은 아마존이나 애플 등 다른 모든 서비스와 경쟁해야 하는 스포티파이보다 훨씬 더 가치가 높아야 마땅하고, 따라서 애널리스트들과 시장이 평가한 것보다 훨씬 더 가치가 있음이 틀림없었다.

5억 유저 기준으로 20년과 이후 25년 동안의 현금 흐름을 일정 부분 할인해서 분석한 결과, 아티스트의 몫을 지불하기 전 비방디의 현금 흐름의 가치는 현재 약 200억 달러인 것으로 나왔다. 그 브로커의 담당 애널리스트가 추정한 가치의 2배였다. 그래서 어떻게 되었을까? 당시 비방디는 엄청나게 복잡한 상황이었고 주식시장은 유니버설뮤직의 가치 평가를 인정하지 않았지만, 결국 유니버설뮤직의 상당한 지분이 텐센트Tencent에 매각되었다. 스포티파이의 시가총액은 350억 달러를

[표 2.5] 스포티파이의 유료 구독자

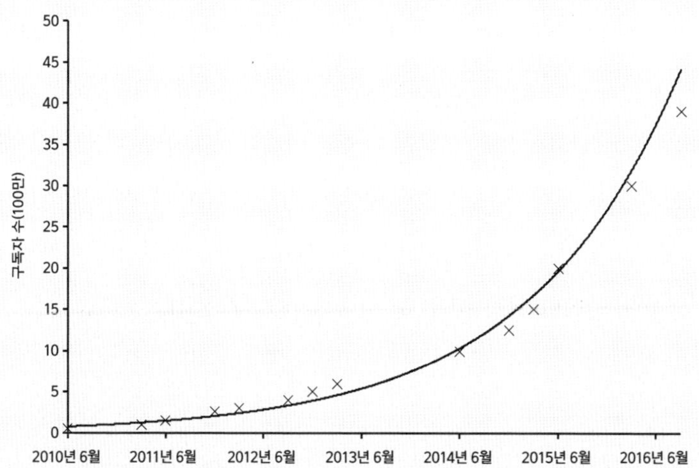

출처: 빌보드(Billboard)

넘으며 정점을 찍은 후 2020년 초에 250억 달러로 떨어졌다.

이러한 환경에서 발생하는 단순한 아이디어는 일반적으로 최고의 투자가 된다. 근거가 명확하고 평가 전제가 간단하기에 그렇다. 분명히 많은 투자가 잘못될 수 있지만, 시장이 가격 결정의 기초를 잘못 이해한 것으로 확인되는 경우 가장 큰 상승 여력을 기대하고 최상의 보호를 받을 수 있다.

결론

특수 상황의 투자자로서 나는 비범한 보상이 따르는 분야에 끌린다. 이는 일반적으로 더 높은 리스크 요소를 수반한다. 비결은 불균형적인 수익을 내는 회사를 찾는 것이다. 그러한 경우 하락 리스크 요소도 내포하지만, 분명 근본적 동인의 변화로 인한 큰 상승을 기대할 수 있으므로 긍정적 결과를 믿을만한 충분한 이유가 있는 셈이다.

성공적인 주식 투자 아이디어를 얻는 길은 많다. 최고의 아이디어는 항상 가장 단순하고, 가장 빨리 떠오른 아이디어가 가장 수익성이 높은 경우가 많다. 물론 적절한 실사는 여전히 필요하다. 내 경험상 대부분의 경우 미래 이익 추정에 대한 서로 다른 견해가 비정상적인 가치 평가보다 낫다. 주식은 일반적으로 특정한 이유가 있어서 비싸거나 저렴하다. 아이디어를 살펴본 뒤 다음 단계는 '가설 테스트'다.

Next level

3장 가설 테스트

앞 장에서 몇 가지 접근 방식을 통해 새로운 투자 아이디어를 찾는 방법을 알아보았다. 다음 단계는 채택한 아이디어에 대한 연구 조사를 수행하는 것이다. 여기서는 다음과 같은 항목과 순서로 나의 프로세스를 살펴보고자 한다.

- **아이디어의 우선순위 정하기**
- **초기 검토 – 첫 1시간**
- **아이디어를 맥락에 적용하기**
- **기회에 맞게 작업 조정하기**
- **반론 이해하기**
- **외부 확인**
- **격차를 염두에 두기**
- **앞으로 나아가기 – 고수 또는 수정?**

특정 주식에 대한 자세한 검토는 100시간 또는 수백 시간이 소요될 수 있으므로 결실을 얻을만한 아이디어를 살펴보는 데 시간을 투자하는 것이 중요하다. 나는 아이디어를 맥락에 적용해보고 추구할 가치가 있다는 외부의 확인을 얻은 다음 작업을 계획한다. 물론 아이디어의 성격에 따라 조금씩 다르지만, 큰 틀에서 보면 대체로 그렇다. 내 프로세스의 핵심은 대안적 관점을 이해하는 부분이다.

가설 테스트는 반복적인 프로세스다. 나는 리스크가 적절하게 평가되고 이것이 합리적 투자 제안이라는 확신이 들 때까지 검토하고, 재검토하고, 파고들고 또 파고드는 여러 단계의 연구 조사를 수행한다.

나는 종종 연구 조사의 이 단계에서 투자를 시작해 지식이 쌓이고 편안한 마음이 점점 커지면 해당 포지션을 늘리고, 그 기회의 장점에 대한 확신이 서지 않으면 빠져나오는 방식을 이용한다.

아이디어의 우선순위 정하기

아이디어의 우선순위를 정하는 것은 아이디어 테스트의 서곡인 셈이다. 이것은 규칙을 적용하기 어려운, 매우 주관적인 프로세스다. 내가 고려하는 요소는 다음과 같다.

- **해당 주식이 포트폴리오에 적합한가? 예를 들어 포트폴리오가 미국 시장에서 공매도 중이거나 혹은 지수 가중치보다 작게 투자한 경우 미국 시장에서의 매수가 매도보다 더 매력적일 것이다.**
- **내가 컨센서스에 반하는 견해를 가지고 있는가? 그러한 아이디어는 성공할 가능성이 더 크며, 그렇기에 일반적으로 더 많은 수익을 안겨줄 수 있다.**
- **분석에는 어느 정도 시간이 걸리는가? 이것은 중요한 질문이지만, 산출하기에는 어려운 질문이다. 실적 시즌 중에는 광범위한 연구 조사가 필요한**

복잡한 상황을 피하는 것이 나을 것이다.

- **잠재적 이득은 무엇인가? 이 역시 예측하기 어렵지만, 나는 큰 승리를 목표로 삼곤 했기에 어떤 것이든 20~30퍼센트 정도 가격이 잘못 매겨진 것처럼 보이는 경우 특별한 기회로 여기지 않았다.**

아이디어의 우선순위를 정하는 것은 쉬운 일이 아니다. 이 단계에서는 결정을 내리는 데 충분한 정보를 확보할 수 없기 때문이다. 그래서 1시간의 빠른 초기 검토가 그토록 유용한 것이다. 1시간의 검토로 우선순위를 정하기 위한 초기 진단에 필요한 정보는 충분히 뽑아낼 수 있다는 뜻이다. 전문 애널리스트로서 나는 관심 목록에 있는 많은 흥미로운 주식을 놓고 끊임없이 저울질하곤 한다. 물론 우선순위를 결정하는 핵심 요소는 주가의 움직임이다. 주식은 하락할 때 더욱 흥미로운 매수 대상이 된다.

초기 검토 - 첫 1시간

나는 어떤 경우든 연구 조사에 들어가면 한 가지 중요한 요소인 유동성부터 확인한다. 주식의 시가총액과 일평균 거래량을 보는 것이다. 주식이 규모가 너무 작거나 너무 비유동적이면 세상에서 가장 좋은 아이디어라도 아무런 쓸모가 없다.

이것은 확실히 전문 투자자에게 더 중요한 문제다. 펀드는 투자하려는 회사의 규모에 따라 다른 한계 기준을 설정하기 때문이다. 하지만 이는 개인 투자자에게도 중요한 요소다. 유동성이 매우 낮은 소규모 회사를 매수한 경우 실수를 저질렀다는 사실을 알게 되어도 빠져나오기 어려울 수 있기 때문이다. 얼마나 많은 신규 투자자가 이 요소를 고려하지 않는지 놀라지 않을 수 없다.

바이사이드에서 일을 시작했을 때, 나는 이런 실수를 저지르지 말라는 경고를 받았다. 2010년 크리스 혼 경의 헤지펀드인 TCI에서 파트너 중 한 명과 대화한 내용이 기억난다. 그는 마침 소더비즈Sotheby's(한때 나의 가장 큰 개인 보유 주식이었다. 나중에 이 주식에 대해 더 언급할 것이다)에 대한 투자를 검토 중이었는데, 크리스 경은 그것이 너무 비유동적이라 투자하지 않을 것이라고 설명했다.

유동성 측면에서 확신을 얻고 나면 다음과 같은 체크리스트에 대한 점검을 실행한다.

- 주가 차트: 최근에 그리고 장기적으로 주가의 궤적은 어떠한가? 주가가 급락한 주식인가, 아니면 꾸준히 상승한 주식인가? 가격 추세에 주식에 대한 모종의 메시지가 담기며, 그것이 주식에 대한 시장의 정서를 알려준다. 시장의 정서는 주식이 저렴하거나 비싼 이유를 이해하는 데 중요하다.
- 가치 평가 스크린: 향후 배율은 어떠해 보이는가? 시작점의 가치 평가가 높은 경우 시간이 지나고 이익이 증가하면 가치 평가가 하락할 것 같은가? 오늘 저렴하지 않은 주식이 충분히 빠르게 성장하거나 충분한 현금을 창출한다면 2년 후에는 저렴해질 수 있다. 이것은 내가 연구 조사를 수행할 때 어디에 초점을 맞춰야 하는지 알려준다.
- 이익 추정치: 나는 이익의 추세를 살펴보고 그것이 상승하거나 하락하는지 확인하는 것을 좋아한다. 또한 나는 상승 추정치를 보여주는 주식을 사는 것을 좋아한다. 만약 이러한 주식이 하락한다면 곧 추세가 역전될 것이라고 안심할 필요가 있다. 매수 포지션에 대해 생각하는 경우 그렇다. 주가

는 추정치의 변경을 따르는 경향이 있으므로 주가가 상승하고 추정치가 하락하고 있는 경우 이는 비정상적 신호이며, 조사할 필요가 있다.

• 가치 평가의 이력: 나는 주식의 과거 가치 평가와 현재 가치 평가를 빠르게 비교해 파악한다. 주식의 과거 가치 평가에 대해 프리미엄이나 할인을 적용하고 있지는 않은가? 때때로 주식의 전망이 개선되었다면 과거 가치 평가에 대해 프리미엄을 적용하는 것이 정당화된다. 이력에서 파악하는 맥락은 무엇이 어떻게 변했는지 이해하는 데 유용한 지름길이다.

• 나는 통상 자기자본이익률$_{RoE}$과 사용자본이익률$_{RoCE}$을 살펴보고, 손실을 내는 부문 또는 마진 침체나 마진 정점에 이른 부문이 있는지 확인함으로써 회사가 어떤 유형인지, 예컨대 퀄리티가 높은지 낮은지를 파악하려고 노력한다.

• 나는 회사가 고퀄리티의 사업체인지 확인하기 위해 노력한다(5장에서 이에 대한 나름의 기준을 제시할 것이다). 고퀄리티가 아닌 경우에는 경기 주기의 어디에 위치하는지 이해하는 것이 중요하다. 나는 장기간에 걸친 매출 성장을 빠르게 살펴보는 방법을 선호한다. 경기를 타는 대부분의 사업체와 마찬가지로 판매 추세가 변동적이었는가? 아니면 보다 일관적이었는가? 또한 매출이 빠르게 성장하고 있는가?

• 보유자: 누가 주식을 보유하고 있는지는 종종 관련 아이디어를 추구할 가치가 있는지를 판단하는 중요한 요소가 된다. 상위 보유자는 **스마트 머니**(대규모 헤지펀드와 같은 정교한 투자자)인가? 그들은 투자를 늘리고 있는가, 줄이고 있는가? 만약 그들이 수년간 주식을 보유하다가 지금은 투자를 줄이고 있다면, 즉 당신보다 주식을 잘 아는 그들이 그러고 있다면 다른 아이디어를 추구하는 것이 나을 것이다. 내가 보기에 주주에 대한 분석은 과소평가되는 요소에 속한다.

- 애널리스트 추천: 애널리스트가 모두 낙관적인가? 아니면 사업체에 대해 다양한 견해를 피력하는가? 애널리스트가 모두 낙관적인데 단 한 명만 그렇지 않다면 나는 그 아웃라이어의 논거(그가 부정적 견해를 갖는 이유)에 관심을 기울이고, 매도 쪽에 초점을 맞춘다.
- 그런 다음 나는 회사에 대해 6~10페이지의 보고서를 발행하는 브로커의 연구 조사 내용을 살펴본다. 이상적으로 나는 적어도 하나의 매수, 하나의 매도, 하나의 현상 유지 종목을 얻게 되길 기대한다. 나는 또한 회사를 맥락에 맞춰 살필 수 있는 섹터 보고서와 40페이지 이상의 심층 분석 보고서도 찾아본다. 또 가능하면 벌지브래킷 은행과 지역 브로커, 섹터 전문가, 그리고 입수가 가능하다면 독립적인 연구 조사자의 영역 교차적인 연구 조사를 검토하려고 노력한다. 물론 이 일은 당신이 대규모 기관에 소속되어 있고, 광범위한 연구 조사에 접근할 수 있다면 훨씬 쉽다. 개인 투자자로서는 상대적으로 어려운 일이지만, 인터넷에 무료로 이용할 수 있는 많은 연구 조사가 있으므로 매수와 매도 입장에 대한 논평을 모두 검색해보길 권한다. 당연히 인터넷의 무료 논평에는 대형 은행의 전문적인 연구 조사보다 매도 관련 조언이 더 많을 것이다.
- 나는 적어도 한 개 이상의 반대 견해를 피력하는 보고서를 읽는 것이 중요하다고 생각한다. 매도에 관한 보고서가 드문 편이므로 이것은 매수 대상을 찾을 때 더욱 어려운 일이 될 수 있다. 셀사이드 애널리스트였을 때 나는 항상 매도 아이디어에 훨씬 더 많은 관심을 가졌다. 최근의 매도 보고서를 찾을 수 없는 경우 나는 반대 주장을 이해하기 위해 18개월 이전에 발행된 보고서를 읽기도 했다.

나는 추가 작업의 필요 여부를 결정하기 위해 이런 자료를 읽는다.

평소 회사의 웹사이트에 들어가 IR 페이지를 보기도 하고, 얼마 전부터는 어떤 특별한 관점이 있는지 알아보기 위해 트위터 피드를 확인하기 시작했다. 해당 주식에 관심을 갖게 된 이유에 따라 대차 계정이나 10-K를 출력하기도 하고, 특별히 관심이 가는 무언가를 더욱 자세히 알아보기도 한다.

이 프로세스는 블룸버그Bloomberg 스크린이나 이와 유사한 시스템에 액세스할 수 없는 개인 투자자들에게는 분명히 더 어려운 일이다. 하지만 여전히 시킹알파Seeking Alpha 등과 같은 무수한 무료 인터넷 사이트에서 차트를 보고, 가치를 평가하고, 과거의 이력과 마진 추세를 살피고, 긍정적이거나 부정적인 논평을 검토하는 것이 가능하다. 펀드매니저의 투자자 서한이나 블로그에서 논평을 찾아보는 것도 가능한데, 이 단계에서 종종 도움이 되기도 한다.

미국 주식의 경우 주주에 대한 정보를 제공하는 다양한 사이트가 있으며(펀드의 경우 보유 주식에 대한 내역을 미국 증권거래위원회에 제출해야 한다), 때로 회사의 트위터 피드에서도 통찰력을 얻을 수 있다. 회사의 IR 사이트에는 종종 투자 사례를 밝히는 최근의 프레젠테이션이 올라오기도 한다.

아이디어를 얻었을 때 집중적이고 철저한 연구 조사에 들어갈 필요도 없고, 들어가서도 **안 된다**. 연구 조사는 반복적인 프로세스이며, 나의 지식과 편안함이 증가함에 따라 투자 비중을 늘리면 되는 것이다.

아이디어를 맥락에 적용하기

특정한 투자 아이디어가 나의 초기 검토를 통과하면 나는 장점과 단점의 관계에 대해 생각하고 해당 주식을 모종의 맥락에 적용하려고 노력하며, 이를 위해 다음 요소를 고려한다.

• 거시 환경 • 시장 심리 • 미시 환경 • 주식의 유형 • 시간 지평 • 정보 우위

거시 환경 • 해당 주식은 올바른 경제적 특징을 지니고 있는가? 해당 기업은 방어적인가, 아니면 순환적인가? 경기 주기의 후기 단계에 있을 때 순환형 기업의 주식을 매수하면 안 된다는 의미는 아니다. 하지만 그 경우 리스크를 상쇄하려면 가치 평가가 낮아야 한다.

시장 심리 • 우리는 현재 경기 주기의 어디에 위치하며, 이 주식은 현재의 세계관에 부합하는가? 이것은 반드시 경제적 관점만을 말하는 게 아니다. 예를 들어 해당 기업이 인수 합병에 주력하는 기업이고, 최근 그와 유사한 기업이 파산했다면 지금 그 기업의 주식을 연구 조사하는 데 시간을 들이기보다는 관심 목록에 올려놓고 보류하는 편이 더 나을 수 있다.

주식시장에서 발생하는 모종의 유행은 현실 세계에서 아무리 비논리적으로 보일지라도 장기간 주가 성과에 영향을 미칠 수 있다. 다른 사람들은 이것을 단기적으로 볼 수도 있지만, 투자자들은 현실을 직시해야 한다. 상장 주식시장에서는 다음번 잠재 구매자가 상황을 어떻게 볼 것인지 파악해야 한다는 뜻이다. 물론 근본적인 것이 결국 제자리를 찾고 상황을 정리하기 마련이지만, 주식이 오르려면 반드시 새로운 구매자가 있어야 한다. 따라서 추세에 역행하면 돈을 벌기가 더 어려워지고, 시간도 더 오래 걸릴 수밖에 없다.

미시 환경 • 이 섹터가 현재 매력적이며, 앞으로도 계속 그럴 것 같은가? 현재 매력적이지 않은 섹터의 주식을 사는 것이 더 나은 전략이 될 수 있다. 해당 섹터에 대한 비호감이 무기한 계속되지는 않을 것이라고 가정할 이유가 있다면 말이다.

주식의 유형 • 이 회사는 창업자가 이끄는 곳인가? 이 점은 보다 안정적인 장기 투자 대상이 될 가능성이 큰 요소다. 아니면 수익 모델이 없는 개념 주식인가? 그도 아니면 인수 합병에 주력하는 플랫폼 또는 롤업 기업인가?

주식의 이러한 유형별 특성은 시간 지평과 필요한 작업의 범위를 결정한다. 이 테마는 뒤에서 다룰 것이다.

시간 지평 • 연구 조사를 빨리 완료해야 한다고 촉구하는 모종의 자극이 있는가? 아니면 프로세스를 빨리 완료해야 한다고 비슷하게 압박하는 관심이 많은가? 아마도 처음에는 작은 포지션을 취한 다음, 더 많은 작업을 수행해나가며 추가하는 방법이 가장 나을 것이다.

만약 그것이 구조적 숏(장기 테마를 활용하는 데 이용되는 숏 포지션으로, 수개월이 아니라 수년 동안 유지될 수 있다)이 아니라 공매도 아이디어이자 단기 투자에 해당한다면 연구 조사 시간은 상대적으로 적게 걸린다.

정보 우위 • 물론 최고의 우위는 상세한 분석에서 나오지만, 정보 우위는 다양한 형태로 발생할 수 있다.

이에 대해 생각할 수 있는 다른 방법이 있다. 특히 아이디어를 분류하는 방식의 경우가 그렇다. 예를 들어 독립적인 연구 조사 제공 업체인 어헤드오브더커브™ Ahead of the Curve™는 보고서를 다음 세 가지 시나리오 중 하나에 해당하는 것으로 분류한다.

1. 컨센서스에서 벗어나는 아이디어: "대부분의 투자자는 한 가지

방식을 생각하지만, 우리는 다르게 생각한다."

2. 논란을 불러일으키는 투자: "투자자들은 논란이 많은 테마에 대해 의견이 엇갈리고, 컨센서스를 이루지 못할 때 우리는 나름의 입장을 정립한다."

3. 투자자들이 더 깊이 집중해야 하는 테마, 즉 현재까지 완전히 이해하지 못한 테마가 있을 때 그 테마가 특정 섹터의 주식을 움직이는 핵심 동인이 된다.

미국의 저명한 자산운용가이자 블로거인 필 휴버Phil Huber는 시장에 세 가지 측면의 우위가 있다고 믿는다. 정보, 분석, 시간이 바로 그 세 가지 측면이다. 그는 대부분의 투자자가 정보와 분석 두 가지 측면에서 우위를 점하는 것은 거의 불가능하며, 특히 개인 투자자는 시간에 집중해야 한다고 제안한다. 전문 투자자는 단기 투자에 치중하는 경향이 있으므로 장기 투자자들이 유리함을 누릴 수 있다.

미국의 헤지펀드 SAC캐피털SAC Capital에 대한 실라 코하카Sheelah Kolhatkar의 책은 SAC캐피털 내부자가 정의한 세 가지 유형의 정보 우위를 설명한다. 그들의 분류 방식에 따라 흰색은 합법적 전문가의 통찰력을 나타내고, 회색은 특정 회사의 경영진이 실적 발표에 앞서 흘린 힌트를 의미하며, 검은색은 내부자 정보를 의미한다. 그들은 내부적으로 정보에 대한 신뢰 수준을 정의하기 위해 1에서 10까지의 척도를 사용한다.

나의 경우 정보 우위를 점하는 것은 드문 편이라 생각한다. 나는 회색이나 검은색 영역에서는 움직이지 않기 때문이다. 물론 나 역시 진정한 정보 우위를 확보하면 빠르게 행동부터 취하고 연구 조사에 들어간다.

정보 우위의 좋은 예로 런던 증시에 상장된 한 광산 회사의 경우를 꼽을 수 있다. 그 회사는 동유럽에 광산업체와 발전 사업체를 소유했고, 상장 당시 중국에서 수요가 늘고 있던 페로크롬을 수직적 통합 체제로 생산하는 업체였다. 페로크롬은 전 세계 생산업체의 대부분이 남아프리카에 자리하며, 생산 공정 또한 고도로 에너지 집약적이다.

남아프리카공화국의 국영 전력 회사인 에스콤Eskom은 얼마 전 자사의 채권 투자자들을 위한 설명회를 주최했다. 그 자리에서 에스콤의 CFO는 수용량 확장을 위한 주요 자본 투자 프로그램에 자금을 지원하기 위해 정부에서 전력 가격의 35퍼센트 인상을 승인했다고 밝혔다. 이 설명회는 남아프리카 페로크롬의 비용과 그에 따른 시장 가격의 상당한 상승을 유발할 것으로 해석되었으며, 결과적으로 동유럽 광산업체의 수익성을 2배 이상으로 올려줄 터였다.

그러나 설명회 이후 며칠 동안 그 광산 회사의 주가는 거의 움직이지 않았고, 이는 진정한 정보 우위를 누릴 수 있음을 의미했다. 다른 투자자들은 페로크롬 생산 비용 증가에 대한 현재의 공개된 정보를 포착하지 못하고 있었다. 이후 그 회사의 주가는 나중에 붕괴되긴 했지만, 상장가의 4배로 치솟았다.

만약 자신의 정보 우위가 무엇인지 모른다면 그것은 필경 정보 우위를 보유하지 못했다는 의미일 것이다. 나는 사업체의 일부 측면과 그에 대한 주식시장의 평가에 대해 컨센서스에 반하는 견해를 가지고 있는지 자문해보는 것이 도움이 된다고 생각한다. 나는 어느 부분에서 시장과 다르게 생각하고 있는가? 그러면 컨센서스에 의해 받아들여야 하는 사안에 많은 시간을 할애할 필요가 없기에 내 연구 조사의 초점을 형성하는 데 도움이 된다.

기회에 맞게 작업 조정하기

이 준비 단계의 목적은 특정 아이디어에 최우선순위를 부여해도 될 만큼 여건이 충분히 갖추어져 있는지 확인하기 위한 것이다. 평가는 일률적인 프로세스가 아니다. 작업은 투자의 유형과 규모 그리고 가능한 시간 범위에 따라 집중도가 정해져야 한다. 예를 들면 프랑스의 마크롱Macron이 대통령에 당선되기 전에 마크롱의 당선으로 수혜를 입을 프랑스 회사의 주식에 대해 완전하고 심층적인 연구 조사를 수행하는 것은 바람직하지 않다. 그가 당선되기 전에 작업을 완료할 수 있는 경우가 아니라면 말이다.

다년간 포지션 보유 대상이 될 가능성이 큰 장기적 고퀄리티 회사인 경우 나는 해당 비즈니스 모델과 판매 및 마진에 대한 장기 전망을 놓고 훨씬 더 많은 작업을 수행한다. 만약 회사가 곤경에 처한 상황이라면 부채와 그것의 만기 그리고 자산 가치를 놓고 더 많은 작업을 수행할 것이다.

나는 투자의 성격에 따라 연구 조사의 초점을 결정한다. 모든 경우에 모든 것을 할 필요는 없다. 물론 예를 들어 현금 흐름에 대한 예측과 같이 생략할 수 없거나 생략하면 위험에 처할 수 있는 몇 가지 사항은 있다.

반론 이해하기

반론을 잘 이해하는 것은 정말 중요한 단계다. 주식을 사는 경우에는 매수 주장보다 매도 주장을 더 잘 이해할 필요가 있다.

전에 한 펀드매니저와 일한 적이 있는데, 그는 우리가 이미 보유한 어떤 주식에 대해 매수 주장을 펼치는 골드만삭스의 애널리스트를 초대해 미팅을 갖자고 했다. 나는 그 미팅의 필요성을 납득할 수 없어 매도 주장을 펼치는 누군가를 초대해 얘기를 듣는 시간을 갖자고 제안했다. 그 펀드매니저는 내 말을 이해하지 못했지만, 나는 그때나 지금이나 매수 추천보다는 매도 추천에서 훨씬 더 많은 것을 배울 수 있다고 믿는다.

미국의 헤지펀드 투자자 데이비드 아인혼David Einhorn은 이 테마에 대해 훌륭한 논지를 펼친 바 있다. "우리가 새로운 주식을 매수할 때 그 거래의 상대방을 우리는 모른다. 필경 그 사람은 우리보다 그 주식에 대해 더 잘 알고 있을 가능성이 높다(아인혼으로서는 지나치게 겸손한 자세다). 따라서 우리는 분석에서 우위를 점해야 한다. 우리는 내부자나 수년 동안 해당 주식을 소유하고 우리보다 훨씬 더 잘 알고 있는 사람에게서 주식을 매수할 수도 있다. 따라서 반대 논거를 이해하는 것이 필수적이다."

이를 수행하는 한 가지 방법은 동료나 주변 투자자들과 해당 아이디어에 대해 논의하는 것이다. 그런 대화가 유익한 이유는 다른 투자자가 가설에서 누락된 부분을 발견하거나 도움이 되는 주변 지식을 알려줄 수 있기 때문이다. 그들은 다른 맥락에서 해당 기업의 CEO나 CFO를 만났을 수 있으며, 아이디어를 강화하거나 무효화할 긍정적 또는 부정적 견해를 피력할 수 있다.

내가 아는 많은 개인 투자자가 투자 그룹이나 클럽에 참여한다. 거기서 아이디어를 공유하고, 동료 투자자와 특정 주식의 장단점에 대해 논의하는 것이다. 이는 가설을 점검하는 아주 좋은 방법이다.

외부 확인

가설을 검증하려면 외부 확인도 필요하다. 이것은 초기 단계에서 시작될 가능성이 크지만, 투자를 시작한 후에도 연구 조사 프로세스 전반에 걸쳐 계속될 수 있다. 나는 여러 가지 연구 조사 경로를 이용하는 것을 좋아한다.

- **경쟁사, 특히 비상장 회사**
- **업계 공급 업체**
- **고객**
- **자본 설비 공급 업체**
- **임대 회사, 특히 소매업체를 위한 공항과 공장 아웃렛 몰의 임대 회사**
- **거슨레어먼Gerson Lehrman이나 콜먼리서치Coleman Research와 같은 전문가 네트워크를 통해 정보를 얻을 수 있는 업계 컨설턴트 및 여타 전문가**

경쟁사 • 경쟁 업체는 훌륭한 정보 출처다. 상장 회사의 고위 경영진은 경쟁 업체에 대한 의견을 밝힐 때 상당히 신중하게 접근하는 경향이 있지만, 계층구조 아래에 있는 회사들은 일반적으로 훨씬 개방적인 자세를 취한다. 최고의 출처 중 하나는 영업 팀이다. 경쟁사의 제품과 고객의 태도에 대해 잘 아는 사람들이기 때문이다. 또 다른 하나는 연구 개발R&D 조직으로, 경쟁 업체의 기술 수준에 대해 어느 정도 파악하고 있기 때문이다. 무엇보다도 경쟁 관계에 있는 개인 회사가 가장 좋은 출처다. 그들은 다른 속셈을 가질 이유가 없으므로 상장된 경쟁 업체에 대해 개방적이고 정직한 평가를 제공할 수 있다.

업계 공급 업체 • 공급 업체는 또 다른 유용한 출처다. 완제품의 부품 공급 업체일 수도 있고 서비스 공급 업체일 수도 있다. 그들은 재고 문제와 판매 라인의 호조나 둔화 등에 대한 조기 경고를 제공할 수 있으며, 일반적으로 고객에 대해서도 잘 이해한다. 일부 공급 업체는 구매부서의 갑질(예컨대 영국 슈퍼마켓 체인 테스코Tesco의 예전 행태)에 두려움을 느끼고, 또 어떤 공급 업체는 원청회사의 기술적 우수성과 엄격한 표준에 두려움을 느낀다. 그들이 기업 경영진의 질 또는 수준에 대해 좋은 정보를 제공할 수 있는 이유다.

나는 버진애틀랜틱Virgin Atlantic의 리무진을 타고 공항으로 가던 중에 서비스 공급 업체의 중요성을 깨달았다. 운전기사는 그들의 주요 고객 중 하나인 특정 항공사가 청구서 결제를 연기하는 바람에 자신과 자신이 근무하는 회사가 어떤 어려움을 겪고 있는지 나에게 말했다. 리무진 회사에 대금을 지불할 여유가 없는 항공사라면 분명히 큰 곤경에 처했다는 의미였고, 실제로 몇 주 후에 관련 소식이 공개되었다. 다행히 나는 그 사건보다 앞서서 움직일 수 있었다.

고객 • 고객은 분명히 제품의 품질과 자신의 가격탄력성을 매우 잘 이해한다. 그들이 특정 회사의 제품을 다른 회사의 제품보다 선호하는 이유를 물으면 아주 훌륭한 정보를 얻을 수 있다. 이것은 내가 중점을 두었지만 제품 사양이 기술에 관한 나의 지식을 뛰어넘는 B2B 환경에서 특히 유용하다.

자본 설비 공급 업체 • 자본 설비 공급 업체는 종종 투자 대상 회사에 대한 특별한 종류의 통찰력을 제공하기도 한다. 좋은 기업은 자본 지출을 엄격하게 통제하고 수익에 집착한다. 자본비용에 들어가는 돈을 절약하는 것은 생산 프로세스나 자재 명세서BOM에서 비용을 제거하는 것만큼 수익을 개선하는 데 효과적이다. 공장을 비효율적으로 운영하거나 장비를 업그레이드하지 못하는 것은 회사가 압박을 받고 있다는 신호이거나 경영진이 바뀌면 빠른 성공을 거둘 수 있다는 징조가 될 수 있다.

나는 2016년 8월 유럽 각국의 수도를 돌며 운송 회사를 방문하는 여정에서 좋은 기업의 행동 방식과 반대되는 상황을 목도했다. 파리공항공단AdP 관계자들이 우리에게 자사의 수화물 시스템을 자랑스럽게 보여주었는데, 그 유지 관리 비용이 얼마인지 듣고 나는 거의 넘어질 뻔했다. 내가 예상한 비용의 5배에 달했던 것이다.

해당 시스템의 제조업체는 지멘스Siemens였는데, 사무실에 돌아와 확인해보니 지멘스는 그 사업을 이미 매각한 상태였다. 하지만 고정 컨베이어 대신 무인 운반 차량과 인공지능AI을 적용할 수 있다는 점에서 공매도 대상으로 삼을 필요는 없다고 판단했다.

임대 회사 • 나는 종종 임대 회사 관계자들이 가십의 훌륭한 출처라는 사실을 확인하곤 한다. 부동산 사업에 종사하는 친구가 대차대조표의 건전성을 이유로 트래블로지Travelodge보다 휘트브레드Whitbread의 프리미어인Premier Inn을 임차 회사로 더 선호한다고 언급할 수 있다는 얘기다. 소매업체를 위한 공항과 공장 아웃렛 몰의 임대 회사는 세입자의 수익을 보고 누가 효과적으로 운영하고 있는지 매우 잘 알기 때문에 특히 유용한 통찰력을 보유할 수 있으며, 그렇기에 우리에게 유용한 관점을 제공할 수 있다. 나는 다행히도 두 부문 모두에 친구와 지인을 두고 있다. 위에서 소개한 파리 방문에서 파리공항공단의 소매점 직원 한 명은 무심코 우리가 잠재적 매수 대상으로 조사하던 주식인 휴고보스Hugo Boss에 대한 흥미로운 관점을 내게 제공했다. 그것은 우리가 휴고보스 매수 계획을 철회하는 결정을 내리는 데 도움이 되었다.

전문가 네트워크 • 많은 펀드가 거슨레어먼과 같은 전문가 네트워크를 활용해 전직 직원이나 업계 컨설턴트로부터 가십을 얻는다. 이러한 가십은 행동주의 투자자에게 훌륭한 정보원이 될 수 있다. 영국의 현 재무장관 리시 수낵Rishi Sunak은 크리스 혼 경의 팀원이었던 시절, 내게 이러한 출처에서 미국 철도 사업자 CSX가 컨트리클럽을 소유하고 있다는 사실을 알게 되었다고 말했다. 이것은 경영진에게 모종의 행동을 취하도록 강요하는 수단으로 사용할 수도 있는 당혹스러운 종류의 소식이었다.

저서《위대한 기업에 투자하라Common Stocks and Uncommon Profits》에서 필립 피셔Philip Fisher는 양질의 성장 기업을 찾기 위해 이러한 유형의 연구 조사를 광범위하게 이용했다고 밝혔다. 나는 내가 이런 식으로 생각하는 것이 꽤 똑똑하다고 생각했지만, 그는 내가 태어나기도 전인 1958년에 그 책을 출간했다. 아마도 이것은 이미 확립된 관행이기 때문에 효과가 전보다는 떨어질 것이다.

격차를 염두에 두기

추가 작업을 수행해 초기 지분을 확보하기 전에 나는 다음 사항을 다시 확인하는 단계를 거친다.

- **주가와 내재 가치에 대한 나의 초기 인상 사이에 격차가 있는가.**
- **나는 그 격차의 이유를 이해하는가.**

예를 들어보자. 내가 실제 가치에 대비해 대략 50퍼센트 할인된 가격으로 거래되고 있던 프랑스 국적의 지주회사 볼로레Bolloré를 검토하고 있었을 때의 사례다. 만약 내가 그러한 격차가 존재하는 이유를 몰랐다면 더 이상 좇는 것을 꺼렸을 것이다. 그러나 나는 다음과 같은 사실을 알고 있었다.

1. 외관상의 할인은 훨씬 적어서 일반 지주회사의 사업별 가치 합산sum-of-the-parts 평가에 대한 할인과 동등해 보인다. 그러나 볼로레의 경우 지주회사에 대한 지분을 보유한 자회사가 있다. 따라서 발행된 주식의 표면적 수보다 실제 주식의 수가 훨씬 낮기에 한 주의 경제적 가치가 훨씬 더 높으며, 결과적으로 교차 보유를 감안하지 않으면 할인이 과소평가된다.

2. 사업체의 정보 공개 수준이 매우 열악해서 의심스러워 보이는 데다가 가치 평가를 하기도 어렵게 만든다.

3. 이 그룹은 아프리카의 여러 나라에서 항구를 소유하고 물류 사업을 운영한다. 필수 기반 시설을 운영하는 훌륭한 사업체이지만, 서구의 주식시장은 일반적으로 아프리카의 경제에 대한 이해가 제한되어 있는 까닭에 할인을 적용한다.

4. 지분이 집중되어 있어 주식의 유동성이 매우 낮다.

5. 사업체에 부채가 있다.

6. 억만장자 창업자인 미스터 볼로레는 가치 창출에 관한 타월한 실적이 있지만, 이상해 보이는 여러 건의 장기적 거래를 수행해왔다. 이상해 보이는 이유는 시장에서 그의 전략을 완전히 이해하지 못하기 때문이다.

이와 더불어 장기적 보유자에게(즉 2년 이상 보유한 모든 상장 주식에 대해) 2배의 의결권을 부여하는 프랑스의 제도인 '플로랑주Florange 법'으로 인해 교차 보유 구조가 일부 해소되고, 주주 가치가 실현될 것으로 기대된다. 미스터 볼로레는 의결권 과반수를 유지하기에 더 낮은 직접 지분으로도 통제권을 얻을 수 있다.

볼로레는 복잡한 상황이다. 장기 투자 기회가 있다고 판단했지만, 필요한 연구 조사가 광범위했고 수익률의 가시성이 상당히 낮았다. 저렴한 상태이긴 했지만, 오랫동안 그 상태로 유지될 수도 있었다. 아래의 [표 3]에서 볼 수 있듯 괜찮은 투자 대상이었을지도 모르지만, 나는 여기에 투자하지 않았다.

[표 3] 볼레로의 주가

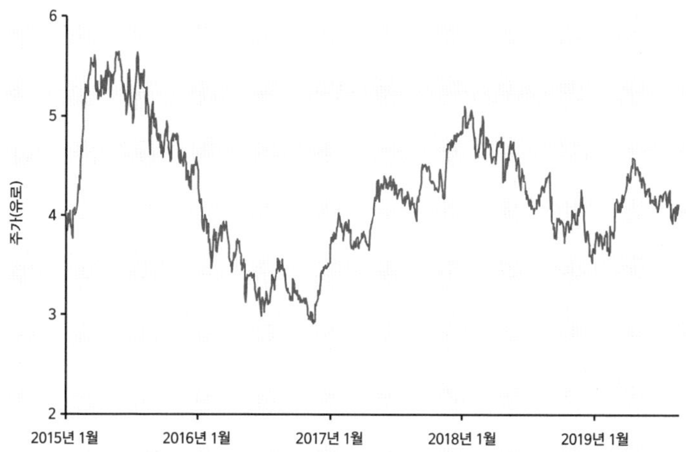

출처: 비하인드더밸런스시트에서 인용한 센티오 데이터

투자는 종종 인식과 현실 사이의 격차를 이용하는 것이 핵심이 된다. 나의 프로세스는 먼저 주식시장의 인식을 이해한 다음에 현실을 확인하는 순서를 따른다. 현실 확인은 당연히 시간이 더 많이 걸리는 복잡한 프로세스다. 나는 이를 보다 효과적으로 수행하기 위해 프로세스를 쉽고 빠르게 만드는 체크리스트를 개발했다. 그 체크리스트에 대해서는 다음 장에서 다루고자 한다.

앞으로 나아가기 - 고수 또는 수정?

이 시점에서 종종 아이디어를 포기하는 이유는 반드시 나쁜 아이디어이기 때문만이 아니다. 시기가 맞지 않거나, 긍정적 분산 효과를 포트폴리오에 추가하지 못하거나, 아이디어가 충분히 강력하지 않아 더 이상 추가 작업을 수행할 가치가 없기 때문일 수도 있다. 그러나 아이디어가 이 첫 번째 장애물을 통과하면 해야 할 일이 더욱 많아진다.

나는 경영진과 보상 구조, 사업체의 퀄리티나 가치 평가에 대한 추가 실사를 수행한 다음 초기 포지션으로, 예컨대 1퍼센트 정도를 투자한 후 나의 확신 수준에 따라 2~5퍼센트의 포지션을 취하기 위해 더욱 세부적인 작업을 계획하기도 한다.

이것은 다음 장에서 설명할 체크리스트를 이용해 수행하는 포괄적인 연구 조사 프로세스를 의미한다. 중요한 것은 어떤 시점에서든 다음과 같은 이유로 연구 조사 프로세스가 중단될 수 있다는 점을 인식하는 것이다.

- **주가가 크게 움직여 잠재적 기회가 줄어든다.**
- **펀더멘털을 크게 변경해 회사의 수익력을 감소 또는 증가시키는 모종의 사건이 발생한다.**
- **잠재적 매도 대상인 경쟁 업체에 인수 입찰이 시작되어 업계에 대한 관심**

도가 높아진다.

- 연구 조사 과정에서 근본적으로 매력적이지 않은 무언가가 드러나 포트폴리오에 매수 대상으로 포함할 가치가 없어진다.
- 해당 주식의 포함으로 인한 포트폴리오 변경이 집중화 문제를 유발할 수 있다.

작업을 포기하고 그동안 들인 노력과 시간을 '대손 상각'하는 능력은 상당한 절제력을 필요로 한다. 나의 경우 테마가 너무 어렵거나 결과 예측이 그다지 정확하지 않다고 느낄 때 종종 그런 결단을 내린다. 투자한 시간을 손실로 처리하고 손 떼는 것은 감정적으로 쉽지 않은 일이다. 그것이 직무의 일부인 전문 투자자 또는 기관 투자자에게는 상대적으로 쉬울 수 있다. 개인 투자자는 나쁜 아이디어가 오히려 좋은 아이디어라는 증거를 찾느라, 즉 확증 편향에 빠져 헤매느라 소비한 에너지와 시간을 정당화하지 않도록 주의해야 한다. 아이디어에 소비된 시간은 매몰 비용이며, 복구할 수 없다. 불합리한 주식에 투자하면 상황은 더욱 악화할 뿐이다.

한번은 시설을 방문하는 것을 포함해 주식을 조사하는 데 몇 주를 보내고 아이디어를 제시했는데, 정보가 부족하다는 이유로 상사로부터 거부를 당했다. 그래서 나는 일주일을 더 투자해 해외를 돌며 경쟁사의 시설을 방문하고 경영진을 만난 다음 다시 아이디어를 제시했다. 하지만 여전히 상사에게 그 주식의 장점을 납득시키지 못했다. 이런 상황이 벌어지면 당신은 어떻게 해야 하는가? 상황을 받아들이거나 투자 아이디어를 제시하는 데 필요한 일을 충분히 하지 않았음을 이해해야 한다. 이와 관련해 9장에서 일을 잘 수행하는 방법을 살펴볼 것이다.

이 특별한 사례의 결말은? 그 주식은 다음 18개월 동안 2배로 뛰었고, 계속해서 엄청난 성과를 올렸으며, 마침내 내가 애초에 추천한 가격의 몇 배에 달하는 금액에 중국 경쟁 업체로부터 인수 제의를 받았다. 아깝게 놓친 대박이었지만, 그 역시 일의 일부다. 이런 경우 개인 계정에 주식을 주워 담고 성과를 흐뭇하게 누리는 것이 가장 좋다.

계획

증권가에서 일하기 전에 나는 경영 컨설턴트로 일한 적이 있다. 그 시절에는 매주 완료해야 하는 작업이 엄청나게 많았던 탓에 일주일에 하루는 계획을 세우는 데 소비했다. 계획하는 데 그만한 시간을 투자하는 것이 그 역할에서는 매우 정상적인 일이었지만, 증권 중개 및 펀드 운용 분야에서는 계획에 전혀 시간을 들이지 않는 것이 아주 정상적인 것처럼 보인다. 이는 아마도 시장의 예측 불가능성에 기인할 것이다. 그러나 시간을 계획적으로 쓰는 것이야말로 애널리스트의 효율과 효과를 증대하는 요소에 속한다.

물론 연구 조사를 완료하는 데 시간이 얼마나 걸릴지 모르는 것이 문제다. 하지만 계획을 세워놓고 움직이면 특정 아이디어에 너무 오랜 시간을 투자하고 있는 것은 아닌지 쉽게 알 수 있다.

애널리스드가 시긴을 효율적으로 사용해야 한다는 중요한 지점은 왜 그토록 간과되는 것일까? 나는 해당 직무를 정의하기 어렵고, 사람마다 직무를 수행하는 방식이 다르기 때문이라고 생각한다. 2017년 8월 16일 〈파이낸셜 타임스〉의 저널리스트 케이티 마틴Katie Martin, @katiemartin_fx이 실시한 트위터 설문 조사를 한번 보자. 283명의 애널리스트에게 지난 2년 동안 가장 큰 시간 낭비가 다음 중 무엇이었다고 생각하는지 묻는 설문 조사였다.

- 연준Fed 주시하기 – 28퍼센트
- OPEC 주시하기 – 9퍼센트
- 제로헤지Zerohedge 구독하기 – 32퍼센트
- 브렉시트에 대해 논쟁하기 – 31퍼센트

결국 펀드 운용에서 포트폴리오에 영향을 미치지 않거나 영향을 평가하기 어려운 이벤트에 너무 많은 시간을 낭비한다는 뜻이다. 거시경제는 일반적으로 시간을 잡아먹는 함정이다.

나는 투자 시간 대비 수익을 기준으로 우선순위를 결정한다. 인기 있는 개념은 아니지만, 효과적인 개념이다. 어느 정도 경력이 쌓이면 해당 부문에서의 경험, 지리적 위치, 상황의 복잡성 등을 기반으로 특정한 포지션을 평가하는 데 시간이 얼마나 걸릴지 예상할 수 있을 뿐만 아니라 잠재적 수익에 대한 대강의 짐작까지 가능하기 마련이다.

때때로 매우 복잡한 포지션을 조사하는 데 몇 주를 보내는 것은 매우 높은 수익성으로 연결될 수 있지만, 완전한 시간 낭비로 끝날 수도 있다. 시장이 놓친 중요한 무언가가 있다고 생각하지 않는 한 차라리 여러 번의 작은 승리를 향해 나아가는 것이 더 나을 수 있다.

전문 분야

투자에서는 자신이 잘 아는 분야를 고수하는 것이 중요하다. 프롬 트레이더prop trader(증권사 등 금융기관에서 고객의 투자금이 아닌 회사의 자산을 운용하는 전문 투자자–옮긴이) 출신의 예전 동료들은 각각의 주식에 대해 배워야 하고, 가격을 움직이는 요인이 무엇인지, 시장 참여자와 주식은 뉴스의 흐름에 어떻게 반응하는지 이해해야 한다고 믿었다.

그런 맥락에서 나는 제약 분야의 주식은 연구 조사나 투자 대상으로 삼지 않는다. 해당 비즈니스를 이해하지 못하기 때문이다. 같은 이유로 나는 일반적으로 은행 쪽도 피한다. 때때로 신흥 시장 경제체에 투자하기 위해 대리인으로 은행을 이용하기는 하지만 말이다. 예를 들어 내가 인도에 투자하기를 원하는 경우 가장 간단하고 직접적인 투자 방법은 은행을 통하는 것이다. 개인 투자자가 인도에서 개별 주식을 사는 것은 매우 복잡하기에 한 가지 선택지는 상장지수펀드ETF를 이용하는 것이고, 다른 한 가지는 미국예탁증서ADR를 통해 액세스할 수 있는 ICICI 은행을 통하는 것이다.

나는 소매 분야의 매수도 피하는 편이다. 소비자의 변덕스러움은 내가 측정하기 힘든 요소이기 때문이다. 물론 때때로 공매도나 페어 트레이딩pair trading(주가가 비슷하게 움직이는 종목 페어, 즉 짝을 찾아서 저평가된 종목은 매수하고 고평가된 종목은 공매도하는 방식–옮긴이)을 위해 이 분야에 발을 담그기도 하지만 말이다.

나는 호주의 주식시장에는 투자하지 않는 경향이 있다. 현지의 연금이 시장에서 과도한 비중을 차지하고 있고, 주가가 일반적으로 왜곡되기 때문이다. 같은 이유로 나는 호주 주식시장에서는 공매도도 하지 않는다. 또 다른 문제는 내 앞에 똑똑한 현지인들이 줄지어 서 있다는 것이다. 주식시장을 이용해 큰돈을 손에 쥔 억만장자들이 불균형적으로 많은 곳이 바로 호주다. 세계적으로 유명한 패커Packer 가문과 머독

Murdoch 가문 외에도 호주에는 투자에 많은 재능을 발휘한 가문이 다수 있다. 그렇긴 하지만 나는 최근 몇 년 사이 바이사이드에서 트레저리 와인에스테이트Treasury Wines Estates, 셀사이드에서 웨스파머스Wesfarmers에 대한 기회를 살펴보긴 했다.

한국과 중국, 일본의 경우 현지의 관습과 언어 장벽으로 때때로 회계에 대한 이해가 어렵고, 개인 고객(특히 중국)의 과도한 참여로 기본적 분석 기술이 훨씬 까다로워지는 경향이 있기에 이 세 나라에 대해 나는 개인적으로 편하게 생각하지 않는다. 나는 이러한 종류의 시장을 들여다볼 때 목표 수익률에 훨씬 더 높은 한도를 설정한다.

장하준은 저서 《그들이 말하지 않는 23가지23 Things They Don't Tell You about Capitalism》에서 이렇게 말했다. "자유 시장이란 것은 존재하지 않는다. 모든 시장에는 선택의 자유를 제한하는 몇 가지 규칙과 경계가 있다." 문화와 언어 장벽이 있는 시장에 투자하는 것은 본질적으로 훨씬 더 어렵다는 얘기다.

또 다른 좋은 예는 러시아다. 러시아에서는 가치 평가가 낮은 주식(러시아 표준에 따른 할인도 포함)을 찾는 것뿐만 아니라 정치적 상황을 탐색하기 위해 현지의 네이티브 스피커 팀원도 필요하다. 어느 날 아침, 당신이 선호하는 주식이 국유화되었다거나 그 활동의 수익성을 크게 떨어뜨리는 법이 통과되었다는 사실을 알게 되는 것이 바람직할 리 있겠는가. 그러한 사건이 예고 없이 발생할 수 있는 영역에 대한 투자는 본질적으로 리스크가 더 클 수밖에 없다.

러시아의 과두제 집권층을 상대하는 것은 또 다른 골칫거리가 될 수 있다. 실제로 그중 한 사람은 회사가 신주 발행으로 자금을 조달하고 있을 때 자신이 보유한 자사의 주식 일부를 매각하기도 했다. 나의 러시아인 동료가 그에게 그 돈이 왜 필요한지 묻자, 그는 지역 축구 팀을 위해 새 경기장을 짓고 싶어서 그랬다고 설명했다. 내 동료가 농담을 던졌다. “첼시 같은 팀을 만들고 싶은 건가요?” 그러자 그 과두 정치인은 자리에서 벌떡 일어나 소리를 지르며 화를 내기 시작했다. 자신을 아브라모비치Abramovich와 비교했다고 말이다. 나는 크게 실망했고, 나의 동료는 크게 즐거워했다.

나의 전문 분야는 주로 B2B 서비스를 제공하는 산업체다. 많은 투자자가 기술 및 필수 소비재 기업에 중점을 두는 것을 선호하지만, 나는 B2B 서비스산업 분야에 의미심장한 가격 오판으로 인한 기회가 산재한다는 사실을 발견했다.

결론

모든 투자 아이디어가 좋은 것으로 판명되지는 않는다. 아이디어에 대한 심도 있는 연구 조사는 최소 일주일 또는 더 오래 걸릴 수 있으므로 먼저 일련의 초기 점검을 수행해 가설을 테스트하는 것이 중요하다. 이 초기 연구 조사의 가장 중요한 측면 중 하나는 자신의 가설에 대한 반론을 이해하는 것이다. 연구 조사에 많은 시간을 투자하더라도 투자에 대한 설득력 있는 주장을 펼칠 수 없다면 아이디어를 포기해야 한다.

투자 아이디어가 테스트를 통과하면 회사에 대한 심층적 연구 조사를 수행할 준비가 된 셈이다. 이를 위해서는 계획이 필요하다.

4~8장에서 이 연구 조사 프로세스를 자세히 설명하고, 작업에 도움이 되는 체크리스트를 제공하고자 한다.

Next level

4장 업계에 대한 이해

나는 새로운 투자 대상에 대해 연구 조사를 시작할 때 경쟁사와 고객, 공급 업체, 수요 및 공급의 추세 등 해당 업계에 대해 이해하는 것을 필수로 생각한다. 업계에 대한 포괄적인 이해는 투자 기회를 적절하게 평가하는 첫 번째 단계다.

이 짧은 장에서는 그에 대한 이해를 돕는 몇 가지 체크리스트 질문에 대해 간략히 설명할 것이다. 먼저 체크리스트가 왜 중요한지 알아보자.

체크리스트의 역사

항공 산업에서는 가벼운 실수 하나가 수백 명의 목숨을 좌우할 수 있다. 그래서 항공업계에서는 체크리스트를 광범위하게 사용한다. 특히 비행기의 출발 시점에 집중하는데, 그런 체크리스트의 도입에는 1935년까지 거슬러 올라가는 흥미롭고도 안타까운 이야기가 깔려 있다.

당시 미국 육군은 폭격기 3종의 상대적 장점을 진단하기 위한 항공기 평가의 후기 단계에 들어서 있었다. 마틴 모델Martin Model 146과 더글

러스Douglas DB-1 그리고 보잉Boing 모델 299가 그 3종이었는데, 그때까지의 평가에서는 모델 299가 선두를 달리고 있었다. 그날 모델 299의 조종사는 처음으로 그 항공기를 조종하는 플로이어 힐Ployer P. Hill 소령이었고, 부조종사는 이전 평가 비행에서 최우수 육군 조종사로 선정된 도널드 퍼트Donald Putt 중위였다. 그들과 함께 보잉의 수석 테스트 조종사로서 모델 299의 조종간을 잡고 많은 시간을 보낸 레슬리 타워Leslie Tower가 비행기에 올랐다.

보도에 따르면 그 항공기는 정상적인 활주와 이륙을 하고 순조로운 상승을 시작한 후 갑자기 실속하고 추락했다. 힐과 타워는 그 사고로 사망했다. 조사 결과 추락 원인은 '조종사의 실수'로 밝혀졌다. 항공기 조종에 익숙하지 않은 힐이 이륙하기 전에 엘리베이터 잠금장치(항공기가 지상에 주차되어 작동하지 않는 동안 조종 익면을 잠가놓는 메커니즘)를 해제하는 것을 잊은 것이었다. 공중에 뜬 후 타워가 잠금장치 손잡이로 손을 뻗었겠지만 이미 너무 늦었을 터였다.

그 사고로 모델 299 프로그램은 중단될 수도 있었지만, 보잉은 프로젝트를 계속 진행할 기회를 얻었고 추가 테스트를 위해 12대의 항공기를 버지니아주 랭글리 필드의 2차 폭격 비행단에 인도했다. 그곳의 조종사들은 이 새롭고 훨씬 더 복잡한 항공기의 경우 모든 단계가 수행되고 간과되는 것이 없음을 확인하는 방법이 필요하다는 사실을 깨달았다. 그렇게 해서 도출된 것이 바로 조종사의 체크리스트였다. 이륙과 비행, 착륙 전과 착륙 후에 필요한 네 가지 체크리스트가 개발되었다.

그러한 체크리스트와 엄격한 훈련에 힘입어 이 12대의 항공기는 심각한 사고 없이 180만 마일을 비행했다. 미국 육군은 모델 299를 받아들였고, 마침내 제2차 세계대전에서 '하늘의 요새'로 불리며 맹활약하게 되는 B-17 플라잉 포트리스Flying Fortress 1만 2,731대를 주문했다. 조종사의 체크리스트는 이후 업계에서 표준 사양으로 자리 잡아 오늘에 이르렀다.

몇 년 후 이 경험은 의료 분야에서도 반복되었다. 중환자 진료 내과의이자 존스홉킨스 의과대학 교수인 피터 프로노보스트Peter Pronovost는 중심 정맥 카테터(약물을 주입하거나 혈액 샘플을 채취하기 위해 정맥에 삽입하는 관)에 대한 연구로 잘 알려져 있다. 미국에서는 카테터 감염과 관련해 매년 3만 1,000명의 사람이 사망한다.+

프로노보스트는 간단한 다섯 개 항목의 체크리스트를 개발했고, 그것을 이용해 1,500명의 생명을 구한 것으로 추정된다. 2003년부터 18개월 동안 미시간에서 진행한 시험에서 체크리스트는 카테터 관련 감염 발생률을 1,000일당 0.27퍼센트에서 0퍼센트로 줄였다.++

롤링 스톤스Rolling Stones는 순회공연을 할 때면 무대 뒤 분장실에 엠앤엠즈M&M's 초콜릿 한 그릇을 갈색(또는 노란색)은 모두 뺀 채 준비해달라고 요구하곤 했다. 공연 계약서에 그 내용을 집어넣을 정도로 중요한 요구 조건이었다. 그렇게 한 진짜 이유는 무엇이었을까? 그들이 갈색(또는 노란색) 엠앤엠즈를 싫어했기 때문일까? 아니면 무엇이든 요구할 수 있는 특급 스타의 위상을 증명하고자 했던 것일까? 둘 다 아니었다. 행사 주최자가 계약서의 안전 관련 요구 사항을 모두 읽었는지 확인하기 위한 조치였을 뿐이다.

체크리스트는 투자 프로세스의 필수적 부분이 되어야 한다. 효과

+ 'An Intervention to Decrease Catheter-Related Bloodstream Infections in the ICU', New England Journal of Medicine(December 2006).

++ L. Landro, 'The Secret to Fighting Infections', The Wall Street Journal(28 March 2011).

적 분석을 추구하려면 어떤 사항도 간과해서는 안 된다. 그것을 이용하는 전문가들이 비교적 적다는 사실이 나를 어리둥절케 한다.

업계에 대한 체크리스트

내가 업계industry부터 점검하는 데에는 몇 가지 이유가 있다.

- 주식 성과에 대한 주요 영향 중 하나는 해당 섹터의 성과다. 따라서 해당 섹터에 대한 시장의 심리를 이끄는 요인을 이해하는 것이 중요하다.
- 가격 결정은 수익, 특히 마진의 핵심 동인이다. 이는 종종 섹터의 수준에서 주도되는 요소이므로 섹터의 이력이 중요하다.
- 수요와 공급의 균형은 가격 결정에 매우 중요하며, 이는 섹터별 요소다.
- 처음부터 업계의 경쟁 역학을 이해하는 것이 중요하다. 때로는 업계의 상당 부분이 상장된 상태라 비교가 별로 어렵지 않다. 반대로 영국의 식품 소매 부문 주주들은 상장된 소매업체들에 초점을 맞추고 있다가 독일의 새로운 저비용 비상장 경쟁 업체의 출현에 충격을 받기도 했다.

일부 투자자는 경쟁 관계에 광범위하게 초점을 맞추며 이 영역이 연구 조사에서 무시되고 있다고 여긴다. 예를 들어 영국의 자산운용사 피닉스Phoenix는 유럽의 저가 항공사 이지젯easyJet의 주식을 보유하고 있었다. 그들은 6개월마다 항공사가 취항하는 2,500개의 출입국 도시 매칭을 검토하고, 경쟁 환경을 점검했다. 이는 데이터가 있는 경우에 가능한, 수준 높은 세부적 이해의 좋은 예다. 개인 투자자가 이렇게 하는 것은 비현실적이며, 전문가라도 이 정도 깊이의 분석을 수행하는 것은 이례적인 일이다. 하지만 이 사례는 연구 조사의 한 추세를 여실히 보여준다.

경쟁 관계에 대한 이해는 기업과 투자를 이해하는 첫 번째 단계인 산업에 대한 이해에 도움이 된다.

아래의 목록은 신규 또는 기존 투자에 접근하기 위한 체계를 형성하는 일련의 질문이다. 나의 프로세스는 업계의 상황을 이해하는 것으로 시작해 업계에서 회사가 어떤 위치를 차지하고 있는지 살펴보는 것으로 이어진다. 그런 다음에야 회사의 재무를 자세히 검토하는 것이 나의 순서다.

여기서 한 가지 강조할 사항은 상황에 따라 일부 측면이 다른 측면보다 더 적절하다는 점이다. 예를 들어 할인된 가격으로 주식을 매수하는 경우 리스크와 생존에 대한 강조가 필요하지만, 진정으로 가치에 손상을 입은 주식을 사는 경우 양질의 투자가 아닐 가능성이 크다. 이러한 투자를 할 때 나는 나쁜 경우를 분석하는 데 많은 시간을 할애하고, 사업 모델이나 해자moat(해자에 대해서는 5장에서 자세히 설명함)에 대해 걱정하는 데에는 상대적으로 적은 노력을 기울이곤 한다. 여기에는 채권시장이 주식시장보다 생존 리스크에 더 적절하게 대응하기 때문에 회사의 부채에 대한 평가에 초점을 맞추는 것이 포함된다.

대조적으로 가치 평가가 높은 주식에 투자할 때는 사업 모델과 수익의 지속 가능성에 대한 보다 깊은 이해를 요구한다. 작업의 성격은 이렇게 투자 유형에 따라 달라진다. 따라서 아래의 질문과 요소를 체크리스트 항목으로 고려하는 게 바람직하다.

- **업계는 어떻게 돌아가는가? 주요 플레이어와 고객, 공급 업체는 누구인**

가? 각 그룹을 단편화하면 대개 힘의 균형이 어디에 있는지 개략적으로 알 수 있다. 나는 종종 업계에 대한 초기 조사를 통해 원래 주식을 버리고 고객이나 공급 업체에 대한 투자를 통해 기회를 추구하는 쪽으로 선회하기도 한다.

• 지난 몇 년 동안 시장의 성장은 어떠했으며, 앞으로 어떤 성장이 예상되는가? 특정 산업이 몇 년 동안 꾸준히 성장했다면 계속 그렇게 성장할 것으로 추정하기 쉽다. 그러한 경우 시간을 더 거슬러 올라가 오랜 기간 얼마나 꾸준히 성장했는지 확인하고 그 이유를 이해하는 것이 특히 도움이 된다.

• 수요의 동인은 무엇인가? 그것은 강화되고 있는가, 아니면 약화하고 있는가? 이것은 종종 대답하기 복잡한 질문이지만, 명확한 이해가 필수적이다. 포지션이 확립되면 그 지위를 면밀히 모니터링해야 한다.

• 업계의 경쟁 역학은 어떠한가? 업계는 어떻게 구성되어 있으며, 통합 수준은 어느 정도인가? 해당 부문에 가격 결정 권한이 있는가? 누가 업계의 가격 결정을 통제하는가? 일정한 기간 동안 주요 사업자의 시장점유율이 어느 정도의 안정성을 갖는지 살펴보면 일반적으로 업계 진입에 대한 실제 장벽이 어느 정도로 높은지 알 수 있다.

• 생산능력이 업계에 들어오고 있는가, 아니면 업계를 떠나고 있는가? 이것은 사실 확인해야 할 가장 중요한 질문에 속한다. 생산능력이 업계에 모이고 있다면 그것은 수요의 증가가 공급보다 앞서고 있다는 증거다. 수요 증가율이 공급 증가율보다 낮으면 그것은 위험신호다. 반대로 생산능력이 업계를 떠나는 징후는 미래의 수익에 매우 긍정적일 가능성이 크다. 이 요소가 수요 측면보다 훨씬 적게 논의된다는 것이 흥미롭지만, 이것은 종종 성공하는 데 더 간단하고 신뢰할 수 있는 방법이다. 그리고 이것이 영국의 자산운용사 마라톤자산운용Marathon Asset Management과 호스킹앤드코Hosking & Co의

주요 차별화 요소 중 하나다.

• 업계가 글로벌인 경우 주요 플레이어들은 어디에 기반을 두고 있으며, 어떤 특징 또는 어떤 역사적 사건으로 인해 승자가 되었는가? 종종 가장 큰 회사는 미국에 기반을 두고 있으며, 가장 가치가 높게 평가된다. 그 대안으로 유럽이 더 매력적으로 보일 수 있지만, 과거의 상대적 성공에 대한 이유를 이해하는 것이 중요하다. 예를 들면 미국 회사가 더 큰 미국 내수 시장의 주요 플레이어일 수 있기 때문이다.

• 이 업계에서 탁월한 성과를 내는 핵심적 성공 요인은 무엇인가? 좋은 회사는 나쁜 회사와 어떻게 그리고 어느 정도 차별화되는가? 해당 기업들이 이 업계에서 성공한 이유를 살펴보는 것은 실로 도움이 된다.

• 업계는 어느 정도까지 규제를 받고 있으며, 규제의 주체는 누구인가? 규제의 변화는 기업의 주가에 즉각적으로 영향을 미칠 수 있다. 회사가 규제를 받는 경우 규제 기관의 동기와 태도를 이해하는 것이 필수적이다.

• 업계가 어떤 형태로든 정부 보조금에 의존하고 있는가? 보조금을 받는 회사를 반드시 잠재적 투자 대상으로 삼을 필요는 없다는 점에 유의하라. 경쟁 업체가 보조금을 받는 경우 보조금이 경고 없이 증감될 수 있으므로 위협이나 기회가 될 수 있다. 보조금은 또한 공급 업체와 고객 모두의 공급망에 영향을 미칠 수 있으며, 이는 해당 사업체에도 연쇄적 영향을 미칠 수 있다.

• 좋은 예는 글로벌 금융 위기GFC 이후의 스페인이다. 스페인은 19년 동안 태양광 패널의 최대 구매자이자 설치 국가였다. 금융 위기 이후 스페인 정부는 정책을 철회하고 법률을 소급해 변경했다. 그에 따라 스페인의 자산 보유자는 물론이고, 태양광 패널 제조업체도 엄청난 타격을 입었다.

• 업계의 어떤 기술적 측면이 차별성을 지니는가? 그리고 그것을 대략적으

로라도 이해하고 있는가? 이것은 실제로 초기에 해결하기 좋은 질문이다. 예를 들어보자. 한 펀드에서 일할 때 나는 반도체를 주의 깊게 보고 있었다. 나는 이것이 수익성 있는 기회가 될 것이라고 확신했지만, 기술을 이해하기 어렵다는 것을 알게 되었다. 해당 포지션을 펀드에 포함하려면 동료들에게 그 근거를 설명해야 했다. 나는 대신 다른 곳에 에너지를 집중하기로 했다.

- 이 업계의 진입 장벽은 무엇인가? 진입 장벽이 약하거나 감소하고 있다면 경쟁의 본질을 이해하는 것이 더 중요하다. 예를 들어 독과점이 형성된 부문에서 기업들이 서로 평화롭게 공존하며 업계를 전체적으로 수익성 높게 만든 역사가 있는가? 그렇지 않은 경우 운영의 효율성과 경영의 품질을 보다 깊이 평가하고, 마진이 장기간 현재 수준으로 유지되지 않을 수 있다고 가정하는 것이 중요하다.
- 마지막으로 나는 이것이 훌륭한 사업체인지, 내가 그 점을 이해하고 있는지 자문한다. 이 두 질문 중 하나에 대한 대답이 '아니요'인 경우 다른 대상으로 넘어가는 것이 나을 것이다.

업계에 대해 평가해야 할 가장 중요한 요소 중 하나는 퀄리티다. 많은 투자자, 특히 버크셔해서웨이Berkshire Hathaway의 워런 버핏Warren Bufett과 찰스 멍거Charles Munger가 이를 집착적으로 중요시한다. 그런 연유로 나는 그것에 대해 다음 장을 할애한다.

결론

업계의 특성을 이해하는 것은 기업에 대한 관점을 구축하는 첫 번째 단계다. 사업체를 운영하는 경쟁 환경은 향후 수익 성장 및 마진 추세에 대한 중요한 정보가 된다. 이 초기 연구 조사는 개별 기업을 분석하기 위한 필수적 기초에 해당한다.

이 짧은 장에서 나는 투자자들이 처음으로 투자에 접근할 때 다루어야 하는, 업계의 상황과 관련한 몇 가지 주요 사안을 간략하게 설명했다. 이 단계에 시간을 들이면 잠재적 투자가 폐기되거나 같은 부문의 다른 회사로 대체될 수도 있다. 보다 빈번하게 발생하는 일은 업계에 대한 초기 조사로 인해 해당 주식을 포기하고 고객이나 공급 업체에 대한 투자를 통해 기회를 추구하는 경우다. 다음 장에서는 퀄리티에 대해 자세하게 설명할 것이다.

Next level

5장

퀄리티란 무엇인가

회사와 업계를 평가하는 것은 사업체의 퀄리티를 이해하는 데 도움이 된다. 퀄리티의 이해는 곧 워런 버핏이 말한 '해자moat(적의 침입을 막기 위해 성 둘레를 파서 만든 못을 말한다. 워런 버핏이 처음 사용한 용어인 '경제적 해자'가 있다는 말은 마치 성의 해자처럼 한 기업이 다른 기업으로부터 스스로를 보호할 수 있는 지속 가능한 경쟁력을 갖추었다는 의미다-옮긴이)'를 평가하는 것으로, 쉽게 말하면 평균 이상의 수익이 얼마나 지속될 가능성이 있는지를 파악하는 것이다.

이 장에서는 내가 퀄리티를 평가하는 데 사용하는 몇 가지 기준을 제시하고, 해자의 다양한 측면에 대해 논의할 것이다. 이것은 그동안 많은 논평가가 속속들이 다룬 테마다. 그만큼 중요한 테마라는 뜻이며, 특히 개인 투자자에게는 분석 프로세스의 필수 요소다.

나는 여기서 정량적 측면에 초점을 맞춘다. 명심해야 할 두 가지 정량적 요소가 있다. 하나는 자본이익률의 수준과 변동성이고, 다른 하나는 재무 레버리지financial leverage(기업이 타인의 자본, 즉 부채를 보유하고 금융 비용을 지불하는 것-옮긴이)다. 퀄리티가 높은 우량 주식은 부채 레버리지가 낮은 경향이 있다. 여기서는 회계의 퀄리티에 대한 논의는 생략한다. 그것은 회계를 논의할 때 다룰 것이다.

퀄리티 탐색

셀사이드 애널리스트로 일하던 시절, 나는 퀄리티에 대해 크게 신경 쓴 적이 없었다. 당시 내가 맡았던 운송 부문은 고퀄리티 회사, 중퀄리티 회사, 저퀄리티 회사로 나누는 것이 분명하고 쉬웠기 때문이다.

- 고퀄리티 회사: AB포츠Associated British Ports(영국항만연합)와 영국공항공단BAA은 퀄리티가 높은 사업체의 전형적인 예에 속했다. 그들은 담보자산을 가지고 있고, 효과적인 지역 독점을 누렸다. 또한 판매나 이익의 감소 가능성이 거의 없었으며, 그럭저럭 괜찮은 경영진을 보유했다(두 회사의 경영진은 일반적으로 상당히 약했지만, 사업체 자체가 워낙 강력해서 수준 이하의 사람들이 맡지만 않는다면 괜찮았다).
- 중퀄리티 회사: 버스 회사들은 상당히 일관된 수익 흐름과 제한된 경쟁 환경을 누렸지만, 때때로 부채비율이 높아지곤 했다. 버스 회사 경영진은 질적 편차가 심했고, 그들의 철도 자회사는 수명이 제한된 프랜차이즈였다.
- 저퀄리티 회사: 영국항공BA과 같은 항공사는 수익과 낮은 마진율, 변동성이 높은 수익 흐름에 대한 통제권이 거의 없었다. 트럭 운송 회사도 마찬가지로 퀄리티가 낮았다.

그렇다면 펀드매니저는 고퀄리티 회사의 주식을 상당한 규모로 장기 보유해야 하며, 등급이 너무 높아지거나 경영진이 어리석은 거래를 하는 등의 문제가 발생했을 때 보유 지분을 축소해야 하는 것이 분명했다. 그러고 나면 부분적으로 저렴해 보이는 중퀄리티 주식을 매수하거나 영국항공과 같은 회사에 대한 선호도가 크게 떨어졌을 때 추가로 투자함으로써 수익을 창출할 수 있다.

바이사이드 애널리스트로 자리를 옮겼을 때, 나는 특수 상황 투자자로서 매우 높은 수익을 낼 수 있는 잠재력이 큰 주식을 찾는 데 주력했다. 나는 손실에 대한 내성이 전문 투자자보다 훨씬 낮은 개인을 위해 투자하는 영국의 한 자산운용사에 조언을 하기 시작하면서 퀄리티를 전보다 훨씬 더 중요한 요소로 인식하지 않을 수 없었다. 이러한 맥락에서 퀄리티는 실적이나 주가가 크게 하락할 가능성이 훨씬 적은 회사를 의미한다.

자산운용사를 위해 우리는 신뢰할 수 있는 고퀄리티 주식을 선별하기 위한 심사 시스템을 개발했다. 그 성과는 사실 내가 기대한 것보다 훨씬 컸다. 우리가 선별한 고퀄리티 주식은 1년 차, 2년 차, 3년 차뿐 아니라 이후로도 계속 기대 이상의 성과를 올렸다. 결국 우리는 보유 기간을 7년으로 최적화했다. 백 테스트back test(현재 결정한 투자 전략을 과거에 사용했다면 어느 정도 수익을 낼 수 있었는지 검증하는 작업–옮긴이)의 일환으로 연간 70회 이상 관찰한 결과 선별된 그룹은 고작 세 번만 실적이 저조했고, 이후로는 그 비율이 2퍼센트 미만이었다. 실로 놀라운 성과가 아닐 수 없었다.

그렇다면 문제는 고퀄리티 기업을 식별하는 방법이다. 현재 유행하는 방법은 투하자본이익률RoIC을 이용하는 것이다. 투하자본이익률이 꾸준히 높은 회사는 장기적으로 더 나은 성과를 낼 것이 분명하다. 많은 투자자가 가치 평가와 거의 상관없이 투하자본이익률이 높은 주식을 보유하는 것에 만족해한다. 내가 존경하는 일부 전문가, 특히 브론테캐피털의 존 헴프턴과 펀드스미스Fundsmith의 테리 스미스Terry Smith는 가치 평가가 사실상 무관하다고 생각한다. 그들은 고퀄리티 회사를 오랫동안 보유하는 데 중점을 두는 까닭에 사업체의 퀄리티에 그만큼 더 관심을 쏟는다.

[표 5.1] 코카콜라와 S&P 500 지수의 연도별 실적 비교

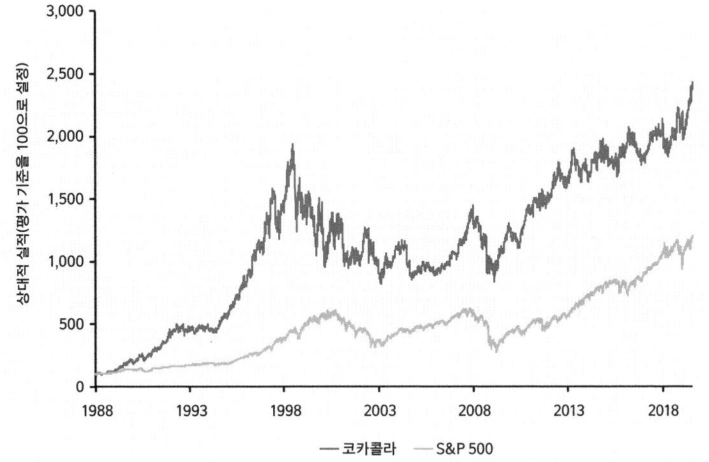

출처: 비하인드더밸런스시트에서 인용한 센티오 데이터

테리 스미스는 퀄리티에 대한 투자의 예로 매우 적절한 시기에 이루어진 버핏의 코카콜라 인수를 인용한다. 그러나 버핏은 코카콜라를 인수하는 데 2배의 가격을 지불했더라도 포트폴리오 성장의 진정한 엔진인 복리 수익의 힘으로 여전히 시장을 이길 수 있었을 것이다.

이는 사실 결과론적 해석이다. 그러나 버핏처럼 20년을 앞서 그러한 컴파운더compounder(복리 수익을 안겨주는 주식-옮긴이)의 가치를 예측할 수 있는 사람이 우리 중 과연 몇이나 될까? 실제 그 기간에 코카콜라는 진정으로 예외적 사업체임이 입증되었다. 오늘날에는 그런 일이

더욱 어려울 것으로 볼 수 있다. 이유는 다음과 같다.

- 인터넷이 변화의 속도를 가속화하며 갈수록 많은 탈중개화를 주도하고 있기 때문에 특정 사업 모델의 장기적 퀄리티를 예측하기가 더욱 어려워졌다.
- 복리 수익의 힘에 대한 이해가 보편화되고, 투하자본이익률이 더욱더 면밀히 조사되고 있어 주식시장에서 과소평가될 가능성이 작다.
- 마찬가지로 인구 증가, 신흥 시장의 GDP 증가, 부유한 중산층의 증가 등과 같은 장기적 추세가 모두 잘 이해되고 주식에 반영된다. 물론 이러한 요소 역시 통화의 변동과 지역 경쟁 등 여러 요인의 영향을 받는다.

투하자본이익률이 높은 주식을 고려할 때 종종 간과하는 요소는 **재투자율**reinvestment rate(회사가 성장하기 위해 사업에 재투자할 수 있는 비율)이다. 이것은 과거의 투자 이력을 살펴보는 것으로 파악할 수도 있지만, 늘 그렇듯이 과거가 언제나 미래의 지표가 되는 것은 아니라는 점을 염두에 둘 필요가 있다. 투하자본이익률은 높지만 재투자 기회가 제한된 회사는 잉여 현금을 이익률과 비슷한 정도로 재투자할 수 있는 회사보다 가치가 낮다고 봐야 한다. 전자는 그 돈으로 할 수 있는 다른 일을 찾거나 주주에게 돌려줘야 한다. 이것이 많은 투자자가 경영진의 자본 배분 기술에 세심한 주의를 기울이는 이유다. 현명하게 재투자할 수 없다면 주주들에게 현금을 돌려주는 게 더 바람직하다.

두 회사의 경우를 가정해보자. 한 회사는 10퍼센트의 현재 그룹 투하자본이익률에 잉여 현금을 모두 재투자할 수 있다. 이는 10퍼센트의 복리가 형성된다는 뜻이다. 다른 한 회사는 같은 업계에 속한 회사로, 20퍼센트의 투하자본이익률에 현금 흐름의 절반을 재투자하고 나머지 절반은 주주에게 돌려줄 수 있다. 이 경우 후자를 더 나은 투자 대상으로 봐야 한다.

퀄리티는 분명 아웃퍼폼outperform(특정 주식의 수익률이 시장의 평균 수익률을 상회하는 상황 또는 그럴 것이라는 예상-옮긴이)에 이르는 한 가지 경로이지만 간단하지는 않다. 미래 수익에 대한 계산은 많은 사람이 학문적 해답을 찾고자 하는 열의에 빠져 간과하는 한 가지 요소, 즉 불확실성으로 가득 차 있다. 확실히 가치에 초점을 맞추면 퀄리티가 기여할 수 있는 부분을 과소평가할 수 있다. 대부분의 개인 고객 포트폴리오의 경우 퀄리티에 중점을 두는 것은 필수적이다. 하지만 나는 '퀄리티 주식을 파는 것을 결코 두려워하지 말라'라는 팻말을 책상 위에 올려놓았던 한 뛰어난 펀드매니저를 생각하지 않을 수 없다.

경제적 해자

퀄리티에 대해 생각하는 또 다른 방법은 투하자본이익률과 같은 정량적 측면이 아니라 정성적 측면을 살펴보는 것이다. 워런 버핏은 '경제적 해자'라는 용어를 고안해 자신의 투자 과정에서 기본 개념으로 삼았다. 경제적 해자는 경쟁사가 회사의 시장에 진입해 자본이익률을 줄이는 것을 막는 구조적 장애 요소를 뜻한다. 경제적 해자의 효과는 지속 가능한 높은 수준의 투하자본이익률이다.

진정한 경제적 해자는 복제하기 어렵고, 따라서 더 오래 지속된다. 기술은 대개 복제가 가능하고, 종종 수명이 짧기 때문에 일반적으로 지속적 해자의 원천으로 보지 않는다. 물론 FAANG(페이스북, 아마존, 애플, 넷플릭스, 구글) 주식과 같은 몇 가지 뛰어난 예외는 존재하지만 말이다. 기술 우위나 혁신은 이목을 끄는 광고 캠페인이나 뜨거운 트렌드보다 오래 지속되지 않을 수도 있다. 강력한 경영진과 마찬가지로 기술은 단기 및 중기적으로 이점을 제공할 수 있지만, 장기적으로는 경쟁업체에 의해 복제(경영진의 경우 스카우트)되는 경향이 있다.

내 생각에 지속 가능한 경제적 해자는 좀 더 구조적인 무언가다. 1990년대 미국 증시에 상장된 사우스웨스트항공Southwest Airlines이 단적인 예다. 그들의 문화는 모든 직원에게 깊이 뿌리내렸고, 다른 항공사는 이를 따라갈 수 없었다. 사우스웨스트항공이 무엇을 하고 있는지는 분명했지만, 적대적인 노사 관계에 직면해 있던 경쟁사들은 그것을 복제하는 것 자체가 불가능했다.

해자는 다음과 같은 장점으로 창출될 수 있다.

해자를 만드는 장점

규모의 경제 • 이것은 일반적으로 최소한 경쟁사에 비해 실질적이어야 한다. 월마트가 이것의 한 예로, 유니폼 등 렌털 서비스 기업인 신타스Cintas나 아마존도 여기에 속한다. 규모의 경제는 델컴퓨터Dell Computers가 개척한 D2Cdirect-to-consumer 서비스처럼 프로세스에서 파생될 수도 있고, 크기 자체에서 생겨날 수도 있다. 예를 들어 라이언에어Ryanair는 규모가 더 크다는 부분적 이유 덕분에 수년 동안 저가 경쟁사들보다 훨씬 저렴한 원가주의cost base를 유지할 수 있었다.

코카콜라는 브랜드가 TV 광고를 기반으로 구축된 덕분에 규모의 경제를 누릴 수 있었다. 코카콜라는 거의 모든 경쟁사보다 훨씬 규모가 컸기 때문에 그들보다 더 많은 비용을 지출하며 선순환 구조를 창출했다. 그러한 상대적 우위는 이제 신규 진입자가 인터넷과 소셜 미디어를 통해 다양한 방식으로 소비자에게 다가갈 수 있게 되면서 점차 줄어들고 있다. 규모의 경제는 절대적이지 않고 상대적이다.

네트워크 효과 • 네트워크는 더 많은 참여자를 확보함으로써 이익을 얻는 만큼 그에 따른 해자는 규모에 따라 강화된다. 네트워크의 가치는 적용 범위 또는 참여도에 있다. 이베이eBay와 신용카드 회사(마스터카드Mastercard, 비자Visa, 아메리칸익스프레스American Express 등), 웨스턴유니언Western Union 등과 같은 회사가 대표적이다. 그중 웨스턴유니언은 해자의 주관성을 잘 보여주기도 한다. 많은 개발도상국에서 모바일 결제 기술이 그 회사의 비즈니스를 효과적으로 뛰어넘고 있기 때문이다. 기술이 실질적 해자를 만들지 않고도 해자를 파괴할 수 있음을 보여주는 예이기도 하다. 약점이 있는 네트워크의 또 다른 예는 우버Uber다. 이것은 사실상 일련의 지역 네트워크이기에 그렇다. 우버는 종종 특정 도시에서 가장 큰 플레이어이지만, 드라이버를 등급화함으로써 잠재적 경쟁자의 진입 장벽을 낮췄다.

지적재산권 • 이것은 일반적으로 특허나 상표 또는 규제 당국의 승인 등으로 간주되지만, 고객 충성도가 높은 브랜드에도 적용할 수 있다. 제약 회사가 좋은 예다. 휴대전화를 작동하는 칩을 생산하는 퀄컴Qualcomm 같은 회사의 주요 가치는 지적재산권에 있다.

고객 충성도 • 디즈니가 좋은 예이지만, 고객 충성도는 회사가 제품의 퀄리티와 본질을 유지해야 하기에 상대적으로 일시적 해자에 속한다. 브랜드는 타이드Tide 세제를 지속적으로 구매하는 경우에서 보듯이 고객의 시간을 단축해줄 수 있다. 롤렉스와 같이 긍정적 후광을 만들 수도 있고, 신용 평가 기관인 무디스Moody's와 같이 정당성을 부여할 수도 있다.

고객 포획력 • 습관은 투자자의 친구이며, 담배·콜라·치약과 같은 소비재의 전속 고객을 만든다. 말보로Marlboro의 라이츠Lights를 피우는 사람은 담배를 끊거나 재정적 상황에 따라 더 싼 브랜드로 옮겨갈 때에야 비로소 해당 브랜드의 흡연을 중단하게 된다. 이러한 제품에는 엄청난 관성이 따른다. 이를 맥주에 비유하자면 집에서는 버드와이저Budweiser를 마시는 사람이 멕시코 음식을 먹으러 가면 코로나Corona를, 태국 음식을 먹으러 가면 싱하Singha를 마실 수 있다. 하지만 사람들은 일반적으로 콜라 브랜드를 바꾸지는 않는다.

큰 고객 전환 비용 • 마이크로소프트Microsoft가 큰 고객 전환 비용(또는 검색 비용이나 실망의 위험)의 이점을 누리는 회사의 좋은 예다. 고객이 다른 플랫폼을 채택하려면 학습 과정을 거쳐야 하는데, 거기에 큰 비용이 들어가는 것이다. 은행이나 휴대전화 제조업체 같은 산업에서는 전환 과정이 너무 번거로운 것으로 간주되기 때문에 고객 관성의 형태로 이점이 따른다. 기업은 이러한 관성에서 어느 정도 혜택을 누릴 수 있지만, 그 자체만으로 해자의 주요 차별화 요소인 높은 자본이익률(특히 은행의 경우)을 획득하기에는 충분하지 않다.

검색 비용은 전환 비용의 또 다른 버전이다. 신뢰할 수 있는 대안을 정의하거나 찾기 어려울 수 있으며, 전문 서비스의 경우 실망할 위험도 크다.

대의적 목적이 있는 기업 • 재정적 수익과 함께 유익한 사회적·환경적 영향까지 창출하려는 의도로 하는 투자인 임팩트 투자impact investment를 연구 조사하면서 나는 지속 가능성이 양질의 투자와 해자의 필수적 요소라고 믿게 되었다. 지속 가능성을 고려하지 않는 기업은 불리한 위치에 놓이기 마련이다. 이는 단순한 ESG environment·social·governance(기업의 비재무적 요소인 환경·사회적 책임·지배구조-옮긴이) 점수를 뛰어넘는다. 지속 가능성은 위대한 기업을 위한 문화와 사업 모델의 일부이며, 따라서 연구 조사 프로세스에 반드시 변수로 포함해야 한다.

디지털 해자 • 기술의 발전은 해자의 특성을 근본적으로 변화시켰다. 많은 기술 시장은 승자 독식 구조가 특징이며, 이들 중 일부는 물리적 세계에는 존재하지 않거나 매우 이례적인 해자를 보유한다. 구글의 검색 점유율이나 소셜 네트워크로서 페이스북의 편재성과 같은 해자는 명백하기에 많은 사람에게 거의 강제적이다. 아래의 두 가지 요소는 덜 두드러지지만, 디지털 사업의 성공에 매우 중요하다.

인재 유치력 • IP 비즈니스에서 인재는 필수 불가결하므로 인재를 유치하는 능력은 핵심적 차별화 요소에 속한다. 기술 대기업은 잠재 고객뿐만 아니라 잠재 직원을 끌어들이는 막대한 브랜드 자산을 보유한다. 아이디어의 질이 종종 성공을 좌우하는 산업에서 인재를 끌어들이는 이러한 능력을 해자 요인으로 과소평가해서는 안 된다. 이것은 또한 자사의 디지털 역량을 발전시키려는 기존 회사에 장애물을 안겨준다. 일렉트로룩스 Electrolux의 CEO는 내게 제품 개발에서 점점 더 중요한 부분을 차지하는 소프트웨어 엔지니어를 유치하는 일이 엄청나게 어렵다고 토로한 바 있다.

R&D 규모 • 기술 대기업은 대부분의 기존 사업체보다 훨씬 큰 규모로 R&D에 투자할 수 있다. 2018년 그들은 S&P 500에서 가장 큰 R&D 지출 기업에 속했다. 나는 이 지출 규모가 사실 과장된 것으로 의심한다. 관련 기업들이 간접비를 R&D 비용으로 돌리는 데 지나치게 관대한 것으로 보이기 때문이다.

그럼에도 관련된 금액은 숨이 막힐 정도다. 자율주행차AV 부문에서 OEMoriginal equipment manufacturer(주문자 상표 부착 생산업체)은 전반적으로 R&D에 더 많은 비용을 지출하지만, R&D 지출에서 기술 산업에 비교할 수 있는 기존 산업은 거의 없다. 이것은 R&D가 미래 마진의 핵심 동인이 될 수 있다는 점에서 매우 의미심장하다. 로런스 커닝햄Lawrence Cunningham은 그의 저서《퀄리티 투자Quality Investing》에서 R&D 지출의 절대적 우위를 엄청난 수익을 유지하는 핵심 요소로 꼽는다. 그리고 AKO캐피털의 팀원들도 이에 동의한다.

인재와 R&D에 대한 투자라는 이 두 가지 요소는 지식 경제의 몫이 증가함에 따라 해자의 원천으로서 그 중요성이 증대할 것이다.

[표 5.2] 자율주행차 부문의 기술주와 25개 상장 OEM의 R&D 지출 비교

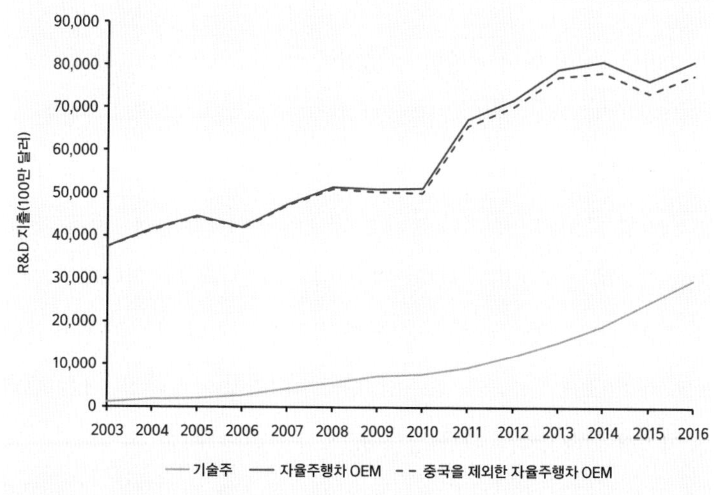

출처: 비하인드더밸런스시트. 여기 포함된 기술주는 2017년 현재 자율주행차 개발에 참여한 기업들

가격 결정력 • 이것은 해자를 누리는 퀄리티 기업의 한 가지 특징이다. 애플은 가격 결정력을 보유하며 적어도 2018년까지는 절대로 제품

을 할인하지 않는 것처럼 보였다. 아이폰iPhone이나 아이패드iPad의 새로운 버전이 나오면 그제서야 구형 모델을 할인해주는 방식을 고수한 것이다. 이러한 관행은 최근에 이르러 다소 후퇴하는 경향을 보였다. 브랜드가 새 휴대폰의 가격을 인상하고 약간의 할인율을 적용하는 방식을 취한 것이다.

소비재의 하단에서 알디와 같은 할인 업체는 지속적으로 낮은 가격에 투자하는 지속적 비용 우위를 가지고 있다. 다른 극단에서 페라리는 생산량을 제한해 대기자 명단을 유지하는데, 그것이 잔존 가치를 유지하게 해준다. 실제로 한 친구는 거의 비용을 들이지 않고 여러 대의 새로운 페라리를 즐겼다. 자신이 원하는 새 모델이 나오면 그는 1년 동안 몰고 다닌 페라리를 애초에 지불한 가격 그대로 딜러에게 재판매하곤 했다. 딜러는 기다리기를 꺼리는 고객에게 그 중고차를 신차 가격에 프리미엄까지 얹어 판매할 수 있었다.

브랜드의 가격 결정 활동을 모니터링하는 것은 분석의 유용한 부분이다. 예를 들어 반복적 판촉에 의한 판매를 지나치게 강조하지 않는 소매업체는 보다 일관된 성과를 낼 가능성이 크다. 반복적 염가 판촉에 의존하는 브랜드는 고객으로 하여금 다음 할인을 기다리게 만든다. 결과적으로 그런 판촉에 의한 사상 최대 규모의 판매는 매번 브랜드에 대한 고객의 신뢰를 감소시키며 역대 최대 규모의 또 다른 판매로 이어져야 하는 악순환을 낳는다.

하지만 근본적인 가격 추세를 장기간에 걸쳐 확인하는 것은 어려울 수 있다. 물론 소매업체 주식에 대해서는 할인 판매 횟수와 기간을 모니터링할 수 있다. 할인 판매 횟수나 일수의 증가는 일반적으로 중요한 경고 신호다.

해자의 수명

인터넷은 일부 해자의 강도를 감소시키고 있다. 예를 들어 포장 소비재 제품에서 미디어의 분열화는 소셜 미디어의 이용 증가로 인해 제품이 대중 시장에 도달하는 비용을 줄였다. 새로 나온 수제 맥주 같은 경우 소셜 미디어의 입소문을 타고 전보다 쉽게 대중 시장에 들어설 수도 있다는 의미다. 가장 좋은 예는 달러셰이브클럽Dollar Shave Club과 그것이 질레트Gillette에 미친 영향이다.

네트워크 효과는 인터넷 비즈니스에서 더 널리 퍼지는 경향이 있다. 중고차 광고의 지배적 포털인 영국의 오토트레이더Auto Trader를 생각해보라. 마찬가지로 주택의 경우 라이트무브Rightmove 웹사이트가 이에 해당한다. 네트워크 효과는 보조금(예컨대 특히 새로운 시장에서 수요를 자극하기 위해 가격을 이용하는 우버)과 참여(예컨대 페이스북)를 통해 강화될 수 있다. 해자는 높은 시장점유율이나 기술적 우위 또는 훌륭한 신제품을 가지고 있다고 해서 발생하는 것이 아니다. 그러한 모든 이점은 시간이 지나면서 사라지는 경향이 있다.

회사가 보유한 경제적 해자의 강점을 계산하는 간단한 방법은 회사의 각 사업 부문에 대해 시장점유율별로 해당 부문의 경쟁사를 나열해보는 것이다. 특히 시간이 지나도 시장점유율이 안정적으로 유지되는지 살펴보는 것이 중요하다. 이는 해당 사업의 실세적 진입 장벽을 나타낸다.

퀄리티에 대해 생각하는 또 다른 방법은 장기적 관점에서 생각하는 것이다. 미래에 높은 투하자본이익률을 장기적으로 제공할 가능성이 있는 특성을 가진 회사를 식별하기 위한 것이다. 현재 회사의 투하자본이익률이 높을 수도 있고 아닐 수도 있지만, 장기적으로 높은 수익을 상당히 안정적으로 예측할 수 있는 회사를 골라야 한다. 이 개념은 앨프리턴캐피털Alfreton Capital의 젊지만 뛰어난 헤지펀드 매니저인 댄 에이브러햄스Dan Abrahams가 내게 소개한 것이다.

오늘날 높은 투하자본이익률을 보이면서 그 지속 가능성이 큰 회사로 댄이 꼽은 곳은 영국 최고의 개인 투자 플랫폼인 하그리브스랜스다운Hargreaves Lansdown, HL이다. HL은 경쟁 업체에 비해 막강한 규모의 경제를 누리기 때문에 투자자산운용사에 수수료를 낮추도록 압력을 가할 수 있다. 이것은 고스란히 기관 스타일의 할인 요금 형태로 고객에게 전달된다. 매우 제한된 자본 요구 사항과 충성도가 높은 고객 기반을 갖춘 훌륭한 사업체인 셈이다.

그러나 이 회사에 대해 내가 문제라고 생각한 것은 투자자들이 HL에 펀드 비용 외에도 0.45퍼센트의 플랫폼 수수료와 외화 거래나 매매 계약서 등에 대한 숨은 추가 비용을 지불해야 한다는 부분이다. 내가 보기에 HL은 정상 수준 이상의 이익을 거두고 있었고, 따라서 기술력을 갖춘 경쟁사가 시장에 진입하는 경우 매우 취약해질 수 있었다. 그 회사의 밸류에이션, 즉 가치 평가(수익의 30배 이상, 두 자릿수 EV/EBITDA 배수였다) (여기서 EV/EBITDA는 기업의 시장가치EV를 세전 영업이익EBITDA으로 나눈 값을 말한다-옮긴이)는 제한된 안전 마진을 제공한다.

이에 대한 댄의 판단은 매우 성공적인 것으로 판명되었지만, 현재 우드퍼드Woodford 펀드의 대실패 이후 고객 기반의 충성도가 흔들리고 있다. 실적 부진과 유동성 약화에도 불구하고 해당 펀드를 계속 추천했기 때문에 하그리브스랜스다운에 대한 인식에 상당한 영향을 미칠 수 있다. 투자자들이 쉽게 피할 수 있었음에도 상당한 손실을 입었기에 더욱 그렇다.

퀄리티에 대해 생각하는 또 다른 방식은 찰스 멍거의 '거꾸로 생각해보기'를 이용하는 것이다. 예컨대 나쁜 산업은 어떤 모습인지 살피는 방법이다. 자동차 산업은 이의 전형적인 예이므로 간략하게라도 논의해볼 가치가 있다.

자동차 OEM은 경기가 침체될 때 판매 계약과 마진이 붕괴하는, 매우 경기를 타는 산업이다. 해당 산업은 상당한 과잉 생산과 높은 수준의 정부 개입이 특징이다. 국가가 직접 소유하는 제조업체는 상대적으로 적지만(르노Renault는 대표적 예외), 이들이 워낙 큰 고용주이다 보니 국가가 일자리를 보호하기 위해 틈틈이 개입하지 않을 수 없다. 영국의 보수당 정부가 닛산Nissan에 브렉시트의 결과로 고통을 겪게 하지 않을 것이라고 보증한 것이 좋은 예다. 경쟁 업체가 간접 또는 직접 보조금을 받는 경우 효율적인 회사가 추가 수익을 창출하기는 더 어려워진다.

제품 주기가 짧은 데다가 점점 짧아지고 있어 특정 모델이 경쟁사 대비 제품 주기의 어느 위치에 자리하느냐에 따라 마진이 좌우된다. 새로운 제품은 추가 수요를 창출하지만, 그 수요는 시간이 지남에 따라 쇠퇴한다. 결국 신제품에 지속적으로 투자해야 하는데, 그것이 바로 이들이 효율성이 높은 기업임에도 큰 마진을 올리지 못하는 이유다.

이들 기업은 또한 경기순환의 하강기에 현금 수요가 증가한다. 좋은 시기에는 매출이 증가할 뿐 아니라 딜러가 납품과 동시에 입금하고, 공급 업체가 외상을 줌에 따라 회사가 긍정적인 현금 흐름을 유지하는 경향이 있다. 판매가 줄어들면 이 사이클이 역전되기에 자동차업계의 OEM은 일반적으로 매출의 최대 10퍼센트를 현금으로 보유한다.

오늘날 OEM은 모빌리티로의 이동, 막대한 추가 R&D 투자를 요구하는 전기차 개발의 필요성, 생존의 위협까지 유발하는 자율주행차로의 장기적 이동, 그리고 그에 따른 더 많은 R&D 지출 요구 등 여러 문제에 직면해 있다.

이처럼 굉장히 경기를 많이 타는 섹터에서 투자가가 이익을 얻는 게 불가능하지는 않지만, 나는 자동차 산업(테슬라Tesla 포함)이 퀄리티 투자의 특성을 거의 보여주지 않는다고 생각한다.

회사가 장기적으로 지속 가능한 경쟁 우위를 보유하느냐뿐만 아니라 그 우위를 구축 및 강화하고 있는지 평가하는 것은 중요하다. 해자를 유지하거나 넓히는 능력 또한 현재의 폭만큼이나 중요하다. 따라서 이를 이해하고 기업의 혁신 의지와 능력을 평가하는 것이 핵심이다. 이를 수행하는 한 가지 방법은 경쟁사를 연구 조사하고, 인접하거나 유사한 영역에서 약탈의 기회를 노리는 기술 기업을 관찰하는 것이다.

제프 베조스Jef Bezos는 10년 후에 무엇이 달라질 것인지가 아니라 무엇이 같을 것인지에 초점을 맞춰야 할 필요성에 대해 이야기한다. "나는 '앞으로 10년 후에 무엇이 달라질 것 같은가?'라는 질문을 자주 받는다. 매우 흥미로운 질문이지만, 매우 일반적인 질문이기도 하다. 그런데 '향후 10년 동안 무엇이 바뀌지 않을 것인가?'라는 질문은 거의 하지 않는다. 나는 두 번째 질문이 실제로 더 중요하다는 점을 강조하고 싶다. 그것을 알아야 시간이 흘러도 안정을 유지할 무언가를 중심으로 비즈니스 전략을 세울 수 있기 때문이다. … 소매 사업에 종사하는 우리는 고객들이 저렴한 가격을 원한다는 것과 그것은 10년 후에도 변하지 않을 것임을 알고 있다. 고객은 빠른 배송을 원하고, 방대한 선택지를 원한다. 지금으로부터 10년 후에 고객이 내게 다가와서 '제프, 저는 아마존을 사랑해요. 그런데 가격이 조금 더 높았으면 좋겠어요' 또는 '저는 아마존을 사랑해요. 그런데 조금만 늦게 배달해주면 좋겠어요'라고 말하겠는가?" 최근의 연례 보고서에 담긴 이 논평은 해자를 유지하고 넓히는 제프 베조스의 능력에 대한 평가에 유용한 통찰을 제공한다.

해자의 체크리스트

진입 장벽은 해자의 핵심 기능이며, 다음과 같은 경우 그것이 회사에 존재할 가능성이 크다.

- 어떤 해자인지 정확하게 식별하는 것이 가능하다.
- 투하자본이익률이 높고 안정적이거나 성장하고 있다.
- 자산(또는 유형자산)의 총이익이 경쟁사들에 비해 높고 안정적이거나 성장하고 있다.
- 회사가 안정적이거나 성장하는 시장점유율을 보유하고 있다.
- 통합된 산업구조(지리적으로 또는 제품이나 서비스별로)를 보유하고 있다.
- 고객 포획력(예를 들어 담배, 코카콜라, 펩시)이나 관성(금융 서비스), 높은 전환 비용(기술) 또는 높은 전환 리스크(맛과 향) 등의 요소가 있다.
- 고객과 깊은 유대 관계를 맺고 있거나 제품이 필수 불가결하고, 고객에게 상대적으로 저렴한 비용을 부과한다.
- 마이크로소프트 윈도우Microsoft Windows, 오피스Office, 아이폰 앱 등과 같은 네트워크 효과가 있다.
- 객관적으로 측정할 수 없는 서비스를 복제하는 것은 복잡하고 어렵다. 비용이 고객에게 미미하게 느껴지는 그런 서비스가 존재한다. 신뢰성이 필수

불가결한 저비용 서비스는 종종 상당한 가격 결정력을 가질 수 있다. 시설 관리가 그 예다. 많은 건설 회사가 재난을 겪은 섹터이지만 말이다(예를 들어 영국의 아메이Amey, 마이티Mitie).

- 원자재와 같은 자원에 대한 접근권은 차별화 요소다(예를 들어 시멘트용 석회석 또는 골재 채석장).
- 제품 특허, 공정 특허, 상표 등의 요소를 보유하고 있다.
- 기술적 노하우, 복잡한 프로세스, 길고 가파른 학습 곡선과 같은 여타의 지적 장벽이 존재한다.
- 규제가 적절하다. 규제 기관이 종종 현상 유지를 선호한다.
- 규모의 경제는 기존 기업과 경쟁 기업의 시장점유율에 현저한 차이가 있거나 고정비용이 훨씬 더 많은 부문(예를 들어 마케팅 비용)에 분산되어 있는 경우 적용된다. 좋은 예는 부동산 중개 기업인 컴퍼스Compass를 들 수 있다. 이 회사는 미국에서 가장 큰 두 경쟁사를 합친 규모로 규모의 경제를 누리고 있다.

결론

퀄리티는 다양한 형태로 나타나지만, 대개의 경우 직접 보면 알 수 있다. 퀄리티가 투자에서 매우 신뢰할 수 있는 요소라는 증거는 영국의 닉 트레인 rain이나 테리 스미스와 같은 매우 성공적인 투자자들이 수차례 보여준 바 있다. 높은 자본이익률이 주요 특징이며, 한 가지 유형 이상의 경제적 해자가 낳은 결과다. 해자를 넓히고 지속 가능성에 중점을 두는 회사에 투자하는 것이 중요하다.

Next level

6장 기업 퀄리티 분석

앞 장에서 살펴보았듯이 기업에 대한 상세한 조사는 해당 산업에 대한 평가와 중복되며, 따라서 두 가지는 동시에 수행할 수 있다.

회사에 대한 분석에는 정성적 접근 방식과 정량적 접근 방식 둘 다 필요하다. 후자의 접근 방식은 재무 성과와 회계 정책을 이해하기 위해 회사의 재무제표 계정을 상세하게 분석하는 것과 관련이 있다. 이에 대해서는 7장에서 살펴볼 것이다.

이 장에서는 회사의 정성적 또는 개념적 특성을 분석하는 방법에 대해 자세히 알아본다. 해자에 대한 이전 논의를 확장하고, 회사의 역사가 중요하다고 생각하는 이유를 설명하면서 지속 가능성을 탐구할 것이다.

하지만 사업체를 이해하는 것만으로는 충분하지 않다. 주식을 여러 맥락에서 살펴봐야 한다. 나는 장기와 단기 두 가지 모두의 관점에서 주주 기반과 주가 추세의 중요성에 대해 논의할 것이다. 그런 다음 연구 조사의 정성적 측면에 대한 몇 가지 결론을 내리기 전에 이에 대해 합리적으로 이해하고 있는지 테스트하는 방법을 설명하려 한다.

대부분의 상장 기업은 단일 활동 사업체가 아니므로 구성 사업 각각에 대해 이 분석을 수행해야 하며, 노출(주로 수익이지만 매출과 자산, 직원도 포함)이 가장 큰 부분에 가장 많은 시간을 들여야 한다.

내 개인 포트폴리오에서는 벤처캐피털과 사모펀드(일반적으로 초기 단계 투자)가 낮은 한 자릿수의 비율을 차지한다. 특정 사업체에 대한 관점을 형성하고 성공 가능성을 이해하기 위해서는 제품과 시장에 대한 이해가 필요하고, 팀과 경영진 리스크 및 인센티브 등을 평가하는 것이 중요하다.

또한 경쟁 관계를 이해하는 것도 중요하다. 어떤 제약 조건이 이 사업체에 기회를 제공하며, 그것의 지속 가능성은 얼마나 되는가? 기존 경쟁 업체와 신규 진입 업체의 제약 조건이 다른가? 그렇다면 그것을 제거하는 데에는 어느 정도의 비용이 드는가?

이것은 상장 주식 모두에 동일하게 적용되는 접근 방식이며, 모두 아래와 같이 항목별로 검토해야 하는 사안의 핵심 질문이다.

사업

회사가 하는 일을 이해하는 것은 연구 조사 프로세스의 기초에 속한다. 필립 피셔는 자신의 유명한 저서 《위대한 기업에 투자하라》에서 고퀄리티 상장 기업에서 찾아야 할 열다섯 가지 사항을 조명했다. 그중 한 가지만 가치 평가와 관련이 있으며, 나머지는 모두 해당 기업이 속한 섹터와 관련되기보다는 회사의 고유한 특성에 국한된다. 오늘날 이러한 정보를 다량으로 공개하는 상장 기업은 거의 없지만, 그가 특정한 매력적인 투자 대상의 특징은 다음과 같다. 매출을 신장할 수 있는 능력, 신제품 개발에 주력하는 경영진, 효과적인 연구 개발R&D 능력, 평균 이상의 매출 분포, 적절한 이윤 그리고 강력한 노사 관계 등이다.

회사가 하는 일을 기록하는 것이 유용한 첫 번째 단계이지만, 여기에는 사업에 대한 구체적이고 명확한 설명이 요구된다. 예를 들어 회사가 소프트웨어 비즈니스에 종사한다고 말하는 것은 별로 도움이 되지 않는다. "기업의 회계 부서에 은행 계좌를 관리하는 중요한 소프트웨어를 제공하는데, 연회비를 선불로 내야 해당 소프트웨어를 구독할 수 있으며, 구독 취소율은 연간 3퍼센트 수준"이라고 말해야 유용하다고 할 수 있다. 종이에 펜으로(또는 키보드에 손가락을 대고) 다음 체크리스트 중 일부를 포함하는 질문을 작성하면 도움이 된다.

사업 • 회사는 무엇을 하는가? 주요 사업 부문은 무엇이며, 각각의 업계 내 순위는 어떠한가? 회사에 적자 사업 부문이 있는가? 이는 가치 평가 매개변수를 고려할 때 중요한 질문이 될 수 있다. 주요한 잠재적 리스크 요소가 될 수 있기 때문이다. 각 부문에 대해 시장점유율별로 경쟁 업체를 나열하는 것도 유용하다. 나는 다음 사항을 포함하는 표를 만들기도 한다.

• 각각의 활동 • 그 중요성(수익 비율과 EBIT 비율 등) • 시장의 성장률 • 업계에서의 포지션 • 주요 산업 동인 • 지난 몇 년간의 매출 성장률

업계의 구조를 이해하고 있는가? 해당 회사의 활동은 가치 사슬에서 어디에 위치하는가? 공급 업체와 유통업체, 고객의 공고화가 이루어지고 있는가? 고객, 공급 업체, 경쟁 업체, 규제 기관의 상대적 힘은 어느 정도인가?

낯설거나 불편한 나라에서 해외 사업을 수행하고 있지는 않은가?

예를 들어 튀르키예에서도 사업을 하는 기업의 주식이라면 거기서 수익의 30퍼센트를 올리는 경우 매수를 연기하는 것이 더 나을 수 있다.

자본 조건 • 해당 사업체의 자본 조건은 어떠하며, 또 경쟁 업체와 비교하면 어떠한가? 누가 업계의 가격을 통제하는가? 회사나 섹터에 가격 결정 권한이 있는가? 오늘날의 저성장 세계에서 이것은 갈수록 희귀해지는 퀄리티이며, 따라서 일반적으로 가치 평가에 상당한 프리미엄을 부여할 수 있다.

사업체를 단일 역량 단위(예를 들어 호텔 한 개, 유람선 한 척, 상점 한 개 등)로 나눌 수 있는가? 당신은 그 단위의 자본 조건을 이해하는가? 상점 하나를 임대해 시설을 갖추고 영업을 개시하는 데 비용이 얼마나 드는가? 그러한 비용을 회수하는 데에는 얼마의 기간이 걸리는가? 단위별 자본 조건은 기업을 평가할 때 매우 유용한 도구가 될 수 있다.

수요 및 성장 • 해당 시장의 기회는 무엇이며, 경쟁 제품은 그 기회를 어떻게 다루는가?

만약 인수를 통해 성장하는 기업이라면 그것의 지속 가능성은 어떠한가? 회사는 어느 시점에 기회가 고갈되어 해외로 눈을 돌리거나 다른 산업 라인으로 옮겨가야 할 것 같은가? 회사의 규모가 커질수록 성장률에 어떤 영향을 미치며, 회사가 업계를 바꾸거나 해외시장으로 진출하는 경우에는 어떤 리스크가 증가하는가? 새로운 시장으로의 진출은 일반적으로 리스크를 크게 증가시키기에 성장을 위한 여유 공간의 문제는 매우 중요하다.

판매 모델은 무엇인가? 다년간 반복되는 수익 모델인가? 대규모 단발성 판매 모델인가, 아니면 소액의 소모품 판매 모델인가? 펀드스미스의 테리 스미스는 고객이 매일 또는 매주 구매하는 소액의 품목을 판매하는 회사를 선호한다. 이는 대규모 자본 설비의 판매와 대조되는 반복적인 수익 모델이다.

회사가 외환 변동에 고도로 노출되어 있음을 의미하는 국제적 판매 또는 구매가 있는가? 이것이 당신에게 유리할 가능성이 있는가? 주문에서 배송까지 판매 프로세스를 이해해야 한다.

수주 잔량이나 보류 사업이 있는가? 주문 대장의 상태는 어떠하며, 그간의 이력과 비교하면 또 어떠한가?

공급 • 업계 전체에 비해 회사의 생산능력 추가 비율은 어느 정도인가? 점유율을 얻고 있는가, 잃고 있는가? 업계는 성장하고 있는가, 아니면 통합되고 있는가? 다음에 더 설명하겠지만, 나는 수요보다 생산능력이 더 느리게 성장하는 산업에 매력을 느낀다.

퀄리티 • 회사가 하는 일이 좋은(또는 나쁜) 이유는 무엇이며, 그것의 지속 가능성은 어떠한가? 해당 회사를 동종 업계의 약한 경쟁자와 비교해보라. 차이점은 무엇이며, 그 이유는 무엇인가?

진입 장벽(해자)은 무엇인가? 자본력을 갖춘 경쟁사가 진입하는 경우 이 회사와의 경쟁에서 성공할 가능성은 어느 정도인가? 이것은 찰스 멍거가 말한 '거꾸로 생각해보기'의 한 예이며, 이는 새로운 회사를 분석할 때 매우 유용한 기법이 될 수 있다.

좋은 기업인가, 위대한 기업인가? 회사는 언제 설립되었는가? 그동안 얼마나 많은 최고 경영자가 거쳐 갔는가? 10년 뒤에도 똑같은 모습일 것인가?

업계의 구조 • 사실 '적절한' 고객 수라는 것은 없다. 그러나 주요 OEM에 대한 공급 업체의 경우와 같이 고객이 소수일 경우 제품은 탁월하고 필수 불가결해야 한다. 그래야 고객이 가격 협상에서 우위를 점하는 것을 막을 수 있다. 그에 반해 미국 전역의 동네 세탁소나 약국에 제품을 판매하는 경우 고객 확보 및 서비스 비용으로 인해 마진이 줄어들 수 있다.

일부 유통 회사는 과다한 공급 업체와 수많은 고객 사이에서 달콤한 이점을 누린다. 그러한 유통업체는 공급 업체 및 고객 모두와 강력한 관계를 향유할 수 있기에 마진을 강화할 수 있다. 하지만 여기서도 디지털화는 경쟁자가 넘어올 수 있는 틈을 허용한다. 알다시피 아마존은 전통적 산업의 수직적 유통 구조에서 틈새를 노리고 있는 것으로 보인다.

대조적으로 까르푸Carrefour나 테스코 같은 대형 슈퍼마켓 체인과의 관계에서 유니레버Unilever나 크래프트하인즈Kraft Heinz 같은 대형 소비재 회사들 사이에 형성되는 창조적 긴장을 생각해보라. 앞으로 외부 환경의 변화로 일정 기간 모멘텀이 공급 업체(소비재 회사)에서 고객(슈퍼마켓 체인)으로 옮겨갈 것이지만, 현재까지는 어느 쪽도 지속적 경쟁 우위를 확보한 바 없다.

평가 대 성과 • 이러한 정성적 평가가 재무 성과, 특히 과거의 수익 및 마진 추세와 맞아떨어지는가? 업계의 꾸준한 성장세를 확인했는데 해당 기업의 매출이나 마진 패턴에 일시적 상황 변화가 있었다면 그 이유를 이해하고, 그것의 재발 가능성을 평가하는 것이 중요하다. 나는 장기적이고 유기적인 수익 및 마진 추세를 조사하는 데 상당한 노력을 쏟는 것을 좋아한다. 이에 대해서는 책의 뒷부분에서 좀 더 살펴보기로 한다.

공급 • 생산능력과 수요의 관계는 대다수 기업의 중요한 변수다.

나는 플레이어 모두가 확장하고 있는 산업을 경계한다. 상장 기업들이 소규모 경쟁자의 몫을 훔칠 수 있기에 일정 기간은 좋을 수 있지만, 일반적으로 뒤따르는 문제는 업계의 단가가 떨어지고 결국 가격이 하락한다는 것이다. 버핏은 이를 두고 퍼레이드를 구경하는 모두가 발끝으로 서는 상황에 비유한다. 즉 자멸적 상황이라는 얘기다.

따라서 이 분석의 핵심 요소는 업계의 생산능력을 검토하는 것이다. 이것은 종종 매우 복잡해지는 수요의 그림보다 이론적으로 더 간단한데도 분석 시간이 늘 필요한 만큼 투자하지 않는 영역이다. 단, 운송 부문은 예외에 속한다. 운송 역량의 성장과 같은 작은 변화에도 이익이 매우 민감하게 달라지기 때문이다.

성과가 저조한 주식의 확실한 신호는 생산능력이 수요보다 빠른 속도로 증가하는 산업에 속하는 경우다. 대조적으로 수익을 못 내고 있지만 생산 시설이 폐쇄되고 있는 산업은 종종 매우 매력적인 투자 기회를 제공한다. 이러한 영역은 일반적으로 선호 대상에서 제외되고 종종 욕까지 먹지만 매도 압력이 없어지는 경향이 있으며, 시장은 거의 관심을 기울이지 않는다.

생산 시설이 사라지고 이익이 개선되기 시작하면 상황은 호전될 수 있다.

연혁 • 나는 사업체의 역사를 이해하는 것이 정말 도움이 된다고 생각하는데, 투자자들은 종종 이 요소를 간과하는 경향이 있다. 이 요소는 주식의 장기 보유자와 연륜이 많은 애널리스트 및 투자자에게 이점을 제공한다. 물론 어떤 기업이 100년의 역사를 지녔다고 해서 다음 100년의 생존까지 보장되는 것은 아니다. 반대로 설립된 지 25년 미만인 회사라도 매우 성공적일 수 있다. 코닥Kodak과 아마존이 각각의 주목할만한 예다.

그럼에도 오랜 수명과 지속성은 간과해서는 안 되는 비범한 특성이다. 런던에서 열린 2017년 가치 투자자 콘퍼런스Value Investor Conference에서 린드셀트레인Lindsell Train의 닉 트레인이 1962년부터 2016년까지 유니레버의 배당금 내역을 슬라이드로 띄웠을 때 나는 적잖이 놀랐다. 유니레버는 그 기간에 연 8퍼센트의 배당 성장률을 기록했기 때문이다.

나는 유니레버를 자세히 살펴본 적은 없었지만, 50년 이상의 배당 성장 기록은 분명히 예외적이었다. 브랜드에 관한 최근의 한 기고문에서 린드셀트레인은 많은 신흥 시장에서 현지 브랜드화에 성공한 유니레버에 대해 설명하며 회사의 역사가 얼마나 중요한지 강조했다.

"…이 회사의 신흥 시장에 대한 노출에서 진정으로 가치 있는 측면은 특정 지역에 파고든 오랜 역사다. 오늘날 많은 브랜드의 선구자 격인 선라이트Sunlight 비누는 1888년 인도 시장에 선을 보였으며, 여전히 인기 있는 라이프부이Lifebuoy는 1895년에, 피어스Pears는 1902년에, 립톤Lipton 레드 라벨 티는 브룩본드Brooke Bond라는 이름으로 1903년에, 폰즈Pond's는 1947년에, 서프Surf는 1959년에 각각 출시되었다. 레버브러더스인디아Lever Brothers India는 1933년에 설립되었고, 이듬해에는 뭄바이에 비누 공장을 세웠다. 이 긴 역사를 1964년에야 인도에 진출한 프록터앤드갬블Procter & Gamble과 비교해보라. 우리는 인도와 여타 지역에서 오랜 세월 영업을 유지해온 회사의 역사 자체야말로 그 시장에 속한 소비자들의 일상생활에서 유니레버의 브랜드가 독특한 반향을 일으키고 깊이 뿌리내리게 하는 요소라고 생각한다."✦

13D리서치13D Research에서 발표한 한 기사는 철로의 길이가 5배 늘어

✦ **Lindsell Train, 'The Growing Appetite for Brands'(March 2017).**

나고, 임금이 60퍼센트 인상되던 1880년대에 비누 회사와 여타의 많은 브랜드가 미국에서 어떻게 번영했는지 보여주었다.++ 중산층이 등장하고, 철도가 전국적 수요를 충족할 수 있는 유통 시스템을 제공하기 시작한 시절이었다. 약국에서 판매하는 고품질의 비누를 살 여력이 없는 소비자들은 지역 상점에서 제공하는 제품(종종 품질이 의심스러운 제품)에서 벗어나 전국적으로 양질의 브랜드 제품에 대한 광고 캠페인을 실행하던 프록터앤드갬블과 같은 회사의 제품으로 갈아탔다. 지역 브랜드는 품질이나 평판 면에서 전국적인 브랜드와 경쟁할 수 없었다. 하지만 130년이 지난 오늘날에는 소셜 미디어와 디지털 쇼핑, 소비자 리뷰 등에 힘입어 지역 브랜드도 다시 경쟁에 참여할 수 있게 되었다. 따라서 오늘날 제품의 수명은 과거보다 그 가치가 덜할 수 있다.

특정 사업체의 역사가 애널리스트에게 어떻게 도움이 되는지 보여주는 좋은 예는 브론테캐피털의 존 헴프턴이 다음에 설명한 바와 같이 아디다스Adidas의 경우다. 헴프턴은 내가 만나본 사람 중 가장 분석력이 뛰어난 인물에 속한다. 그는 아디다스 주식이 2016년 대대적 상승세를 타기 전에 매수했으며, 그 경위를 다음과 같이 설명했다.

"독일의 헤르초게나우라흐는 뉘른베르크에서 아주 가까운, 작고 재미있는 도시다. 뮌헨에서 북쪽으로 2~3시간 차를 타고 가면 나온다. 이 도시에서 아주 오래전 두 형제가 운동화 회사를 설립했고, 큰 성공을 거두었다. 그러나 형제는 불화로 헤어졌고, 그중 한 명이 또 다른 운동화 회사를 세웠다. 그 두 회사가 바로 아디다스와 푸마Puma다. 그 후로

++ 13D Research, 'Will the great packaged goods brands ofer a safe haven or are they poised for disruption on a scale not imagined?'(3 May 2017).

오랫동안 형제는 서로를 적으로 여겼다. 그러던 중 나이키Nike가 마이클 조던과 파트너십을 맺고 출시한 농구화를 내세우며 혜성같이 등장해 아디다스와 푸마의 출신을 폭로했다. 독일의 벽지 헤르초게나우라흐 출신이라는 실체를 말이다."

그 독일인 형제가 시대감각이 떨어진다는 평가를 받은 이유는 운동화를 패션 아이템으로 인식하는 시대의 트렌드를 읽지 못했기 때문이다. 운동화를 유행에 민감한 패션 아이템으로 만든 최초의 주역은 아프리카계 미국인이었다. 시간이 흐르면서 이 트렌드는 미국의 중산층인 백인들 사이로 퍼져나갔고, 이윽고 중국으로 도약했다. 헴프턴의 설명을 더 들어보자. "농구화는 '쿨함'에 이르는 경로가 되었다. 나는 헤르초게나우라흐로 눈을 돌려 아디다스와 푸마의 주식을 매수했다. 그 회사들의 주식이 매우 저렴했기 때문이다. 또한 트렌드를 읽지 못했다는 것 말고는 저렴한 평가를 받을만한 다른 이유가 없었다."

나는 아디다스의 역사에 대한 이런 식의 해석을 이전에는 본 적이 없었기에 회사의 출신이 어디인지 이해하는 것도 애널리스트에게 훌륭한 훈련이 된다는 깨달음을 얻었다. 역사적 관점은 진정으로 추가적 통찰을 제공한다. 이는 내가 몇몇 뛰어난 투자자에게서 관찰한 특징이며, 특히 닉 트레인과 존 헴프턴이 최고에 속한다.

나는 내가 관심을 둔 회사나 그 창업자에 관한 책이 나와 있는지 확인하는 것을 좋아한다. 그런 책을 읽으면 종종 특이한 통찰력을 얻을 수 있기 때문이다. 특히 나는 비즈니스 리더의 전기를 읽는 것을 좋아한다. 그들의 전기에서 내가 보유한 주식 중 하나에 모종의 통찰을 제공하는 기술이나 방법론에 대한 정보를 얻을 수 있다.

지속 가능성 • 지속 가능성은 요즘 한창 관심이 고조되고 있는 용어

이자, 앞으로도 그 중요성이 더욱 커질 요소다. 나는 몇 년 전부터 지속 가능성이 퀄리티 투자의 근본적 사안이라는 것을 인식했다. 예를 들면 나는 광산 회사가 매년 발생하는 사고와 치명적 사건의 수를 자사의 계정에 등록한다는 사실을 알았다. 그때 대단히 합리적인 정책인데 왜 그동안은 알아채지 못했을까 하는 생각이 들었다.

내가 이 점을 깨닫지 못한 이유는 한 번도 광산 회사를 진지하고 장기적이며, 근본적 투자 대상으로 고려한 적이 없기 때문이다. 나의 경우 광산 회사의 주식은 항상 소유가 아닌 임차 대상이었다. 영원히 소유할 것이 아니라면 그에 대한 모든 것을 알아야 할 필요는 없지 않은가. 원자재 가격에 대한 전망은 확실히 이해해야 한다. 그것이 향후 몇 년 동안 수익성의 지배적 동인이 되기 때문이다.

이를 계기로 나는 ESG에 대해 더욱 폭넓게 생각하게 되었다. ESG는 환경, 사회적 책임 그리고 지배구조를 의미한다. 이전에 나는 이것을 부차적인 것으로 여겼다. 실적과 현금 흐름 그리고 가치 평가로 구성된 '투자'라는 스테이크에 곁들이는 감자 정도로만 생각한 것이다. 하지만 그 시점에 나는 좋은 지배구조를 지닌 회사가 더 안전한 투자 대상이 될 수 있는지, 환경과 지속 가능성에 관심을 갖는 회사, 즉 사려 깊은 리더가 경영하는 회사가 더 나은 회사가 될 가능성이 있는지, 그리고 결과적으로 더 매력적인 투자 대상이 될 가능성이 있는지 등이 궁금해졌다. 폭스바겐Volkswagen 스캔들이 터지기 전까지 이것은 적어도 나의 자산관리사 개인 고객과 관련해 내가 바람직하다고 생각하는 방향이었다.

2015년 9월, 폭스바겐은 미국 규제 기관의 압력을 받고 배기가스 테스트를 불법적으로 통과하기 위해 **'차단 장치'** 소프트웨어를 사용했다고 시인했다. 나는 항상 폭스바겐을 훌륭한 제품, 훌륭한 경영, 견고한 독일 제조업계를 대표하는 훌륭한 회사라고 생각했다. 그런 회사가 사기와 속임수로 보이는 일에 연루되었음을 시인한 것이다.

폭스바겐은 ESG 조직체의 기둥과도 같은 회사였다. 이 회사의 주식은 다우존스 지속가능경영지수Dow Jones Sustainability Index, DJSI에도 포함되었다. 그러나 폭스바겐이 미국 환경보호청을 속이고 있다는 사실을 경쟁 업체들도 몰랐는데, 지수 제공자가 알 턱이 있었을까? 분명히 그럴 수 없었을 것이다.

최근 퇴출된 폭스바겐 회장은 재임 시절 자신의 아내를 이사회 이사로 선임했다. 가정부와 결혼해 그 가정부를 시가총액 2,000억 유로에 달하는 기업의 이사로 임명한 것이다. 나는 어떻게 이 사실이 세간의 주목을 받지 않고 넘어갔는지 이해할 수가 없다. 폭스바겐을 분석하는 수많은 애널리스트(충분히 나쁘다)뿐만 아니라 ESG 전문가들은 대체 무엇을 했느냐는 말이다.

회장이 자신의 아내를 이사회 이사에 임명하는 것이 어떻게 좋은 지배구조로 간주될 수 있는가? 물론 폭스바겐의 고객 다수가 젊은 엄마일 테니 아침 식탁에서 아내나 가정부가 내놓는 조언이 도움이 될 수는 있을 것이다. 그러나 나는 이사회 테이블에 앉은 그의 존재가 긍정적 변화로 받아들여질 수 있었다는 사실이 여전히 놀랍다.

일반적으로 나는 투자자라면 누구라도 투자 프로세스의 일부로서 ESG에 주의를 기울여야 한다고 생각하지만, 컨설턴트나 지수 그리고 ESG 점수가 올바른 답을 줄 것이라고 확신하지는 않는다. ESG의 기준이 진지한 기본적 분석 대상이 될 때까지는 자신의 상식에 의존하는 것이 더 나을 것이다.

나는 지배구조에 대해 덜 걱정하지만, 만약 당신이 특정 주식을 장기적으로 보유할 계획이라면 이사회의 한 자리를 차지한 아내는 '절대 불가'로 분명히 인식해야 한다. 1990년대의 내 영업 동료 중 한 명은 '수염을 기르는 인물이나 브로커가 있는 이사회는 투자 대상에서 제외한다'는 나름의 규칙을 준수했다. 수염을 기르는 것은 이제 너무 흔한 유행에 속하기에 배제하기 힘들고 브로커가 이사회에 들어오는 경우는 너무 드물어서 걱정할 필요가 없지만, 요점은 이사회 구성원은 적절해야 한다는 원칙을 적용해야 한다는 것이다.

다음 세 가지의 간단한 ESG 관련 질문으로 많은 것을 알 수 있다.

- **회사에 목적의식이 있는가?**
- **사람들의 삶을 개선할 것인가?**
- **고객의 삶을 개선할 것인가?**

이에 부합하는 회사는 더 오래 지속되고, 퀄리티의 기준을 충족할 가능성이 더 크다.

자가 이해력 테스트

고퀄리티의 장기적 투자 대상을 연구 조사할 때 나는 해당 사업체를 제대로 이해했는지 확인하기 위해 스스로 테스트하는 과정을 거친다. 이 장의 시작 부분에서 제기한 사안들을 요약하고 경쟁 우위와 수익, 시장의 성장 기대치를 알아보는 일련의 질문을 나 자신에게 던진다는 얘기다. 이것은 연구 조사 프로세스에서 내가 어떤 단계를 빠뜨리지는 않았는지 확인하는 동시에 리스크를 이해하고 있는지 확인하기 위한 것이다.

기술적 사안 • 나의 연구 조사 보고서에는 주가의 이력과 내부자 거래, 주주 기반 등을 살펴보는 기술 섹션이 있다. 이 정보는 회사에 대해 많은 것을 알려줄 수 있기에 일반적으로 생각하는 것보다 더 많은 관심을 쏟아야 마땅하다. 나는 이것이 종종 간과되는 이유를 잘 모르겠다. 아마도 기술적 분석이 지적으로 덜 힘겨운 데 대한 모종의 우월 의식에 기인하는 게 아닌가 싶다.

실제로 데이비드 드레먼David Dreman은 자신의 저서 중 한 챕터를 차트 작성 관행에 대한 폄하에 할애했다. 나는 주가의 이력을 살피는 것이 놀라울 정도로 유익하다고 믿는다. 프로세스 초기에 이것을 살펴보는 것은 내 연구 조사의 그 어떤 측면보다 '진행 또는 포기'를 결정하는 데 많은 영향을 미칠 가능성이 크다.

주가의 이력 • 주요한 주가 변동의 이유에 대한 설명과 함께 지수 대비 주가에 대한 5개년 차트를 살펴보는 것은 필수적 과정에 해당한다. 그래야 해당 주가를 움직이는 핵심 요인이 무엇인지(혹은 적어도 무엇이었는지) 확실히 이해할 수 있기 때문이다. 이를 간과하는 것은 초보자가 흔히 저지르는 실수다. 나의 예전 직장인 크레디트리오네랭Crédit Lyonnais Laing에서는 모든 보고서의 표지 안쪽에 주요한 움직임 각각에 대한 애널리스트의 설명과 함께 해당 차트가 있어야 한다는 규칙이 적혀 있었다. 흥미롭게도 이것은 이 섹션의 기술적 사안 대부분과 마찬가지로 모든 투자에 적용되는 몇몇 체크리스트 항목 중 하나다.

다음은 전설적인 투자자 스탠리 드러컨밀러Stanley Druckenmiller가 이 테마와 관련해 밝힌 훌륭한 경험담이다.

"연구 조사를 처음 시작했을 때 나는 주식이나 산업의 모든 측면을 다루는 매우 꼼꼼한 문서를 작성하곤 했다. 그리고 종목 선정 위원회에서 프레젠테이션을 하기 전에 먼저 연구 조사 책임자에게 해당 문서를 제출해야 했다. 특히 내가 그에게 은행 산업에 관한 분석 자료를 제출했을 때가 기억난다. 나는 내가 작성한 문서에 대해 큰 자부심을 느꼈다. 그러나 그는 그것을 읽고는 '이건 아무 쓸모가 없네. 주가가 왜 올랐다가 내렸는지 그 이유가 빠져 있지 않은가?'라고 말했다. 그의 평가는 내게 일종의 자극제가 되었다. 그 이후로 나는 모든 펀더멘털을 살펴보는 것이 아니라 주식의 가격 변동과 강력한 상관관계를 갖는 요소를 식별하는 데 집중했다. 사실 오늘날에도 많은 애널리스트가 여전히 특정 주식이 오르거나 내린 이유도 모른 채 분석이랍시고 내놓곤 한다."

솔직히 드러컨밀러의 마지막 말에 100퍼센트 공감하는 것은 아니지만, 적어도 이것이 셀사이드 측면에서 과소평가될 수 있는 점이라는 것은 분명하다.

이 차트에는 과정이 담겨 있다. 페이스북(2021년 사명을 '메타Meta'로 바꿨다－옮긴이)은 첫해에 S&P 500보다 낮은 성과를 보였으며, 모바일 관련 기회가 뚜렷해지면서 입지를 굳히기 시작했다. 그러다가 2018년 중반 개인 정보 스캔들이라는 악재를 만나 휘청거렸고, 마크 저커버그Mark Zuckerberg는 이후 상원 청문회에 공식 소환되기까지 했다. 당시 페이스북 주가는 2018년 11월 말까지 하락했는데, 공교롭게도 때마침 주식시장 최악의 시기이기도 했다. 페이스북은 사실 시장이 바닥을 치기 한 달 전에 이미 바닥을 쳤다. 투자자들은 페이스북이 이미 떨어질 만큼 떨어진 종목인 데다가 시장 전체보다는 미국 경제 문제에 덜 영향을

[표 6.1] S&P 500 대비 페이스북 주가의 연도별 변동

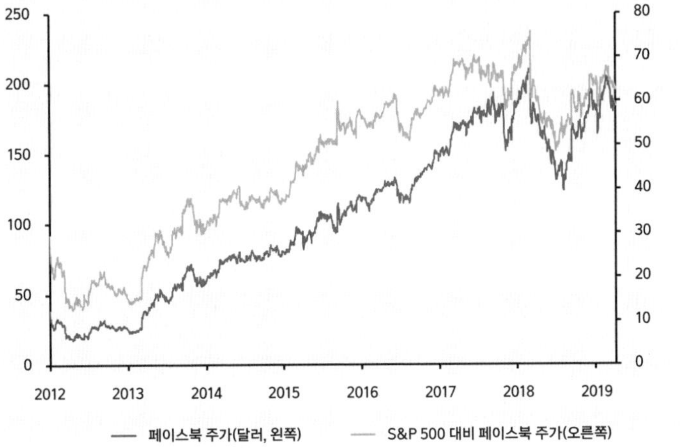

출처: 비하인드더밸런스시트에서 인용한 센티오 데이터

받을 것으로 생각했기 때문이다.

내부자 거래 • 나는 다음 섹션에서 경영진과 그 인센티브에 관한 문제를 탐구할 것이지만, 경영진이 개인 자산으로 자사의 주식을 사거나 파는 것은 그들의 행위 가운데 가장 유용한 정보를 제공하는 부분에 속한다.

내부자의 매수는 주식이 약세일 때, 특히 회사에 문제가 있는 경우 더 의미가 있을 것이다. 이사들 대부분이 경영 성과에 치중한다는 점을 감안하면 주식이 약세일 때 매수하는 것은 회복 가능성을 암시하는 신호일 수 있다. 나의 경우 그러한 신호는 내가 정립한 아이디어에 더 큰 확신을 주며, 따라서 모든 심층 작업이 완료되기 전에 포지션을 개시할 가능성도 커진다.

특히 관심을 기울여야 할 부분은 오랜 기간 드문 양상을 보이던

주식 매도의 움직임이다. 그런 경우에는 당사자의 설명에 귀를 기울이지 말아야 한다. 1990년대에 한 CEO는 새 식탁이 필요해서 주식을 팔았다고 밝혔다. 그냥 웃자고 한 얘기라고 믿고 싶다.

최근에는 경영진이 더욱 창의적인 모습을 보인다. 리저스Regus(이후 IWG로 개명)의 설립자 마크 딕슨Mark Dixon은 2017년 나에게 말하기를 자신이 보유하고 있던 자사의 주식을 얼마 전 매도했는데 그게 크게 올라서 그때 주식을 판 것을 후회한다며, 그냥 가지고 있었으면 얼마나 좋았겠느냐고 탄식했다. 그로부터 얼마 후 그의 회사는 이익이 기대치에 훨씬 못 미칠 것이라는 경고를 공시했고, 주가는 폭락했다. 나는 딕슨이 그런 수익 경고를 예상하지 못했을 것이라고 확신하지만, 경영진은 통상 자사의 주식 가치를 잘 알고 있다. 이는 특히 딕슨이나 마이크 애슐리Mike Ashley와 같은 창업자들에게 해당하는 진실이다. 애슐리는 스포츠다이렉트Sports Direct의 설립자로서 자신의 주식을 팔고 값이 내려가면 되사는 방법으로 막대한 이익을 누렸다.

주주 • 주주 구성을 검토하는 것은 나의 첫 번째 점검 사항 중 하나이며, 특정 보유자가 이미 주주명부에 등록되어 있으면 안심의 정도가 높아진다. 핵심 요소는 주요 주주가 최근에 매수 움직임을 보이는지, 아니면 매도 움직임을 보이는지 살피는 것이다.

나는 때로 업계의 재능 있는 인물 중 일부가 매도한 것을 사거나 그들이 소유한 것을 공매도함으로써 반대로 나가기도 하지만, 그렇게 하기 전에 항상 신중에 신중을 기한다. 예를 들어 TCI나 하그리브스랜스다운과 같은 뛰어난 연구 조사 기관과 함께하는 최고의 헤지펀드가 큰 포지션을 보유하며 최근에 이를 늘렸다면 그들이 당신보다 숙제를 훨씬 더 많이, 훨씬 더 잘했을 가능성이 농후하다.

이러한 주주 분석은 블룸버그를 이용하면 간단하다. 미국에서는 주식 보유 시 공개 요건이 있으므로 누가 어떤 주식을 가지고 있는지 쉽게 알 수 있다. 이에 대한 많은 전문 웹사이트를 이용해도 되고, 미국 증권거래위원회SEC의 '에드거EDGAR'라는 검색 도구를 이용해도 된다.+ 마찬가지로 많은 선진 시장의 증권거래소는 투자자가 특정 지분 이상을 소유할 때 공개를 요구한다. 영국에서는 그 기준이 3퍼센트이며, 추가적으로 1퍼센트 기준선을 넘어서는 경우 모두 공표해야 한다.

주주 구성의 집중도는 또 다른 중요한 요소다. 나는 결함이 있는 주식의 주주 구성을 주의 깊게 살펴본다. 이는 주가가 하락하고, 대주주가 주식을 매매해 평균 보유 가격을 낮추는 행위, 즉 물타기를 중단했으며, 펀더멘털이 부정적으로 바뀐 경우를 말한다. 이런 상황은 새로운 투자자를 필요로 하기에 공매도하기 좋은 후보가 될 수 있다.

반대로 주식 명부에 '패스트 머니fast money(주식시장에서 남보다 한발 앞서 치고 빠지는 매매 전략을 구사하는 헤지펀드 등-옮긴이)'가 들어와 있는 경우나 공매도 잔량이 너무 많은 경우에 나는 특별한 경계심을 갖는다. 그들 덕분에 일시적으로 상승세를 누릴 수도 있지만, 그들은 모두 해당 주식과 전혀 관련이 없다는 이유로 단번에 엑시트exit(투자 후 출구 전략을 뜻하는 말로, 투자자 입장에서 자금을 회수하는 방안을 의미한다-옮긴이)를 결정할 수 있으며, 이는 실로 큰 문제가 될 수 있다.

2017년 내가 '손 런던 투자 아이디어 콘테스트Sohn London Investment Idea Contest'에 출품한 아이디어인 AA가 좋은 예다. 이 콘테스트는 누구든지 심사위원단에 연구 조사 보고서를 제출할 수 있고, 우승자는 콘퍼런스

+ www.sec.gov/edgar/searchedgar/companysearch.html

에서 아이디어를 발표하는 기회를 가질 수 있는 대회다. 이 대회의 모든 것은 한 가치 있는 자선단체의 지원으로 이루어진다. AA는 아래의 [표 6.2]에서 보여주듯 주주 구성이 매우 집중되어 있다.

[표 6.2] AA의 주요 주주(2017년 4분기)

주주명	보유 지분	공시 일자	누적 지분
파부스애셋매니지먼트유럽 (Parvus Asset Management Europe Ltd.)	24%	2017년 10월 9일	24%
더캐피털그룹 (The Capital Group Companies, Inc.)	16%	2017년 1월 31일	40%
우드퍼드인베스트먼트매니지먼트 (Woodford Investment Management)	14%	2017년 9월 27일	54%
시티그룹글로벌마케츠 (Citigroup Global Markets Limited)	8%	2017년 10월 11일	62%
블랙록(Blackrock)	6%	2017년 9월 29일	68%
스탠더드라이프인베스트먼트 (Standard Life Investments)	5%	2017년 4월 12일	73%
골드만삭스(Goldman Sachs)	4%	2017년 1월 31일	77%
아비바(Aviva plc)	4%	2017년 1월 31일	81%

출처: AA 2017년 계정과 이후의 2017년 RNS 제출 자료(경제적 이해관계)

나는 시티그룹글로벌마케츠와 골드만삭스의 지분은 무시했다. 그것들은 파부스애셋매니지먼트유럽(이하 파부스)을 대신해 보유한 것일 가능성이 컸기 때문이다. 하지만 그래도 여전히 69퍼센트의 지분이 여섯 개 기관 투자자의 손에 남아 있었다. 해당 주식에 대해 매도 포지션을 취하려면 파부스의 의도를 이해해야 했다. 크리스 혼 경이 지원하는 이 펀드는 영리하고, 공격적이며, 전략을 잘 갖춘 것 같았다.

다른 지분의 대부분은 상장과 동시에 또는 그 전후로 들어왔고,

따라서 경영진이 비용 절감 계획을 제공하고 현금 흐름을 상당히 개선할 것이라는 전제하에 투자한 것이었다. 하지만 경영진이 바뀌었고, 새로운 CEO는 자금 절약의 반대 방향으로 나아갔다. 이는 주가에 결함이 생겼다는 의미였고, 대량 보유자는 빠져나오기 어려울 것이라는 점을 시사했다. 더욱이 보유 지분의 집중은 주식의 유동성에 영향을 미쳐 잠재적 매수자들이 투자를 미루게 했다.

이것은 주식 명부에 담긴 정보의 좋은 예다. 투자 결정에 영향을 미치는 보다 중요한 영역 중 하나이기 때문이다. 나의 기본적인 조사에서는 주가가 하락하고 있고, 보유 지분 집중이 주가를 지탱하는 중요한 요인이 되는 주식을 추천한다.

결론

이 단계를 거치면 이제 해당 사업의 성격과 회사의 퀄리티, 수익성을 이끄는 핵심 요소에 대해 잘 이해해야 하는 상황에 이른다. 이를 위해서는 해당 사업체와 업계에 대한 광범위한 연구 조사가 필요하다. 나는 수요와 공급의 성격을 연구하고 해자를 조사하며 지속 가능성에 대해 나름의 평가를 내렸다. 또한 주주 구성과 같은 주식시장과 관련한 요소도 살펴보았다. 그것이 장기간 주가에 부담을 줄 수도 있는 요인이기 때문이다. 그러나 이러한 분석은 정성적 측면 전부를 다루지는 않는다. 이제 정성적 측면을 본격적으로 살펴볼 차례라는 얘기다.

나는 먼저 광범위한 관점이 존재하는 분석 영역인 경영에 대해 논하고, 이어서 재무제표로 넘어갈 것이다.

Next level

7장 경영진

경영진은 회사의 성과를 결정하는 중요한 요소이며, 평가하기 가장 어려운 영역 중 하나다. 여기에는 정량적·정성적 측면에서 고려해야 할 몇 가지 사항이 있다. 나는 이 장에서 급여와 인센티브 같은 정량적 문제뿐 아니라 투자자가 경영진을 만나야 하는지를 포함해 평가에 대한 보다 주관적인 사항도 검토하고자 한다. 또한 창업자가 이끄는 사업체의 장점과 억만장자, 심지어 사기꾼과 함께 투자하는 것이 왜 합리적인지에 대해서도 논할 것이다.

해결해야 할 질문

회사를 이해하는 핵심 측면은 경영진과 거버넌스(지배구조)를 평가하는 것이다. 중요한 요소로 다음 섹션에서 살펴볼 소프트 팩터와 더불어 일부 객관적 분석은 굳이 관계자들을 만나지 않고도 얼마든지 수행할 수 있다.

CEO와 CFO는 어떤 경력을 밟았으며, 이전 동료나 투자자 또는 다른 사람들은 그에 대해 어떻게 평가하는가? 그들의 경험과 실적은 어떠한가? 그들은 과거에 유사한 특성을 가진 산업에서 성공한 적이 있는가? 혹은 기술이전을 합리적 근거에 기초해 수행했는가?

경영진의 기반이 안정적인 기업인가, 아니면 CEO가 수시로 바뀌는 기업인가? 만약 후자의 경우라면 현재의 CEO가 자리를 계속 지킬 것으로 확신할 수 있는 근거는 무엇인가?

경영진이 자본 배분을 잘하고 있는가? 이것은 중요한 질문 중 하나이지만, 그들의 각종 보고서에 담긴 어조와 자사주 매입, 특별 배당금, 인수 및 처분 등의 실적을 살펴보면 비교적 쉽게 평가할 수 있다.

내부자들이 주식을 사고 있는가, 아니면 팔고 있는가? 보유 지분의 비율로 볼 때 얼마에 해당하며, 그 이유는 무엇인가?

가족이 경영하는 사업체라면 그 가족은 전문 경영인에게 기꺼이 경영을 위임할 의사가 있는가? 그리고 다음 세대가 주도권을 잡기까지 얼마의 시간이 걸릴 것인가?

회사는 훌륭한 고용주로 인정받고 있는가? 직원의 이직률은 어느 정도이며, 해당 업계에서 그 회사에 대한 입사 선호도는 어느 수준인가?

조직 문화가 안정적이고, 관리 프로세스가 강력한가? 이것을 알아보는 기준은 다음과 같다.

- **회사는 일반적으로 회사 내부에서 CEO를 찾는가?**
- **직원들이 주주에 속하는가? 직원들은 회사의 성공에 깊이 공감하고, 좋은 대우를 받고 있다고 생각하는가?**
- **경영진은 사업에 대해 기업가적 접근 방식을 취하는가? 규제 대상 기업의 경우 규제 기관과 건설적인 관계를 맺고 있는가?**

이사회는 올바른 방향으로 움직이고 있는가? 10-K와 회의 녹취록 그리고 그와 유사한 투자자 커뮤니케이션을 살펴보면 실제로 만나보지 않고도 경영진의 사고방식에 대해 많은 것을 알 수 있다. 다음을 보자.

- **그들은 자본 배분에 대해 논의하고, 회의에서 그 부분에 높은 우선순위를 부여하는가?**
- **그들은 자본 배분을 이해하는 경영진의 지표인 주당 실적에 대해 이야기하는가?**
- **그들은 잉여 현금 흐름FCF의 생성에 대해 논의하는가?**
- **그들은 현금 수익 및 현금 창출에 대해 이야기하는가?**
- **그들은 제국의 건설과 지도상의 정복지, 회사의 규모 등에 대해 이야기하는가? 이런 상황은 당연히 적신호로 봐야 한다.**

투자자를 상대로 한 경영진의 커뮤니케이션에 담기는 이러한 메트릭스가 중요한 이유는 경영진의 사고방식에 대한 진정한 통찰력을 제공하기 때문이다. 워런 버핏이 주주에게 보낸 서신은 의사소통 방법의 가장 좋은 예이고, 다른 것들은 다양한 수준의 홍보를 담는 데 치중하는 느낌이다.

일반적으로 좋은 서신은 회사가 잘한 일과 잘못한 일을 모두 설명하고 관련 핵심 성과 지표KPI 대비 회사의 전략 및 목표를 재검토하며, 투자자가 경영진의 의사 결정 프로세스를 이해하도록 돕고 자본 배분의 중요한 문제를 다룬다. 그런 좋은 서신을 보내는 조직에는 울프슨Wolfson 경이 영국과 유럽에서 주주 친화적 태도의 최고 전달자로 역할하는 넥스트Next와 컨스텔레이션소프트웨어Constellation Software 등이 포함된다.

아울러 이사회의 구성을 들여다보는 것이 중요하다. 지배구조는 적절한가?

- 이사회의 성원을 확인하라. 이사회에 친인척이 없어야 한다.
- 회장과 CEO의 역할을 분리한 조직이 바람직하다.
- 비상임 이사NED는 완전히 독립적이어야 하며, 과거에 같은 회사 임원이나 다른 이사회 성원으로 함께 일한 적이 없어야 한다. 이는 생각보다 찾기 어려운 사례다.
- 이사회의 규모가 거추장스러울 정도로 커서는 안 된다. 예를 들어 OZK은행Bank OZK(구 Bank of the Ozarks)에는 18명의 이사가 있다. 집행위원회는 7명의 위원으로 구성되어 있다. 어느 쪽이 더 효과적일지는 뻔하다.

이사회는 주요 이해관계자를 대표해야 하며, 관련 문제에 대해 여러 의견을 제시할 수 있을 만큼 다양해야 한다. 이 말이 의미하는 것을 설명하는 가장 좋은 방법은 충분히 다양하지 않다고 생각되는 이사회의 예를 보여주는 것이다. 다음의 [표 7.1]에 제시한 랠프로런Ralph Lauren의 사례가 대표적이다.

이사회에 여성이 두 명만 있어서 문제라는 것은 아니다. 나는 랠프로런의 전형적 고객은 40대 남성이라고 추측한다. 물론 내가 이 부분을 완벽하게 통찰하는 것은 아니다. 주목할 부분은 이사회에 55세 미만 남성이 두 명뿐이며, 그중 한 명은 CEO이고 다른 한 명은 창업자의 아들이라는 점이다. 둘 다 최근에 임명되어 평균연령이 5년이나 낮아졌다. 나는 그 두 명 다 회사와 연결점이 없다면 랠프로런 매장을 찾을

[표 7.1] 랠프로런 이사회(2018년 7월 기준)

이름	나이	근무연수
랠프 로런	78	21
존 R. 앨친	70	11
아널드 H. 에런슨	83	16
프랭크 A. 베낵 주니어	85	20
닥터 조이스 F. 브라운	70	17
조엘 L. 플리시먼	84	19
휴버트 졸리	58	8
데이비드 로런	46	1
파트리스 루베	53	1
주디스 맥헤일	71	14
로버트 C. 라이트	75	11
평균	70	13

출처: Company Filings.

사람들이 아니라고 본다.

랠프로런 이사회는 분명히 경험이 풍부하지만, 온라인 소매업체와 소셜 미디어, 온라인 의류 판매의 최신 기술 개발로 기존 사업체들이 혼란을 겪고 있는 상황에서 회사의 전략을 감독하기에 매우 적합하다고 볼 수는 없다. 온라인 의류 판매의 최신 기술을 엿볼 수 있는 적절한 사례는 조조Zozo다. 조조는 일본의 새로운 보디슈트bodysuit 온라인 쇼핑몰로, 유저의 모든 치수를 캡처하고 인체의 3D 지도를 생성해 맞춤

제작한 슈트를 온라인으로 판매한다. 랠프로런 이사회에서 그러한 계획을 제안하고 논의하는 것을 상상할 수 있겠는가?

인센티브 제도 • 경영진 평가의 정성적 측면은 어려운 기술이지만, 책상을 떠나지 않고도 일관성에 관한 적당한 수준의 정보는 파악할 수 있다. 목표는 경영진과 투자자가 '적절한' 관계를 유지하는지, 그리고 그들의 목표와 인센티브가 적절하게 일치하는지 확인하는 것이다. 실제로 주당순이익EPS과 주가 성과에 따른 것 외에 별도의 인센티브를 받는 고위 경영진이 그리 많지 않다는 사실은 놀라운 일이다.

경영진과 주주의 이해관계가 일치하는가? • 그들의 보상 계획을 자세히 살펴보라. 그들의 이해관계가 주주의 그것과 일치하는가? 그들이 달성해야 하는 목표는 무엇이며, 거기에는 특정 형태의 수익 기준이 포함되는가? 아니면 주당순이익과 총주주 수익률TSR에만 기초하는가? 경영진의 보상에 수익 기준이 포함되는 경우 주식이 성과를 낼 가능성이 크다는 증거가 늘어나고 있다. 유기적 요소를 담지 않은 주당순이익 성장 기준에는 주의해야 한다. 이는 경영진이 인수 합병에 치중하도록 부추긴다. 요즘은 회사를 인수하면 거의 자동으로 주당순이익이 향상된다는 점을 참고하라.

- **목표 달성에 대한 열망을 독려하는 수준의 합리적 보상은 매우 바람직하지만, 터무니없이 높은 보상 수준은 위험하다. 다시 말해 수천만 달러, 나아가 수억 달러 수준의 보상은 목표 달성을 위해 속임수에 의존하게 만들 수도 있다는 의미다.**
- **CEO와 CFO 그리고 목표 달성 임무를 부여받은 섹터별 경영진 사이에 공평한 분할이 이뤄져야 하고, 팀 작업에 대한 인센티브도 부여해야 한다.**

- 특히 소비자 영역에서 좋은 회사는 최고 경영진의 보수 패키지에 몇 가지 형태의 지속 가능성에 대한 척도가 마련되어 있으며, 자원 회사의 경우 안전에 대한 몇 가지 척도를 포함해야 한다. 그러한 요소가 없으면 경고음이 울리는 셈이다.
- 경영진은 자사의 주식을 얼마나 많이 보유하고 있는가? 최근에 매도하는 쪽이었는가, 매수하는 쪽이었는가? 나는 CEO가 자신이 보유한 자사의 주식 일부를 매도하는 것에 문제가 있다고 생각하지 않는다. 다만 그들의 그런 행위는 정말 신중하게 이뤄져야 한다고 본다. 일부 CEO는 자사의 주식 가치를 예리하게 평가하므로 그들을 따라 할 가치가 있다. 예를 들어 스포츠다이렉트의 설립자 마이크 애슐리는 투자 커뮤니티에서 크게 욕을 먹고 있지만, 자신이 보유한 주식의 개인 거래를 통해 그 어떤 전문 투자자보다 더 많은 돈을 벌었다. 따라서 그의 매매 행보는 따를만한 가치가 있다.
- 회사가 특별 배당금을 지급했는가? 이러한 배당금 지급은 종종 '외부인' 관점의 지표로, 주주 가치 제공에 전념하는 경영진을 나타낸다.

인센티브의 정량적 측면은 특히 투자자의 많은 관심을 끄는 부분이다. 이상적으로 팀은 주로 투하자본이익률에 대해 인센티브를 받아야 한다. 이는 해당 테마에 대한 투자 관련 글의 양을 감안하면 생각보다 드문 일이다. 해당 이익률에 관한 것이 아니라면 인센티브는 최소한 주당순이익 성장이나 주가 성과 또는 총주주 수익률을 기반으로 해야 하며, 적절한 동급 그룹peer group에 비견할만한 특정 형태의 상대적 척도가 있어야 바람직하다.

여러 은행에서 수행한 연구에 따르면 경영진이 자본이익률에 기반해 인센티브를 받는 주식이 주당순이익 성장이나 매출 성장, 총주주 수익률 또는 현금 흐름과 같은 척도에 기반해 인센티브를 받는 부류보다 훨씬 더 나은 성과를 보였다. 내가 확인한 모든 연구도 동일한 결론을 도출했다. 자본이익률을 유지하거나 개선하는 경영자들에게 인센티브를 제공하는 것은 마땅하다.

동급 그룹을 선택하는 것을 보면 이사회가 비즈니스를 인식하는 방식에 대해 많은 것을 알 수 있다. 예를 들어 미국의 최대 경양식 레스토랑 체인 다든Darden은 동급 그룹에 다수의 소매업체를 포함시켜 이사회가 소비자 지출에 대한 자사의 의존도를 이해하고 있음을 강조한다. 포함된 이름이 당신을 놀라게 하거나 겁먹게 해서는 안 된다. 이름 중 하나가 두드러지면 왜 포함되었는지 자문해보라. 스스로 그에 답할 수 없는 경우 회사의 IR 담당자에게 이메일을 보내라. 그러한 이메일을 통해 이사회가 특정 사업체를 어떻게 인식하는지 보다 자세히 알 수 있으며, 그럼으로써 놀라운 통찰을 얻을 수도 있다.

주당순이익 성장 목표는 미국의 CEO는 물론이고 영국의 일부 CEO에게도 매우 인기가 높다. 과거 WPP의 마틴 소럴Martin Sorrell 경이 이 경우의 가장 대표적 예다. 소럴 같은 사람들에게는 주당순이익 성장이 자신의 재무 모델과 어떻게 성장을 제공할 것인지를 설명하는 훌륭한 방법이다. 나는 해당 관행에 대해 엇갈린 견해를 가지고 있다. 주당순이익 성장에 기반한 목표는 인수 합병과 공격적 회계를 부추기는 동시에 일반적으로 주당순이익 성장을 달성하기 위해 사용한 자본을 고려하지 않는다. 자본에 대한 고려가 더 중요한 요소인데도 말이다.

이에 관한 좋은 소식은 당신이 투자자로서 최소한 목표를 이해하게 된다는 부분이다. 이는 해당 목표가 너무 도전적이라고 생각될 때 특히 유용하다. 그러한 목표의 하향 조정은 일반적으로 주가에 재앙을 초래한다. 투자자들은 대개 자본이익률 인센티브가 주당순이익 성장 목표보다 더 효과적인 것으로 인식하고 있으며, 이것은 학계나 셀사이드의 연구에 의해 입증되고 있다.

나는 항상 업계가 CEO보다 더 강력한 원동력이라는 사실을 명심하려고 애쓴다. 자본 배분에는 시간이 걸리며, 따라서 대부분은 신임 CEO가 아닌 전임자의 역할에 속한다. 회사가 배당금을 적게 지급하는 경우 신임 CEO가 책임을 지는 사용 자본의 비율이 상대적으로 더 빠르게 증가한다.

다음 페이지의 [표 7.2]는 배당 성향이 50퍼센트이고 세후 수익률이 10퍼센트인 회사의 경우 10년 후에도 여전히 전임 CEO가 배분한 자본의 비율이 60퍼센트에 달한다는 사실을 보여준다. 상대적으로 10퍼센트와 같이 낮은 배당 성향을 가진 회사는 신임 CEO가 자본의 60퍼센트를 책임지게 된다. 하지만 그렇게 낮은 배당 성향의 경우에도 전임 CEO가 10년 후에도 배분자본의 40퍼센트를 책임져야 한다는 얘기인데, 10년은 대기업 CEO의 평균수명보다 긴 세월이다. 따라서 CEO가 실질적 변화를 가져오기 위해서는 인수 또는 매각(본질적으로 리스크를 수반하는 행위)에 치중하거나, 직원의 태도나 제품 마케팅의 주요한 개선(달성하기 매우 어려운 과업)에 매달려야 한다.

이사들의 관련성 • 경영진의 실적은 중요하다. 그리고 이러한 실적은 일반적으로 주가에 반영된다. 나는 CEO와 CFO 그리고 주요 임원들이 얼마나 오랫동안 자신의 역할을 수행했는지, 또 그들의 전임자가 얼마나 오래 해당 직위에 있었는지 기록하는 것을 좋아한다. 폭스바겐 스캔들 이후, 그러니까 CEO의 부인이 이사회에 있다는 사실을 확인한 이후(앞서 언급했듯이 내가 놓친 무언가이자 애널리스트 보고서에서도 전혀 보

[표 7.2] 수익률 10퍼센트, 배당 성향이 각기 다른 경우 연차별 신임 CEO가 책임지는 자본의 비율

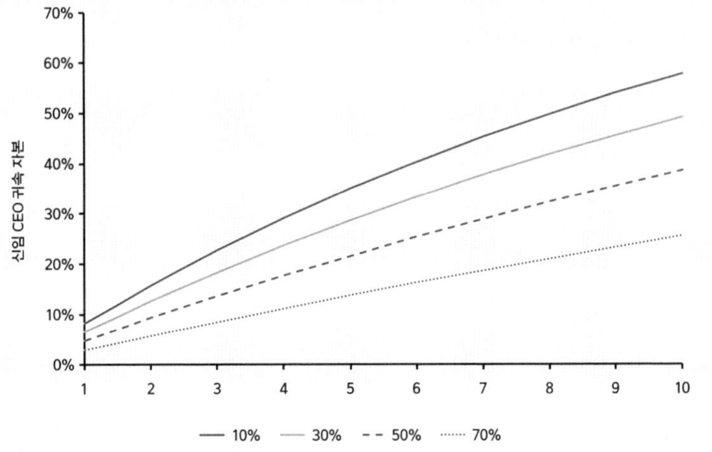

출처: 비하인드더밸런스시트 추정치

지 못한 사실이다) 나는 이사회의 구성에 훨씬 더 세심한 주의를 기울여 왔다.

창업자와 주주 환경을 제외하고(심지어 그 경우라도) 나는 이사회에서 가족 구성원을 보는 것을 좋아하지 않는다. 크리스 '자크' 밀러 Chris 'Jock' Miller는 워설Wassall의 CEO로 있을 당시 이와 관련해 나를 설득하는 데 성공한 바 있다. 그는 자신의 아버지가 어떤 일이든 주저하지 않고 자신에게 말하기 때문에 아버지를 이사회 의장으로 두는 것이 위험하지 않다고 강조했다. 꽤나 합리적인 얘기이지만, 자크는 워설과 그 후속 회사인 멜로즈Melrose에서 주주들에게 엄청난 금액을 안겨준 재능 있는 경영자다. 아주 예외적인 사례에 속한다는 의미다.

이사회를 장악한 '올드 보이 네트워크old boy network(학연 또는 학벌을 의미-옮긴이)' 또한 마찬가지로 방심해서는 안 되는 부분이며, 이는 영국

에만 국한되는 것이 아니다. 웹사이트 비주얼캐피털리스트Visual Capitalist는 미국 상위 100대 기업의 이사회 성원들이 서로 어떻게 관련되었는지 보여주는 차트를 작성해 발표했다. 상임 이사와 비상임 이사들이 서로의 이사회에 앉는 경우가 얼마나 많은지, 차트는 흡사 거미줄을 연상시킬 정도다.

이사회 성원 중 누가 괜찮고 누가 괜찮지 않은지를 식별하는 것은 완전히 다른 문제이며, 나는 FTSE 100 종목 이사회의 의장 자리에 오른 산업계의 일부 인물에 대해 극도로 경계한다. 내 경험에 따르면 그들은 종종 무지에 의한 멍청한 짓을 저지르기 때문이다. 독자 모두가 짐작할 수 있는 분명한 이유로 그들의 이름을 밝히고 싶지 않지만, 나는 기사 작위까지 받은 아주 유명한 고위 인물 한 명과 FTSE 기업 세 곳의 이사회 의장들과 함께 1시간을 보내면서 해당 기업 어느 곳에도 투자하지 않겠다는 결심을 굳혔다. 실제로 그런 결심을 굳히기까지는 10분밖에 안 걸렸다.

반면에 현재 테스코와 배럇디벨로프먼츠Barratt Developments의 이사회 의장을 맡고 있는 존 앨런John Allan과 같이 내가 폴로하고 존경하는 여러 의장도 있지만, 이것은 어디까지나 개인적 사안이다. 일반적으로 상황이 나쁜 업계는 재능 있는 경영진까지 압도하기에 경영진이 무언가를 해낼 것이라고 기대하지 않는 것이 더 낫다고 생각한다.

경영진의 변동 • 가능하면 중간 및 고위 경영진의 변동 사항을 모니터링하는 것도 매우 유용하다. 광범위한 수준의 고위급 변동은 일반적으로 문제가 생겼다는 표시다. 테슬라가 대표적인 예다. 때때로 이것은 새로운 CEO가 와서 정리를 마친 결과일 수 있다. 그렇지 않으면 조직 내 계급 구조의 불안을 반영한 것일 수도 있다. 어쨌든 항상 추가적 관심을 기울여야 하는 부분이다.

정교한 데이터 분석이 도움이 될 수 있지만, 이것은 포착하기 힘든 부분일 수도 있다. 공매자들은 종종 문제가 있는 회사의 중간 간부급 변동 사항을 잘 식별한다. 이를 모니터링하는 것은 가능하지만, 시간이 매우 많이 걸리는 일이다. 기관 투자자는 링크트인LinkedIn이나 기업의 자체 웹사이트를 훑는 방식으로 이러한 변동 사항을 모니터링할 수 있다. 이는 빅데이터의 잠식이 잠재적 기회가 되는 영역이지만, 소규모 전문 투자자 그룹에 이점을 안겨주는 영역이기도 하다. 개인 투자자들이 이를 이용하는 것은 쉽지 않은 일이다. 구글 알리미Google Alerts가 비정상적 수준의 경영진 변동을 식별하는 데 도움이 될 수 있지만 말이다.

경영진을 만나야 하는가? • 주식의 경우가 흔히 그렇듯 경영진을 다루는 이 테마에도 두 가지 학파가 존재한다.

하나는 만남에 반대하는 입장이다. 한 진영에는 테리 스미스처럼 모든 답은 숫자에 있으며, 경영진을 만나는 것은 아무런 소용이 없는 일이라고 믿는 그룹이 있다. 무슨 일이 일어날지 모르거나, 그들이 거짓말을 할 게 뻔하다는 것이 주된 이유다. 경영진은 투자자에게 결코 나쁜 소식을 전하려 하지 않는다고 보는 것이다. 마찬가지로 슈로더Schroders의 가치 매니저인 닉 키리지Nick Kirrage는 피투자자인 경영진이 주주를 만나는 것보다 사업을 운영하는 데 더 많은 시간을 사용해야 한다고 믿는다.

나는 이런 정서를 이해한다. CEO는 대개 설득력이 특출해 큰 조직의 정상에 오른 데다가 매우 매력적인 인물인 경우가 많다. 기관 투자자는 경영진에 대해 결과적으로 일관된 알파를 생성할 수 있을 만큼 충분히 잘 판단하지 못할 가능성이 크다. 뛰어난 실적을 자랑하고 존경

받는 펀드매니저 중 일부 역시 자신은 경영진을 잘 판단하지 못한다고 개인적으로 토로한 바 있다.

한 회사의 CEO가 스타로 인정받고 그에 상응하는 실적이 있으면 일반적으로 그것이 회사 주식의 등급이나 배수에 반영되므로 대개 알파를 생성할 수 있는 범위가 제한된다.

경영진의 말에 귀를 기울이는 것에 반대하는 최상의 주장은 아마도 행동재무학에 근거할 것이다. 현재 GMO의 자산배분위원으로 활동하며, 우리 업계에서 가장 영리한 사상가 중 한 명으로 통하는 제임스 몬티어James Montier가 이를 가장 잘 설명한다. 그는 경영진과 만나지 말아야 할 다섯 가지 이유를 들었다.

1. 정보의 홍수에 빠지게 만드는데, 이런 상황은 결국 더 나은 결정으로 이어지지 않고 시간 낭비와 소음 유발만 초래한다.

2. 경영진은 자사의 사업에 대한 지나치게 낙관적인 견해에 몰입해 있을 가능성이 크다. 그들은 일반적으로 그들의 주식을 팔라고 말하지 않는다. 대체로 그렇다. 물론 애버딘애셋매니지먼트Aberdeen Asset Management의 CEO 마틴 길버트Martin Gilbert처럼 자사의 주식이 이벤트보다 앞서나가고 있다고 말하길 두려워하지 않는 소수도 있지만 말이다.

3. 확증 편향에 빠지기 쉽다. 듣고 싶은 말만 듣고, 거짓 확신에 휩싸일 가능성이 크다는 의미다. 내가 아는 한 펀드매니저는 주식에 대해 냉정한 판단을 내리기 위해 수익 경고가 공시된 후에도 해당 경영진을 만나기를 거부한다.

4. 몬티어는 우리가 권위에 복종하는 경향을 타고난다고 믿는다. 그래서 애널리스트들이 고위 경영진에게 지나친 경외심을 가질 수 있다는 것이다. 이는 특히 젊은 애널리스트들이 주요 인물을 대면할 때

발생하기 쉽다. 사람들은 대체로 업계의 거물을 만나는 것 자체에 들뜨며, 그들이 말하는 것을 그대로 믿는 경향이 있다.

5. 우리는 속임수를 잘 감지하지 못한다. 우리는 스스로 그렇지 않다고 생각하고 싶어 하지만, 실상은 그에 반하는 증거가 넘쳐난다.

다른 하나는 만남에 찬성하는 입장이다. 강박에 사로잡힌 이 진영의 사람들은 경영진의 모든 말을 자세히 조사하며, 사업체에 대한 모든 세부 사항을 연구함으로써 일종의 정보 우위를 창출하려고 노력한다. 그러나 이것은 지나치면 자칫 시간 낭비가 될 수 있다.

나는 주식에 큰 투자를 하기 전에 경영진을 만나는 것에는 딱 한 가지 단순한 이유밖에 없다고 생각한다. 그들이 정직해 보인다는 마음의 위안을 얻기 위한 것이다.

회사 경영진과 이야기를 나누는 것은 그들의 사업 운영 방식과 업계 동향을 보는 방식에 대해 더 잘 이해하는 기회가 되어야 마땅하다. 그들이야말로 회사의 사업에 대해 누구보다 잘 알고 있는 사람들이지 않은가.

그들은 또한 고객(비록 고객에 대한 비판적 언급은 꺼릴 수 있지만)과 공급 업체, 경쟁 업체에 대한 매우 귀중한 통찰을 제공할 수 있다. 그들은 자신의 회사보다는 관련 회사에 대해 훨씬 개방적이고 진솔하게 나올 가능성이 크다.

일단 주식을 보유한 후에는 경영진과 정기적 대화를 하는 것이 앞으로 발생할 수 있는 문제에 대한 조기 신호를 감지할 수 있어 유용하다. 오랜 기간 수차례 대화를 나누다 보면 경영진이 긴장을 풀고 당신을 편하게 대할 수도 있고, 그들의 신체 언어가 모종의 임박한 문제에 대한 암시를 제공할 수도 있다.

일부 포트폴리오 관리자는 뛰어난 관리자를 식별하는 자신의 능력이 핵심 기술이라고 공언한다. 빌 애크먼Bill Ackman이 대표적이지만, 밸리언트파마슈티컬스Valeant Pharmaceuticals(캐나다의 다국적 제약 회사로, 인수 합병하며 바슈헬스Bausch Health로 사명을 변경했다–옮긴이)에서 마이크 피어슨Mike Pearson을 지원한 것은 그의 매우 크고 값비싼 실수였다.

경영진의 능력을 평가하는 것은 투자자에게 아주 어려운 일 중 하나이지만, 어쨌든 경영진을 만나는 것은 투자에 앞서 그들이 신뢰할 수 있는 관리자인지 평가하고, 투자 전략의 표류나 문제에 대한 조기 경고 신호를 포착하는 데에는 도움이 된다.

주의 깊게 그리고 비판적으로 귀를 기울여라 • 경영진의 말을 듣지 말아야 한다는 생각은 잘못된 시각이다. 나는 당신이 주의 깊게 들어야 한다고 믿는다. 다만 믿어야 한다는 의무감에서는 벗어나야 한다. 경영진이 나에게 거짓말을 한 몇 가지 사례를 소개하겠다. 너그럽게 얘기하자면 그들의 거짓말은 반드시 속이려는 의도에서 나온 게 아니라 순진함이나 어리석음에 의한 것일 수도 있다. 그 사례와 더불어 경영진은 진실을 말했지만 내가 잘못된 인상을 느끼고 떠난 사례도 알려줄 것이다.

1. 〈포춘〉이 선정한 500대 기업 중 한 기업의 사업본부장은 내게 자신의 수익률이 연 20퍼센트인데, 상사가 항상 개선을 요구한다고 말했다. 그는 첫 번째 사항에서 거짓말을 하고 있었다. 나는 이후에 그의 수익률이 훨씬 더 높은 탓에 자본이 홍수처럼 업계로 유입되어 수익이 감소하고 있다는 사실을 확인했다. 그리고 두 번째 사항은 제정신인 사람을 도망치게 만들기에 충분한 내용이었다.

2. 주가 추세의 중요성과 단기적으로 시장을 좌지우지하는 설득력이 있는 경영진의 능력을 결코 과소평가하지 마라. 한번은 한 유럽 회

사의 CEO와 CFO가 엄청난 규모의 인수 작업을 수행한 후 나를 찾아 왔다. 그들은 그 인수에 거의 올인하다시피 했고, 결국 파산 직전에 이르렀다. 만나보니 그들은 자사가 사는 것이 무엇인지 전혀 몰랐음이 분명했다. 사실 나는 그 거래에 100억 달러 이상을 지불한 그들보다 내가 더 그 회사에 대해 잘 안다고 생각했다. 내가 인수 대상인 그 사업체에 대해 아주 자세히 연구하지 않았더라면 그들의 논리가 매우 설득력 있게 다가왔을 것이다. 실제로 그들은 이른바 잠재적 이익에 대한 스토리를 토대로 자신들의 지분을 늘렸다. 우리의 공매도는 결국 좋은 성과를 냈지만, 타이밍이 좋지는 않았다.

3. 유럽의 저비용 항공사인 라이언에어와 이지젯의 상장 초기에 나는 겨울을 앞두고 수요보다 훨씬 빠르게 성장하는 시장 수용력을 인지한 후 고객들에게 라이언에어 주식을 공매도하도록 설득했다. 마침 회사가 수익 경고를 공시한 덕에 우리는 라이언에어의 공매도를 훌륭하게 처리해냈다. 두어 달 만에 40퍼센트의 수익을 올린 것이다. 당시 주요 경쟁 업체인 이지젯의 CEO는 자사에는 그러한 문제가 없다고 주장했다. 나의 최대 고객은 라이언에어에서 이지젯 공매도로 갈아타는 데 동의했다. 이지젯 주식은 라이언에어에서 수익 경고를 공시했을 때 이지젯이 부인한 덕에 불과 2~3퍼센트밖에 빠지지 않은 상태였다. 우리는 이지젯의 공매도로 두세 달 만에 또 70퍼센트의 수익을 올렸다. 나중에 내가 이지젯의 CEO인 레이 웹스터Ray Webster에게 어떻게 된 일인지 묻자, 그는 자신이 사전 예약 곡선을 잘못 판단했다고 개인적으로 시인했다. 그는 가장 뛰어난 CEO는 아니었더라도 라이언에어처럼 공급 초과로 인한 이익 감소를 알아차렸어야 했다. 그런데 그는 진심으로 부인했다. 그는 정말로 이지젯이 괜찮을 거라고 믿었던 것이다.

4. 내가 엔지니어링 및 건설 회사의 새로운 제련소 프로젝트를 검토하기 위해 해외 출장을 갔을 때의 일이다. 나는 수십억 파운드에 달하는 이 프로젝트의 매니저를 옆에 태우고 장거리 운전을 했는데, 그는 이제 지쳐서 은퇴하고 주식을 매도해 새집을 구입한 후 여유로운 노년을 보낼 계획이라고 말했다. 그날 밤 저녁 식사 때 해당 부문의 책임자는 나에게 자신도 지쳐서 은퇴할 준비가 되었다고 말했다. 나는 주요 건설 프로젝트를 관리할 수 있는 12명의 고위 직원에게 의존하던 이 부문의 최고위 인재들이 더 이상 일에 헌신하지 않는다는 느낌이 들었다. 최근의 IPO 이후 일하지 않아도 될 만큼 충분히 부자가 된 것이 원인이라고 심각하게 걱정하지 않을 수 없었다. 계량화할 수 없는 그러한 리스크가 있었기에 나는 주식을 매도하는 것이 좋겠다고 권했다. 그런 다음 이후 12개월 동안 주가가 2배로 뛰는 것을 속절없이 지켜보아야 했다.

처음 세 가지 사례의 교훈은 경영진도 그저 인간이라는 것이다. 그들은 순진하거나 어리석거나 나름의 어젠다를 품고 있을 수 있다. 종종 자신의 부에 중요한 주가를 방어하기 위해 애쓴다. 나의 결론은 경영진의 말을 경청하되 스스로 결정하고, 부당한 영향을 받지 않도록 주의해야 한다는 것이다. 이것은 매우 어려운 일이지만, 회사에 무슨 일이 일어나고 있는지 알려주기에 가장 좋은 위치에 있는 이들이기 때문에 그들의 의견을 그냥 무시해서는 안 된다는 것이 내 생각이다.

네 번째 사례는 전적으로 나의 실수였다. 하지만 오늘 또다시 같은 상황을 접하면 내가 다른 결론을 내릴 수 있을지 확신이 서지 않는다. 비록 실제로 구체화하지는 않았지만, 리스크가 상당한 상황이었기에 하는 말이다. 나심 탈레브Nassim Taleb가 말한 대안적 역사 버전의 좋은 예라 하겠다.

이 모든 것에서 우리는 경영진에게서 정보를 추출할 수 있는 한 가지 기법을 생각해낼 수 있다. 앞에서 언급한 해외 출장에서 나는 고위 관리자들과 개인적 관계를 발전시켜 나를 신뢰하고 속마음을 털어놓게 했다. 기업 관계자들과의 공식적 미팅 환경에서는 하기 어려운 일이다. 이렇게 친밀한 관계를 형성해서 솔직한 대화를 주고받는 것은 〈포춘〉 선정 500대 기업의 노련한 CEO들에게는 잘 먹히지 않는 방법이다. 그들은 너무 똑똑해서 속을 털어놓는 우를 범하지 않는다. 그러나 신체 언어는 다르다. 그것이 어떻게 감정을 드러내는지 실로 놀라지 않을 수 없다. 가장 경계심이 강한 경영진이라도 답변의 내용이 아니라 답변하는 방식으로 자신의 우려를 드러낼 수 있다.

- 때로는 CEO가 스스로 특정 질문을 던지지 않았고, 다른 사람도 그렇게 하지 않았다는 사실이 매우 많은 것을 드러내기도 한다. 나는 1990년대 중반에 영국항공에서 새롭게 플랫 베드를 도입한 직후 당시 CEO였던 밥 에일링Bob Ayling에게 비즈니스 클래스에서 몇 퍼센트의 수익이 창출될 것인지 물었다. 그는 알지 못했다. 경영진 중 누구도 이 간단한 질문을 스스로 제기한 바 없었다. 그는 CEO 자리에 오래 앉아 있지 못했다.
- 우리는 아주 멋진 나이트클럽에서 오전 4시까지 아시아 주요 기업의 IR 책임자를 닦달했다. 그는 취기가 과하게 오르자 우리가 알고 싶은 것을 모두 알려주었다.
- 뉴욕의 포시즌스Four Seasons 호텔에서 <포춘> 선정 500대 기업의 한 CEO와 저녁 식사를 하면서 우리는 그에게 갖은 칭찬으로 자부심을 부추겨 여러 가지 정보를 얻어낼 수 있었다. 물론 최고급 와인 한 병도 도움이 되었다.

- **때때로 CEO는 의도적으로 거짓말을 한다. 내 상사가 투자한 한 비상장 기업의 매력적인 여성 CEO는 최근의 실적을 설명하는 것보다 추파를 던지는 것에 더 관심을 쏟았다. 얼마 후 그 회사는 사기성 조직이었음이 밝혀졌다.**

초인적 능력을 선보인 CEO의 퇴임은 신중한 평가를 요구한다. 테스코의 테리 레이히Terry Leahy가 좋은 예다. 그는 아주 적시에 빠져나왔다. 자신의 전략이 틀어지기 시작하기 직전에 말이다. 2017년 컴퍼스의 CEO 리처드 커즌스Richard Cousins의 퇴임은 회사가 강력한 시장 지위를 가지고 있기에 안전하다고 생각되었지만, 결국 특정한 리스크 요인으로 작용했다. 지나치게 지배적인 CEO의 퇴임, 예컨대 과거 잭 웰치Jack Welch나 오늘날 허니웰Honeywell의 데이비드 코티David Cote 같은 CEO의 퇴임은 시장의 인식과 현금 흐름에 블랙홀을 남길 수 있다.

나는 경영진을 판단하는 간단한 규칙 같은 것은 없다고 생각한다. 그러나 투자 프로세스는 경영진을 잘못 평가하는 리스크를 통제할 수 있어야 한다. 내가 제공할 수 있는 유일한 팁은 특히 만남의 자리에서 매우 주의 깊게 관찰하고, 귀를 기울여 리스크가 있다고 느끼는 경우 포지션을 줄이는 것이다. 예를 들어 잭 웰치의 후임자가 시장에서 더 높은 인지도를 구축하는 것으로 판명되면 훌륭한 투자 기회를 놓친 셈이 되겠지만, 그럴 가능성이 얼마나 되겠는가? 사업체가 그 경영인보다 더 오래 지속될 것으로 판명되면 언제든지 다시 돌아갈 수 있는 것이 아니겠는가.

개인 투자자는 무엇을 어떻게 해야 하는가 • 경영진과의 만남, 특히 주요 FTSE 100 또는 S&P 500 기업의 경영진과 만나는 일은 주로 전문 투자자가 고려해야 하는 문제이지만, 개인 투자자 역시 기업과 교류할 수 있는 많은 기회가 있다.

- 기업의 실적 발표, 즉 어닝스 콜earnings call의 녹취록은 무료로 제공한다.
- 많은 대기업이 '자본시장의 날Capital Markets Day'과 같은 투자자 행사를 웹캐스트(인터넷 생방송)한다. 이를 통해 개인 투자자는 경영진이 질문에 답하고 발표하는 모습을 관찰할 수 있다.
- 영국의 개인주주 소사이어티ShareSoc와 같은 일부 조직에서는 개인 투자자가 IR 전문가를 만날 수 있는 이벤트를 개최한다. 이것은 CEO를 만나는 것과 같지 않을 수도 있지만, 훌륭한 IR 책임자는 비즈니스와 전략에 대해 훌륭한 설명을 제공할 것이다.
- 연차 총회AGM는 경영진과 교류할 수 있는 또 다른 기회이지만 밀접하게 만나는 것을 통제하는 경향이 있으며, 일반적으로 분석 프로세스에 실제적 가치를 추가할 수 있는 대화를 나눌 기회도 제한된다. 상황이 바뀌었을 수도 있지만, 나는 셀사이드에서 일할 때는 물론 바이사이드에서 일할 때도 AGM 참여를 피하는 경향이 있었다.
- IR 팀에 이메일을 보내면 응답을 받을 수 있다. 물론 받지 못할 수도 있다.

위대한 경영진

현재 활동하는 위대한 기업과 위대한 경영진을 관찰하면 무엇을 피해야 하는지보다 무엇을 찾아야 하는지에 대한 긍정적 신호를 얻을 수 있다. 불행히도 그런 대상은 그다지 많지 않으며, 일반적으로 방법론보다는 응용력, 하드웨어보다는 소프트웨어가 그런 차별화의 핵심이기에 복제하는 것이 불가능에 가깝다. 하지만 나는 아마존의 전직 고위

임원을 만나 대화를 나누면서 그들의 독특한 경영 스타일과 관련해 몇 가지 흥미로운 측면을 파악할 수 있었다.

아마존은 매우 진지하고 고도로 집중적인 환경을 가진 것으로 유명하지만, 부문별 경영자는 나름의 실험을 수행할 수 있는 폭넓은 자유와 실험의 결실을 볼 수 있는 충분한 시간을 누린다. 우선은 무료로 사용할 수 있는 내부 API(애플리케이션 프로그래밍 인터페이스 또는 자동화된 통합 도구)와 같이 이용할 수 있는 도구가 많은 것이 대기업다운 장점이다. 내가 보기에 핵심 요소는 엄격한 운영 규율을 갖춰놓고 모든 사업에 대해 주간 내부 대시보드를 운용한다는 것이다. 한 국가 단위 시장의 책임자는 문자 그대로 일주일에 1만 개의 측정 항목을 접하게 되며, 시간 관계상 그가 할 수 있는 최선은 훑어보며 빨간색 수치를 찾는 것이다. 대시보드 시스템을 운용하지 않으면 불가능한 일이다.

아마존의 결정 프로세스는 흥미롭다. 그들은 내부적으로 일방향 도어(취소할 수 없는 결정)와 양방향 도어(뒤집을 수도 있는 결정)에 대해 이야기한다. 전자의 경우 실험을 포기하는 것이 훨씬 더 어렵고, 비용이 더 들기 때문에 결정하는 데 훨씬 더 오랜 시간을 투자한다. 아마존은 마진이 낮은 사업을 운영하지만, 그들의 사업자본 환경과 수익은 마이너스 운전자본과 매우 높은 재고 회전율(월마트의 월간 회전율보다 높다)에 의해 주도된다.

아마존은 분명히 훌륭하게 경영하는 사업체이며, 특히 아마존 출신이 계속해서 다른 사업체를 운영하거나 어느 특정 기업이 아마존의 철학이나 관행을 채택하는 데 대해 이야기하는 경우 투자자는 이를 통해 모종의 통찰을 얻을 수 있다. 그러나 성과는 경영 프로세스만큼 이전할 수 있는 경우는 거의 없다.

창업자가 이끄는 사업체

창업자가 이끄는 사업체는 시장을 능가하는 성과를 내는 경향이 있다. 이것은 상당한 양의 연구 조사가 내놓은 결론이며, 일반적으로 받아들여지는 원칙이다. 경영 컨설턴트사인 베인앤드컴퍼니Bain & Company가 이에 대해 발표한 연구 조사에 따르면 1990년부터 25년 동안 창업자가 주도하는 회사들의 총주주 수익률이 다른 회사들보다 2배 이상 높았다.

크레디트스위스Credit Suisse 또한 2006년부터 10여 년 동안 창업자가 이끄는 기업이 50퍼센트 이상 능가하는 성과를 보였다는 유사한 연구 조사 결과를 발표했다. 그들의 연구에 따르면 가족 소유 기업은 일본을 제외한 아시아에서 연 3.1퍼센트, 유럽에서 연 5.1퍼센트 등 모든 지역에서 더 우수한 성과를 보였다. 이는 모든 섹터에서도 확인할 수 있는 추세다. 물론 이러한 효과 중 일부는 미국의 아마존과 유럽의 LVMH 같은 몇몇 초대형 기업에서 이뤄낸 환상적인 성과 때문에 수치가 높아진 측면이 있다.

나는 2017년 런던 가치 투자자 콘퍼런스에서 아이디어를 찾아 여기저기를 샅샅이 훑다가 전혀 들어본 적 없는 펀드를 발견했다. 콰이로캐피털Quaero Capital이 심오한 가치 투자 전략으로 유럽에서 운용하는 소규모 펀드였다. 그 펀드는 가족 소유 기업이 다른 기업보다 더 나은 성과를 낸다는 사실을 시사했다. 콰이로캐피털은 2002년에서 2016년 사이에 가족이 경영하는 독일의 상장 기업 닥스Dax가 397퍼센트라는 수익률에 비해 닥스 지수는 149퍼센트의 성과를 보였다고 추산했다. 그들은 이사회의 최소 20퍼센트 이상을 가족 구성원으로 채워 통제하는 기업을 가족 경영 기업으로 정의한다. 가족이 회사의 관리자이지만, 경영은 아웃소싱하는 경우도 이에 해당하는 셈이다.

이러한 연구 조사 내용을 모두 세세하게 살펴보지는 못했지만, 이 모든 것이 완벽하게 이해가 된다. 가족 경영 기업이 더 나은 성과를 내는 이유는 다음과 같다.

- **분기 단위에 치중하지 않는 장기적 사고**
- **리스크 회피 성향과 보수주의**
- **강력한 대차대조표와 부채 혐오 성향**
- **희석 회피 성향(주식 발행을 꺼림)**
- **신중한 인수 정책**
- **강력한 인컴 수익을 보장하는 관대한 배당 정책**

일부 투자자들은 창업 2세대가 자산이라기보다는 부채에 가까운 경향이 있다고 생각한다. 예컨대 2010년대 중반에 고군분투하던 랠프 로런, 아들 야니크Yannick에게 회사를 넘겨준 뱅상 볼로레Vincent Bolloré, 리치몬트Richemont의 설립자로 2017년 29세의 아들을 이사회 임원으로 임명한 요한 뤼퍼르트Johann Rupert 등에 대해 생각해보라는 것이다. 이들은 모두 그 역할에 가장 적합한 후보자가 아니라는 것은 거의 확실하며, 분명 상응하는 리스크를 수반한다.

디즈니가 폭스Fox의 자산 일부를 인수한다는 소문이 돌았을 때 제임스 머독James Murdoch이 디즈니에 들어가서 차기 디즈니 CEO의 유력한 후보자가 될 것이라는 소문도 돌았다. 이는 창업자가 이끄는 기업에 대한 투자의 문제 중 하나를 보여준다. 디즈니가 해당 자산에 대해 지불하는 가격이 가족 구성원에게 역할을 제공하겠다는 약속의 영향을 받을 수 있기 때문이다. 따라서 나의 일반적 규칙은 창업 1세대의 경우 당연히 받아들일 수 있고 긍정적일 가능성도 크지만, 2세대 상속자는 리스크가 될 소지가 다분하다고 보는 것이다. 나는 그저 2세대가 주의 깊은 관리자의 역할에 충실하며 어리석은 짓을 하지 않길 바란다. 그들이 전면에 나서면 소액주주들이 불이익을 받을 수 있는 리스크가 따르기 때문이다.

이러한 문제는 아시아 시장에서 특히 심하다. 홍콩에 본사를 둔 차트웰캐피털Chartwell Capital의 로널드 챈Ronald Chan은 2017년 당시 홍콩 H 주식 시장에 상장된 2,075개의 주식 중 968개가 가족 소유였다고 말한다. 주로 홍콩 부동산 기반의 대기업을 비롯한 지역 최대 주식 일부를 포함해 이들 중 많은 기업이 현재 창업자에서 2세대로의 전환을 겪고 있다. 그런 사업체를 살펴볼 때는 이러한 리스크를 고려해야 한다. 마찬가지로 가족 경영 기업이 때로 소액주주들에게 최선의 이익이 되도록 행동하지 않을 수 있는 리스크는 항상 존재한다.

억만장자와의 투자 • 이것은 창업자가 주도하는 회사의 매력적인 부분집합에 해당한다. 상속이 아니라 자신의 계정으로 10억 달러의 재산을 축적한 인물은 계속해서 성공할 가능성이 크다. 때로는 여정이 순조롭지 않고 험난할 수도 있지만, 대부분의 억만장자는 믿고 따라갈 가치가 있다.

이 전략은 종종 불분명하고, 신뢰 측면에서 많은 노고를 수반한다. 때로는 소액주주로서 불이익을 당할 리스크도 상존한다. 그런 일은 한국과 같은 개발도상국(2021년 7월 유엔무역개발회의에서 선진국으로 편입되었다-옮긴이)에서 보다 일반적으로 발생한다. 선진 시장에서는 일반적으로 기업의 지배구조가 상대적으로 우수해 보호 요소를 제공한다.

이 전략과 관련해 미국과 전 세계에 많은 예가 존재한다. 존 멀론John Malone이나 루퍼트 머독Rupert Murdoch 또는 프랑수아앙리 피노François-Henri Pinault 같은 거물을 따라가는 것은 이미 매우 성공적인 전략으로 입증되었다. 처음부터 가담할 필요도 없었다. 큰 성공을 거둔 인물들을 따라가는 것은 대개 성공적 전략으로 통한다.

주목할만한 예외는 비방디가 2017년 중반 하바스Havas의 지배주주로부터 그 지배 지분을 인수한 사건이다. 나는 해당 거래의 논리적 타당성을 이해할 수 없었다. 무엇보다 가격이 마음에 들지 않았다. 하지만 해당 전략과 주주와의 커뮤니케이션에 대해 질문하는 이메일을 CEO에게 보내는 것 말고는 아무것도 할 수 없었다.

당시 비방디의 CEO인 아르노 드 퓌퐁텐Arnaud de Puyfontaine은 1개월 20여 일 전에 한 벌지브래킷 회사가 주최한 조찬 자리에서 하바스와 합병할 그 **어떤** 임박한 의도도 없다고 밝힌 바 있었다. 함께 무언가를 하려는 장기적 의도는 있지만, 현 단계에서는 아무런 카드도 없다고 말한 것이다. 나는 무엇이 바뀐 것인지, 그리고 이사회는 어떻게 그 40억 유로로 비방디 주식을 매수하는 것보다 하바스를 인수하는 것이 낫다는 결론에 이르렀는지 물었다. 그동안 경영진은 유니버설뮤직이 비방디 주주들에게 분명히 저평가되었다고 주장해오던 터였고, 나는 그러한 주장에 강력히 동의하던 터였기에 그것이 더욱 궁금했다.

또 지난 23년 동안 주당순이익이 15퍼센트의 복리로 성장한 주요 글로벌 미디어 에이전시인 WPP에 대해서도 프리미엄을 지불했기 때문에 어떻게 그들이 하바스 인수를 가치 있다고 평가했는지에 대해 심각한 의문이 들었다. 그들은 하바스를 인수하기 위해 P/E에 거의 40퍼센트의 프리미엄을, EV/EBITDA에 약간의 프리미엄을 얹어주었다. 지배권에 대한 프리미엄은 이해할 수 있었지만, 시장은 에이전시들에 대한 평가를 낮추고 있었기에 그들의 가치 평가에 정당성이 거의 없는 것처럼 보였다. 그들은 시너지 효과를 공언했지만 두 회사 간의 협력에 대한 구체적인 예를 제시하지 않았고, 공동 소유에 따라 협력이 어떻게 증가하거나 강화 또는 결속되는지 설명하지도 않았다. 그들은 또한 비용이나 수익 면에서 발생할 수 있는 시너지에 대한 추정치를 제시하는 것도 꺼렸다.

경영진은 이러한 성격의 투자자 질문에 응답하고 싶어 하지 않는다는 것이 명백해 보였다. 이것은 다른 전략적 비전을 품고 전문 투자자가 감당할 수 있는 것보다 훨씬 더 긴 게임을 수행할 준비가 되어 있는 억만장자를 따라 투자하는 경우의 리스크를 잘 보여주는 예다. 그들은 예컨대 외부 주주들에게 손해를 입히더라도 자산 이전과 같은 거래에서 이익을 얻는 식으로 나름의 어젠다를 추구할 수 있다.

실패자와의 투자를 피하는 것은 식별하기 쉽지 않다. 다른 분야에서는 큰 성공을 거두었지만, 주식시장에서는 자신의 강점을 활용하지 못한 사람이 꽤 많다. 로버트 첸귀즈Robert Tchenguiz와 카타르 국부 펀드에 상당한 손실을 입힌 세인즈버리Sainsbury's가 대표적이다. 첸귀즈는 2000년대 중반 주식시장 투자에서 수차례 불운을 겪었기 때문에 지켜볼 가치가 있었다. 그 덕분에 몇 가지 훌륭한 공매도 아이디어를 얻기도 했다.

이전에 퍼싱스퀘어캐피털매니지먼트Pershing Square Capital Management에서 헤지펀드 매니저로 매우 성공적인 경력을 쌓은 빌 애크먼은 2015년부터 2018년까지 수차례 값비싼 투자 실수를 저질렀다. 그는 밸리언트파마슈티컬스에 투자해 20억 달러 이상의 손실을 입은 것으로 유명하다. 그뿐 아니라 덜 알려져 있지만, 그는 롤업을 전문으로 하는 플랫폼 회사 두 곳에서도 상당한 손실을 입었다. 이번에도 역시 그의 연속된 불운은 공매도의 기회를 제공했다. 특히 대중의 눈에 띄는 그러한 성적표는 마치 독수리처럼 공중을 돌며 먹잇감을 찾는 공매자와 결합해 포트폴리오 주식에 강한 매도 압력을 일으킬 수 있는 펀드 환매(투자자가 펀드의 순자산 가치 그대로 자기 투자 지분의 전부 또는 일부를 회수하는 것-옮긴이)를 유발한다.

사기꾼과의 투자 • 진짜 사기꾼이든 또는 그렇게 보이는 사기꾼이든 사기꾼과의 투자는 수익성이 매우 높을 수 있다. 예를 들어 플레이테크Playtech의 배후에 있는 이스라엘의 억만장자 기업가이자 한때 캠던마켓Camden Market의 소유주였던 테디 새기Teddy Sagi는 1996년 사기와 뇌물 수수 혐의로 입건되어 9개월 형을 선고받았다.

플레이테크는 IPO 이후 놀라운 성장 스토리를 써나갔다. 2006년 273파운드로 주식시장에 들어와 850파운드까지 거래되다가 이후에 선호도가 떨어졌다. 새기는 여전히 27억 5,000만 파운드로 평가되는 회사의 지분 3분의 1을 소유하고 있었다. 그는 유죄 판결을 받은 이후에도 별로 위축되지 않았다. 많은 사업적 이해관계를 보유하고 있는 데다가 섹스와 도박이 인터넷에서 가장 수익성이 높은 사업이라고 천명한 대로 해당 분야의 사업을 활발하게 펼쳤다. 또한 그의 호화로운 생활 방식에는 슈퍼모델 바르 레파엘리Bar Refaeli를 비롯한 많은 유명 여자 친구가 함께했다.

성공한 많은 사업가가 감옥에 갇힌 바 있다. 영국 BBC TV의 〈드래건즈 덴Dragon's Den〉 시리즈로 스타덤에 오른 덩컨 배너타인Duncan Bannatyne은 글래스고의 악명 높은 발리니Barlinnie 감옥에서 시간을 보냈고, 제럴드 론슨Gerald Ronson은 1980년대에 기네스Guinness 스캔들에 연루되어 교도소에 수감되었다. 오늘날 론슨은 런던에 헤론 타워Heron Tower를 세운 부동산 개발사를 비롯해 세 개의 주요 사업체를 소유하고 있다.

주식시장에서 사기꾼을 따라가 투자 이익을 얻을 기회가 생기는 이유는 기관 투자자 대부분이 전과자는 물론이고, 평판이 좋지 않은 사람들과 관련된 주식을 기피하기 때문이다. 결과적으로 그러한 회사는 할인된 가격으로 거래되는 경우가 많은데, 그 할인은 일반적으로 현금 흐름이 호전되고 성과가 나오기 시작하면 점차 소멸하는 요소다. 또한 사람들은 특정 범법 행위가 오래전의 일일수록 최근 기록에 더 큰 비중을 두며, 당사자가 성공적으로 갱생했다고 믿고 싶어 한다.

전과자가 설립한 회사에 투자하는 것은 수익성이 매우 높을 수 있지만, 만약 사업 자체가 사기로 판명되거나 현저하게 실적이 저조한 경우 전문 투자자는 방어할 수단을 찾을 수 없다. 그러한 명백한 감점 요인이 있는 회사에 투자해서 손실을 입으면 상사나 투자 신탁인들이 거의 동정하지 않을 것이다. 과연 그런 위험까지 감수할 필요가 있을까?

한편으로 가해자가 꼭 범죄자일 필요는 없다. 제럴드 래트너Gerald Ratner가 시그넷주얼러스Signet Jewelers의 CEO이던 시절 자사의 보석을 새우샌드위치에 비유하는 농담을 했을 때처럼 어리석은 언급으로 화를 자초한 사람에게도 똑같은 일이 일어난다. 또는 지배적인 창업자가 런던 증권가나 월가의 에티켓을 무시하며 자신만의 방식으로 사업을 계속 운영하는 지배구조의 문제도 투자자의 피해를 유발할 수 있다. 대표적 예가 영국의 스포츠다이렉트로, 설립자 마이크 애슐리가 시장과 애증의 관계에 있었기 때문이다. 스포츠다이렉트는 IPO 이후 주가가 30파운드로 하락한 다음 다시 800파운드까지 반등했다가 거래 부진과 논란이 잇따르면서 재차 폭락했다.

이러한 경우 대부분에 대한 나의 간단한 반응은 거대한 사업을 구축하고, 막대한 부를 창출한 사람이 제 궤도에서 벗어났다가 다시 돌아오지 못할 가능성이 얼마나 되는지 묻는 것이다. 물론 때때로 길을 벗어나서 돌아오지 못하는 기업가들도 있다. 따라서 각각의 사례는 그 시비곡직에 따라 평가되어야 한다. 그러나 사기꾼이나 눈 밖에 난 사람들에게 투자하거나 실제로 억만장자를 따라 투자하는 전략은 비록 전문 투자자들이 선호하지 않지만, 견실한 전략이 될 수 있다고 나는 믿는다.

직원

파내서스Parnassus 펀드는 단순한 투자 원칙을 따른다. 일시적 역경의 기간이나 시장이 전체 섹터의 전망에 대해 부정적일 때도 사회적 책임을 다하며, 예외적인 장기 수익성을 보여주는 회사에 투자한다는 것이 원칙이다. 특히 근무 환경이 좋고, 직원들을 잘 대우하는 회사가 우선적 투자 대상이다.

노사 관계가 좋은 회사에 투자하는 것은 현명한 처사다. 나는 가능한 한 업계 전문지나 〈이코노미스트〉 기사, 전문 블로그, 소셜 미디어 등과 같은 대체 정보원을 찾으려고 노력한다. 그러면서 직장인을 위한 트위터나 링크트인 그리고 때로는 미디엄Medium(온라인 출판 플랫폼-옮긴이)의 리뷰에서 특별한 통찰을 얻을 수 있다는 것을 발견했다.

글라스도어Glassdoor(직장인들이 고용주에 대한 리뷰를 공유하는 웹사이트-옮긴이)가 이와 관련해 특히 유용한 정보원이라는 생각은 들지 않았지만, 확실히 확인하기 위한 세세한 작업까지는 수행하지 않아도 되었다. 글라스도어의 리뷰는 부정적 경향이 있지만, 동종 업계에 대한 전반적인 점수는 지표가 될 수 있다. 글라스도어의 경우 나는 특정 회사의 긍정적 측면보다는 부정적 측면을 확인하기 위한 용도로 사용한다.

특정 회사가 결과를 조작하기가 매우 쉽기 때문이다.

오늘날 많은 헤지펀드가 전직 직원이나 업계 컨설턴트로부터 해당 사업체에 대한 통찰을 얻기 위해 전문가 네트워크를 이용한다. 특히 젊은 인재를 유치하려는 경쟁이 치열해지고 있는 만큼 직원 관계가 더 유익한 탐색 영역이 될 것이라고 믿는다.

평균 급여와 직원 지분 및 보너스 계획을 보면 직원들이 얼마나 주인 의식을 갖고 있는지 알 수 있다. 전문 서비스 회사 등을 살펴볼 때 이러한 종류의 평가를 수행하는 것이 특히 중요하다.

결론

경영진은 투자 결과에 중대한 영향을 미치지만, 그에 대한 평가는 체크리스트를 통해 정의하기 어렵다. 매수 전과 후에 정기적으로 경영진을 만나거나 관찰하는 것이 필수적이다. 창업자가 이끄는 회사는 종종 매력적인 기회가 되며, 시장이 창업자를 불신하는 경우에는 더욱 좋은 기회가 될 수도 있다.

Next level

8장 기업의 재무제표

지금까지 논의한 질문은 주로 사업체의 개념적 퀄리티와 관련이 있다. 나는 일반적으로 처음에 많은 재무적 변수를 자세히 살펴보지만, 이 책에서는 명확성을 위해 정성적 측면과 재무적 측면을 별도로 살펴보겠다.

투자 대상을 제대로 평가하려면 재무 및 회계 정책에 대해 확실히 이해해야 한다. 나는 초기 평가에서는 수익 성장 기록과 매출 총이익률, 영업 이익률, 투하자본이익률, 현금 창출과 같은 몇 가지 주요 매개변수에 중점을 둔다. 또한 그와 더불어 자본적 지출capex과 운전자본working capital 관련 사항도 간략하게 살펴본다.

보다 자세한 검토를 위해서는 일반적으로 회계 정책에 대한 이해부터 시작하지만, 첫 번째 점검 사항 중 하나는 감사 보고서와 비상사태에 대한 주석, 특수 관계자에 대한 주석을 확인해 회계 계정을 신뢰할 수 있는지 여부를 확인하는 것이다. 이는 매수 포지션(종종 회계가 오해를 사기 쉬울 경우에는 오히려 공매도를 하는 것이 매력적이다)으로 고민할 가치가 있는지 여부에 대한 좋은 지침이 된다. 그 이유는 다음에 설명할 것이다. 그런 다음 재무제표를 살펴보는 것이 나의 검토 순서다.

하지만 먼저 회계 계정이 왜 중요한지, 그리고 이것이 정보 우위의 원천이 되는 경위를 설명하고자 한다. 나는 모든 사람이 회계 계정을 자세히 읽기에 따라서 얻을 수 있는 정보 우위가 없다는 일반적인 가정을 잘 알고 있다. 그러나 이 테마에 대한 나의 개인적 경험과 학문적 경험은 그렇지 않다고 말한다.

계정 자세히 읽기

애널리스트로서 나의 장점 중 하나는 두 개의 회계 자격증을 보유하고 있다는 것이다. 이 장점은 수년에 걸친 많은 실습과 결합해 내가 대차대조표를 읽는 데 상당한 전문가가 되도록 도왔다. 나는 오래전부터 상대적으로 소수의 투자자가 이러한 분석 측면에 능숙하며, 최고의 투자자 중 일부는 이 기술로 구별된다고 믿어왔다. 대표적으로 에저턴캐피털Egerton Capital(세계에서 가장 성공적이고, 가장 오래 지속되는 헤지펀드 중 하나)의 회장 존 아미티지John Armitage를 꼽을 수 있다. 그는 주석의 세부 사항을 포함해 회사의 회계 계정을 잘 읽는 것으로 유명하다.

나의 회의론은 노트르담 대학교의 두 교수가 수행한 학술 연구에 의해 확인되었다. 그들은 미국 증권거래위원회의 공시 자료 관리 시스템인 EDGAR 사이트에서 다수의 회계 계정을 다운로드해 조사한 결과, 계정을 확인하는 데 신경을 쓰는 투자자가 거의 없다는 결론을 내렸다.

"EDGAR 사이트에서 상장 기업에 대한 투자자들의 연례 보고서 조회 요청은 서류 제출일과 그다음 날을 합쳐 평균적으로 28.4회 이뤄진다. 서류 제출일에 상장 기업의 10-K에 대한 조회 요청 건수는 단

아홉 건에 불과하다."✦

이는 발견되지 않은 정보가 있을 수 있음을 암시하기 때문에 진지한 애널리스트에게 계정을 읽는 일이 보다 더 중요한 사안으로 여기게 만든다. 솔직히 말해 나는 투자자들이 계정 읽기에 충분한 시간을 투자하지 않는다고 믿지만, 해당 학술 연구의 결론에는 다소 의구심을 가지지 않을 수 없다. 대부분의 투자자는 회사 웹사이트의 투자자 관계 섹션이나 블룸버그나 그와 유사한 터미널을 통해 회계 계정을 확인하기 때문이다.

하지만 제너럴일렉트릭General Electric, GE의 당시 CFO는 〈월 스트리트 저널〉의 인터뷰 기사를 통해 자사의 2013년 연례 보고서가 한 해 동안 GE 웹사이트에서 고작 800회 정도 다운로드되었다고 주장했다. GE는 주주가 수백만 명이나 되는 대기업이다. 계정이 너무 커서 다루기 어렵다는 게 이유였을 수도 있다. 2013년 10-K의 평균 분량은 10년 전에 비해 약 1만 단어가 증가한 4만 2,000단어였다. 예를 들어 HSBC의 그룹 계정은 520페이지 이상으로 정점을 찍었는데, 그들은 그룹 계정과 더불어 여러 자회사의 계정도 함께 게시한다. 그 모든 문서를 살펴보려면 아마 2분의 1인년人年(한 사람이 1년 동안 일한 작업량을 1인년이라 한다-옮긴이)은 걸릴 것이다. GE의 2014년 보고서(10만 개의 단어/257페이지 이상)는 3,400회 다운로드되었다. 나도 그것을 다운로드한 사람 중 한 명이었다.

내가 수년간 확인한 바론 많은 투자자가 연례 보고서에 거의 주의

✦ 'The Use of EDGAR Filings by Investors' by Tim Loughran and Bill McDonald, University of Notre Dame.

를 기울이지 않는다. 한번은 한 고객의 특정 주식에 대한 내부 보고서를 검토했는데, 모든 수치가 블룸버그나 그와 유사한 터미널에서 따온 것이었다. 담당 애널리스트(매우 성공적인 기관에 소속된)가 재무제표를 열어보지 않았음을 인정했기에 회계 정책에 대한 언급도 전혀 없었다.

나의 회의론은 셀사이드 애널리스트로 일하던 시절 더욱 공고해졌다. 내가 750억 달러 규모에 달하는 미국 대기업의 특정 부문에서 누리는 수익을 더 잘 이해하려고 노력하고 있었을 때의 얘기다. 셀사이드 가운데 누구도 그 특정 부문의 수익을 계산하거나 추정하지 않았다. 하지만 나는 10-K를 다시 살펴보았고, 해당 수치가 그대로 드러나 있는 것을 확인했다. 내가 접한 그리고 물어본 셀사이드 관계자 누구도 계정을 읽는 데 신경을 쓰지 않았던 것이다. 나는 여전히 이 사실을 충격적으로 받아들인다. 미국 셀사이드 관계자들의 제약, 특히 시간 부족과 분기별 주당순이익 수치에 대해 집중해야 함을 잘 알고 있음에도 그렇다.

SEC 자료가 더 나은 이유

미국 증권거래위원회, 즉 SEC의 연례 보고서는 사실 셀사이드 애널리스트에게 인기가 별로 없어 보인다. 왜냐하면 시간은 충분하지 않은데 분량이 너무 많고, 읽는 데 너무 오래 걸리기 때문이다. 하지만 거기에는 일반적으로 유럽이나 아시아 그리고 기타 지역의 재무제표보다 훨씬 더 많은 양의 귀중한 정보가 담길 수 있다.

특히 사업체의 정성적 측면 설명(무엇을 하고, 누구와 매매 거래를 하는지 등)에서 정보에 쉽게 접근할 수 있기에 진지한 애널리스트에게는 미국 기업이 몇 가지 면에서 더 나은 제안이 된다. 변호사들이 극히 자세하게 설명하는 리스크 요소(우리는 해외에서 판매한다, 달러의 변동은 우리의 실적에 영향을 미칠 수 있다)와 실적이 변동을 거듭한 이유를 설명하는 MD&A(경영진 논의 사항 및 분석) 등의 정보는 새로운 애널리스트의 시간을 엄청나게 절약해줄 수 있다.

미국에 상장된 외국 기업은 20-F 서식을 제출해야 한다. 그것은 기존의 연례 보고서보다 훨씬 더 많은 정보를 제공하기 때문에 나는 가능한 한 그 자료를 읽곤 했다. 하지만 그런 수고를 들이는 애널리스트는 거의 없다.

내가 라이언에어 관계자들과 처음 만나는 자리에는 당시 COO(최고 운영 책임자)이자 마이클 올리리Michael O'Leary의 대리인인 마이클 콜리Michael Cawley가 나왔다. 그는 아주 친절하게 나를 대했다. 일각에서는 그의 보스인 올리리에 대해 부정적 시각을 견지하지만, 나는 늘 올리리를 고도로 전문적이며 종종 주변에 즐거움을 선사하는 인물로 생각했다. 나는 콜리에게 확실히 자리 잡은 중요한 경로에서 시장점유율을 상실한 이유가 무엇인지부터 물었다. 콜리는 내 질문에 적잖이 놀라는 눈치였다. 그는 내가 그 정보를 어떻게 알았는지 물었고, 나는 근면함으로 그를 감탄시키려는 어리석은 시도로 마지막 두 개의 20-F를 읽고 판매량의 차이를 계산했다고 설명했다. 그는 다음번 제출 서류에서는 해당 데이터를 삭제하도록 하겠다고 응수했다. 그는 이전에 그런 공개 내용에 대해 질문을 받은 적이 없었던 것이다.

SEC는 또한 미국에 상장된 기업들에 무수히 많은 다른 정보도 요구한다. 따라서 그렇게 규제 당국에 제출하는 자료의 내용과 제출 시기 모두에서도 유용한 정보를 얻을 수 있다. 실제로 기업들이 제출하는 이례적인 정보 공개 자료를 살펴보는 데에만 초점을 맞추는 연구 조사 회사도 있다. 이것은 공매도 기회를 식별하는 데 유용한 서비스다. 그들은 금요일 오후 늦은 시간(장이 마감하는 오후 4시에서 SEC의 자료 제출 창이 닫히는 오후 5시 30분 사이)이나 추수감사절 연휴 전날 밤에 제출된 자료 같은 것이 특히 탐구하기에 유익한 대상이라고 말한다.

회계에 대한 이해

회계 정책을 이해하는 것은 필수적이다. 그렇지 않으면 몇 가지 큰 실수가 발생할 수 있기 때문이다. 그리고 이것을 서둘러 하지 않으면 끝끝내 하지 않게 된다는 것이 나의 경험칙이다.

물론 회계장부에 대한 자세한 검토를 시작할 즈음이면 이미 회사에 대한 정성적 측면 조사와 일부 주요 재무 매개변수에 대한 조사는 끝난 상태다. 이 시점에서 나는 심층 검토에 들어가 일정 수준 전념하면서 장부의 거의 모든 숫자와 텍스트 대부분을 다룬다. 그러나 나는 정통에서 약간 벗어나는 접근 방식을 이용한다. 앞부분에서부터 시작하지 않는다는 뜻이다.

테리 스미스는 저서《성장을 위한 회계Accounting for Growth》에서 보고서와 회계장부를 뒤에서부터 거꾸로 읽을 것을 제안한다. 내 기억이 맞다면 우발 부채 및 약정 사항 부분부터 시작하라고 했을 것이다. 그렇다고 실제로 회계장부의 화려한 첫 100페이지를 무시하라는 얘기는 아니다. 다만 거기서 시작하지 말라는 것뿐이다.

앞부분을 아예 무시하면 문제에 봉착할 수도 있다. 내가 영국 여행사 토머스쿡Thomas Cook의 계정을 들여다봤을 때의 일이다. 나는 그들의 현금 흐름이 도무지 납득이 되지 않았다. 그에 대한 일부 해답이 앞부분의 재무 검토에 있었던 것이다. 그리고 연례 보고서의 경우 감사에서 제외된 앞부분을 반드시 들여다봐야 한다. 거기에 유용한 정보가 포함될 수 있기 때문이다. 하지만 그런 것들은 내가 마지막으로 보는 부분이다. 나는 회계장부의 가장 기술적인 부분부터 보기 시작한다.

회계장부의 네 가지 기술 영역 • 첫째, **감사 보고서**audit report다. 내가 가장 먼저 보는 것이기도 하다. 여기에는 최근 몇 년 사이에 이뤄진 개선에 따라 몇 가지 중요한 정보가 포함된다. 특히 오늘날에는 더욱 그렇다.

- **감사 보고서: 어떤 단서나 조건이 붙어 있는가? 그 경우 계속 볼 가치가 있는가? 주의해야 할 사항, 특히 회계 정책이나 평가 근거에 대한 의견 불일치가 있는가? 이는 면밀한 조사가 필요하고, 프로젝트의 포기 가능성까지 내포하는 위험신호다.**
- **감사인의 규모: 어떤 회사가 참여하며, 들어본 적이 있는 회사인가?**
- **감사인의 변경: 감사인이 변경된 경우 그 이유와 이전 감사인이 재임한 기간을 파악하는 것이 중요하다. 그 기간이 짧다면 이는 또 다른 주요 위험 신호다.**
- **감사 위원회: 감사 위원회가 있으며, 이사나 위원들은 독립적인가?**

나는 손익P&L 검토의 일환으로 회사의 규모 및 매출 기반은 물론이고, 비슷한 규모의 경쟁 업체 사례와 비교해 감사 수수료의 수준을 살펴본다. 감사 수수료가 합리적인지, 지난 몇 년 동안 인플레이션과 사업의 규모에 비례해 인상되었는지 확인하는 것이다. 그렇지 않은 경우 모종의 문제가 있다는 표시일 수 있다.

또한 감사 수수료가 세금 및 컨설팅 서비스에 대해 감사인에게 지불하는 비감사 수수료보다 현저하게 적지는 않은지 살펴본다. 비감사 업무에 대해 감사인에게 너무 많은 비용을 지불하는 고객은 감사인에게 허용 한도 이상으로 회계 결정을 수락하도록 압력을 가할 가능성이 있다.

이 예에서 온텍스$_{\text{Ontex}}$는 2016년 멕시코와 2017년 브라질에서 두 차례의 중요한 인수를 진행했다. 분명 감사인은 이러한 각 거래에 대해 상당한 추가 비용을 청구했을 것이다. 그럼에도 감사 수수료가 고정적이라는 사실은 중요한 위험신호로 생각되었다.

둘째, **우발 부채 및 약정 사항**이다. 첫 번째 단계가 완료되면 나는 우발 부채 및 약정 사항 부분으로 넘어간다. 만약 기본적이고 중대

[표 8.1] 온텍스의 연도별 매출 대비 감사 수수료

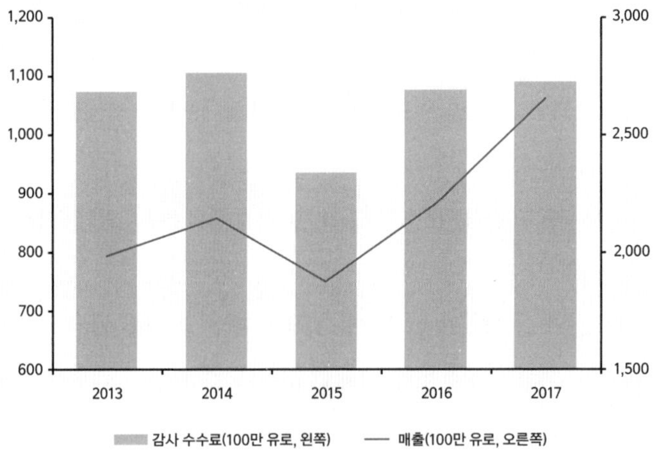

출처: 비하인드더밸런스시트에서 인용한 온텍스 연례 보고서

한 불확실성이 공개된 경우에는 그것만으로도 분석을 보류하고 해당 사안이 해결될 때까지 기다려야 할 만큼 심각한 문제일 수 있다. 가격이 너무 매력적이어서 도저히 포기할 수 없는 제안이 아닌 이상은 그렇다. 소송 문제는 특히 평가하기 어려울 수 있다. 그로 인한 손실의 추정이나 성패의 확률에 대한 추정은 실로 평가하기가 까다로울 뿐 아니라 때때로 투자자에게 싸게 매수할 기회를 안겨주지만, 일반적으로는 두통거리가 된다.

그러한 두통거리의 좋은 예가 2000년대 중반의 에이멕Amec이다. 에이멕의 우발 부채는 두 페이지에 달했고, 교량이 만족스럽게 건설되지 않은 탓에 발생한 소송 등의 문제를 포함했다. 워낙 큰 다리였기에 교정 및 보완 건설 비용이 전체 시가총액과 맞먹을 수도 있었다. 게다가 이것은 소송이 발생할 수 있는 많은 우발적 상황 가운데 하나에 불과했다.

이러한 유형의 상황에 따른 문제는 가치 평가와 관련해 매우 넓은 범위의 결과가 생성된다는 점이다. 그러한 리스크는 또한 수량화하기가 극도로 어렵다. 교량 건설에 대한 분쟁을 해결하는 데에는 1억 파운드(당시 에이멕 시가총액의 10퍼센트에 해당함) 또는 그 이상의 비용이 발생할 수도 있었다. 통상 이러한 상황에서는 정보 우위를 확보하거나 가치를 수량화할 수 있는 가능성이 희박하기 때문에 나는 눈을 돌려 다른 주식을 살펴보는 경향이 있다. 때로는 그런 상황에도 불구하고 주가가 저렴해 보일 수 있지만, 나는 관련 사태가 구체화하기 전이라 주가에 전체 가치가 반영되지 못한 것으로 보고 발을 뺀다.

셋째, **관련 당사자 거래에 대한 주석**이다. 두 번째 단계 다음으로 특수 관계자 거래에 관한 계정의 주석을 본다. 이것은 미리 살펴보는 것이 가장 좋다. 경영진이나 지배주주의 정직성에 의문이 생기는 경우 다른 주식으로 눈을 돌리는 것이 최선이다. 일반적으로 관련 당사자들, 특히 CEO와 관련이 있는 당사자들과 대규모로 빈번하게 혹은 비정상적으로 거래를 하는 회사는 피하는 것이 제일 좋다. 그렇지 않은 경우보다 사기의 위험에 더 많이 노출될 수 있기 때문이다.

넷째, **이사의 사임**이다. 마음이 바뀔 경우에 대비해 내가 처음에 다루는 또 하나의 사항은 이사들의 사임 관련 내역이다. 이것은 무해할 수 있지만 잠재적 경고 신호가 될 수도 있고, 경영진에게 특정한 사임 이유를 묻는 것이 필요할 수도 있다. 예를 들어 존경받는 비상임 이사가 사임하고 이사회와 큰 다툼이 있는 것 같으면 나는 해당 주식에 대한 조사를 보류하고 전개 상황을 지켜본다.

회계 정책 검토

분석은 상당히 지루한 작업으로, 책상에 앉아 연구 조사를 수행하는 전통 방식을 여전히 따른다. 그리고 기본적으로 10-K 또는 연례 회계 보고서를 자세히 읽어야 한다. 회계 보고서에 사실을 드러낸 방식과 그에 이용한 문구는 당신에게 많은 것을 알려줄 수 있다. 특히 해당 문구가 변경된 경우에는 더욱 그렇다.

연도별 회계 정책 명세의 차이점은 올해 회계와 지난해 회계를 비교함으로써 검토할 수 있다. 이는 섹션을 워드Word로 복사한 뒤 '버전 검토' 기능을 사용해 수행하는 것이 일반적이다. 블룸버그나 그와 유사한 도구는 'SEC Filings(자료 파일)'를 위한 일부 전문 웹사이트와 마찬가지로 마우스 클릭만으로 이 기능을 수행하도록 돕는다. SEC Filings는 전자적으로 보관되며, 따라서 컴퓨터에서 조사할 수 있다. 나는 셀사이드에서 일하던 시절, 매년 관련된 회사 모두에 대해 수동으로 이 작업을 수행하곤 했다.

여기서 중요한 것은 해당 파일의 행간을 읽고 왜 그들이 특정한 방식으로 무언가를 표현했는지 따져보는 것이다. 내가 예상한 그대로 있는가? 누락된 것은 없는가? 이는 회계 정책에 대한 설명을 읽을 때 특히 중요하다.

이 검토는 회사의 회계 정책이 보수적인지, 업계의 동종 사업체와 일치하는지 등을 이해하는 것을 목표로 한다. 때로는 정량적 평가가 필요하지만, 회계 정책 주석에 대한 초기 검토만으로 잠재적 우려 영역을 감지할 수 있다. 내가 밟는 주요 단계는 다음과 같다.

회계 정책 주석

정책 변경 • 나는 올해와 지난해의 회계 정책 주석을 검토하고, 정책과 추정 기준 그리고 감가상각 내용연수耐用年數 등과 같은 추정치에 변경 사항이 있는지 확인한다. 그런 다음 나중에 이것을 직접 계산해서 확인하기도 하는데, 때로는 인용한 연수의 범위가 변경되기도 한다. 예를 들면 '설비 및 기계류는 5~10년에 걸쳐 감가상각'이라고 기록되었던 것이 5~15년으로 변경되는 식이다. 이러한 유형의 변화는 일반적으로 기준 완화와 수익의 질earnings quality 저하를 나타낸다.

나는 이전에 접해본 적이 없는 것 또는 특이하거나 이상하거나 비즈니스와는 맞지 않게 보이는 것은 무엇이든 확인한다. 이는 수치를 조작하는 가장 중요한 영역 중 하나인 수익 인식 정책의 경우에 특히 주의해야 할 부분이다. 어느 시점에 수익을 인식하는가? 선적shipment 시점인가, 아니면 그 이전인가? 이연 수익deferred revenue은 있는가? 나는 대차대조표와 대비해서 일관성과 양을 확인한다.

장기 계약 • 장기 계약이 포함된 경우 그에 대한 검토는 일반적으로 경영진과 접촉해서 자세히 논의하는 과정이 필요하며, 그것은 가능한 한 직접적 대면을 통해 이뤄져야 한다. 이는 지극히 주관적인 영역이며, 감사인이 정확하게 평가할 수 없기에 추가적 실사가 필요하다. 이렇게 장기 계약을 포함해 수익을 회계 처리하는 회사는 수익 계산의 주관성과 감사인 검증의 어려움 때문에 훨씬 더 높은 리스크를 수반하는 경향이 있다.

감가상각 정책 • 나는 감가상각 정책(가속법 대 정액법)과 내용연수 추정치, 평균 내용연수를 평가한다. 평균 내용연수는 자산 비용 또는 총 장부가액을 감가상각비 또는 이연자산 상각비로 나누어 계산한다. 여기에는 기존의 고정자산뿐만 아니라 소프트웨어나 여타의 무형자산도 포함된다. 소프트웨어의 감가상각 내용연수는 최상의 퀄리티가 아닌 회사의 좋은 지표가 될 수 있다. 소프트웨어의 장부 제거 시한이 10년 이상으로 기록된 경우 CFO가 위험을 감수하고 있거나 회사가 기술 동향을 따라가지 못하고 있다는 의미다.

다든 레스토랑 체인이 좋은 예다. 명확하게 드러나지 않을 수도 있지만, 이 회사는 음식 배달과 같은 몇 가지 주요한 파괴적 추세에 노출되어 있다. 그러나 최근의 회계장부를 보면 소프트웨어의 감가상각 내용연수를 10년 내외로 잡고 있다. 예를 들어 은행과 같은 특수한 조직의 경우에는 이것이 교체할 수 없는 오래된 축적 시스템이 있음을 나타낼 수 있지만, 레스토랑 체인의 경우에는 의문부호가 따라붙을 뿐이다. 다시 말해 강세 신호와는 거리가 멀다.

재고 평가 • 나는 항상 재고 평가의 기본 사항(후입선출LIFO 대 선입선출FIFO 등)을 검토하고 특이한 표현이 있는지 확인한다. 추가적 이해를 위해 재고 주석을 확인하기도 하는데, 간혹 그저 어리둥절한 진술을 접하기도 하기 때문이다. 예를 들어 2016년과 2017년에 샘소나이트는 자사의 재고 중 상당히 많은 부분에 대해 아주 적은 수준의 감가상각을 표시했는데, 그러한 감가상각은 마진의 맥락에서 볼 때 거의 말이 되지 않았다. 이 단계에서는 메모를 해두었다가 나중에 IR 관계자에게 좀 더 알아보는 것이 중요하다. 그리고 만족할만한 설명이 없는 경우에는 당연히 신중하게 접근하는 것이 현명하다.

영업권 손상과 무형자산 상각 • 나는 영업권과 관련 무형자산, 즉 상각 기간과 손상 기준을 특히 자세하게 살펴본다. 후자는 실제 영업권 주석에서 더 자주 인용되지만, 이것은 회계 정책에 대한 내 초기 검토의 일부에 속한다. 고객 리스트와 같은 무형자산의 상각 기간은 사업체의 가치 평가에 필수 불가결한 것은 아니지만, 거기서 우리는 경영진의 사고방식을 엿볼 수 있다.

성장률과 할인율 • 영업권 주석에서 회사가 성장률에 대해 사용하는 가정과 적용하는 할인율을 보면 부정행위 사고방식이 있는지 여부를 알 수 있다. 특히 그것을 확실히 감지할 수 있는 경우는 회사가 이러한 가정을 변경했을 때다. 예를 들면 2015년 DIA는 포르투갈 비즈니스의 예상 성장률을 높였지만, 그보다 더 큰 스페인 비즈니스에 대한 향후 5년 동안의 기대치는 크게 낮췄다.

이런 부분은 경영진의 사고방식을 드러낸다. 그들은 향후 5년이 이전에 예측한 것보다 훨씬 더 어려울 것이라는 사실을 받아들인 것이다.

그리고 임박한 5년에 대한 전망은 현금 흐름 할인법DCF에서 잔존 가치 계산의 기초를 설정하고, 향후 5년은 할인 메커니즘으로 인해 훨씬 더 높은 가중치를 갖기 때문에 분명 가치 평가에 매우 중요하다. 나는 또한 할인율이 합리적인지 확인하기 위한 검토도 수행한다.

보수적 회계 • 회계 정책을 검토할 때 간혹 나는 회사가 회계 측면에서 충분히 보수적인지 확인한다. 특히 보증 조항이나 의심스러운 채무자가 중요한 경우에 그렇다. 그럴 때 나는 의심스러운 부채에 대한 충당금 비율과 보증 조항(P&L 기재) 대 현금 지출을 본다.

연구 개발 • 연구 개발R&D과 자본 평가에 대한 조치는 또 다른 민감한 영역이다. 여기에 단순히 어리석은 회계 정책이 일부 적용되고 있는데, 자동차업계에 그에 관한 몇 가지 좋은 예가 있다. 2018~2020년에 무슨 일이 일어났는지 생각해보라. 테슬라가 출시되자 수많은 새로운 순수 전기차 모델이 속속 그 뒤를 따랐다. 그럼에도 자동차 제조업체들은 여전히 R&D를 너무 느리게 상각하고 있었다. 최악의 장본인은 2018년 2억 1,400만 파운드의 현금 지출 중 1,150만 파운드를 P&L에 부과한 애스턴마틴Aston Martin이다. R&D 자산의 상각도 있었지만, 자산에 비해 상대적으로 낮았다.

2018년 말 애스턴마틴의 대차대조표상 R&D의 장부 가치는 6억 5,300만 파운드였고, 수익은 11억 파운드였다. 2017년 R&D 자산은 5억 1,100만 파운드였으며, 그해의 수익은 8억 7,600만 파운드였다. 그렇다면 어느 기간에 대해 상각해야 하는가? 이사들은 추정컨대 새로운 전기차 라곤다Lagonda(출시 일정은 불확실했다)와 2020년형 SUV에 대한 R&D 투자가 성과를 올릴 것이라고 얼마나 확신할 수 있는가? 내가 보기에는 상당히 불확실했다.

회계 정책은 타당해야 한다. 만약 내가 그들이나 그들의 적용 방식을 이해하지 못한다면 무언가 잘못되었을 가능성이 크다. 이 시점까지 해당 사업체를 이해하는 데 상당한 시간을 투자했다고 해도 그렇다. 어쩌면 내가 그 사업체를 이해하기에 충분한 작업을 수행하지 않은 것일 수도 있으며, 돌아가서 회사가 하는 일에 대한 지식을 재점검해야 할 수도 있다. 또는 자동차 산업의 경우 참여자들이 진실을 받아들이지 못하고 있는 것일 수도 있다.

인수 • 회계 정책은 아니지만, 일반적으로 이 시점에서 나는 회사가 인수를 어떻게 처리했는지 자세히 살펴본다. 인수 처리, 특히 충당금과 인수 대상의 대차대조표에 대한 조정은 두 회사 경영진의 보수주의에 대해 많은 것을 드러낼 수 있다. 나는 이들 계정에 들어오는 내용을 인수 대상 회사의 마지막 제출 계정과 비교하는 것을 좋아한다. 의미 있는 차이는 어떤 것이든 대개 경영진이 보수주의의 한계를 넘어서고 있음을 시사한다. 나중에 유지 관리 부분을 살펴볼 때 인수에 대해 더 자세히 다루고, 그 평가 방법에 대해 논의할 것이다.

대차대조표

회계 정책에 대한 검토를 완료하면 대차대조표로 넘어간다. 나는 통상 이것을 한 줄 한 줄 검토하는데, 두세 개의 대차대조표를 살펴보면 이전 연도들 대비 현재의 변동 상황을 파악할 수 있다. 종종 약 5~7년 전의 대차대조표를 출발점으로 삼는다. 과거 5년 이상의 기간은 사업체의 성장을 살피고, 성장을 달성한 과정을 살펴보기 좋다.

지난 몇 년 동안 주당 장부 가치가 어떻게 증가했는지 살펴보는 것은 일반적으로 외삽外揷, 즉 이미 알려진 사실에 기반한 추정의 합리적인 출발점이다. 이익잉여금이나 자사주 매입 또는 자국 통화로 환산한 해외 자산의 가치 상승 등을 살피며 어느 포인트에서 성장을 달성했는지 이해하면 가치가 어떻게 생성되었고, 그것이 어느 정도 반복될 것 같은지에 대한 감을 잡을 수 있다. 장부 가치의 성장이 세 가지 방법 중 무엇에 기인했느냐에 따라 사용되는 가치 평가 배수가 다르다.

대차대조표 분석의 주된 목적은 해당 사업체가 현재의 매출을 올리는 데 요구되는 자산이 무엇인지 이해하는 것이다. 고정자산이나 재고, 부채 등이 얼마나 필요하고 여타의 자산은 얼마나 보유하고 있는지 알아본다는 의미다. 여기서 여타의 자산은 투자자에게 숨은 가치가 될 수도 있고, 영업권의 형태로 행사된 과거의 선심성 투자를 나타낼 수도 있다. 같은 경영진이 동일한 실수를 반복하지 않는 한 반드시 크게 문제가 되는 것은 아니다.

대차대조표의 부채 측면은 아마도 훨씬 더 흥미롭고, 종종 더 많은 단서를 포함한다. 충당금과 이연 수익, 부채, 연금 부채는 모두 면밀한 조사가 필요하다. 나는 일반적으로 대차대조표의 모든 줄을 읽고 확인하며, 계정에 붙은 주석도 모두 읽는다. 물론 여기에는 상당한 시간이 소요된다.

내가 교육과정에서 실시하는 한 가지 연습은 왜 이 모든 것이 중요한지 잘 보여준다. 나는 수강생들에게 네 개 회사의 정보, 즉 일반적인 크기의 대차대조표 개요(자산 비율을 명시한 표)와 10여 개의 중요한 비율을 제시하고 어떤 산업에 속한 회사들인지 추측하게 한다. 처음에는 수강생들이 적잖이 당황해한다. 당연히 그들은 어떤 회사인지 아는 상태에서 수치를 들여다보는 데 익숙해 있기 때문이다. 하지만 숫자는 그 자체로 자신의 이야기를 들려준다. 우리는 일반적으로 왜 특정 주식이 그렇게 저렴한지, 또는 어떻게 그 수익성이 향상될 것인지 등에 대한 모종의 이야기 때문에 주식에 끌린다. 그러한 이야기도 분명 중요하지만, 숫자도 그 못지않게 중요하다. 그런 이유로 내 교육과정의 부제는 '이야기보다 숫자 먼저'이다.

내가 다루는 몇 가지 주요 항목과 확인이 필요한 문제에 대해서는 다음에 설명할 것이다. 하지만 이것은 그 자체로 매우 광범위한 테마여서 따로 책 한 권을 마련해야 마땅하다. 따라서 다음의 목록은 실로 맛보기에 불과하며, 전체 레시피를 찾고자 한다면 관련 도서를 더 읽어야 할 것이다.

고정자산 • 나는 자산 항목에서 부동산이나 시설 또는 건설 중인 자산의 규모 등을 살펴본다. 고정자산은 특히 미국 시장에 상장된 기업들의 계정에서 항상 공개하는 부분에 해당하지 않는다. 10-K에는 가치를 검토할 수 있는 주요 자산 목록을 제시한다. 구글 지도Google Maps는 주요 부동산을 살펴보는 데 유용한 수단이다. 분명 직접 방문하는 것만큼 좋지는 않지만, 예를 들어 본사의 위치와 크기, 화려함 등은 구글 지도로도 충분히 확인할 수 있다.

부동산: 부동산은 오늘날 간과되는 일이 좀처럼 없는 부분이다. 제프리 스털링Geoffrey Sterling(훗날 재무경이 됨)이 토지와 건물이라는 실제적 가치를 얻기 위해 전체 사업체를 사곤 했던 1960~1970년대와는 극명하게 대조된다는 의미다. 부동산이 공개되는 경우 일반적으로 합리적인 최근의 평가치를 적용한다. 그렇긴 하지만 부동산의 가치가 시가총액에 비해 상당히 큰 주식들이 있다.

나는 효과적으로 인플레이션에 연계된 수익을 누리는 부문에서 놀라운 브랜드를 구축한 소더비즈 경매 회사의 주식을 샀다. 뉴욕과 런던에 보유한 부동산을 감안하건대 가치 평가가 매우 저렴했기 때문이다. 런던 본드 스트리트의 건물은 시에서 가장 높은 수준의 평방피트당 임대료를 받을 정도로 인기 있는 부동산이다. 또 다른 예는 내가 투자하지 않은 경우인데, 뉴욕 유니언 스퀘어에 영화관을 소유한 회사였다. 전체 사업에 대한 가치 평가가 주요 자산의 대체 사용 가치에 약간의 프리미엄만 붙은 수준이었다.

나는 소유권을 확보한 토지와 건물을 가치의 원천이자 하방 보호의 원천 그리고 수익 등을 계획하기 위한 잠재적 원천으로 보고 관심을 기울인다. 또한 임대 비용과 재무제표상에 나타나지 않는 부외의 자산을 살펴보고 해당 사업체의 운영에 얼마나 많은 공간이 필요한지 등을 이해하는 것을 좋아한다. 이를 통해 사업체의 운영 비용에 대한 통찰을 얻을 수 있기 때문이다.

시설과 기계류: 나는 사업을 운영하는 데 필요한 자산의 가치와 그것이 대차대조표에 얼마나 들어 있고, 얼마나 들어 있지 않은지에 관심을 기울인다. 새로운 회계 기준인 IFRS16과 그에 상응하는 미국의 규정은 운용 리스 아래 임대한 것이든, 완전히 소유한 것이든 모든 자산을 대차대조표에 표시할 것을 요구한다. 내가 보기에 이런 기준은 자체적으로 단점을 가지고 있으며, 지나치게 이론적이다.

감가상각률은 어느 정도이며, 자산의 평균 연한은 얼마인가? 나는 감가상각 기간을 아주 자세히 살펴보는데, 그것이 합리적인지 그리고 늘어나고 있는지, 줄어들고 있는지 확인하기 위해서다. 이것은 고정자산과 무형자산 모두에 적용된다. 감가상각 기간을 너무 길게 적용하면 CFO가 덜 보수적이며, 위험을 감수할 준비가 되어 있다고 볼 수 있다.

나는 '빙산의 일각'의 원칙에 입각해 추정하는 편이다. 계정에서 마음에 들지 않는 무언가를 발견하면 '아래쪽'에 훨씬 더 나쁜 것이 숨어 있을 수 있다고 가정한다는 얘기다.

자산의 몇 퍼센트가 매년 매각되거나 폐기되며, 그것의 교체에 정기적인 현금 유출이 발생하는가? 미래의 이윤을 창출하기 위한 자본의 수준과 일관성은 어느 정도인가? 이것을 이해하려면 종종 수년 전 자료까지 살펴봐야 한다. 자본적 지출은 성장을 위해 필요한 것인가, 아니면 현상 유지를 위해 필요한 것인가? 고정 설비와 차량이 분리되어 있는가? 차량은 보다 정기적인 교체가 필요한 축에 속한다.

건설 중인 자산: 건설 중인 자산에 투하된 자본의 수준은 어떠하며, 또 해마다 어느 정도 변동하는가? 건설 중인 자산은 성장이나 유지에 필요한 것인가? 만약 그것의 규모가 크다면 그러한 요소가 없는 경우 자본이익률은 어떻게 되며, 현실적으로 회사가 자본 이익을 낼 것으로 기대할 수 있는가? 왜냐하면 대규모 확장이 끝나고 새로운 공장이 들어서면 수익이 증가할 것이기 때문이다. 그 경우 사업의 수익성을 얼마나 높일 수 있는가?

영업권 • 영업권은 무형자산의 보급이 증가하고 그에 대한 가치 평가가 높아짐에 따라 총자산 가치의 더 큰 구성 요소가 되고 있다. 나는 일반적으로 대차대조표상의 영업권보다는 과거의 거래를 경영진의 자본 배분 능력에 대한 보다 신뢰할 수 있는 지표로 본다. 따라서 과거의 거래에 대한 면밀한 조사에 더 의존한다. 성장 추정치 및 할인율에 관한 내용은 잠재적으로 많은 것을 시사하며, 앞서 설명한 DIA의 사례에서처럼 영업권의 변동은 자사의 사업에 대한 경영진의 인식이 어떻게 달라졌는지를 드러내기에 나는 매년 이 부분을 확인한다.

기타 무형자산(소프트웨어, R&D 등) • 나는 특히 상각을 위해 선택된 연한을 자세히 살펴본다. 회사가 소프트웨어 상각 연한을 10년 이상으로 잡으면 나는 CFO가 자사의 수익을 늘리기 위해 위험을 감수할 준비가 되어 있다고 가정한다. 때로 회사가 대규모 소프트웨어 프로젝트를 진행 중이면 이것이 정당화될 수 있지만, 그렇다고 하더라도 나는 소프트웨어가 서비스에 도입되고 나면 자산 수명이 급격히 떨어질 것으로 예상한다. 10년 동안이나 지속되는 소프트웨어 수명은 오늘날 거의 모든 산업 부문에서 비현실적이다.

투자 • 대차대조표상의 가치는 이야기의 절반밖에 전달하지 못하기에 지금까지 투자한 것과 그것의 현재 가치를 모두 확인할 필요가 있다. 때로 자산을 수년 동안 유지하며 상당한 가치를 인정받고 빠르게 기술 유니콘이 되었다면 비용은 지침으로 삼기에 적절치 못한 대상이다. 특히 기술 투자의 경우 그 반대도 마찬가지다. 점점 더 많은 회사가 벤처캐피털 투기에 의존하고 있으며, 그래서 종종 장부 가치(유형자산 장부가액)가 비현실적이다.

디아지오Diageo의 CFO는 한 브로커가 마련한 오찬회에서 내 질의에 대한 응답으로 청중에게 자신이 회사의 벤처 투자 포트폴리오를 개인적으로 관리·감독한다고 말했다. 디아지오가 수제 맥주 양조장이나 진gin 생산업자에게 투자하는 것이 좋은지 나쁜지에 대해서는 잘 모르겠지만, 재무이사의 시간은 다른 곳에 더 많이 쓰여야 마땅하고 그런 투자를 관리하기에 보다 적절한 다른 사람이 조직에 있어야 합리적이라는 것은 확실히 장담할 수 있다.

운전자본 • 나는 영업 자본 및 기타 유동자산과 부채를 매출 측면에서 연구한다. 그와 더불어 외상 매출 또는 재고 일수에 상승 추세가 있는지 확인한다. 두 경우 모두 위험신호다. 그리고 나는 전체적 상황을 파악하기 위해 외상 매출금뿐만 아니라 다른 유동자산, 미청구 수익, 장기 미수금 등도 살펴본다. 매출 대비 이러한 잔금의 증가는 일반적으로 잠재적 문제의 신호다. 고객이 지불할 수 없거나 혹은 지불하지 않는 경우, 그리고 회사가 완제품 재고를 옮길 수 없는 경우는 일반적으로 무언가가 잘못되었다는 의미다.

마찬가지로 매출 대비 미지급금(매입 채무)의 감소는 일반적으로 완제품 판매 둔화를 반영해 원자재 구매가 둔화하고 있거나 수익을 뒷받침하기 위해 충당금이나 발생액을 쌓지 않음을 의미할 수도 있다. 미지급금의 증가는 또한 유동성 문제가 있음을 암시할 수 있기에 나는 특히 주의를 기울인다.

채무 • 나는 임대 비용과 고정비용을 포함해 모든 일반적인 척도의 유동성과 이자 보상 비율을 살펴본다. 또한 레버리지의 또 다른 척도인 변동 비용 대비 고정비용의 비율에 대해서도 고찰한다. 채무의 시세가 매겨지고 할인된 가격으로 거래되는 경우 종종 재무 건전성 악화의 중요한 지표가 된다.

이연 세금 • 나는 보통 계정에 있는 다양한 세금 잔액을 비교 검토하는 데 상당한 시간을 할애한다. 특히 회사가 통상적 법인 수준보다 낮은 세금을 차변에 기입하거나 지불하는 경우 이연 세금으로 인해 그러한 왜곡이 발생할 수도 있지만, 일반적으로는 소득 흐름의 퀄리티가 낮다는 표시이기도 하다. 이연 세금은 종종 애널리스트를 혼란스럽게 하지만, 원칙적으로는 매우 간단하다. 예를 들어 그것이 투자에 대한 미실현 이익에 기인하는 경우 이는 세무 당국의 무이자 대출로 생각해도 무방하다. 소유자가 자산을 매각하기로 결정할 때까지는 그렇다.

연금 • 기업이 가정하는 수익률은 종종 지나치게 야심적이며, 실제 부채의 범위를 위장하기도 한다. 지방의 연기금조차도 종종 비현실적인 장기 수익률(약 8퍼센트 내외)을 가정한다. 나는 자산의 조합, 즉 채권과 주식과 여타의 자산 비율을 살펴보는 것을 좋아한다. 자본에 요구되는 수익률은 오늘날 채권 이자율을 가정해 추정하고, 그것이 현실적인지 평가한다.

부채 측면의 가정은 종종 CFO 또는 재무이사의 성격을 나타낸다. 여기서의 공격적 가정은 종종 다른 곳에서도 마찬가지로 덜 보수적인 가정을 수반한다. 나는 손실률 가정과 할인율, 인플레이션 예측 및 기타 세부 사항을 들여다본다. 이러한 것은 대개 부채에 대한 민감도가 높은 반면, 해당 회사를 경쟁 기업들과 비교하기 위해 이를 조정하는 일은 어려울 수 있다. 많은 회사가 자사의 연기금 웹사이트를 운용하므로 거기서 추가적 통찰을 얻길 권한다.

이연 소득 • 이연 소득의 잔액이 감소하는 경우 이는 수익이 이월되거나 인위적으로 끌어올린 결과일 수 있다. 이연 소득의 수준도 중요하다. 예를 들어 영국 자동차협회AA는 다음과 같은 특징을 지닌 부문에서 사업을 하고 있다.

- **회원들이 대부분 선불로 돈을 낸다.**
- **자동차는 겨울에 가장 많이 고장 난다.**
- **회계연도 결산일이 1월이다.**
- **기업 회원보다 개인 회원이 수익 면에서 훨씬 더 중요하다.**

따라서 이연 수익이 6개월 치 수익보다 훨씬 크며, 최대 9개월 치 정도 될 것으로 예상한다. 그럼에도 평균적으로 4개월 치 정도가 된다. 그 일부는 기업 멤버십이지만, 올해로 수익을 당겨오기 위해 공격적 회계를 했을 가능성이 있다. 수익에서 기업과 개인 고객이 차지하는 비율은 공개하지 않았지만, 대차대조표에 따르면 멤버십 구매가 평균적으로 6월 초에 이뤄졌음을 알 수 있다.

대차대조표의 여타 항목 • 대차대조표의 각 행은 회사와 상황에 따라 서로 관련이 있을 수 있지만, 여기서 자세히 설명하기에는 목록이 너무 길다. 어쨌든 나는 다음 사항을 확인하기 위해 각 행을 들여다본다.

1. 중요한 가치를 지닌 특정한 무엇이 있는 경우, 그 배경과 연별 움직임을 이해하는 것을 목표로 삼는다.

2. 특별히 중요한 무언가가 없고, 해당 업계의 통례로 보이는 경우 별다른 관심을 기울이지 않고 넘어간다. 예를 들면 석유 개발 회사들은 통상 시설 해체에 대한 준비금을 계상하지 않는다.

3. 연별로 비정상적 변동이 있는가? 가치를 지닌 특정한 무엇의 가치가 제로(0)가 되었거나, 반대로 제로에서 가치가 생성된 경우 일반적으로 그 뒤에는 비정상적인 무언가가 있기 마련이다.

회계 정책과 대차대조표를 살펴보고 나면 계정이 얼마나 보수적인지 매우 잘 이해할 수 있으며, 사업의 재무 건전성에 대해서도 합리적인 그림을 그려볼 수 있다. 이 작업이 끝나면 나는 (다음 장에서 상세히 다룰) 손익 및 현금 흐름을 살펴본다. 흥미롭게도 이것은 애널리스트 대부분이 취하는 것과 반대되는 순서다. 내가 보기에 그들은 회계와 대차대조표의 퀄리티에 중점을 충분히 두지 않는다.

이익과 손실

이미 매출과 마진을 이해하는 데 상당한 시간을 할애하긴 했지만, 나는 진정으로 대차대조표를 다 본 후에야 매출과 마진을 자세히 살펴보기 시작한다.

매출 추세 및 마진에 대한 이해 • 매출 행은 나의 첫 번째 기항지이자, 내 분석의 기초를 형성한다. 매출 행은 일반적으로 거짓을 담지 않으며, 적어도 EPS 행보다 얼버무려질 가능성이 작다. 일부 CFO는 수익에 대한 인식의 시기를 앞당긴다. 이는 곧바로 명백한 사기와 연결되는 행태다. 하지만 일반적으로 매출량은 계정에서 가장 신뢰할 수 있는 숫자 중 하나다.

앞서 설명했듯이 새로운 회사를 살펴볼 때 내가 가장 먼저 하는 일 중 하나는 장기적 수익과 마진 추세를 검토하는 것이다. 나는 10~15년 동안의 수익 기록을 되돌아보고 해당 기업이 사업 환경과 거시적 배경의 변화에 얼마나 민감한지를 파악한다. 나는 5~10년 정도의 기간을 이용하곤 했지만, 글로벌 금융 위기 이후의 느리고 꾸준한 경기 확장기와 경기 침체기 동안의 기업 성과를 식별하려면 보다 더 긴 기간을 살펴볼 필요가 있다. 회사는 꾸준히 수익을 내고 있는가? 아니면 수익 또는 수익 증가가 불규칙하거나 변동이 심한가?

만약 특정 연도에 매출이 크게 증가하거나 큰 폭으로 감소했다면 그 이유를 이해하는 것이 중요하다. 이는 종종 주요한 인수나 매각의 영향이며, 결과적으로 앞으로의 기록이 과거와 조금 달라질 가능성을 시사한다.

나는 이와 함께 회사의 마진도 검토하는데, 장기적으로 안정적인 상태의 환경에서 감가상각과 설비투자가 조화롭게 이뤄져야 한다고 생각하기 때문에 일반적으로 이자와 법인세 차감 전 순이익인 EBIT 마진을 본다. 이것은 이자와 법인세, 감가상각 비용 차감 전 순이익인 EBITDA 마진보다 사용하기에 더 나은 척도로, 운전자본을 제외한 현금 흐름의 약칭인 셈이다. 여기서 나는 특히 가치 평가의 가장 중요한 구성 요소이며, 장기간 유지 가능한 정상적 마진을 찾는다.

기업 대부분의 경우 마진 추세에는 일부 주기적 요소가 담긴다. 예를 들어 자본 집약적 경기순환 산업은 실로 마진이 크게 변동하는 경향이 있다. 그러나 변동성이 덜한 산업에서도 경쟁의 심화로 인해 그런 주기가 나타날 수 있다.

이 프로세스의 일부는 총마진에서 EBITDA를 거쳐 EBIT 마진으로 이어지는 순서를 이해하고 비용 기반의 각 측면을 살펴보는 것이다. 한때 나는 10년 이상의 기간에 담긴 이 모든 정보를 매출의 백분율 그래픽으로 표시하는 대시보드를 만들었다. 이것은 시간 경과에 따른 마진의 변화를 이해하는 데 도움이 되는 훌륭한 방법이었다. 입력값이 표준화된 데이터베이스였기 때문에 분석을 매우 빠르게 수행할 수 있었다. 지금은 시스템에서 다운로드한 스프레드시트를 사용하지만, 일반적으로 최소한 샘플을 뽑아서라도 데이터의 정확성을 확인한다.

매출 총이익률 추세 • 투자자들은 노비마르크스Novy-Marx가 2013년 학술 논문 「가치 투자의 퀄리티 관점The Quality Dimension of Value Investing」을 발표한 이후 매출 총이익률의 중요성을 훨씬 잘 인식하게 되었다.

그것이 중요한 근거는 매출 총이익이 매출 총이익률에 자산 회전율asset turnover을 곱한 것으로 정의한다는 데 있다. 자산 회전율은 자본 효율성의 유용한 척도인 만큼 매출 총이익은 경제적 성과를 측정하는 우수한 지표로 봐야 마땅하다. 회계 규칙은 R&D나 브랜드 광고 등과 같은 경제적 투자를 비용 계정에 올리므로 매출 총이익을 경제적 성과에 대한 보다 나은 지침으로 삼아야 한다. 또한 적절한 해자가 있는 경우에만 높은 매출 총이익을 지속할 수 있기에 그것은 퀄리티에 대한 보다 나은 척도이기도 하다.

매출 총이익을 지표로 삼은 성과 데이터는 이후 매우 좋았지만, 리서치어필리에이츠Research Affiliates의 로버트 아노트Robert Arnott✦가 발표한 논문은 그것을 반박하는 내용을 담고 있다. 노비마르크스의 논문 이후 매출 총이익이 높은 주식에 의해 생성된 성과 차이의 90퍼센트는 재평가에 기인한다고 주장한 것이다. 결과적으로 매출 총이익은 유행이 되었기에 효과가 있었을 수 있다는 얘기다.

그럼에도 매출 총이익률의 장기적 추세는 회사의 가격 결정력 유지 능력을 이해하는 데 매우 유용하다. 때로는 사업 모델의 변경으로 인해 마진이 감소할 수도 있다. 자사 소프트웨어에 대해 판매 모델에서 구독 모델로 전환한 마이크로소프트가 좋은 예다. 이들의 구독 모델은 내재 수익성이 훨씬 낮음에도 훨씬 더 높은 가치 평가를 이끌어냈다. 평생 지속되는 고객 가치가 더 높기 때문이다.

매출원가를 정의하는 방법은 회사마다 각각 경향이 다르기에 주의를 기울여야 한다. 예를 들어 경쟁이 치열한 영국의 슈퍼마켓 기업들은 제품의 초과 이익을 위장하는 데 능숙하다. 오직 오카도Ocado만이 진정한 매출 총이익률(즉 제품의 비용에 근거한 초과 이익)을 표시한다. 다른 슈퍼마켓은 모두 유통비용 요소를 포함하고, 매출원가도 비슷하게

✦ R. Arnott et al, 'How Can Smart Beta Go Horribly Wrong', Research Affiliates(2015).

[표 8.2.1] 매출 총이익이 높은 주식에 대한 재평가

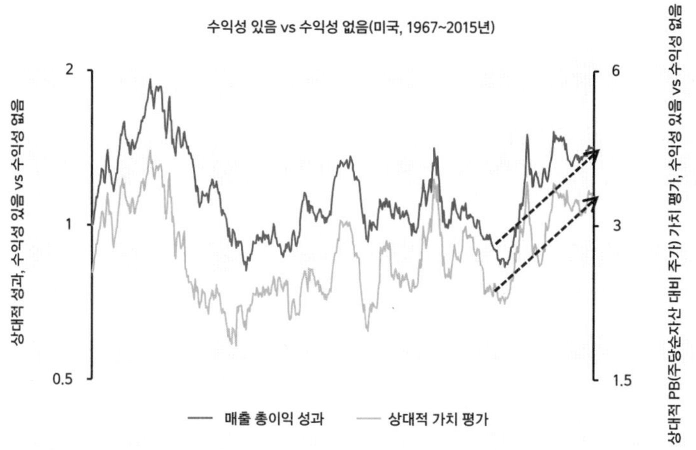

[표 8.2.2] 높은 매출 총이익 vs 낮은 매출 총이익

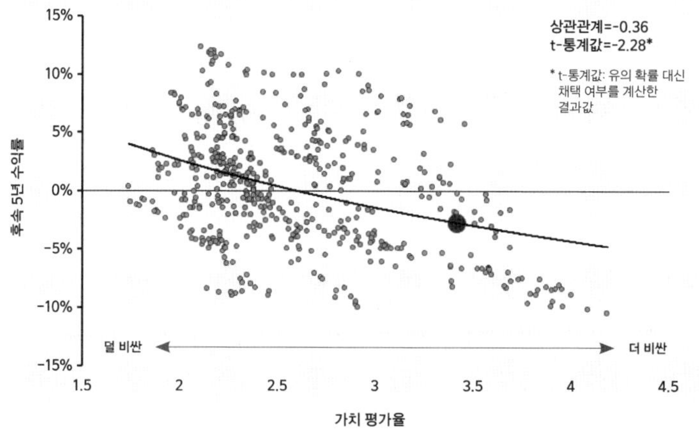

출처: www.researchaffiliates.com의 「How Can 'Smart Beta' Go Horrly Wrong?」에 처음 게시되었음. CRSP/Computat의 데이터를 사용했음. 모든 t-통계값은 Newey-West의 조정을 따랐음. Copyright 2016, Research Affiliates, LLC. 허가를 받아 복제 및 재출판함. All rights reserved(모든 권리 보유)

잡아 비교하기가 매우 어렵다.

매출원가에 대한 회계 기준이 없는 까닭에 기업들은 유통비용 및 그와 유사한 비용을 기장하는 데 상당한 유연성을 누린다. 기업들 중 일부는 유통비용을 매출원가에 포함하고, 일부는 간접비에 포함한다. 때때로 공개 수준과 요구되는 가정에 따라 이를 정규화하는 것이 가능하다.

감가상각 및 상각 • 자산 수명을 이미 확인했다고 하더라도 매출 대비 상각 추세도 확인해봐야 한다. 마진 추세를 이해하는 데 중요한 요소이기 때문이다.

판매관리비 • 회사마다 이를 공개하는 방법이 다르며, 과거의 추세는 종종 섹터 간 비교보다 더 많은 정보를 제공한다. 직원 1인당 비율을 자세히 살펴봐야 한다. 직원당 매출과 직원당 비용에 어떤 변화가 일어나고 있는가?

연구 개발R&D • 다시 말하지만 이미 자산 수명과 대차대조표 장부 가치의 현실성을 살펴보았다. 하지만 매출 대비 R&D 추세도 중요하다. 그 역시 마진 추세에 대한 정보를 제공하기 때문이다.

고정비용과 가변비용 • 나는 일반적으로 고정비용과 가변비용의 관계에 대해 생각하는 데 일정 시간을 할애하며, 일부 산업에 대해서는 이에 관한 경험칙도 보유한다. 마진에 대해 역방향으로 검토하는 것이 이 분석에 도움이 되며, 해당 분석은 경기를 타는 비즈니스를 살펴볼 때 중요한 매개변수가 된다. 미국의 애널리스트들은 종종 마진의 증분 및 감소 분석을 이용한다. 이는 또 다른 유용한 통찰이지만, 나는 그것을 섹터 수준에서 이용하는 경향이 있다.

부문

나는 또한 항상 수익 및 마진 데이터를 세분화된 분석을 통해 나누고, 가능한 한 회사의 각 부문에 대한 기록을 검토해 사업의 각 부분에 대한 주요 동인을 이해한다. 이 프로세스는 다소 복잡할 수 있다. 외부 데이터는 일반적으로 매출 행과 관련해 상당히 신뢰할 수 있지만, EBIT 마진 수준에서는 차이가 날 수 있기 때문이다. 그러한 차이는 개별 부

[표 8.3] 알파벳과 그들의 손실 기록, 여타 베팅

	2017년 Q4	2018년 Q4	2017년	2018년
수익				
구글	32,192	39,122	110,378	136,224
여타 베팅	131	154	477	595
총수익	32,323	39,276	110,855	136,819
영업이익(손실)				
구글	8,595	9,700	32,287	36,517
여타 베팅	-748	-1,328	-2,734	-3,358
조정 항목	-183	-169	-3,407	-6,838
총영업이익	7,664	8,203	26,146	26,321
마진				
구글	26.7%	24.8%	29.3%	26.8%
총계	23.7%	20.9%	23.6%	19.2%

출처: 비하인드더밸런스시트에서 인용한 알파벳의 10-K 파일

문 수준에서 과장될 수 있다. 결과적으로 다년간의 계정을 검토해야 하므로 이 프로세스는 상당한 시간이 소요된다.

부문 분석은 종종 '개dog' 부문을 식별하는 데 유용하다. 그룹의 나머지 부분보다 퀄리티가 낮고, 마진을 끌어내리며, 자본 집약도를 높이는 사업 부문을 말한다. '개' 부문이 매각되는 경우 시장이 부여하는 배수가 크게 증가한다. 나는 스스로 이렇게 묻는다. 최악의 부문이 폐쇄되거나 매각된다면 평가 등급은 어떻게 될까?

앞의 [표 8.3]에서 확인할 수 있듯이 구글의 지주회사 알파벳Alphabet은 적자 부문이 전체 그림을 어떻게 왜곡할 수 있는지 보여주는 좋은 예다. 그들의 '여타 베팅'에는 무인 자동차 개발업체인 웨이모Waymo가 포함되는데, 나는 그것이 상당히 가치 있는 투자라고 생각한다. 그러나 현재는 손실을 기록하고 있으며, 이러한 적자 행보는 한동안 계속될 것이다. 따라서 알파벳을 평가하는 올바른 방법은 구글을 먼저 평가한 다음 웨이모와 여타 베팅을 별도로 평가하는 것이다.

구글과 총수익의 차이가 '조정 항목'으로 구성된다는 점에도 주목할 필요가 있다. 조정 항목 중 가장 중요한 것은 유럽연합EU 집행위원회에서 부과한 벌금이다. 2018년에는 이 금액이 평소보다 높았을 수도 있지만, 내 생각에 이러한 비용은 구글 비즈니스의 반복적인 부분이므로 평가를 수행할 때 지속적인 비용으로 처리하는 것이 적절하다.

분기 분석

나는 해당 사업의 계절성을 식별하고 후행 12개월의 마진 추세를 파악하기 위해 분기별 수치에 대해서도 동일한 분석을 수행한다. 일반적으로 단순히 연간 기록을 이용할 때보다 변동이 더 크게 드러나는데, 이는 실로 중요한 지표가 된다.

이 분석의 목적은 특히 경기 주기가 강한 사업체를 살펴보는 경우 현재 해당 사업체가 마진 주기에서 어디에 위치하는지 이해하는 것이다. 그런 이유로 연율화 마진에서 바닥과 꼭대기를 보다 정확하게 이해하는 것은 정말 도움이 된다. 분기별 데이터는 너무 변동성이 크고 노이즈가 많아 명확한 그림을 얻을 수 없는 탓에 나는 일반적으로 연율화(또는 후행 4분기) 수치를 본다.

여기에는 많은 자료 처리와 상세한 스프레드시트가 포함된다. 나는 정말로 정확한 필사에 자신이 없으면서도 그 과정이 이상하게도 치료적이라는 느낌이 드는 까닭에 모든 데이터를 직접 입력하는 것을 선호한다. 하지만 더 중요한 것은 다른 사람이 나를 위해 데이터를 준비한 경우 내가 보유한 수치가 아니라는 인식이 든다는 사실이다.

물론 급한 경우에는 종종 브로커들의 데이터를 사용하는 지름길을 택하기도 한다. 기관 투자자가 사용할 수 있는 유용한 지름길은 두세 곳의 브로커에게 애널리스트의 모델을 요청한 다음 과거 기록과 비교하는 것이다. 그들의 의견이 모두 일치하면 문제가 없는 것이며, 차이점을 조사하기만 하면 된다. 불행히도 세 가지 의견이 절대적으로 일치하는 경우는 그리 흔치 않다. 분명 이것은 개인 투자자들이 고려할 사안은 아니다.

이익률 • 마진 추세(전체와 부문 수준 모두)에 대한 이러한 조사와 병행해야 하는 것이 바로 RoCE(영업권을 제외한 사업에 사용된 산업자본의 이익률)에 대한 확인이다. 매출 성장에 대규모 자본 투자가 필요했는가? 그렇다면 그것은 수익 창출에 어떤 영향을 미쳤는가? 자산이 부문별 또는 지리적 기반으로 제공되는 경우 나는 이익률도 들여다본다. 거기서 얻는 추가적 통찰은 거의 항상 사업체의 퀄리티에 대한 유용한 정보가 되기 때문이다.

이자 • 나는 채무에 대한 평균 이자율도 살펴본다. 그것이 연말의 윈도 드레싱window dressing(회계에서는 분식 회계를 의미한다-옮긴이)을 예고할 수 있기 때문이다. 대차대조표상의 상환 기일은 현재 평균 이자율의 예상 기간을 알려주며, 나는 모든 보상 비율(이자 보상, 현금 이자 보상, 이자 및 리스 보상 등)에 세심한 주의를 기울인다.

제휴 • 대차대조표상의 모든 투자를 살펴본 다음에는 제휴 및 합작 투자의 과거 성과에 대해 검토한다.

세율 • 이것은 상세한 손익 분석의 중요한 구성 요소이며, 다음과 같은 여러 사항을 포함한다.

- P&L 세율은 얼마이며, 회사는 이연 법인세를 적절히 준비하고 있는가?
- 현금 세율은 얼마이며, 추가적 의문을 유발하는가? 내 오랜 친구로 한때 영국의 최대 주식 투자자 중 하나이며, 스코티시애미커블Scottish Amicable의 최고 투자 책임자CIO로 활동한 더기 페란스Dougie Ferrans는 회사가 실제로 얼마나 많은 이익을 창출하고 있는지 아는 두 사람이 있다고 내게 말한 적이 있다. 바로 재무이사와 세무원이다. 회사가 매우 낮은 세율의 현금 세금을 납부하고 있다면 애널리스트는 그 이유를 이해할 필요가 있다.
- 회사가 매우 낮은 세율로 세금을 납부하고 있고, 그에 대한 표면상의 합법적 이유가 있는 경우(예컨대 룩셈부르크와 아일랜드를 통해 수익을 세탁하고 있는 대형 기술주) 그것이 얼마나 지속 가능한지 의문을 품어야 한다. 애플과 같은 하드웨어 기술 회사의 경우 지적재산은 특별한 IP 매개물로 룩셈부르

크 소재 자회사에 귀속된 것으로 간주하며, 대폭 할인한 세율을 적용한다. 해당 자회사에 재부과된 비용은 또한 아일랜드의 저세율 단위를 통해서도 세탁된다. 페이스북(현 메타), 구글, 아마존과 같은 소프트웨어 기술 회사의 경우 서비스를 제공하고 성과를 기장하는 것은 아일랜드 자회사다. 이러한 관행은 이론상으로 문제가 없지만, 정부가 국민에게서 얻은 이익에 대한 정당한 청구를 거부당하고 기업이 그렇게 얻는 이익의 규모가 충분히 커지면 이런 식의 절세는 불법적 탈세로 바뀔 수 있다. 이는 그룹 세율이 한 자릿수인 회사의 경우 심각한 문제가 될 수 있다.

자회사 • 나는 자회사의 수익을 자세히 살펴보고, 제휴 투자의 경우와 마찬가지로 대차대조표의 가치도 살펴본다. 가능하다면 나는 총가치를 평가하려고 노력한다. 그것이 기업 가치enterprise value, EV의 계산에 변동을 불러오기 때문이다. 특히 고성장세의 이머징 마켓에서 영업하는 경우 대형 상장 자회사들을 보유한 대기업에 복잡한 문제가 발생할 수 있다. 인도의 자회사가 그렇게 크지는 않았지만, 모회사 그룹의 2.5배에 달하는 수익 배수로 평가된 ABB의 경우가 대표적 예다.

이러한 극단적 사례의 경우(유니레버도 비슷한 입장이다) EV를 계산할 때 자회사를 시장가치로 포함하는 것이 필수적이다. 또한 자회사를 100퍼센트 포함한 그룹 가치 평가와 자회사를 제외한 가치 평가를 비교하는 것도 도움이 된다. ABB의 경우 이것은 종종 매우 다른 결과를 제공하곤 했는데, 그 차이를 이해하는 것이 매우 중요하다. 이러한 상황은 경영진을 설득해 상장 자회사를 매각하고 주식 수를 줄이는 데 투자하도록 설득하려는 행동주의 투자자를 끌어들일 수 있다. 이는 장기 보유자의 경우 항상 이상적인 것은 아니다.

스톡옵션 • 다량의 스톡옵션을 발행하는 관행은 닷컴 시대에, 특히 워런 버핏으로부터 상당한 비판을 받았다. 이는 유효하고 실제적인 비용이므로 P&L에 역행할 수밖에 없다. 스톡옵션을 완전히 비용으로 처리하는 것은 분명 주주의 실질 이익을 반영하는 가장 좋은 방법이지만, 옵션의 진정한 가치를 계산하기 어렵다는 것이 문제다. 근본적인 운영 동향을 이해하기 위해서는 옵션 이전의 수치도 함께 살펴볼 필요가 있다.

앞서 밝혔듯이 한 가지 문제는 옵션의 실제 가치를 계산하는 것이다. 또 다른 하나는 시장이 옵션 이전의 수치를 보고 있을 수 있다는 것이다. 나는 특히 옵션의 가치가 수익성에 비해 매우 높은 잉태 초기의 회사에 대해서는 대체 경로를 사용한다. 단순히 옵션을 무시하는 것보다 근원적 수익성에 대한 더 나은 척도를 요구하기에 그렇다. 나의 기법은 마치 모든 옵션을 행사한 것처럼 완전히 희석된 주식 수를 사용하는 것이다. 즉 오늘날의 제로 금리 상황에서는 타당성이 거의 없지만, 이론적으로 해당 현금에 대한 명목 이자로 수익을 조정하는 것이다. 나는 P&L에 옵션 비용을 부과한 다음 완전히 희석된 주식 수를 사용해 EPS를 계산하는 것은 어떤 의미에서 이중 계산이라고 생각한다.

부분의 총계를 계산할 때 나는 항상 완전히 희석된 주식 수를 사용하고, 행사한 옵션에서 발생한 현금 가치를 더한다. 파산 또는 인수 상황에도 이와 유사한 기법을 적용할 수 있다.

현금 흐름

세금 등이 포함된 현금 흐름 내역서에는 이 책의 범위에 비해 너무 전문적이고 복잡한 내용이 많이 담긴다. 위에서 기업의 세율이 왜 그렇게 중요한지 설명했는데, 이것은 애널리스트 보고서에서 가끔 간과되기도 하는 요소다. 현금 세율을 P&L 세율과 비교해야 하는 것처럼 일반적으로 현금 흐름 내역서의 항목 대부분은 P&L 비용과 합리적으로 묶어야 하며, 이와 다른 어떤 식의 변동이든 모두 의문의 원인이 된다.

투자자와 전문 애널리스트가 어려움을 겪는 두 가지 일반적인 사안은 운전자본과 자본적 지출이다. 운전자본의 변동은 특정일에 대한 대차대조표의 단면을 반영하지만, 현금 흐름 내역서의 자본적 지출은 대차대조표상의 그것과 일치하지 않는다. 따라서 고정자산의 주석은 기본 추세를 감지하기 위한 보다 유익한 탐색 영역이다. 현금 흐름은 물리적 자산의 인도가 아니라 현금으로 지불한 금액을 반영할 뿐이다.

나는 항상 운전자본의 변화를 매출과 연관시키고 3~5년 동안의 평균치를 산출한다. 앞서 운전자본 비율의 검토가 대차대조표 분석의 중요한 특징이라고 설명한 바 있다. 미래의 운전자본 수요를 추정하는 것은 현금 흐름 예측의 중요한 요소이지만, 몇몇 예외를 제외하고 일반적으로 월가의 애널리스트들이 바람직할 정도로 엄격하게 수행하지는 않는 요소다.

앞서 설명했듯이 나는 자본적 지출을 자산의 감가상각 및 평균 연한 모두와 연관시킨다. 그리고 가능한 경우 자산을 부동산과 비부동산으로 분리한다(미국 기업은 유럽 기업보다 이에 대한 공개 수준이 낮다).

현금 흐름 분석의 한 가지 문제는 회사가 주석에 관련 세부 정보를 제공하지 않는 한 기초와 기말의 순 부채를 맞추는 것이 매우 어려울 수 있다는 점이다. 나는 셀사이드 애널리스트들이 기초 대차대조표와 기말 대차대조표를 맞추지 못하고 때때로 큰 잔액 수치를 허공에 남겨두는 것을 너무도 많이 봐왔다. 이것은 심각한 결함이다. 만약 내가 기초 및 기말 대차대조표와 현금 흐름을 맞출 수 없다면 나는 항상 설명되지 않은 잔액에 주목한다. 그것이 충분히 크고 일관성이 있다면 나는 그들이 결국 동의하고 내게 세부 내역을 제공할 때까지 회사의 IR 관계자들을 쫓아다닌다. 만약 그들이 세부 사항을 알려주지 않거나 누락된 부분의 격차가 큰 경우 나는 해당 투자 대상에 대한 탐구 자체를 포기하는 쪽을 택한다.

비율

나는 기존의 운전자본 비율을 통해 그것이 원자재와 WIP(진행 중인 작업) 및 완제품에 대한 재고 일수 분석을 포함하도록 수정할 뿐 아니라, 미청구 수익(계약 자산) 일수와 장기 미수금을 채권 추심 일수에 추가한다. 그리고 이연 수익 잔액도 검토하는데, 거기서도 참고할만한 정보가 나올 수 있기 때문이다. 앞에서 매출 총이익에 대해 설명한 바 있다. 나는 종종 투하자본이익률을 참고하지만, 주된 초점은 회사가 자본을 사용해 얼마나 많은 이익을 창출했는지에 대한 지표인 사용자본이익률RoCE에 맞춘다.

다시 정리해보면 RoCE는 운영에 사용된 산업자본에 대한 세전 이익률로서 사업체 퀀리티의 척도이고, 투하자본이익률은 영업권을 포함한 총자본에 대한 세후 이익률로서 주주의 수익을 창출하기 위해 자산이 얼마나 효과적으로 사용되고 있는지에 대한 척도다. 이 둘은 모두 각기 다른 방식으로 유용하다.

일전에 빌 애크먼의 퍼싱스퀘어캐피털매니지먼트에서 일하던 한 애널리스트와 긴 대화를 나눈 적이 있는데, 흥미롭게도 그는 회사를 비교할 때 자기자본이익률RoE을 들여다봤으며, RoCE를 이용하는 내가 미쳤다고 생각했다. 하지만 사실은 P&L이 높을수록 운영의 비교가 더 합리적이며, 이때 RoCE는 효과적으로 EBIT 관련 척도가 된다.

나의 방법은 RoE에서 시작해 RoCE를 벤치마크로 이용하며 제휴 및 합작 투자의 영향을 제거하고, 다소 논란의 여지가 있겠지만 계산에서 모든 현금 및 단기 부채를 제거하는 것이다. 아울러 RoCE를 살펴볼 때 WIP 자본(건설 중인 공장 등의 가치)도 제외한다.

RoE는 주주에게 영향을 미치기 때문에 궁극적으로 성과의 척도가 되지만, 우월한 RoE를 결정하는 큰 요소는 경쟁 기업과 비교할 때 부채비율이 더 높고 보다 공격적인 자본 구조를 가진 회사로 요약할 수 있다. 이런 회사는 좋은 시기에는 우월한 수익을 보여주지만, 나쁜 시기에는 그 수익이 증발한다. RoCE를 살펴보면 RoE보다 운영 성과를 더 잘 파악할 수 있으므로 한 섹터의 두 회사를 비교할 때 보다 유용하다.

투하자본이익률은 또한 특정한 인수가 얼마나 효과적이었는지에 대한 척도를 제공한다. 사람들 대부분은 이 세후 비율만 보지만, 나는 세전 비율까지 살펴보는 것을 선호한다. 그래야 추세 분석에서 세율 변동을 제거할 수 있기 때문이다. 수익을 이렇게 정확하게 정의하는 것이 얼마나 중요한지는 잘 모른다. 하지만 확실히 말할 수 있는 것은 투자 대상을 분석할 때는 오랜 시간에 걸쳐 일관된 방법을 사용하고 섹터 전반의 기업들을 비교하는 것이 중요하다는 사실이다.

자산 회전율을 포함해 내가 살펴보는 다른 비율도 많이 있다. 그에 대한 것은 뒤에서 모델 구축에 대해 논의할 때 다룰 것이다. 하지만 거듭 강조하건대 이것은 모두 아주 기본적인 분석에 해당한다. 따라서 이 장의 나머지 부분에서는 내가 사용하는 좀 더 특이한 기법에 중점을 두고자 한다.

장부 조작

수년 전 나는 개별 기업들에서 리스크를 내재한 영역을 식별하기 위해 엑셀로 정교한 대시보드를 만들었다. 회사의 장기적 추세에 강조 표시를 하고 장부 조작의 가능성이 있는 부분을 파악하기 위한 일련의 차트로 구성된 대시보드다. 너무 방대해서 이 책에 전체를 수록할 순 없는 관계로 핵심만 소개하면 그 목적은 성과의 추세를 분석하고 변동 사항이 어떻게 산출되었으며, 그것이 회계 조작에 기인한 것은 아닌지를 밝혀내는 것이다. 예를 들면 아래에 소개하는 몬티어의 C-스코어와 마찬가지로(참고로 나의 대시보드는 C-스코어가 발표되기 훨씬 이전에 만들어졌다) 그것은 자산의 총 장부 가치에 대한 감가상각 비율을 살피고, 감가상각 연한이 시간이 지남에 따라 수익을 부풀리기 위한 목적으로 변경되지는 않았는지를 확인한다.

다음은 회계 조작의 리스크가 있는 주식을 식별하기 위해 일반적으로 사용할 수 있는 몇 가지 선별 메커니즘에 대한 설명이다. 내 도구의 주요한 차이점은 리스크가 있는 회사를 선별하는 단순한 점수가 아니라 개별 회사의 리스크 영역을 강조 표시하는 대시보드라는 것이다. 이를 위해서는 여러 회계 비율에 대한 자세한 분석이 필요하다.

일부 브로커와 연구 조사 회사는 위험한 영역에 많은 변수가 있는 회사에 주의를 환기하는 점수 시스템을 구축했다. 즉 점수로 해당 주식의 회계 조작 리스크 수준을 강조하는 시스템이다. 대개 1점이 최고로 조작 가능성이 작은 기업을 가리키며, 점수가 올라갈수록 그에 따른 신뢰도가 떨어지는 방식이다. 이러한 도구는 설계하고 구현하는 데 매우 노동 집약적인 과정을 수반하지만, 아래에 설명하는 채점 시스템에서 보듯 단순하다는 장점이 있다.

몬티어의 C-스코어 • 제임스 몬티어는 소시에테제네랄Société Générale, SG은행의 전략 책임자 시절, C-스코어에 대한 정의를 담은 보고서를 게시했다. '특정 기업이 투자자의 눈을 속이려고 시도할 가능성을 측정하기 위한' 점수라는 설명과 함께 말이다. 점수는 다음 여섯 개의 입력 사항을 토대로 매겨지는데, 그 각각은 일반적인 수익 조작 요소를 포착하도록 설계되었다.

1. 순이익과 영업 활동 현금 흐름 간의 격차가 커지고 있다.

2. 매출 채권 회전 일수DSO가 증가하고 있다.

3. 재고 판매 일수DSI가 증가하고 있다.

4. 수익에 비해 여타 유동자산이 늘어나고 있다. 이것은 일반적으로 사용하는 채권 추심 및 재고 일수 비율에 영향을 미치지 않음으로써 가속화된 매출 인식을 위장하는 데 이용할 수 있다.

5. 총유형자산 대비 감가상각률을 줄여 자산 수명을 늘리고 있다.

6. 총자산 성장률이 높아지고 있다. 연속적으로 인수에 주력하는 기업은 그 인수를 통해 수익을 왜곡할 수 있다. 총자산 성장률이 높은 회사는 경계해야 마땅하다.

몬티어는 이 전략으로 1993년부터 2003년까지 10년 동안 미국과 유럽에서 매우 큰 효과를 보았다고 주장한다. 이것이 정량적 접근 방식으로 효과적인지 여부는 논쟁의 여지가 있다. 첫째, 그 실행 효과에 대한 실무자들의 논평이 별로 나오지 않고 있다. 물론 완벽하게 작동한다면 사람들은 오히려 널리 알리려고 하지 않을 것이다. 둘째, 나는 연속적으로 인수에 주력하는 기업을 제거하는 여섯 번째 요소, 즉 높은 총자산 성장률이 일부 대형 루저를 제거함으로써 성과 증대에 큰 역할을 할 수 있다고 생각한다. 그럼에도 몬티어가 식별한 사안은 적절하며, 이를 선별 과정에 통합하는 것이 함정을 피하는 현명한 방법일 수 있다.

나는 또한 베니시Beneish 교수의 M-스코어도 사용하며, 매우 높은 수준의 분석에서는 피오트로스키Piotroski의 F-스코어를 사용하기도 한다. F-스코어는 회사의 재무 건전성에 대한 훌륭한 단면을 보여주기에 프로세스 초기에 적용해볼 가치가 있다. 나는 이 모두를 다양한 선별 과정에 맞춰 필터로 사용하는 경향이 있다.

레버리지

나는 회사의 레버리지에 세심한 주의를 기울이며, 그것을 단지 재무 레버리지뿐만 아니라 운영 레버리지 및 주가 레버리지로도 간주한다. 부채가 있는 회사는 주가의 움직임 확대를 사업 평가에서 발생한 움직임으로 보기 때문이다.

첫 번째 질문은 재무 레버리지에 관한 것이다. 나는 이자 보상과 현금 이자 보상, 고정 요금 보상을 살펴본다. 수익과 현금 기준으로 운영 리스 임대료와 이자의 합계에 대비해 리스 및 이자 이전의 수익 비율을 살펴보는 것이다. 대차대조표상의 레버리지 비율과 부채비율을 EBITDA 배수와 비교해보기도 하지만, 핵심 지표는 위의 검토에서 나온다. 나는 또한 부채의 가중 평균 연한과 이것이 시간 경과에 따라 어떻게 변했는지 살펴보고 만기를 면밀히 모니터링한다.

그러나 재무 레버리지는 그림의 일부일 뿐이다. 이것이 내가 운영 레버리지에도 많은 관심을 기울이는 이유다. 증분 매출은 이익에 어떠한 기여를 하고, 매출 감소의 영향은 무엇인가? 사업체에서 고정 대 변동 비용의 비율은 종종 정확하게 결정하기 어렵지만, 매우 중요한 요소에 속한다.

이에 대한 좋은 예는 원자재 생산업체다. 많은 투자자가 생산의 한계비용이 가장 낮고 퀄리티 곡선에서 가장 높은 곳에 위치한 생산업체에 끌리는 경향이 있다. 하지만 만약 특정한 원자재 주식의 12~18개월 포지션을 고려한다면 원자재 가격이 오를 것이라고 믿을만한 이유가 있는 경우 일반적으로 퀄리티 곡선에서 가장 낮은 곳에 위치한 생산업체의 주식을 사는 것이 더 유리하다. 그 회사가 최고의 운영 및 주가 레버리지를 보유하고 있을 것이기 때문이다.

이 논리는 약간 반직관적으로 들리겠지만, 간단한 예를 통해 이것이 어떻게 작동하는지 알아볼 수 있다. 금 생산업체 두 곳이 있다고 치자. 생산 비용이 각각 4억 달러와 8억 달러인 업체들로, 둘 다 연간 100만 온스를 생산하고 본사 운영 및 금융 비용으로 1억 달러를 쓴다.

금 가격이 온스당 1,000달러인 경우 A사는 5억 달러(10억 달러-4억 달러-1억 달러)의 이익을 보는데, B사는 1억 달러(10억 달러-8억 달러-1억 달러)의 이익에 그친다. 금 가격이 50퍼센트 상승해 온스당 1,500달러가 되면 어떻게 될까? A사는 이제 이전 수준의 2배인 10억 달러의 이익을 얻는 반면, B사는 이전 수준의 6배인 6억 달러를 벌어들인다. 이 경우 B사는 A사에 비해 재평가를 받을 가능성이 크다. 상황이 이러한 까닭에 나는 일반적으로 퀄리티 곡선에서 가장 낮은 곳에 위치한 주식을 찾는다.

이것은 분명 리스크가 매우 큰 접근 방식이다. 따라서 원자재 가격의 추세에 대해 높은 수준의 확신이 있을 때에만 참여해야 한다. 그리고 가장 낮은 위치의 퀄리티 주식을 사는 것은 보통 출발 시점의 가치평가가 본질적으로 암울하다는 것을 의미하며, 이는 상당한 재무 레버리지만 없다면 약간의 힘을 제공하는 요소다.

타이밍 문제

내가 가장 좋아하는 한 가지 기법은 보고된 성과나 추세를 왜곡할 수 있는 특이한 회계연도 마감일이나 1년 53주 연도 또는 그와 유사한 유형을 이용하는 회사를 확인하는 것이다. 이 역시 일반적인 애널리스트가 그렇게 늘 관심을 기울이는 정보는 아니다.

슈퍼마켓 기업들은 대차대조표에서 보다 유리한 현금 포지션을 보여주기 위해 테스코의 2월 23일, 세인즈버리의 3월 19일처럼 특이한 회계연도 마감일을 선택한다. 2월 24일에 결제를 받든, 2월 25일에 결제를 받든 신경 쓰는 공급 업체가 없는 까닭에 이런 방법을 쓰면 매입처 지불 기한이 늘어나는 효과가 있다.

공정하게 말하면 이러한 소매업체들은 자사가 일반적으로 토요일을 회계연도 마감일로 잡기 때문에 이 섹터에서 중요한 보다 정확한 동종 비교를 제공할 수 있다고 주장한다. 나는 이 주장의 타당성을 인정하지만, 그래도 여전히 운전자본에는 영향을 미친다.

훨씬 더 흥미로운 예는 2019년 말에 파산한 여행사 토머스쿡이다. 이 회사는 9월을 회계연도 마감일로 선택했다. 적어도 정상적인 분기말에 해당하는 9월 30일로 정했는데, 이때가 현금을 보유하기에 매우 유리한 시점이었기 때문이다. 여름 성수기 이후이면서 공급 업체에 비용을 지불하기 전에 해당했다. 이자부어음 대 평균 부채를 비교하는 간단한 조사만으로 이 회사의 회계 연말 대차대조표가 전체 연도를 대표하지 않는다는 사실을 분명히 알 수 있었다.

회사는 2018년 말 재무 보고에서 순 부채는 3억 8,900만 파운드, 총순이자 비용은 1억 5,000만 파운드라고 밝혔다. 여기에는 일부 채권 재융자 및 기타 비용이 포함되었지만, 여전히 기본 비용이 공개된 평균 순 부채에 비해 극도로 높았다.

마찬가지로 부활절 시기는 엄청난 수요 폭발을 의미하므로 항공사에 매우 중요하다. 많은 항공사가 3월 말을 회계연도 마감일로 잡기 때문에 어떤 해에는 부활절이 두 번 있을 수 있고, 어떤 해에는 아예 없을 수도 있다. 애널리스트는 예측안을 짤 때 이를 조정하는 것이 필수적이며, 과거 실적 기록을 검토할 때도 이를 인식하는 것이 중요하다.

놀랍게도 많은 분석가가 이러한 조정을 완벽하게 수행하지 못한다. 좋은 회사는 1년 53주 연도가 있다고 밝힐 것이고, 그렇지 않은 회사는 1년 53주 연도가 기본적일 때도 나중에 언급하고 비교를 조정할 것이다. 나는 이 모든 것에 대해 냉정한 잣대를 들이댄다. 분기 성과에서 일주일 추가의 영향을 과소평가해서는 안 된다. 이는 총수입에서 약 8퍼센트를 차지하며, 회사의 고정비용이 크거나 실제 분기별로 비용을 누적하는 경우 수익성에 더 큰 영향을 미칠 수 있다. 결과적으로 분기별 마진이 크게 왜곡될 수 있으며, 이것이 바로 내가 후행 12개월의 추세를 살펴보는 것을 선호하는 이유다.

회계장부의 여타 섹션

나는 일반적으로 모든 주요 포지션에 대해 개별 모델을 구축하곤 한다. 때로 모델을 구축하지 않고 작은 규모의, 예컨대 1퍼센트의 공매도 포지션을 보유하기도 하는데, 그런 경우는 대개 공매도 대상이나 재정 부족이 명확해 모델을 구축할 필요가 없기 때문이거나 헤지 거래이기 때문이다. 성공적인 공매도는 지속 기간이 짧은 반면, 성공적인 매수 포지션은 훨씬 더 길게 고수하는 경향이 있다.

나는 이론상으로는 항상 모든 아이디어를 지원하는 모델을 갖추고자 하지만, 실제로는 모델을 구축하는 데 소요한 시간 대비 수익이 공매도의 경우에는 충분하지 않을 수 있다. 그래서 다음 장에서는 투자 대상이 모델이 필요한 매수 포지션이라는 가정하에 관련 설명을 이어나갈 생각이다.

스프레드시트 모델을 구축하기 전에 나는 애널리스트 대부분의 보고서와 성과 보고서, 프레젠테이션 슬라이드, 통화 녹취록, 연례 보고서 등을 모두 읽는 것을 규칙으로 삼는다. 나는 또한 미국 기업의 10-K에서 MD&A 섹션과 장부 앞부분의 일부 화려한 자료 또는 적어도 회장이 주주에게 보내는 편지와 CEO의 보고 및 재무 보고를 읽고는 한다.

회장의 성명서에서는 잘못된 변명 등의 경고 신호를 찾으며, 회사의 성과에 대한 정직한 평가와 부족한 부분에 대한 합리적인 설명을 기대한다.

CEO의 보고에서는 일관성과 정직, 상식을 찾는다. 지속적인 구조조정이나 여러 해 동안의 날씨 등 상황과 관련 없는 문제에 대해 자주 언급하는 경우 이는 경고 신호에 해당한다. 내가 무엇보다 찾기를 바라는 것은 사업에 대한 평가와 주주들과의 커뮤니케이션에서 정직성을 보이는 경영진이다.

MD&A에는 연도별 성과 변동의 원인에 대한 설명이 드러나므로 성과가 저조한 기간으로 돌아가 원인을 조사하는 데 매우 유용하다. 또한 이것은 외부 요인에 대한 사업체의 견고성을 이해하는 데에도 큰 도움이 된다.

재무 보고 부분의 경우 회사의 부채 상태와 시설의 유효 한도, 다가오는 부채 만기에 대한 회사의 재융자 계획 등을 일정 수준 이상 투명하게 공개해야 한다. 자본 지출의 수준과 유형 및 목적을 명확히 하는 것도 도움이 되며, 이를 누락한 것은 또 하나의 경고 신호다.

분석을 통해 무엇을 확인했는가

이 시점에 이르면 사업체의 자본 환경에 대한 적절한 이해와 함께 경제 전반에 대한 큰 그림과 부문별 그림, 그리고 적절한 경우 판매 기반의 제품당 또는 서비스 단위당 경제성에 대한 모종의 개념을 얻을 수 있다. 물론 처음 회계장부를 읽을 때는 중요하지 않게 여기던 것이 나중에 중요하다고 판단할 수도 있기에 지금까지의 과정을 종종 반복하기도 한다. 처음에 무언가를 놓쳤을지도 모른다는 가정하에 연구 조사의 첫 번째 단계가 끝날 무렵 회계장부를 다시 읽는 것은 매우 중요하다.

이 시점에서 나는 다음 질문의 대부분에 답할 수 있기를 바란다.

- **회계 정책은 보수적이며, 동종 기업들과 조화를 이루는가?**

- 매출액: 그 이력과 변동 이유, 기록 방법을 확인했는가? 매출은 판매량의 증가에 따라 성장했는가? 그리고 시장의 성장에 대비해서는 어떠한가? 아니면 가격 책정이나 인수를 통해 매출이 증가했는가?
- 매출 총이익률: 주요 원재료는 무엇이고, 그에 들어가는 비용은 어떠한가? 그리고 그 비용을 움직이는 동인은 무엇인가?
- 간접비: 과거와 비교한 수준 및 경쟁 업체 대비 적절성을 확인했는가? 간접비의 주요 요소는 무엇인가? 인건비와 마케팅 및 광고 비용과 판매 비용, 물류 및 유통 비용, 운송 비용, 연료 비용, 규모의 경제로 인한 비용의 단계적 변화, 고정비용 대 변동 비용 등을 확인했는가?
- 시간 경과에 따른 감가상각 및 상각 그리고 총자본 지출과의 관계를 확인했는가?
- 이자와 부채를 확인했는가?
- 세율: 시간이 지남에 따라 어떻게 변하는지와 그 이유를 확인했는가? 그것을 납부한 세금과 비교 검토했는가?
- EBIT 마진과 EBITDA 마진은 시간이 지나도 합리적이고 지속 가능하며, 안정적인가? 이것은 진입 장벽이나 네트워크 효과 때문인가? 그리고 그것은 지속 가능한가? 경기 주기의 어디에 위치하는가? 현재 마진과 5년 및 10년 평균 마진을 비교 검토했는가? 현재 마진이 역사적 또는 주기의 최고치나 최저치에 가까운 경우 회귀를 예측해야 마땅한가?
- 증분 마진(즉 판매 증가 대비 마진 증가)이 시간이 지나도 안정적이며, 이것이 사업체의 고정비용 대 변동 비용에 대한 나의 이해와 일치하는가?
- 매출 대비 (시간 경과에 따른) 운전자본의 움직임: 사업체의 운전자본은 집약적이며, 마진이 이를 정당화하는가? 공급 업체나 고객에 대해 갖는 협상력을 이해했으며, 이것이 지속 가능하다고 보는가? 재고 회전율과 결제 및

수금 일수, 운전자본의 추세는 어떠한가?

• 총자본과 순 자본 모두에서 자본적 지출의 추세는 어떠한가? 자본 집약적 사업체의 경우 과거에 자본 집약도가 높아짐에 따라 매출 성장이 이루어졌는가? 사업체가 높은 수준의 처분을 보유하고 있으며, 그것은 업계의 관행에 비추어 합리적인가? 경쟁 업체들과 비교해 어떠한가?

• 잉여 현금 흐름 추세: 시간이 지남에 따라 안정적인가, 아니면 변동성이 큰가? 사업에 필요한 자본(자본적 지출 및 운전자본)을 감안할 때 그 정도면 충분한가? 매우 높다면 회사를 경쟁에서 보호할 진입 장벽이 있는가?

• 자본이익률: RoCE, RoIC, ROE의 비율이 시간이 지남에 따라 안정적인가, 아니면 변동적인가? 그리고 그러한 변동성이 높은가, 아니면 낮은가? 이것이 퀄리티 사업체를 나타내는 것인가? 보다 빠른 자본 회전율이나 마진 증가를 통해 개선이 가능한가, 아니면 악화할 가능성이 더 큰가? 높은 현금 잔고나 높은 수준의 WIP 자본으로 인해 수익이 감소했는가? 그렇다면 이것이 향후 잠재적 상승을 시사하는가? 회사는 사업에 어느 정도 재투자할 수 있는가?

• 레버리지가 합리적인가? P&L에서 운영 및 재무 레버리지 수준은 어떠하며, 대차대조표상의 부채 수준은 어떠한가? 또한 이것은 연혁 및 경쟁 업체와 비교해 어떠한가? 현금 보상과 고정비용 보상, 이자 보상 등에 대해 이상함을 느끼지는 않았는가? 이 단계에서 걱정이 된다면 어떤 것이든 적신호로 봐야 한다. 자본 구조가 합리적이며, 최근 자사주 매입을 위해 레버리지를 늘렸는가?

• 회사는 유지 보수를 위한 자본적 지출과 유기적 성장을 위한 자본적 지출, 인수 및 자사주 매입 사이에서 자본 투자 비율을 어떻게 잡고 있는가? 회사는 부채 또는 자기자본을 위해 자본시장에 접근할 가능성이 있는가?

지금까지 이렇게 연구 조사 과정을 밟았다면 이제는 적절한 경우 모델을 구축하고, 가치 평가를 더 자세히 들여다봐야 할 시간이다.

결론

기업의 재무제표에 대한 자세한 분석은 내 분석 기법의 핵심이다. 모든 투자자가 회계장부를 읽는다고 주장하지만, 증거에 따르면 그렇게 하는 투자자는 매우 소수에 불과하며, 확실하고 철저하게 임하는 투자자는 더욱 드문 게 현실이다. 나의 프로세스는 느리고, 힘들고, 고통스럽기까지 하기에 당연히 모든 사람에게 해당하는 것은 아니다. 하지만 적어도 대차대조표는 한 줄 한 줄 검토해야 한다. 그러면 어떤 투자자든 회사를 보다 효과적으로 분석하는 데 확실히 큰 도움을 얻을 것이다.

Next level

9장 가치 평가

이 장에서는 수익과 현금 흐름을 예측하는 모델을 구축하는 방법에 대해 논한다. 그런 다음 다양한 평가 기법의 장단점을 살펴보고 가치 평가의 원칙에 대해 설명할 것이다. 나는 대개 처음에는 블룸버그나 그와 유사한 시스템에서 생성된 가치 평가 데이터를 사용한다. 그러나 그것은 주가수익비율P/E이나 주가순자산비율price-to-book, PB과 같은 상대적으로 단순한 매개변수에 대해서는 신뢰할만하지만, 기업 가치EV 기반 척도에 대해서는 신뢰성이 떨어진다.

그래서 나는 EV에 대해서는 스스로 계산하는 것을 선호한다. 이것은 복잡한 기업의 경우 시간이 많이 소요될 수 있으며, 그 계산에는 모든 종류의 묘책이 동원된다. 그에 대해 여기에서 자세히 설명하는 것은 이 책의 범위를 벗어나는 일이다. 따라서 관심 있는 독자는 내 웹사이트(www.behindthebalancesheet.com)의 온라인 교육 항목에서 해당 계산에 관한 온라인 교육과정을 찾아보길 권한다.

EV는 아래 메트릭스 중 일부를 사용하기 전에 신중한 계산을 필요로 한다. 여기에서 다루는 테마는 다음과 같다.

• 모델 구축 • 이익과 손실 • 현금 흐름 및 대차대조표 • 예측 • 가치 평가
• 가치 평가 기법

많은 책이 가치 평가 기술을 전적으로 다루고 있으며, 가치 평가의 불일치에서 수익성이 높은 투자 기회를 찾을 수 있다고 믿는 대규모 학파도 있다. 내 경험상 특정 주식이 저렴한 데에는 통상 그럴만한 모종의 이유가 있다. 가치 평가는 중요하지만, 나의 접근 방식에서는 그것이 주식을 사는 이유가 되기보다는 주가를 비교하는 척도가 된다.

서론

대부분의 애널리스트가 가치 평가에 많은 시간과 에너지를 집중하지만, 나의 접근 방식에서 그것은 항상 부차적인 일이다. 특수 상황의 애널리스트로서 나는 시장이 회사의 전망을 잘못 예측한 수익 이상 현상에 초점을 맞춘다. 물론 가치 평가가 중요하지 않다는 말은 아니다. 그러나 주식을 사는 주된 이유가 나에게 가치 평가가 되려면 일단 주식이 매우 저렴해야 한다. 나의 접근 방식은 가치 평가의 불일치를 찾는 것이 아니다. 따라서 나는 일부 동료보다 가치 평가의 역사적 추세에 대해 덜 신경 쓰는 경향이 있다.

모델 구축

단순한 모델만 있으면 사업체의 가치를 평가할 수 있다. 수익 및 현금 흐름의 모델을 구축하는 것은 특정 사업체의 재정적 동인에 대해 잘 이해하기 위한 중요한 단계다. 항목별 모델을 구축하면 P&L과 대차대조표, 현금 흐름의 모든 항목에 대해 꼼꼼히 살피게 된다. 그 프로세스를 자세히 설명하는 것은 이 책의 범위를 벗어나므로 여기서는 몇 가지 주요 프로세스만 간략히 설명하기로 한다.

나는 일반적으로 몇 가지 장기 평가 기준을 모델에 적용한다. 하지만 그 정도와 복잡성은 회사별로 다르며, 언제나 빠뜨리지 않고 집어넣는 것은 몇 가지 비율에 대한 분석이다. 운전자본 비율과 투하자본이익률의 추세를 살펴보는 것은 투자 대상의 퀄리티를 결정하는 데 매우 큰 도움이 된다. 몇 년 전으로 거슬러 올라가면 사용자본의 이익률뿐만 아니라 투자 자본의 이익률까지 더 잘 이해할 수 있다. 과거 실패한 투자에 대한 상각을 자본에 추가하기도 하기 때문이다. 투하자본이익률은 종종 순 기준(영업권 상각 후)으로 측정하기도 하는데, 그것은 왜곡된 그림을 제공할 수 있다.

모델을 완성하는 것은 제대로 수행하는 경우 종종 길고 힘든 과정이 된다. 그래도 나는 모델을 완성하고 나면 사업체와 그 이력 및 향후 전망에 대해 더 깊이 이해한 것 같은 느낌이 든다.

회사의 과거 실적을 제대로 이해하지 못한 채 미래를 예측하는 것은 불가능에 가깝다. 그래서 내가 아직 이익 예측에 대해서는 언급조차 하지 않은 것이다. 먼저 첫 번째 단계는 회사의 이력을 모델에 기록하는 것이다. 어떤 이들은 블룸버그나 팩트셋FactSet의 데이터를 사용하는데, 나는 그것의 정확성을 충분히 확신하지 못하기에 그런 방식이 다소 무섭다는 생각까지 든다. 사실 나는 데이터를 입력하는 과정 자체를 **즐기는** 편이다. 그렇게 하면 수치에 더욱 익숙해진다는 장점을 무시할 수 없다. 그와 더불어 단순히 계정을 읽을 때보다 무언가를 발견할 가능성도 더 크다.

우선 내 모델은 일반적으로 5년 동안의 기록을 토대로 삼는다. 회계 자료를 다운로드해서 갖가지 비율을 살펴볼 때는 더 긴 기간의 자료를 대상으로 하지만, 직접 숫자를 수동으로 입력할 때는 5년 동안의 기록만 해도 꽤 오랜 시간을 필요로 한다. 경우에 따라 두세 개의 브로커 모델을 이력 자료에 이용하기도 하지만, 그럴 때조차도 브로커의 데이터가 일관적인지 확인함으로써 데이터 오류의 위험을 줄인다. 이렇게 이력을 완성하면 예측 기간을 3년으로 잡는다. 나는 일반적으로 DCF(현금 흐름 할인법)를 이용하지 않는 한 장기간에 걸쳐 추정하지 않으며, 대부분의 셀사이드 애널리스트가 2년 예측을 제공하는 관계로 3년 예측을 선호한다.

이익과 손실

나는 대개 부문별 분석으로 시작하지만, 여기서는 단일 제품 회사를 예로 들어 손익을 분석하는 보다 간단한 방법을 쓰기로 한다. 과거의 추세를 이해하면 각각의 항목에 대한 예측 정보를 얻을 수 있다.

- **매출액: 역사적으로 해당 시장의 장기적 성장은 어떠했고, 동인은 무엇이며, 앞으로 어떻게 바뀔 것으로 예상하는가? 회사의 시장점유율은 확대될 것인가, 축소될 것인가? 이러한 성장률 예측은 과거의 성과에서 너무 벗어나지 않는가? 가이던스 guidance(기업의 향후 사업 방향 및 계획)는 어떠한가? 환율 변동이 영향을 미치는가? 그것이 과거의 성장에도 영향을 미쳤는가?**
- **매출 총이익률: 최근의 기록은 어떠하며, 장기적 이력은 또 어떠한가? 해**

당 부문에서 모범으로 삼을만한 기록은 어떠한가? 회사는 규모를 확대한 만큼 그 혜택을 받고 있는가? 회사는 재판매를 위해 부품이나 상품을 수입하고 있는가? 환율 또는 원자재 가격 변동이 영향을 미치는가? 인건비에는 어떤 가정이 필요한가?

• 판매 관리비$_{SG\&A}$: 관리 비용이 매출에 비례해 증가하거나 감소하고 있으며, 이것이 합리적인가? 자본적 지출에 대한 예상을 기반으로 한 감가상각비는 어떠한가? 광고 및 판촉$_{A\&P}$ 지출에 대한 예측은 시장점유율의 성장과 조화를 이루는가? 인건비 상승률과 환율 가정은 상품 판매 비용과 조화를 이루는가?

• EBIT: 최근의 추세와 5년 및 10년 평균의 맥락에서 볼 때 예상 마진은 합리적으로 보이는가? 추정치는 매출 및 비용 추세, 환율 변동, 해당 부문의 상황과 조화를 이루는가?

• 이자: 현금 흐름과 순 부채 포지션, 기존 부채의 구조에서 계산된 이자는 어떠한가? 만기와 금리, 환율을 확인한다.

• 세전 이익: 산술적 계산 수치로서 논리적 확인이 가능한 포인트다.

• 세율: 회사의 과거 P&L 세율과 과거 현금 납부 세액 등을 확인한다. 세금에 대한 가정이 지역별 매출 및 마진에 대한 가정과 조화를 이루는가? 예를 들어 유럽 지역의 이익이 사업체에서 가장 빠르게 성장하는 부분이라면 그곳의 세율이 높아지는 경우 그에 따라 전체 세율도 높아지는가? 자본적 지출이 증가하는 경우 세율이 이익을 반영하는가?

• 세후 이익: 산술적 계산 수치로서 논리적 확인이 가능한 또 하나의 포인트다.

• 우선 배당금: 간단한 계산 수치로서 오늘날에는 거의 적용하지 않는다.

• 수익: 산술적 성과 수치다.

• 주당순이익: 발행된 주식의 평균 수량에 대한 계산을 확인한다. 해당 연도에 옵션이 발행되거나 자사주 매입이 있었는가? 아니면 그러한 것이 예정되어 있는가? 이 부분과 현금 흐름 예측이 조화를 이루고, 거기에서 동일한 가정이 나오는 것이 중요하다.

현금 흐름과 대차대조표

현금 흐름 예측은 종종 매우 많은 사항을 드러낸다. 이 예측을 제대로 산출하는 애널리스트가 거의 없다는 사실이 놀라울 따름이다.

현금 흐름 예측은 항목별로 신중한 추정을 따르며, 이때 대차대조표는 단순히 주식 발행량과 자사주 매입량, 유보 이익(배당 후), 통화 변동 등의 내용을 제공하는 기능만 한다. 또한 모든 재평가, 특히 연기금 결손도 고려 대상이 되지만, 이러한 것은 예측하기가 매우 까다로울 수 있다. 나는 세부적인 대차대조표가 많은 내용을 추가해준다고 생각하지 않기에 일반적으로 요약 예측 대차대조표(자기자본 및 순 부채 요약)만 생성하는데, 그것은 특별히 어렵지 않다. 때로는 3개년 대차대조표가 어떠해 보이는지 고려하는 것도 도움이 될 수 있다.

먼저 상세한 예측을 수행하고 나면 가치 평가는 계산의 간단한 문제가 되며, 추정의 올바른 답을 찾는 풀이 과정의 리스크가 줄어든다. 가치 평가를 먼저 수행하면 항상 시레에 맞는 가정을 과대평가 또는 과소평가하고 싶은 유혹이 생긴다. 그래서 나는 먼저 숫자를 계산한 다음 평가 비율을 완성하는 것을 선호한다.

주요 문제는 동인과 예측에 내재된 가정 그리고 그러한 가정이 시간 경과에 따라 어떻게 변할지를 명확하게 이해하는 것이다. 아울러 이러한 변화에 대한 이익과 대차대조표 및 현금 흐름의 민감도를 이해하는 것도 중요하다. 이러한 사항을 이해하면 예측이 잘못되는 경우 가치 평가에 미칠 수 있는 영향에 대한 관점도 형성할 수 있다.

나는 예측 범위와 그 범위에 포함될 가능성 그리고 그에 따른 민감도에 중점을 둔다. 이익이 80퍼센트 감소할 가능성이 10퍼센트이고, 결과적으로 부채가 약정보다 증가할 경우 그것은 이익이 50퍼센트 감소할 가능성이 20퍼센트의 확률인 경우보다 훨씬 심각한 문제다.

예측이 과학이라기보다 예술에 가깝다는 사실은 아무리 강조해도 지나치지 않다. 100만 행의 코드로 구성된 모델이 있다고 해서 반드시 정답으로 연결되는 것도 아니다. 사실 나는 당신에게 자신이 옳다는 잘못된 위안을 주는 것이 훨씬 더 오해의 소지가 많을뿐더러 더 나쁘다고 주장하고 싶다. 내 경험상 서둘러 하는 주먹구구식 계산도 대개 충분히 가까운 답을 제공하지만, 손익과 현금 흐름의 각 행을 기반으로 한 가정으로 모델을 구축하는 원칙을 지키면 언제나 무언가를 놓치는 실수를 피할 수 있다.

따라서 나에게 모델 구축은 연구 조사 프로세스에서 필수 불가결한 부분이다. 하지만 나는 항상 그 가정이 합리적인지 확인하기 위해 나름의 '주먹구구식' 점검으로 내 모델이 내놓은 결과의 유효성을 테스트한다. 매킨슨코웰Makinson Cowell의 설립자 밥 코웰Bob Cowell은 자사의 고객 중 하나인 석유 대기업을 위해 상위 3인의 애널리스트가 내놓은 모델을 이용한 적이 있다고 내게 말했다. 결론부터 말하면 세 가지 모델 중 어느 것도 작동하지 않았다. 세 가지 모두 심각한 내재적 오류가 있었다. 회사들은 너무 복잡했고, 애널리스트들은 다루기 너무 힘든 수백 개의 행이 있는 모델을 보유했다.

정확성을 유지하기 위해 충분한 자원을 할애할 준비가 되어 있지 않다면 단순하게 유지하는 것이 가장 안전하다. 나의 경험상 아주 높은 수준의 정확성은 그만큼 노력한 보람이 없으며, 대체로 환상에 불과하다. 실제로 학술 연구에 따르면 대부분의 스프레드시트에는 오류가 포함되어 있으며, 그중 상당한 비율이 심각한 오류에 해당한다.

예측

바이사이드 애널리스트와 셀사이드 애널리스트는 종종 컨센서스를 기준으로 자신의 예측을 살펴본다. 컨센서스는 보다 중요한 분석 매개변수 중 하나이자 애널리스트를 두거나 찾는 가장 중요한 이유 중 하나다. 그러나 예측은 광범위한 외부 요인의 영향을 받는다. 해당 연도의 현금 흐름은 고사하고 자사의 이익을 정확하게 예측하는 회사는 거의 없다. 중앙 추정치에 대한 보충 자료로 유용한 것은 가능한 결과의 범위다. 세전 1억 파운드에서 ±1,000만 파운드를 벌어들일 것 같은 회사의 주식은 일이 잘 풀리면 1억 파운드 내지 1억 1,000만 파운드, 일이 잘 안 풀리면 6,000만 파운드를 벌 가능성이 큰 회사의 주식보다 더 가치가 있다.

셀사이드 예측 및 계절성의 신뢰도 • 셀사이드 애널리스트는 시간의 압박을 받는다. 내가 몸담았던 시절보다 훨씬 더 폭넓은 범위를 다뤄야 하는 오늘날에는 더욱 그렇다. 이는 그들이 빠른 승리와 단기 거래를 모색하는 데 주력하며, 예측을 할 때 기본적인 '정리 정돈'에 할애할 시간이 거의 없다는 것을 의미한다. 그들을 종종 곤란하게 만드는 한 가지 문제는 부활절의 타이밍으로, 1분기에서 2분기로 또는 그 반대로 이동할 때 전년 대비 성장률에 큰 혼란을 일으킬 수 있다.

다른 하나는 기업들이 이용하는 한 회계연도의 주 수를 세거나 분기별 일정을 확인하는 것과 같은 기본적인 정리 정돈이다. 좋은 예는 맨체스터유나이티드Manchester United의 2017년 3분기 실적이 시장을 다소 실망시켰을 때다. 두 개의 벌지브래킷 회사는 방송 수익 증가율이 예상보다 낮았다고 보고했다. 정해진 일정에 따라 치른 프리미어 리그 홈게임이 예상보다 한 경기 적었던 것이 그 이유다. 해당 애널리스트들이 분기별 예측을 수행할 때 다음 분기에 배정된 홈 게임이 몇 차례인지 세는 데 신경을 쓰지 않았던 것이다. 이는 대충 일을 처리하다 나온 실수이고, 그런 실수가 드물지 않은 게 문제다.

예측의 기법, 논리적 확인 • 합리적 예측을 구성하는 것은 상당히 어려운 일이다. 개인 투자자에겐 당연히 기관이나 투자은행 또는 브로커 등의 전문가보다 이 일이 훨씬 더 어렵다. 따라서 개인 투자자의 경우 컨센서스를 확인한(보통 언론 매체나 '시킹 알파'와 같은 주식 관련 블로그에서 쉽게 확인할 수 있다) 다음 동료들과 교차 확인하거나 상식을 동원해 해당 예측이 합리적인지 알아보는 것이 가장 좋다. 이는 놀랍도록 효과적인 전략이다.

예측을 구성하는 것은 전문가에게는 길고 지루한 상향식 프로세스다. 나는 종종 브로커들의 예측을 선택해 한 줄 한 줄 확인하면서 나의 가정이 해당 영역 전문가들의 생각과 어떻게 다른지 살펴본다. 나는 또한 각 예측의 분포를 주의 깊게 살펴보는데, 그것이 때때로 시장에 얼마나 회의감이 깔려 있는지 알려주기 때문이다. 특히 셀사이드 애널리스트가 IR 피드백의 영향을 크게 받는 올해가 아니라 그 이후를 내다볼 때 그렇다.

[표 9.1] EBITDA 추정 범위

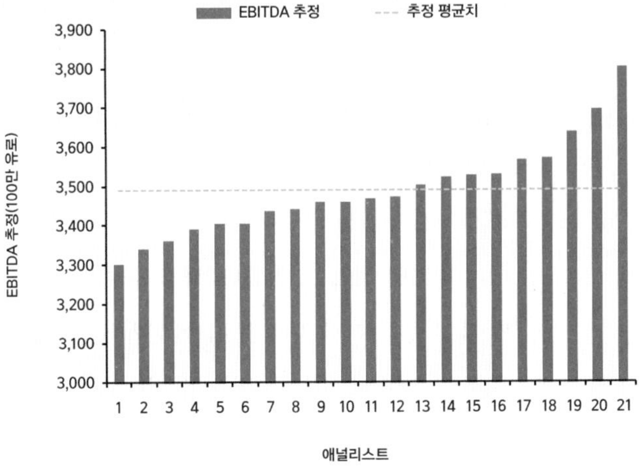

출처: 비하인드더밸런스시트에서 인용한 블룸버그 데이터

[표 9.1]은 유럽의 한 산업 회사에 대한 EBITDA 추정 범위를 보여준다. 회사의 가이던스가 전혀 없었음에도 평균 34억 9,400만 유로(연한 회색 점선), 중앙값 34억 7,100만 유로, 최고 38억 500만 유로, 최저 33억 500만 유로로 나왔다는 것은 추정치가 매우 밀집해 무리를 이룬다는 의미다. 나는 추정치를 다운로드하고 정렬한 다음 곡선의 모양을 본다. 추정치가 상당히 높은 세 명의 애널리스트와 추정치가 컨센서스보다 4퍼센트 이상 낮은 세 명의 애널리스트가 있으며, 최고는 최저보다 평균과 훨씬 더 큰 차이를 보인다.

이어서 나는 일반적으로 최고와 최저 추정치를 더 자세히 조사하고 스프레드시트를 검토하는 것은 물론, 관련 애널리스트에게 가정의 근거에 대해 질문하기도 한다. 대형 기관에서 일하는 경우 대개 모든 브로커와 대화할 수 있다는 이점이 따르지만, 소규모 투자자의 경우 특이한 추정치를 내놓은 애널리스트가 누구인지 모를 가능성이 크다.

이러한 차이는 유럽연합에서 연구 조사 비용을 보다 투명하게 처리하고, 최종 투자자의 비용을 줄이기 위해 기존의 규제 지침을 개정한 제2차 금융상품시장지침MiFID을 도입한 이후 더욱 심해졌다. 내 생각에 이것은 연구 조사 대상에 대한 선택의 폭을 줄이고, 궁극적으로는 더 많은 비용이 들게 만들 뿐 아니라 기관 투자자에게만 유리한 조치다.

나의 투자 접근 방식은 예측에 초점을 맞추기 때문에 아마 다른 연구 조사보다 이 부분에 할애하는 시간이 더 많을 것이다. 여기서 컨센서스를 활용하는 것은 시작하는 방법으로 나쁘지 않다.

가치 평가

가치 평가의 기본은 과거와 비교해 오늘의 가치 평가를 이해하고, 그것이 시간 경과에 따라 어떻게 움직일 것인가를 이해하는 것이다.

나는 예측에 익숙해질 때까지 가치 평가에 너무 집중하지 않는 경향이 있다. 일부 투자자와 일부 위대한 가치 투자자는 과거의 수치만 이용하고 예측은 시간 낭비라고 생각한다. 이것이 그들에게는 효과적인 접근 방식일 수 있겠지만, 나는 가치 평가가 본질적으로 미래지향적인 것이며, 따라서 전망을 이해해야 한다고 생각한다. 그리고 내 생각이 오염되는 상황을 피하고 올바른 결과를 도출하기 위해 내 예측 프로세스와 가치 평가 검토를 분리하는 것을 선호한다.

가장 중요한 질문은 내 예측이, 특히 EPS 예측의 경우 시장의 생각과 비교해 어떠하냐는 부분이다. 또한 EBITDA와 잉여 현금 흐름 그리고 거기서 추론할 수 있는 기업 가치의 전개 상황에서는 어떻게 비교하는지 알아보는 것도 중요하다. EPS와 EBITDA, 잉여 현금 흐름에 대한 나의 추정치가 컨센서스보다 높으면 그 추정치에 근거한 향후 1~2년의 가치 평가가 훨씬 더 매력적일 것이다. 수익과 현금 흐름이 더 높을 뿐만 아니라 EV가 보다 빠른 속도로 하락하고 EV/EBITDA 및 EV/매출 비율 역시 유사하게 하락할 것이기 때문이다. EV는 시가총액에 부채를 더한 것(기타 조정 사항 추가 포함)과 같으므로 부채가 감소하면 EV도 비슷하게 하락한다.

나는 그러한 예측에 대해 얼마나 확신하고 있으며, 그에 대한 민감도 범위는 어느 정도인가? 이것은 종종 신제품의 판매량 증가율이나 가격 인상 수준에 좌우된다. 이것을 확인한 다음에는 중요한 사례를 결정하고 이를 기반으로 주가가 얼마나 상승할 수 있는지, 그리고 그것이 약세나 강세 시나리오에서 어떠한 양상을 보일 것인지를 결정하는 문제가 남아 있다.

가치 평가의 이력 • 현재의 가치 평가를 역사적 맥락에서 살펴보는 것은 정말 중요하다. 다만 나는 미국 투자자들이 이 부분에 너무 지나치게 집착한다고 생각한다. 미국 셀사이드 애널리스트들은 과거의 P/E 비율을 기반으로 목표 가격을 산출하는 것을 좋아한다. 나는 이것이 지나치게 단순하다고 본다. 사업체가 변화하고 성장률이 바뀌어 과거의 배수가 더 이상 적절하지 않을 수 있기 때문이다.

과거의 정황은 확실히 중요한 기준 프레임이기는 하지만, 배수는 시장의 가치 평가에 따른 변화의 영향도 받는다. 따라서 나는 현지 주식시장 대비 P/E의 역사적 범위를 살펴보는 것을 선호한다. [표 9.2]는 프록터앤드갬블이 시장에 비해 상당히 좁은 범위에서 거래되었음을 보여준다.

[표 9.2] 프록터앤드갬블의 과거 연도별 상대적 P/E

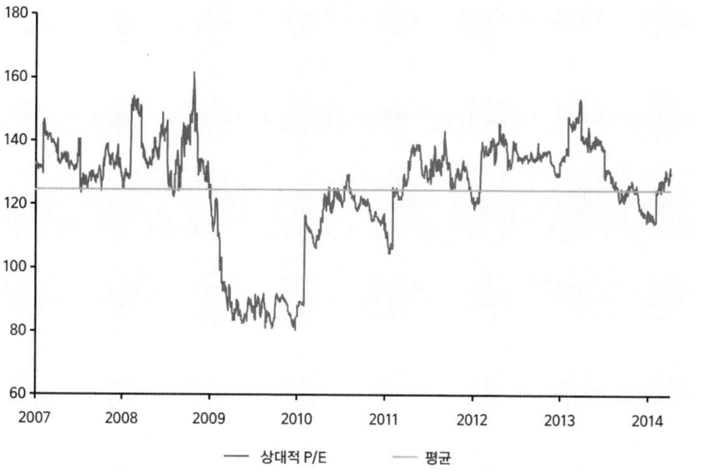

출처: 비하인드더밸런스시트. 센티오의 IBES 추정치 이용

경기순환적 사업체의 경우 P/E 비율은 극단적으로 도움이 되지 않으며, 다음에 설명하는 EV/매출 비율 척도는 특히 상대적 기준으로 사용할 때 더 나은 도구이지만 계산하기가 극히 어렵다는 중요한 단점이 있다. 미국 애널리스트들은 역사적 범위에 초점을 맞춰 P/E와 때때로 주가 장부 가치 비율을 살피는 경향이 있지만, 나는 역사적 범위가 시장 대비 P/E, EV/EBITDA, 주가 장부 가치 비율을 장기적 기준점으로 삼는 것이 더 크게 도움이 된다고 생각한다.

들여다봐야 할 가장 간단한 척도는 상대적 P/E이며, 나는 이것을 0년, 1년, 2년 그리고 가능하다면 3년 차까지 예측하는 것을 관행으로 삼는다. 굳이 3년 차 예측까지 신경 쓰는 사람은 거의 없지만, 나는 그러한 시도 자체를 즐긴다. 사실 올해나 내년에 대해 정확하게 예측하는 것만 해도 충분히 어려운 일이기에 그 또한 불확실한 추측에 지나지 않지만 말이다. 그럼에도 그것은 조금 더 멀리까지 가능한 추세에 대해 생각하도록 강요하기 때문에 유용하다 할 수 있다.

만약 EPS가 시장보다 빠르게 성장한다면 주식은 일반적으로 첫해에 프리미엄이 붙어 거래될 것이다. 이런 프리미엄은 시간이 지남에 따라 퇴색하는 경향을 띤다. 시간이 지나 1년 차와 2년 차 수치는 역사적 값이 된다. 5년 전에 계산한 시장 대비 P/E 역시 비슷한 맥락에 있었다는 점을 기억하는 것이 중요하다. 현재는 실제 결과를 알고 시장 대비 성장했다는 점을 돌이켜보는 것이지만, 당시에는 시장 역시 예측에 의존하고 있었다.

이를 수행하는 더 좋은 방법은 과거에 사용했던 동일한 변수를 이용해 향후 1년간의 상대적 P/E를 비교하는 것이지만, 항상 이용할 수 있는 방법은 아니다. 나는 우리의 데이터베이스를 구축할 때 그러한 도구로 작업했지만, 내가 접한 브로커 시스템 중 어떤 것에서도 그것을 복제해 쓸 수는 없었다. 블룸버그에는 상당히 조잡하긴 하지만 EQRV(자기자본 대비 가치 평가)라는 유용한 도구가 있다. 상대적 배수가 내가 원하는 것과 다른 지수를 기반으로 계산될 수 있으므로 블룸버그나 팩트셋의 계량적 분석에는 항상 신경을 써야 한다.

과거의 수준과 예측 배수를 비교하는 데에는 극도의 주의를 기울여야 한다. 그것은 상당히 안정적인 성장률과 높은 예측성을 보유한 회사에 가장 잘 적용하는 방법이다. EV/EBITDA에도 동일한 제약 조건이 따른다. 일반적으로 상대적 기준보다 절대적 기준을 토대로 고려하므로 이자율 및 주가 장부 가치 비율PBR의 변화뿐만 아니라 시장 수준의 변동에 영향을 받는다. 주가 장부 가치 비율은 일반적으로 더 좁은 범위에서 거래되므로 비교 가능성 요소가 비교적 크다는 이점을 갖는다. 그러나 다시 말하지만, 그 유효성은 자산에서 발생하는 수익의 변화에 따라 달라질 수 있다. 자본이익률이 떨어지면 이전에 누렸던 주식과 동일한 장부 배수로 보답할 것이라 기대하기 어렵다.

EV/EBITDA 계산에는 일반적으로 블룸버그와 같은 표준 시스템에서 제대로 관리하지 않고 애널리스트들도 종종 간과하는 실질적 제약이 한 가지 따른다. EV를 예측해 사용하기 때문에 EV와 EBITDA를 계산하기 위해서는 롤 포워드roll forward(원장 계정의 기말 잔액을 다음 기간의 시작 잔액으로 잡는 것-옮긴이)를 해야 한다는 것이 그 제약이다. 해당 사업체가 현금 창출력이 높으면 시간이 지남에 따라 부채를 상환하는 만큼 EV가 줄어들고, EV/EBITDA 비율도 감소할 것이다. 나는 계산에 평균 부채를 사용하는 경향이 있으며, 소수 지분이나 관계 기업이 중요한 경우 이를 예측하고 EV를 계산하기 위한 롤 포워드를 하기 위해 상수 배수를 적용한다. 이는 어쩌면 지나치게 기술적일 수 있지만, 현금 창출력이 높은 사업체에 대한 가치 평가에서 그 차이는 의미심장할 수 있으므로 정확하게 롤 포워드를 하는 것이 중요하다.

전통적 척도의 문제점 • 주식 브로커가 사용하는 전통적 가치 평가 기법은 현재 연도의 P/E에 초점을 맞추는 것이다. 기업의 현금 흐름에 대한 DCF 평가의 지름길로 P/E 비율(또는 EV/EBITDA 배수)을 효과적으로 사용하는 것은 현재 연도의 예측에 너무 많은 강조를 두기 때문에 본질적으로 결함이 따를 수밖에 없다. 이 가치 평가 방법은 변화가 제한적인 회사, 특히 널리 인정받고 오랫동안 존립해왔으며, 많은 비교 대상이 있는 회사에 가장 잘 작용하는 경향이 있다.

하지만 이 기법은 경기를 타는 사업체에는 잘 작용하지 않는 편이다. 그러한 사업체의 진정한 가치를 이해하려면 장기적으로 정규화된 마진과 관련해 지금의 마진이 높은지 낮은지 잘 이해하는 것이 중요하다. 산업이나 사업체의 퀄리티가 개선된 경우 현재의 마진이 지난 10년 이상의 평균보다 높더라도 그것이 앞으로도 지속될 가능성이 크다고 볼 수 있다. 이는 정점을 찍은 것으로 보이는 마진에 대해 높은 배수를 부여하는 것을 정당화할 수 있는, 완벽하게 유효한 가설이다. 그러나 마진은 장기적으로 볼 때 평균으로 회귀하는 경향이 있기에 위험 요소도 안고 있다고 봐야 한다. 물론 미국의 경우는 글로벌 금융 위기 이후 10년 동안 마진이 견고할 정도로 높게 유지되었지만 말이다.

마찬가지로 이 기법은 다음과 같은 회사를 살펴볼 때는 신뢰성이 떨어진다.

- **중대한 변화가 예상되는 회사**
- **시장 역사가 짧은 회사**
- **상장 기업 중 비교 대상이 별로 없는 회사**
- **제한된 수의 애널리스트가 관심을 두는 회사**
- **합의된 컨센서스가 없는 회사**
- **단기적으로 마케팅에 많은 투자를 함으로써 이익에 대해 장기적 관점을 가지고 있는 회사**

다음에 다양한 척도의 장점과 단점에 대해 논의할 것이지만, 미리 강조하자면 현재의 가치 평가 배수에 초점을 맞추는 것은 이해는 가지만 잠재적으로 위험한 단순화다.

가치 평가 기법

나는 다음에 몇 가지 표준적인 가치 평가 기법을 검토하고, 각각에 대한 나의 개인적 선호에 관해 설명할 것이다.

애널리스트는 모두 자신이 선호하는 가치 평가 비율이 있으며, 여러 유형의 회사마다 시장이 선호하는 가치 평가 기준은 각기 다르다. 나는 일반적으로 상당히 일관된 비율을 이용하지만, 회사와 가치 평가 수준, 특정 상황에 따라 특정 비율에 가중치를 두기도 한다.

P/E와 EV/EBITDA • 가치 평가 도구를 하나만 써야 한다면 그것은 당연히 P/E여야 한다. 주가를 주당순이익으로 나눈 비율인 P/E는 사업체를 평가하기 위한 가장 간단하고 유용한 도구다.

그것은 현재의 수익성 수준을 사용하는 DCF 평가의 약식인 셈이다. 나는 항상 그것을 EV/EBITDA와 함께 사용한다. 세율이 너무 낮거나 부채가 많으면 주식이 P/E상으로 저렴해 보일 수 있다. 이 두 가지 경우 모두 EV/EBITDA로 확인할 수 있다. EBITDA는 이자와 세금을 제하기 전의 순이익 지표이기 때문이다.

나는 현지 주식시장과 비교해 P/E를 살펴보고 과거에 비해 지표가 낮으면서 하락하는 종목을 찾는 것을 좋아하는데, 이는 수익이 시장보다 빠르게 성장하고 있음을 의미하기에 그렇다. 오늘날의 시장에서 절대적으로 낮은 수준의 P/E를 발견하는 것은 드문 일이다. 그런 경우가 존재하기는 하지만, 가치 함정value trap(매입한 주식이 꾸준히 저평가되는 상황－옮긴이)이 될 수 있으므로 조심해야 한다. 앞서 강조했듯이 향후 EV/EBITDA 계산의 경우 컨센서스에 의존하기보다는 1~2년 이후의 부채 수준 등도 고려해 자체적으로 예측하는 것이 바람직하다.

정규화된 P/Enormalised P/E • 실러 P/E 비율, 즉 CAPE(경기를 반영해 조정한 P/E)는 시장을 평가할 때 매우 일반적으로 사용된다. 이것은 단순히 10년 평균 수익에 기반한 가치 평가로, 수익이 경기를 타고 시장 평가는 장기적 기준으로 가늠해야 한다는 사실을 반영한다.

기업의 경우에도 마찬가지다. 10년 평균 EPS를 보고 이를 기반으로 주식이 어떻게 평가되는지 확인하거나 정규화된 수익을 토대로 P/E를 살펴볼 수 있다. 나는 일반적으로 현재의 마진에 대한 맥락으로 5년 및 10년의 평균 마진을 살펴본다. 이것은 렌즈를 바꿔서 조사하는, 사실상 동일한 측정이다.

섹터 비교 • 국내와 여타 시장의 비교 가능한 주식과 가치 평가 지표를 비교하거나 회사에 대한 가치 평가와 해당 섹터의 평균을 비교하는 것은 시장이 회사를 어떻게 보는지 이해하는 데 도움이 되는 간단한 확인 과정이다. 때로는 수익의 성장 궤도가 상대적 가치 평가와 완전히 다른 경우가 있다. 다음 예는 한 브로커에게서 빌려온 것인데, 당사자 입장을 고려해 이름은 밝히지 않는다.

[표 9.3]에서 EPS에 10을 곱한 토머스쿡은 당시 막 수익 경고를 발표한 상태였고, 저퀄리티 주식으로 여겨졌다. 한편 이익이 표에 펜스로 표시된 TUI는 퀄리티가 더 높은 사업체로 간주되었다. 토머스쿡의 2017년 P/E는 6.9배, TUI는 10.5배였다.

시장은 토머스쿡에 대한 예측을 믿지 않았지만, 상대적 등급에서 50퍼센트 이상의 격차에 내재된 상당한 양의 불신을 확인할 수 있었다. 특히 토머스쿡이 2017년에 더 빨리 반등했을 뿐만 아니라 이후 훨씬 빠른 속도로 성장할 것으로 예상되는 상황이었는데도 그랬다. 동급 업체와의 비교는 가치 평가 프로세스의 필수적 부분이다.

[표 9.3] 여행 부문 주식에 대한 상대적 가치 평가(2016년 중반)

	TUI(p)	성장률	토머스쿡(p×10)	성장률
2016년	78.6	-	71.2	-
2017년	101.7	29.4%	105.9	48.7%
2018년	112.1	10.2%	133.5	26.1%
2019년	122.4	9.2%	146.7	9.9%

출처: 익명의 브로커

물론 이 비교는 둘 이상을 대상으로 수행해야 하지만, 단순성을 위해 축약해서 설명하는 것이다. 같은 이유로 여기서는 P/E 비교만 예로 들었다. 이러한 가치 평가의 차이에도 불구하고 토머스쿡은 2019년 마침내 붕괴할 때까지 TUI의 성과를 크게 밑돌았다. 여기서 가치 평가에 의존하는 일의 위험성을 확인할 수 있다.

매출 대비 EV 비율—과소평가된 평가 도구 • 매출 대비 기업 가치는 아마도 가장 과소평가된 가치 평가 수단 중 하나일 것이다. 단독으로는 그렇게 유용하지 않다는 것이 그 이유다. 그것은 양극단의 값에서 가장 유용하다. 0.15 미만의 평가는 매우 저렴한 주식을 나타내고, 12배 이상의 배수는 일반적으로 매우 비싼 주식을 의미한다. 분명히 스펙트럼의 양쪽 끝에는 예외가 있다.

EV/매출 비율은 내가 P/E와 EV/EBITDA 다음으로 보는 세 번째 측정값이다. 인기가 없기에 특히 유용하다. 일부 매우 정교한 투자자들조차 이 도구에 비교적 익숙하지 않다. 나는 헤지펀드 나야매니지먼트 LLP(Naya Management LLP)의 현 경영 파트너 마스루르 시디키(Masroor Siddiqui)가 TCI

의 파트너로 일하던 시절, 그를 만나 가치 평가 비율에 대해 논의한 적이 있다. 물론 그다지 흥미로운 대화는 아니었지만 말이다. 내가 EV/매출에 대해 언급하자 그는 내가 농담을 하는 것으로 생각했다. 그것은 분명히 그가 사용하는 도구가 아니었다.

아무도 사용하지 않는 도구를 찾는 것은 투자의 세계에서 정말 유용한 전략이 될 수 있다. EV/매출 비율이 도움이 되는 데에는 여러 가지 이유가 있다.

매출은 거짓말을 하지 않는다: 아무리 부정직한 CFO라도 매출 수치를 위조하는 일은 매우 어렵다. 물론 미래의 매출을 현재 연도로 끌어들이는 방법으로 속임수를 쓸 수는 있다. 예를 들면 연말이 지나 선적되는 상품의 송장을 먼저 발행함으로써 연말 선적의 마감 날짜를 변경하는 식이다. 상품은 1월 2일 이후에 배송하더라도 송장은 12월 31일자로 발부하면 간단하게 목적을 달성할 수 있다.

그러나 알려진 대로 이러한 마감 조작은 장기간에 걸쳐 구현하기가 정말 어렵다. 매출을 조작하고 있다면 수익도 그러할 것이고, 다른 많은 것도 그럴 가능성이 크다. 매출 수치를 조작하는 방법은 제한적이며, 어쨌든 사기에 해당하기에 일반적으로는 매출을 신뢰할 수 있는 척도로 보는 게 옳다.

매출 대비 주가(주가 매출액 비율)는 유용한 척도가 아니다: 나는 주가 매출액 비율PSR보다는 기업 가치를 선호하는데, 이해할 수 없게도 주가 매출액 비율이 더 일반적인 척도로 통용된다. 주가 매출액 비율은 부채 및 여타 형태의 채무를 고려하지 않는다. 예를 들어 소액주주 지분이 존재하는 경우 매출은 100퍼센트 전부 투자자의 것이 될 수 없다. 매출은 이자 전 수치이므로 부채 수준이 요소로 포함되어야 한다.

나는 S&P 주가 매출액 비율이 인용되는 상황을 종종 보았는데, 좀처럼 이해가 되지 않는 일이다.

안정적인 척도: EV/매출은 두 개의 큰 숫자를 나눈 결과값이다. 이 비율은 대부분의 기업과 관련해 매우 안정적인 요소로 작용하는 경향이 있다. 일부 경기순환적 기업의 경우 크게 변동할 수도 있지만, EV/EBITDA나 P/E보다도 변동이 훨씬 적다. 따라서 범위가 제한되고 비교적 안정적인 수치라 할 수 있다. 그러므로 과거와 비교해 회사의 가치를 결정하는 데 매우 유용하다.

움직임은 의미가 있다: 상대적으로 안정적인 비율을 보유하고 있는데, 그 비율이 극단적인 값에 도달할 경우 그것은 결과적으로 무언가를 알려주는 신호다. 과거 EV/매출에서 주가가 이처럼 저렴한 적이 없었다면 그것의 장기적 펀더멘털에 대한 전망을 변경하는 부정적인 일이 발생했는지 확인해야 한다.

회사와 그 펀더멘털이 비교적 변하지 않는다면 낮은 수준의 EV/매출은 대체로 일시적일 가능성이 있는 수익의 감소를 반영한다. 이 경우 주식을 장기적으로 보유하면 실적이 회복하면서 유용한 재평가를 받을 수 있을 것이다.

움직이는 두 부분: 사람들이 EV/매출을 까다롭게 여기는 한 가지 이유는 그 비율에서 두 개의 움직이는 부분과 관련해 비율을 해석해야 하기 때문이다. 즉 과거의 이력뿐만 아니라 마진 및 매출 성장과 관련해 비율을 평가해야 한다. 움직이는 두 개의 동인이 있는 경우 평가가 복잡하지만, 조금만 익숙하게 되면 문제는 간단해진다.

적자 기업에 대한 평가: 적자 기업에 대해서는 EV/매출만 한 척도가 없다. EBITDA가 양수이면 EV/EBITDA를 사용할 수도 있지만, 인터넷 스타트업을 평가하는 경우에는 EV/매출이 매우 유용하다. 또한 자동차 산업이나 항공 산업과 같이 고도로 경기를 타는 회사를 살펴볼 때도 유용하다. 자동차업계를 전문으로 하는 애널리스트는 보고서에서 EV/매출을 자주 언급하지만, 슬프게도 그들은 예외에 속한다.

EV/매출은 유용한 장기적 척도다: 회사는 때때로 몇 년에 걸쳐 재평가되거나 평가절하된다. EV/EBITDA와 P/E는 변동성이 매우 큰 수치이기 때문에 EV/매출이 장기적인 재평가나 평가절하 추세에 대한 유용한 신호가 될 수 있다. 또한 특정 주식의 바닥 또는 최고 시장과 관련해 훨씬 더 나은 신호가 된다.

하지만 불행히도 이것은 계산하기가 매우 복잡해서 비교적 드물게 사용된다. 이를 정확하게 계산할 수 있는, 일반적으로 이용 가능한 시스템조차 없다는 것이 내 생각이다. 블룸버그와 같은 도구 역시 이 목적을 위해 안정적으로 사용하기 힘들다. 아직 이러한 가치 평가를 계산할 수 있도록 충분히 개선되지 않았기 때문이다. 지난 20년 동안 우리가 거꾸로 간 것 같은 한 가지 영역이다.

조정은 필요 없다: P/E와 달리 EV/매출은 재구성 비용이나 일회성 비용 그리고 그와 유사한 비용에 대한 정교한 가정을 필요로 하지 않는다. 복잡한 회사의 경우 EV 계산은 까다로울 수 있지만, EV/매출은 계산 자체가 상당히 간단하다.

EV/매출에 대한 비교의 예: 실용적인 예를 들어 그 효용을 설명하겠다. 나는 아마존의 매출이 실로 빠르게 성장하고 있음에도 불구하고 상당히 수수한 EV/매출 평가에서 거래되고 있다는 사실을 확인하고 놀랐다. 실제로 나는 2014년 아마존의 EV/매출을 예상하면서 2년 후에 미국 시장에서 할인된 가격으로 거래될 것이라는 사실을 알게 되었다. 그 정도 시장점유율에 브랜드 인지도와 성장 전망을 지닌 회사가 그렇게 거래된다는 것은 정말 말도 안 되는 일이라는 생각이 들었다. 그리고 상황은 내 예상대로 흘러갔다.

[표 9.4]는 아마존과 월마트의 가치 평가 내력을 비교한 것이다. 단순성을 위해 EV 계산에서 내가 권장하는 모든 조정은 수행하지 않았다. EV를 별도로 계산하는 문제는 다음에 살펴볼 것이다.

당시 아마존은 현재의 수익성을 위축시키는 미래의 성장에 투자하고 있었기 때문에 수익에 기반한 가치 평가에서 엄청 비싸게 보였다.

[표 9.4] 아마존 vs 월마트

	아마존	월마트	아마존 vs 월마트 상대적 비율
후행(실적) P/E	n/a	13.3	n/a
5년 평균	562.5	14.5	38.8
선행(예상) P/E	130.9	13.7	9.6
5년 평균	178.9	13.5	13.2
EV/EBITDA	37.1	7.1	5.2
5년 평균	40.3	8.0	5.1
E/V 매출	2.5	0.5	4.8
5년 평균	2.1	0.6	3.5
마진	0.9%	5.3%	6.1
5년 평균	1.6%	5.8%	3.6
5년 매출 성장률	160%	15%	10.6

출처: 저자의 계산, 야후와 회사들, 블룸버그, 팩트셋의 컨센서스

EV/EBITDA에서도 배수가 약 40배수로 월마트의 5배에 달하는 성층권에 위치했다. EV/매출 또한 월마트의 5배로 평가되었다. 그럼에도 아마존의 매출 성장률과 마진을 살펴볼 필요가 있었다.

- 월마트는 지난 5년 동안 매출이 15퍼센트 성장한 반면, 아마존은 그에 비해 10배 이상의 빠른 속도로 증가해 160퍼센트가 넘는 매출을 보였다. 5년 전 월마트의 매출은 아마존의 12배였으며, 지난 12개월 사이에 그 배율은 5배로 줄어들었다. 5년 후를 내다볼 때 만약 동일한 성장률을 유지한다면 월마트는 겨우 아마존의 2배 규모가 될 것이다.
- 마진 그림은 당시 아마존이 새로운 클라우드 서비스 비즈니스인 AWS의 개발에 들어가 있던 관계로 왜곡되었다. 나는 그것이 마진에 부정적 영향을 미쳤다고 생각했다. 소매 마진의 근본을 비교했다면 아마존은 마진이 성장세로 나타났을 것이고, 월마트는 마진이 감소세로 나타났을 것이다. 그리고 이 그림은 계속될 것 같았다.

아마도 아마존의 EV/매출에 대한 평가에서 가장 흥미로운 결론은 다음 18개월 동안 이 척도를 토대로 한 아마존의 가치 평가가 미국 시장의 가치 평가보다 낮아진다는 점일 것이다. 하지만 만약 아마존이 기존의 소매업체나 미국 시장에 상장된 평균적인 종목보다 훨씬 더 수익성 있는 사업을 할 수 있는 잠재력을 지녔다고 믿는 사람에게는 이것이 말도 안 되는 소리로 들릴지 모른다.

나는 EV/매출이 12배수 이상인 주식은 사지 않는다. 지금까지 그 두 가지의 성장률이나 수익성이 그렇게 높은 가치 평가를 정당화하는 회사를 본 적이 없기 때문이다. 물론 그런 회사가 존재한다고 확신하기는 하지만, 나는 그 부분에서 충분한 안전성을 느낄 수 없다. 반대로 EV/매출 비율이 0.15배 이하이면서 저렴하지 않은 회사도 극히 드물다.

따라서 EV/매출은 일시적으로 마진이 감소하거나 증가한 주식을 과소평가하거나 과대평가하고 있지는 않은지 여부에 대해 확인하는 유용한 수단이 될 수 있다. 시간 경과에 따른 회사의 EV/매출 비율을 추적하면 보다 전통적인 가치 평가 척도를 들여다보는 것보다 회사가 이익 주기의 어디에 위치하는지 훨씬 더 명확하게 파악할 수 있다. 마지막으로 EV/매출의 절대적 수준은 EV/EBITDA나 P/E보다 훨씬 더 명확하게 과소평가 또는 과대평가에 대한 신호가 될 수 있다.

단위당 생산능력 대비 EV • 나는 가능한 한 가치에 대한 물리적 척도를 사용하는 것을 좋아한다. 예전에 호텔 체인이나 크루즈 회사의 가치는 직원당 얼마 식으로 사업체의 가치를 평가해 유명해진 한 인도 IPO의 경우와 같이 객실당 얼마 식으로 생각하는 것이 훨씬 수월하기 때문이다. 그 IPO는 완전히 과장되었고, 투자자들은 이 스타트업에 고용된 사람들의 수를 확인하는 수고를 들이지 않았다. 당연히 그 종목은 폭락했다.

특히 동일 섹터 내에서는 단위당 생산능력 기반의 가치 평가를 비교하는 것이 합리적이다. 이것은 간단한 현실 점검 중 하나에 속하는데, 투자자들이 이를 별로 확인하지 않는다는 사실은 다소 놀라운 일이다. 물론 이것은 단순한 동종 섹터에서 가장 효과가 높지만(진력 생산 부문이 좋은 예다), 예를 들어 항공이나 자동차와 같은 의외의 부문에서도 논리적 점검에 이용할 수 있다.

물론 메르세데스Mercedes는 닛산Nissan보다 더 비싸기에 메르세데스가 차 한 대당 더 많은 돈을 벌지 못한다면 매우 놀라운 일일 것이다. 그럼에도 두 제조업체를 비교하는 것은 상당히 합리적이다. 한 제조업체의 현재 생산량이 적으면 수익성이 낮을 수 있으며, 단순한 P/E 척도로는 더 비싸 보일지라도 단위당 생산능력 기반에서는 매우 저렴할 수 있다. 새로운 모델을 출시해 판매가 촉진될 것이라는 확신이 든다면 매수의 기회가 될 수 있는 것이다.

마찬가지로 시간 경과에 따른 자동차 생산능력 대비 EV 비율을 살펴보면 전방과 후방으로 유용한 논리적 점검을 수행할 수 있다. 생산능력이 증가하고 자본적 지출의 고비를 넘었으면 EV는 잉여 현금 흐름과 더불어 매우 빠르게 축소될 수 있지만, 생산능력 수치는 상승하고 EV/단위는 매우 급격하게 하락할 수 있다. 이렇게 과거의 이력을 돌아보면 시장이 해당 사업체를 어떻게 평가했는지, 그리고 미래 가치에 대해서는 어떻게 평가하는지 그 의미를 이해할 수 있다.

교체 비용 대비 EV: 전력 생산업체는 또 하나의 좋은 예다. 나는 몇 년 전 디랙스Drax CEO의 주최로 웨스트 런던의 레인즈버러Lanesborough 호텔에서 열린 조찬회에 참석한 적이 있다. 놀랍게도 내 자리는 당시 30억 달러 규모의 주식 매매 헤지펀드인 펠럼Pelham의 CIO(최고 투자 책임자) 로스 터너Ross Turner와 그의 유틸리티 부문 애널리스트 옆에 마련되었다. 나와 로스는 업무적 친분이 아닌 사적인 친분이 있었는데, 회의 후 가벼운 대화를 나누다가 우리가 한 사안에 대해 정반대 위치에 서 있다는 것을 알았다.

로스는 공매도 포지션을 취했다. 내 기억에 그는 디랙스의 투입 원가가 상승하고 있었기에 회사의 성과가 예측에 미치지 못할 수 있다고 느꼈다. 나는 그 부분에 대해서는 그가 옳다고 생각했지만, 그것은 중요한 부분이 아니었다. 내가 그 자리에 참석한 이유는 디랙스의 EV가

10억 파운드(또는 주당 약 4파운드)를 약간 상회했는데, 이것이 그 규모의 발전소를 건설하는 데 드는 비용의 일부에 불과하다는 것을 확인했기 때문이었다. 디랙스는 4기가와트 발전소로, 영국에서 가장 큰 규모였다. 당시 경영진이 석탄에서 바이오매스로 생산능력의 일부를 전환하고 있었기에 나는 매수 입장에 대한 확신을 높일 수 있었다. 그것은 곧 디랙스가 환경 보조금의 혜택을 누릴 수 있다는 의미였기 때문이다.

아래의 [표 9.5]는 이와 관련한 이야기를 잘 보여준다. 비록 이익이 단기적으로는 하방 추세를 보였지만, 확실히 해당 종목은 매수 신호를 보내고 있었다. 발전소의 경우 EV 계산의 일부로 환경 관련 책임을 포함하는 것이 필수적이다. 그렇지 않으면 원자력발전이 너무 저렴해 보인다. 또한 디랙스의 주가는 바이오매스 생산능력과 수익성에 대한 두려움 때문에 장부가 대비 할인 가격으로 거래되면서 폭락하고 있었다.

[표 9.5] 디랙스의 연도별 주가

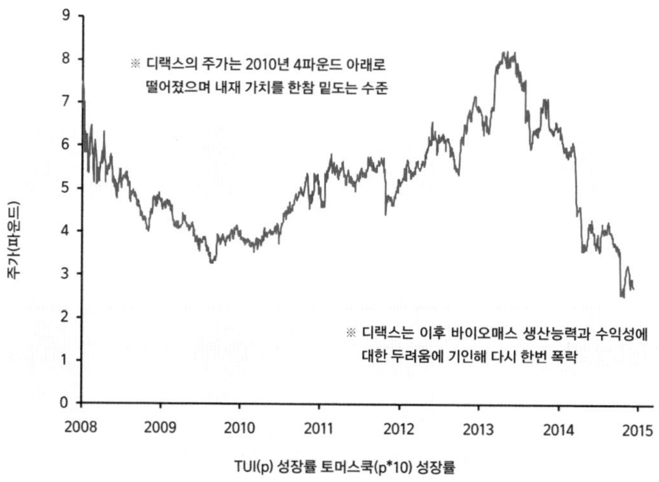

출처: 비하인드더밸런스시트에서 인용한 센티오 데이터

2020년 초 이 회사의 가치는 다시 약 10억 파운드로 평가되었는데, 이는 교체 비용 측면에서 낮아 보이지만 예산에서 재생 가능 에너지의 수입원을 배제하고 EU의 국가 지원 조사로 인해 타격을 받은 데 기인했다. 한 브로커는 디랙스의 청산 가치liquidation value(기업이 폐업하는 경우 모든 자산을 매각한 후 남는 순자산의 가치-옮긴이)를 주당 1파운드 이상으로 산정했다.

교체 비용에 대한 이러한 고찰은 유용한 도구이며, CROCI(투자 자본 대비 현금 수익률)에 중점을 두는 몇몇 분석에 사용된다. 시간 경과에 따른 현금 수익의 추세와 그러한 수익의 향후 동향을 평가하는 데 이용되는 것이다. 그와 동시에 자산의 교체 비용이나 대체 가치를 식별할 수 있는 논리적 점검의 훌륭한 수단이 되기도 한다. 부동산 자산, 특히 소규모 기업의 부동산 자산이 좋은 예다. 이것의 실제적 전개 과정과 방식에 대한 이해를 돕기 위해 2014년 식품 소매업체의 예를 들어 설명하기로 한다.

제프리 스털링과 같은 기업 사냥꾼들이 보유한 부동산의 가치보다 낮은 가격으로 백화점을 살 수 있었던 시대는 지났다. 적어도 이론상으로는 그렇다. 내가 이 글을 쓴 게 2014년인데, 당시만 해도 모리슨Morrison이나 세인즈버리 같은 슈퍼마켓 기업이 보유한 부동산의 가치보다 낮은 가격에 거래되고는 했다. 세인즈버리는 수년 동안 할인된 가격으로 거래되고 있었는데, 이런 상황을 타개하려는 갖가지 시도에도 별 효과가 없었던 것은 흥미로운 수수께끼인 동시에 이해가 잘 가지 않는 일이었다. 그 당시 시장은 그들의 부동산이 가치 평가자들의 진단만큼 가치가 없을 것으로 생각했다. 그리고 세인즈버리가 현금 흐름이 감소하는 악순환에 빠지게 될 것으로 판단했다.

세인즈버리는 당시 부채와 연금 적자, 특히 임대 약정 형태의 부외 부채 등으로 인해 상당한 레버리지를 보유했다. 밑에서는 알디와 리들이 치받고, 위에서는 웨이트로즈Waitrose가 억누르고, 옆에서는 오카도가 압박하는 환경에서 세인즈버리는 가격 전쟁을 치르지 않을 수 없었고, 그렇게 벌어진 슈퍼마켓 가격 전쟁은 세인즈버리의 마진을 낮추고 배당금을 삭감하도록 강제할 것으로 보였다.

세인즈버리 주식은 310~320파운드 사이에서 거래되고 있었고, 당시 나의 단순한 견해는 그 회사가 많은 리스크를 떠안고 있다는 것이었다. 아주 훌륭한 CEO가 막 떠난 상태였다. 나는 침몰하는 배에서 떠나는 쥐일 수도 있다고 생각했다. 가격 전쟁은 말도 안 되는 행태였지만 이전에도 수차례 일어난 일이었고, 부동산은 실현 가능 가치보다 훨씬 높아 보이는 4.7퍼센트의 수익률로 평가되었다. 이 회사가 해야 할 일은 추가 매장에 대한 투자를 중단하고 어느 정도의 잉여 현금을 창출하기 위해 노력하는 것이었다. 문제는 사업체에 자금을 조달하려면 판매 라인의 성장이 필요하다는 것이었는데, 공급 업체의 신용이 비즈니스에 큰 도움이 되기에 더욱 그랬다.

이와는 별개로 세인즈버리가 흥미로운 회계연도 마감일을 사용하는 영리한 회사 중 하나라는 점에 유의할 필요가 있다. 평균 운전자본이 그 회계연도 마감일의 포지션보다 훨씬 높은 회사다.

따라서 판매 라인이 축소되면 채권자는 줄어들 것이고, 사업체가 필요로 하는 현금은 실제로 증가할 것이다. 물론 판매 감소는 구매력과 장기적인 매출 이익률을 감소시킨다. 그런 이유로 모든 식료품 가게가 확장에 열중하는 것이다.

높은 수준의 공매도 잔액이 잠재적 매력이었지만, 공매자 중 하나는 시장에서 가장 똑똑한 축에 속하는 하그리브스랜스다운이었다. 장기적으로 보면 세인즈버리는 그 부동산 가치에 비해 할인된 가격으로 거래되지 않을 것이다. 경쟁 환경이 완화되고 부동산 자산이 재평가되면 주가 역시 다르게 평가될 것이다. 그러한 불확실성을 감안해 나는 세인즈버리를 일단 투자 대상에서 제외했다. 그리고 18개월 후 나는 실제로 더 낮은 가격으로 세인즈버리에 대해 공매도 베팅을 했다.

직원 대비 EV: 직원당 EV를 살펴보는 것도 또 하나의 유용한 척도다. 영국의 물류업체 티빗앤드브리튼Tibbett and Britten은 직원 1인당 1,000파운드라는 저점에 도달했다. 대단한 회사도 아니었고 직원도 많았지만, 터무니없이 저렴해 보였다. 그리고 결국 다른 회사에 인수되었다. 낮은 EV/직원 비율은 직원을 줄여야 하는 상황이거나 지나치게 저렴한 가치 평가 또는 구조적으로 문제가 있는 회사를 의미할 수 있다.

드롭박스Dropbox를 위한 벤처캐피털 기금 모금에서는 직원당 사업체의 가치가 6,000만 달러로 평가되었다. 어리석은 평가로 생각되었지만, 우습게도 나는 그 계산을 대충 이해할 수 있었다. 로스차일드인베스트먼트트러스트RIT(현 RIT Capital Partners plc)에 소속된 내 친구들이 거기에 참여했고, 실제로 많은 돈을 벌었다. 투자 비즈니스에는 정해진 규칙이 없다는 것을 잘 보여주는 예다.

전문 서비스 회사를 살펴보면서 나는 직원 1인당 수익이 유용한 통계 수치라는 것과 흥미롭게도 한 회사에서 해당 수치를 내부적으로 활용하고 있다는 것을 알게 되었다. 이 일은 EV/직원 비율이 유용한 척도가 될 수 있다는 나의 확신을 더욱 강화해주었다.

대부분의 회사는 고용된 사람의 수로 이를 평가하면 된다. 미국 회사들은 이 기준에 정확히 부합하지는 않지만, 일반적으로 미국의 취업

사이트를 보면 대략적인 아이디어를 얻을 수 있다. EV/직원 비율을 시간 경과에 따라 경쟁 기업들과 비교하면 유용한 통찰력과 논리적 점검의 기회를 얻을 수 있다.

잉여 현금 흐름 수익률 • 많은 투자자가 기업의 잉여 현금 흐름 수익률, 즉 시가총액 대비 기업이 창출하는 현금의 양에 초점을 맞춘다. 나는 그것을 EBITDA에서 운전자본 투자와 유지 보수 설비투자 그리고 기타 조정 사항(예컨대 세금)을 제외한 무엇으로 간주한다. 다음에서 각각에 대해 살펴보기로 하자.

EBITDA: 이것은 성과에 대한 상당히 일반적인 척도로, 여기서 또 구체적으로 부연할 필요는 없다고 생각한다.

운전자본: 운전자본은 조금 더 어렵다. 잉여 현금 흐름의 이력을 이론적으로 살펴보는 것은 간단한 일이지만, 연말에 놀라울 정도로 운전자본을 방출하는 회사를 조심해야 한다. 일부 애널리스트는 전망을 내놓을 때 전년의 재고 회전율과 수취 채권 및 지급 채무의 주기를 기준으로 운전자본을 예상한다. 나의 경우 여러 해에 걸친 평균치를 사용하는 것을 선호한다. 해외 본부를 여럿 두고 다양한 통화를 사용하는 대규모 기업의 문제는 운전자본을 예측하기 어려울뿐더러 정확하게 예측하기는 더욱 어렵다는 것이다.

자본적 지출: 자본적 지출은 문제를 일으킬 수 있는 또 다른 매개변수다. 성장하는 회사는 일반적으로 매출 증대를 위해 운전자본에 투자하고, 해당 목표를 달성하기 위해 설비 등에 자본적 지출을 해야 한다. 잉여 현금 흐름을 평가할 때는 이러한 자본적 지출의 증가에 맞춰 조정하고, 자산을 안정적인 상태로 유지하는 데 필요한 수준의 자본적 지출인 유지 관리 설비투자도 살펴보아야 한다. 기술에 대한 노출도가

높은 기업이 증가함에 따라 여기에는 무형자산에 대한 필수 투자도 포함해야 한다.

하지만 자본적 지출은 계산을 통해 파악하기가 까다롭다. 때로는 해당 기업의 CFO가 답을 알려주기도 한다. 이런 상황은 벌지브래킷이나 주요 바이사이드 기관의 애널리스트인 경우 그런대로 혜택을 입을 수 있지만, 외부에서는 그런 혜택을 입기도 어렵고 적절히 수행하기도 어렵다. 그리고 CFO가 이것을 얼마나 정확하게 추정할 수 있는지에 대해서도 논란의 여지가 있다. 대부분의 자본적 지출 형태는 교체나 성장 또는 개발 등을 위한 지출로 분류되지만, 자산은 종종 더 나은 모델로 교체된다. 그렇게 교체에 성장 요소가 들어가기 때문에 계산하기 어려운 것이다.

가장 좋은 근사치 중 하나는 감가상각비(소프트웨어 및 여타 계상 상각비 포함)다. 좋은 회사는 자산을 더 빨리 감가상각하므로 10~15퍼센트 미만의 감가상각률은 논리적 점검 대상이 될 수 있다. 특히 회사가 자산 비용이 하락하는 기술 분야에서 발전을 도모하는 산업에 속한 경우에는 더욱 그렇다. 특정한 자산 집약적 임대 사업과 같이 자산 회전율이 높은 회사의 경우 처분 이익도 고려 대상으로 삼아야 한다.

이것은 5년이나 7년 등과 같은 다년간의 매출 대비 자본적 지출 비율과 매출 대비 설비투자 비율의 평균을 살펴봄으로써 교차 확인할 수 있다. 그런 다음 매출 대비 올해의 감가상각비와 설비투자비(무형자산에 대한 계상 비용 포함)를 그 평균과 비교하면 좋다. 이를 수행하는 또 다른 방법은 매출 대비 설비투자 비율의 평균을 올해의 매출 성장과 비교하는 것이다. 올해의 자본적 지출에서 매출 성장을 빼면 유지 보수 지출에 대한 또 하나의 대체 기준치를 얻을 수 있다. 그리고 이러한 여러 요소의 평균치는 유지 보수 지출을 추정하기 위한 더 나은 척도로 활용할 수 있다.

기타 조정 사항: 기타 조정 사항을 계산하는 것도 마찬가지로 까다롭다. 세금 납부 이력은 영국의 경우 계정에서, 미국의 경우 보고서에서 파악한 현금 흐름에서 도출할 수 있지만, 그에 대한 예측은 훨씬 더 복잡하다. 예를 들어 내년에 납부하는 세금은 현재 연도의 세금 부과액에 이연 법인세를 더하거나 빼는 식으로 조정해야 하며, 그 밖에도 여러 가지 조정이 필요할 수 있다.

따라서 잉여 현금 흐름을 계산하는 것은 상당히 어려운 일이므로 많은 주의를 기울일 필요가 있다. 사업체의 매출 기반이나 자산 기반에 비해 상대적으로 적은 숫자인 데다가 계산의 각 단계에서 오류가 누적될 수 있기 때문에 상당히 난해한 수치라고 할 수 있다. 잉여 현금 흐름은 필수적 도구이지만, 항상 매우 신뢰할 수 있는 것은 아니다.

그런 이유로 일반적으로 잉여 현금 흐름에 대한 애널리스트의 추정치는 EPS보다 훨씬 범위가 넓다. 잉여 현금 흐름 수익률을 계산해서 추정하는 것도 가능하다. 주식이 창출해야 마땅하다고 생각하는 잉여 현금 흐름 수익률을 계산하고, 이를 잉여 현금 흐름 값으로 변환해 회사가 지속적으로 그러한 수준의 잉여 현금 흐름을 생성할 가능성이 얼마나 되는지 추정하는 방식이다.

현금 흐름 할인법의 결합과 실용적 이용 방안 • 기존의 투자 이론은 현금 흐름 할인법, 즉 DCF가 사업체의 가치를 평가하는 가장 좋은 방법이라고 암시한다. 기업이 창출하는 현금 흐름을 추정하고, 예측 기간의 끝에 잔존 가치를 대입해 현재 가치로 할인하는 방법이다.

하지만 실제로 이를 수행하는 데에는 엄청난 복잡성이 따른다. 올바른 할인율을 선택하고 잔존 가치를 계산하기 위한 적절한 평가 방법을 취하는 지적인 문제를 제외하더라도 말이다. 그리고 현금 흐름 예측을 구성하는 데에도 본질적 문제가 따른다. 특히 멀리 예측할수록 그렇다.

정교한 투자자들은 종종 회사의 잉여 현금 흐름 수익률, 즉 시가총액 대비 회사가 창출하는 현금의 양에 중점을 둔다고 말한다. 이것은 물론 DCF를 이용하는 학문적 가치 평가의 기초다. 하지만 이것의 유일한 실질적 문제는 애널리스트가 다음 분기나 내년의 EPS를 예측하는 데 많은 어려움을 겪을 뿐 아니라 일반적으로 10년 후에 현금 흐름이 어떻게 될 것인지에 대해 아무런 단서도 얻을 수 없다는 사실이다.

나는 다음과 같은 몇 가지 예외적 경우에만 DCF를 회사 가치 평가의 보조 수단으로 사용한다.

- 먼저 사업의 초기 단계에 있는 회사의 가치를 평가하는 경우다. 건설 프로젝트 단계에 있을 때의 유로터널Eurotunnel을 예로 들 수 있다. 유로터널은 처음에 적자를 냈고, 실제로 수익이 제로였기에 미래에 생길 것으로 예상되는 가치를 평가하는 유일한 방법이 DCF를 수행하는 것뿐이었다. 사실 유로터널의 경우 DCF가 필요하지 않을 정도로 가치가 없는 게 분명해 보였다. 1990년대 중반, 나는 줄리언 로버트슨Julian Robertson의 헤지펀드인 타이거Tiger를 설득해 유로터널에 대해 무려 수백만 달러에 달하는 공매도 포지션을 취하게 했다. 그들은 90퍼센트에 달하는 수익을 올렸고, 그 돈으로 매수 포지션에 투자할 수 있었다. 담당 매니저인 제임스 라일James Lyle은 DCF가 필요하지 않은 이유에 대한 나의 설명을 듣고 바로 거래에 뛰어들었다.

- DCF는 민감도 분석을 수행할 때 도움이 될 수 있다. 두세 가지 시나리오를 놓고 평가의 상대적 변화를 살펴보는 경우다.
- DCF는 기존 사업체의 가치 대비 미래 성장 잠재력의 가치를 확인하는 데 도움이 될 수 있다. 너무 많은 가치가 성장 기회에 귀속될 경우 이는 분명 본질적으로 더 위험한 상황이다. 예를 들어 의약품과 같은 블록버스터급 신제품에 대한 전망이 있는 경우 그 상품 없이 향후 10년간의 현금 흐름 가치와 잔존 가치를 살펴볼 수 있다. 그 10년간의 현금 흐름으로 가치 평가를 충분히 뒷받침할 수 없다면 본질적으로 위험한 투자 대상일 수 있다는 뜻이다.
- DCF는 때로 1장에서 소개한 바 있는 유니버설뮤직의 비즈니스 대 스포티파이의 가치 평가를 살펴보는 경우에서처럼 평가의 틀을 구성할 때 도움이 될 수 있다. 하지만 이 역시 예외적인 경우다.

따라서 DCF는 내 무기고의 주요 도구는 아니지만, 일련의 더 나은 도구의 보조 역할은 할 수 있다.

배당수익률 • 나는 배당수익률을 사업체의 가치를 평가하는 데 특히 유용한 방법으로 고려한 적이 없다. 실제로 나는 배당수익률을 기업 가치 평가의 척도로 생각하지 않으며, 주식의 수익을 파악하기 위한 가이드 정도로 본다. 배당금은 수익과 배당 성향 그리고 가용 현금의 산물이며, 가치 평가가 딱히 정당화되지 않을 때 그것을 지원하는 용도로 종종 이용된다. 좋은 예는 2000년대 중반 영국 주식시장에 진출하려고 시도한 맥쿼리Macquarie 그룹이다.

이 그룹은 세 개의 훌륭한 회사를 보유했다. 첫 번째는 아일오브맨스팀패킷컴퍼니Isle of Man Steam Packet Company로, 경쟁사가 별로 없는 고수익 기업이었다. 두 번째는 맨해튼에서 두 번째로 큰 주차장 운영사로, 역시 훌륭한 사업체임에 틀림없었다. 세 번째는 미국의 공항 수하물 트롤리 회사인 렌터카Rent a Car로, 9·11 테러 사건 이후 이익이 급감했지만 다시 급격한 반등세를 누리고 있었다. 이 그룹에 대한 가치 평가는 그다지 짜릿하지는 않았지만, 배당수익률은 크게 두드러졌다. 유일한 까다로운 문제는 자본적 지출이 거의 제로에 가까워졌기 때문에 배당금을 조달할 수 있다는 것이었다. 그들이 새 페리를 구입하는 것을 고려해야 하는 상황이 발생하는 즉시 배당금이 날아간다는 얘기였다. 비록 높은 배당수익률에 기초해 그 사업에 제안된 평가가 매력적으로 보였지만, 나는 제안된 가격의 절반으로 구성 요소를 평가했다.

배당금의 예측 범위는 배당금과 수익률을 들여다볼 때, 특히 개인 고객 포트폴리오와 같이 인컴이 중요한 경우에 유용할 수 있다. 이 범위는 회사가 속한 사업 분야 전반에 대한 비교에서도 고려 대상으로 삼을 수 있으며, 때로는 경영진이 배당 정책에 대해 충분히 명확하게 시사했는지 여부를 나타내기도 한다. 물론 얼마나 많은 애널리스트가 배당금 삭감을 예측하는가도 반영한다. 인컴이 중요한 경우 배당 정책을 명확하게 전달하지 않은 주식에 기회가 있을 수 있으며, 이익 성장의 결과로 배당금이 깜짝 놀랄 정도로 상승할 수도 있다.

유럽의 한 브로커가 수행한 연구에 따르면 배당 정책이 없는 회사가 지난 2012년에서 2016년 사이에 배당 정책이 있는 회사보다 20퍼센트 이상 더 높은 성과를 올린 것으로 나타났다. 그 브로커는 시장이 명시된 배당 정책을 토대로 예상되는 미래 수익률을 책정하는 데 효율적인 까닭에 그런 결과가 나온 것으로 추론했다. 반대로 명시된 정책이 없는 경우 가격 책정이 비효율적이어서 액티브 매니저에게 기회가 생긴다는 얘기다. 이는 배당금 예측에서 높은 변동성을 지닌 종목을 선별하는 나의 전략과 일치하지만, 상당히 무작위적일 수도 있다고 생각한다.

배당소득은 지난 100년 이상 동안 주식시장 수익의 큰 부분을 차지했으며, 지금도 분명히 무시할 수 없는 사항이다. 나는 일반적으로 큰 배당금보다 증가하는 배당금을 선호하지만, 전자의 경우 경영진이 어리석은 인수로 돈을 날려버리기가 상대적으로 어려울 뿐 아니라 자본적 지출에 대해서도 더욱 엄격하게 임하도록 만든다는 중요한 매력이 따른다는 사실도 참고할 필요가 있다. 배당금은 또한 사업체의 퀄리티와 경영진의 중점 사안을 알 수 있는 좋은 지표가 될 수 있다. 배당 귀족dividend aristocrat(S&P 500 지수에 속하며, 25년 이상 매년 배당금을 인상해온 주식 – 옮긴이)이 좋은 예다.

배당금의 또 다른 문제는 과세다. 나는 배당금을 재투자하면 소득세 부과 대상이 되지 않아야 하고, 주식 매각에 대해서만 세금을 부과해야 한다는 제러미 시겔Jeremy Siegel의 제안을 지지한다. 물론 이것은 관리하기 까다로울 수 있지만 말이다.

결론적으로 나는 배당수익률이 기업 가치 평가의 유용한 방법이라고 생각하지 않으며, 실제로 그것이 가치 평가 수단이 될 수 있는지도 의문이다. 배당금은 기업이 곤경에 처할 때 빠르게 사라지는 것 중 하나다. 그렇기에 나는 여타의 보다 근본적인 가치 척도를 선호한다.

최고치 및 최저치에 대한 배수 • 경기 주기를 타는 기업의 경우 최고 수익 및 최저 수익의 배수를 생각하면 상당히 도움이 된다. 이것은 과도한 열정으로부터 나를 보호하고, 과거의 최고 운영 성과에 비해 높은 배수를 부여하지 않도록 돕는다. 내 평가 작업의 대부분은 평가에 안전 마진이 생기도록 프로세스에 점검을 도입하는 방식으로 설계한다.

주가 장부 가치 비율 • 요즘에는 장부 가치가 일반적으로 너무 낮고, 주가는 너무 높아서 이 비율에 대한 선호가 많이 떨어졌다. 그 효용성 또한 사업의 번영에 대한 무형자산의 관련성이 증가함에 따라 저하되었다. 하지만 이것은 여전히 부동산 사업체뿐 아니라 보험사나 은행 등의 금융 기업을 살펴볼 때도 유용하다. 특히 내가 선호하는 방식으로, 유형자산 장부 대비 주가 척도를 조정해 사용할 경우 가치 평가를 뒷받침하는 실제 자산의 존재 여부를 확실히 알 수 있다. 대차대조표상 과대평가되었을 가능성이 큰 영업권에 배수를 지불하는 것은 나에게 전혀 위안이 되지 않는다.

장부 가치는 때때로 신뢰할 수 없고, 비교할 수 없는 경우도 빈번하다. 예를 들어 US GAAP(미국 일반회계 원칙)와 IFRS(국제 회계 기준)는 무형자산을 처리하는 방식이 다르다. 미국 기업은 일반적으로 R&D 비용을 발생 비용으로 계정에 올리지만, 유럽 기업은 특정 개발 비용을 자본화하고 상각할 수 있다. 상각액은 시간이 지남에 따라 지출 비용과 비슷해질 수 있지만, 장기간에 걸쳐 광범위하게 차이가 나는 경우가 많다. 그런 이유로 미국과 영국의 제약 회사에 대한 EBITDA 배수는 크게 다를 수 있다.

또 다른 문제는 대차대조표상의 자산과 부채를 평가하는 데 있다. 시가총액이 대차대조표상의 가치에 근접한 경우 나는 더 많은 위안을 얻는 방편으로 대차대조표상의 가치가 얼마나 현실적인지 살펴본다. 일반적으로 부채는 계정에 올라 있는 금액만큼의 값을 갖는다. 유동자산도 일반적으로 대차대조표상의 가치로 평가할 수 있다. 하지만 장기자산의 가치를 평가하는 일은 이보다 까다롭다.

고정자산은 부동산 및 여타 자산으로 간주할 수 있다. 부동산의 경우 오래전에 구입해서 재평가되지 않은 상태라면 중요한 숨은 가치가 있는지 확인하기 위한 추가 세부 작업을 수행해야 한다. 여타 자산의 경우 해당 자산의 성격과 산업에 대한 이해가 필요하다. 일반적으로 교체 비용이 상당히 높아지고 자산 가치가 증가할 수 있지만, 일부 자본재 산업의 경우 교체 비용이 감소하고 자산 가치를 유지하지 못하기도 한다.

특히 유한회사에 투자하는 경우 투자 가치를 평가하기 어려울 수 있다. 오늘날 많은 거대 그룹이 벤처 자회사를 두는 경향이 늘고 있기 때문이다. 무형자산은 평가하기가 훨씬 어렵다. 나는 영업권을 단순히 회계 항목으로 간주하므로 관건은 대차대조표상의 가치가 정확한지 여부다. 자본으로 계상한 소프트웨어 또는 R&D에 실제적 가치가 있는가? 가치는 있지만 대차대조표에 오르지 않은 브랜드 또는 유사한 IP가 있는가? 일반적으로 내가 의존하는 규칙은 장부 가치가 청산 가치와 대체 비용 사이 어딘가에 위치한다고 생각하는 것이다.

주가 장부 가치 비율은 일반적으로 P/E 같은 것보다 좁은 범위에서 거래된다는 장점이 있다. 따라서 과거의 이력과 대비한 비교 가능성은 더 좋지만, 그 유효성은 자산에서 발생하는 수익의 변화에 따라 달라질 수 있다. 자본이익률이 떨어지면 해당 주식이 이전에 누린 것과 동일한 장부 가치 배수를 지불할 것으로 기대할 수 없다.

시간 지평에 따른 가치 측정 • 가치를 측정하려면 먼저 자산 가치를 살펴본 다음 현재의 수익력을 기반으로 한 가치, 이어서 현금 흐름을 기반으로 한 가치를 살펴봐야 한다. 특정 주식 투자에 대해 생각할 때 매우 유용할 수 있는 한 가지 도구는 현재 가치에서 어느 정도 예측 가능한 미래(예컨대 향후 5~10년)를 기반으로 하는지 살펴보는 것이다. 이것이 실제로 정확하게 예측 가능하다는 의미는 아니지만, 이를 통해 현금흐름에 대한 가장 가능성 있는 결과의 범위와 합리적인 시간 지평을 넘어선 가치에 어느 정도 기반하는지 등에 대한 직감은 얻을 수 있다.

향후 10년 동안의 가치는 성장률에 대한 합리적인 가정 또는 경기주기를 타는 기업의 경우 평균 매출 및 마진에 기반한 향후 10년 수익의 DCF로 간주할 수 있다. 이것이 현재 가치 평가의 몇 퍼센트에 해당하는가? 10퍼센트 미만이거나 20퍼센트 미만인 경우 회사가 10년 또는 20년 후에도 존재할 것이라고 얼마나 확신할 수 있는가? 나는 가치 평가가 높게 나오고 초과 지불이 걱정될 때 이러한 분석이 가장 도움이 된다고 생각한다.

투자의 배수 • 또 다른 기법은 현재의 EV를 지난 5년간의 자본 지출 및 R&D 투자의 합계와 관련해 살펴보는 것이다. 일시적으로 길을 잃은 혁신적 기업의 경우 과거의 R&D 지출에서 몇 차례 성과를 거둔 전력이 있다면 거래 대상으로 삼을 수 있다. 때때로 이 척도로 봤을 때 과매도 상태이며, 실제적 가치가 있는 회사를 찾기도 한다. 이것은 종종 약간의 하방 보호가 있을 수 있다는 위안을 얻는 또 다른 방법이기도 하다. 물론 돈을 현명하게 사용하지 않은 경우에는 분명 잘못된 위안이다.

결론

가치 평가에는 다양한 매개변수가 따르며, 모든 것이 모든 회사와 모든 상황에 적합한 것은 아니다. 가장 중요한 것은 당신이 이해하고 편안하게 느끼는 일련의 척도를 찾는 것이며, 단일 척도를 별개로 사용하지 않는 것이다. 주식별로 척도를 알맞게 맞춰 사용하는 것도 중요하다. 많은 레버리지가 관련된 경우 항상 P/E와 함께 EV/EBITDA를 사용하는 것을 권한다. 강력한 배경이 되는 자산이 존재하는 경우에는(예컨대 부동산 회사) 주가 장부 가치 비율이 가치 평가의 유용한 지침이 되는 경우가 많다.

나는 항상 논리적 점검을 수행한다. 최고점에 오른 수익에 대해 역사상 가장 높은 배수를 부여하고 있지는 않은가? 나는 또한 가능한 모든 경우에 가치 평가를 물리적 생산능력 단위와 연관시키고, 그것이 합리적인지 확인하려고 노력한다. 다른 모든 것이 마땅치 않은 경우 EV/직원은 유용한 논리적 점검 수단이 될 수 있다. 마찬가지로 기업 가치를 자사의 매출 기반이나 유사한 매출 기반을 보유한 다른 회사와 비교해보면 때때로 위험신호를 감지할 수 있다.

평가 기법은 실로 다양하지만, 나는 상황에 적합한 몇 가지만 선별해 사용하는 경향이 있다. 내가 늘 애용하는 도구는 P/E와 EV/EBITDA, EV/매출, 잉여 현금 흐름 수익률 등이다.

Next level

10장 아이디어 전달

2

이제 특정 주식에 대한 철저한 연구 조사는 완료했다. 나는 할당된 시간 안에 업계와 회사, 경영진, 주주(왜 이들은 해당 주식을 보유하고, 다른 사람들은 보유하지 않았는지)에 대해 내가 파악할 수 있는 모든 것을 확인했다. 나는 시장과 상당히 다른 상세한 예측 정보들을 보유하고 있고, 주가의 변동 가능한 범위와 관련 확률에 대해서도 잘 이해하고 있다. 이제 연구 조사 보고서를 작성해야 한다. 여기에는 필요한 모든 정보를 명료하게 기술해야 하며, 너무 길지 않아야 한다.

아이디어는 제대로 전달하는 것이 중요하다. 많은 회사, 그중에서도 모든 셀사이드 회사는 확실히 보고서에 대한 표준 서식을 보유하고 있다. 바이사이드 회사, 특히 소규모 회사는 비교적 유연한 경향이 있으며, 애널리스트는 종종 보고서에 원하는 것을 자유롭게 포함할 수 있다. 투자 방식과 필요한 자본에 따라 내용이 달라지지만, 나는 나름의 표준 구조를 개발해 사용했다. 예컨대 2,500만 달러 규모의 매도 아이디어는 다섯 줄짜리 이메일만 보내도 되지만, 1억 달러 이상의 복잡한 매수 아이디어는 30페이지짜리 보고서가 필요할 수 있다. 하지만 나는 어느 경우에도 이보다 길게는 만들지 않았다.

따라서 이 장에서는 표준 보고서를 구성하고 아이디어를 전달하는 가장 좋은 방법을 설명할 것이다. 종이에 생각을 적는 원칙은 잠재적 투자 결과 전반에 대한 판단과 이해를 돕기 때문에 개인 투자자들도 일종의 보고서를 작성할 것을 적극적으로 권장한다. 그것은 나중에 상황이 잘못되기 시작하는 경우에도 유용한 기준점이 될 수 있다. 기존에 세워놓은 가정에서 어떤 부분이 잘못되었는지 명확하게 확인할 수 있기 때문이다. 이러한 기준점은 해당 주식을 고수할지, 아니면 던지고 빠져나올지 여부를 결정하는 데에도 유용할 수 있다.

표준 보고서

내가 작성하는 보고서의 구조에는 셀사이드에서 사용하는 표준 레이아웃과 상당히 다른 여러 구성 요소가 있다. 일반적으로 셀사이드 보고서는 모두 구조와 내용이 매우 흡사해 기대만큼 효과를 내지 못한다.

나는 광고와 미디어 대행사를 운영하는 친구에게 여러 브로커의 다양한 보고서를 보여준 적이 있다. 커뮤니케이션 전문가인 그는 그것들을 보고 형편없는 수준에 적잖이 놀랐다. 비교적 나은 것조차도 '조금 덜 끔찍하게 구성'되었을 뿐이니 말이다. 당연히 그것은 좋은 출발점이 될 수 없다. 내가 확인한 대부분의 내부 보고서 역시 크게 다르지 않았다.

내 보고서의 첫 번째 차이점은 투자 메시지를 담은 앞표지다. 여기에는 일반적으로 해당 주식을 소유해야 하는 또는 보유하지 말아야 하는 세 가지 주요 이유와 몇 가지 리스크를 적는다. 나는 몇 년 전 당시 상사이자 지금은 좋은 친구인 존 홈스John Holmes의 제안에 기초해 이것을 개발했다. 당시 우리가 대상으로 삼은 주식은 BTR였고, 투자 메시지는 다음과 같았다.

- BTR는 기업 인수와 장부 조작을 통해 성장했다.
- 현재 매출은 100억 파운드(당시에는 비교적 큰 규모였다)이고, 시장보다 훨씬 빠르게 매출 성장을 이룰 가망성이 없다. 운이 좋은 경우 5퍼센트 정도로 가정할 수 있다.
- 이미 업계 최고 수준인 15퍼센트의 마진을 기록하고 있는 까닭에 마진율이 더 오를 가능성이 없다.
- 곧 발행할 신주인수권증권warrant(신주인수권부 사채를 발행할 때 사채권자에게 회사의 주식을 인수할 수 있는 권리를 부여한 증권-옮긴이)이 수익을 희석할 것이다.
- 따라서 BTR는 추가적 성장 가능성이 없는 가운데 여전히 프리미엄 등급으로 통한다. 시장이 부진한 성장의 현실을 깨달을 때 그러한 평가는 빠르게 축소될 것이다.

이런 표지는 단순하지만 강력한 스토리를 전달한다. 세 개 정도의 글머리 기호에 요점만 달지만(대개 위보다는 약간 더 길게 적는다), 사실 그것이 모든 투자자가 정말로 알아야 하는 내용의 전부다. 나는 그렇게 표지에 요점을 담는 관행을 계속 충실히 지켜왔다.

내가 가장 좋아하는 셀사이드 표지의 예는 영국항공의 주식에 대한 평가 보고서다. 나는 그 표지에 영국항공의 주가 장부 가치 비율을 한눈에 파악할 수 있는 대형 차트와 단 한 줄의 메시지만 담았다. 차트는 해당 주식이 이전 사이클에서 바닥을 쳤던 수준에 곧 다가갈 것임을 분명히 드러냈고, 메시지는 "이 차트가 당신이 필요로 하는 전부이니 보고서를 마저 읽느라 시간을 낭비하지 마십시오"였다.

이처럼 투자의 취지와 방향에 대한 명확한 설명이 앞표지에 필요한 모든 것이다. 대부분의 바이사이드 회사는 몇 가지 추가적 데이터, 예컨대 가치 평가나 유동성, 컨센서스와 관련한 내부 예측 등에 대한 데이터를 요구한다. 이것은 주로 포트폴리오 매니저가 페이지를 넘겨 더 많은 내용을 읽을지 여부를 신속하게 결정할 수 있도록 돕기 위한 것이지만, 주요한 투자 메시지의 단순성은 중요한 구성 요소다. 그것이 이처럼 단순하게 드러나지 않으면 원점으로 다시 돌아가 재검토해봐야 한다.

다음 페이지에는 일반적인 5개년 주가의 상대적 이력과 주가가 과거에 움직인 이유에 대한 설명을 담는다.

그다음 페이지에는 내 예측과 필요한 모든 평가 매개변수(EV/매출, EV/EBITDA, P/E, 주가/장부 가치, 잉여 현금 흐름 수익률, 배당수익률 등)를 담는다. 이것은 지난 2년과 현재 연도 그리고 향후 2개년의 예측을 포함한다. 때로 3년 후의 예측도 담는데, 회사의 장기적 성장에 대해서도 일정 부분 고려했음을 보여줄 필요가 있을 때 그렇게 한다. 나는 내 예측이 셀사이드 브로커(바라건대 외부)의 추정 범위 및 컨센서스와 비교해 어디에 위치하는지 명확하게 보여준다. 이 표는 또한 주식 상장 코드와 위치, 유동성 데이터도 포함한다. 여기서 마지막 요소는 투자 규모를 결정하는데 필수이다.

본문에 들어가는 가치 평가에 대한 나의 논평은 상대적 추세와 역사적 추세를 포함한다. 나는 대개 12개월 선행 EV/매출과 EV/EBITDA, P/E 등의 이력을 도표로 제공한다. 그리고 앞 장에서 논의한 바와 같이 몇 가지 다른 평가 방법을 포함하기도 한다. 예를 들면 EV/생산능력 단위, 자산 교체 비용 대비 가치, 지난 3~5년 동안의 자본적 지출 및 R&D 대비 가치 등이다. 나는 보통 투자를 권유하는 경우 시장이 왜 회사를 잘못 평가하고 있는지, 그리고 무엇이 변화의 요인으로 작용할 수 있는지에 대해 언급한다. 때로는 시장이 예상 성장률을 과소평가하고 있다는 점 외에는 명확하지 않을 수도 있다.

그런 다음 나는 모든 브로커의 보고서에서 볼 수 있는 일반적인 섹션과 셀사이드 보고서에서 흔히 보기 힘든 몇 가지 사항을 다음과 같이 포함한다.

- 투자 논거, 즉 투자의 논리적 근거에 대한 완전한 설명을 밝힌다. 여기에서는 해당 아이디어를 구현함으로써 얼마나 많은 돈을 벌 수 있는지, 그 가능한 결과의 범위와 리스크 요소까지 포함해 설명한다. 또한 투자 방식과 포트폴리오 안에서의 적합성, 예상 기간, 변경 기준(촉매나 기폭제) 등을 다룬다.
- 이 결과의 범위에는 리스크는 물론이고, 예상대로 실현되지 않을 경우 발생할 수 있는 상황까지 포함하는 것이 중요하다. 주식을 매수한 이후 주가가 하락하는 상황이 벌어진다고 상상해보라. 그런 일은 왜 일어날 수 있고, 또 어떻게 전개될 수 있는가? 공매도의 경우 이는 더욱 중요하다. 반응하기가 상대적으로 더 어려운 데다가 손실을 내는 공매도 포지션을 관리하는 일 자체가 고통스럽기 때문이다.
- 포지션의 규모를 제안하는 것도 중요하고 유용하다. 아이디어에 대한 신뢰 수준을 가늠할 수 있도록 돕기 때문이다. 어떤 경우든 전 재산을 걸고 싶도록 유도해서는 안 되는 것이다.

- 해당 기업은 어떤 사업을 하는가? 비즈니스 및 산업의 특성과 회사의 재정 수익을 밝힌다.
- 사업체의 연혁을 소개한다.
- 경영진은 어떠한가? 그들의 배경과 현재 및 과거의 지분뿐만 아니라 KPI를 포함한 인센티브 계획에 대한 세부 정보를 담는다.
- 해당 기업의 회계 정책을 소개한다.
- 수익 예측과 가정을 적시하고, 우리의 평가가 컨센서스와 다른 부분과 그 이유를 설명한다. 나는 종종 브로커의 예측 분포까지 제공하는데, 때로는 한 줄 한 줄 세세하게 적는다.
- 현금 흐름의 변동 기록과 예측을 담는다.
- 대차대조표에 대한 분석과 더불어 부채와 만기, 시가에 대한 검토를 담는다.
- 가치 평가 데이터와 논평을 담는다.
- 지속 가능성에 대한 논평을 담는다.
- 주주와 차입주 잔주를 기록한다.
- 셀사이드에서 누가 해당 종목을 분석하는지와 어느 애널리스트가 유능한지 피력한다. 이것은 포트폴리오 매니저PM가 셀사이드 보고서를 참고해 나름의 작업을 수행하는 데 도움이 된다.
- 실사 내용을 소상히 밝힌다. 내가 수행한 작업 및 생략한 작업과 그 이유, 그리고 추가적으로 필요하다고 생각하는 작업에 대한 세부 정보를 제공한다.
- 나는 또한 해당 기업에 대한 <이코노미스트>의 기사나 업계 전문지의 기사를 첨부한다. 이런 것은 꼭 필요한데, 딱히 사용할 수 있는 기사가 없는 경우 셀사이드 보고서에서 관련 내용을 발췌해 삽입한다. 취지는 공정한 외부의 관점을 제공하려는 것이다. 자신의 아이디어에 집착하다 보면 균형

잡히지 않은 견해를 제시하기 쉬워진다. 외부의 소스를 사용하면 동료들이 나의 주장에 현혹되지 않도록 도울 수 있다.

어떤 보고서든 그 분량이 30페이지를 넘어서는 안 된다. 분량은 당연히 사용하는 차트의 수와 제품 설명을 위한 그림 및 도해가 필요한지 여부에 따라 달라지지만, 일반적으로 PM은 해당 사업체와 투자 제안을 이해하기에 충분한 세부 정보만 필요로 한다. 어쨌든 보고서는 통상적으로 보다 자세한 논의를 위한 서곡 역할을 하는 셈이다. 충분히 설득력이 있다면 대면 회의 없이 투자 포지션을 개시할 수도 있지만, 그런 경우라도 규모는 크지 않게 출발하는 것이 일반적이다.

이 글을 읽는 일부 개인 투자자들은 이런 식으로 보고서를 써야 한다는 생각에 무력감을 느낄지도 모른다. 나는 이 책의 원고를 완성하기 전인 2019년 여름에 한 교육과정에서 일단의 개인 투자자들과 흥미로운 토론을 벌인 바 있다. 그들은 보고서(그들의 입장에서는 나름의 계획서)를 작성해야 한다는 나의 제안에 충격을 받았다. 하지만 일단 그에 대해 서로의 견해를 나누고, 내가 그것이 행동 방식의 함정을 피하는 데 어떻게 도움이 되는지 설명하자 그들은 모두 시도해보는 데 동의했다. 모든 개인 투자자를 위해 보고서(혹은 계획서)가 필요하다고 주장할 생각은 없지만, 그렇게 하면 실수를 줄일 수 있다는 점은 강조하고 싶다.

목표 주가

많은 셀사이드 회사가 목표 주가를 이용하지만, 현재의 가격에서 20퍼센트 높은 목표를 설정한 다음 지속적으로 더 높이 올리는 셀사이드의 흔한 관행은 오히려 에너지 낭비라고 생각한다.

가장 좋은 규율은 오늘의 주가에 대한 언급 없이 현실적 목표를 설정하는 것이다. 그렇게 하면 다양한 결과가 수반된다. 대표적 예는 이렇다. "그들은 인수를 전혀 하지 않고 연간 매출 성장률이 7퍼센트인데 향후 2년 동안 마진이 50bps(주당순자산 가치) 개선될 것이며, 향후 18~24개월 사이에 주식의 가치가 60퍼센트 더 높아질 것으로 보인다. 만약 그들이 XYZ도 인수한다면 목표치를 20퍼센트 더 높여 잡아도 무방하다. 그러나 신규 사업자가 시장에 진입하는 경우 20퍼센트 하락할 리스크가 따른다." 특수 상황 투자자로서 나는 일반적으로 횡보 시장에서 약 2년 동안 50퍼센트 이상의 상승 여력이 있는 매수 포지션을 본다.

다중 결과 접근 방식의 중요한 이점은 각 사례에 확률을 할당할 수 있다는 것이다. 이어서 그러한 확률에 가중치를 두어 예상 결과를 도출할 수도 있다. 확률이 낮더라도 하방 리스크가 매우 큰 경우 예상 이득을 낮추고 포지션 규모가 적절한지 거듭 확인해야 한다. 주식을 매수할 때 최상의 결과가 나올 것으로 가정하고 싶은 것은 인지상정이다. 따라서 확률을 할당하고 예상되는 결과를 살펴보는 것은 과도한 열정을 줄이는 데 도움이 된다.

정말로 중요한 한 가지는 주가 상승 시기를 스스로 통제할 수 없다는 사실을 인식하는 것이다. 시장은 주식을 재평가하고 잠재력의 변화를 인식하는 데 오랜 시간이 걸릴 수 있다. 일단 결과가 나오고 현금이 생성되고 나면 논거를 들어 주장하기 어려운 법이다. 따라서 예측을 담은 표와 내재적 가치 평가로 주가가 어떻게 전개될 것인지 가늠할 수 있는 단순한 그림을 그리는 것이 마땅하다.

나는 일반적으로 주식이 18개월 후 2년 차 수익의 현지 시장 배수에 10퍼센트의 프리미엄이 붙어 거래될 것으로 기대한다고 주장하는 형태의 목표 가격 및 가치 평가를 포함한다. 해당 기간 동안 시장 자체가 예상대로 10~15퍼센트 증가하면 23배의 배수가 부여된다. 상대적 용어로 설명하는 것이 유용한데, 예컨대 이렇게 시장 전망을 덧붙여 설명하는 것은 해당 주식이 매니저가 한동안 살펴보지 않은 아시아의 작은 신흥 시장에 속한 경우 도움이 될 수 있다.

나는 일반적으로 포지션의 규모에 대한 제안도 포함하지만, 그것은 매니저의 재량에 달린 부분이다. 확신의 정도를 제공하는 것이 도움이 된다. 매니저가 해당 작업을 위임한 것이므로 그는 당연히 어느 정도 규모로 투자해야 하는지, 여전히 해결해야 할 불확실성이 남아 있는지 등을 이해할 필요가 있다. 당신이 내가 추천한 IPO 결과에 따라 보너스가 결정된다는 말을 들었을 때, 내가 처했던 것과 같은 상황을 피하는 데 이것이 도움이 되길 바란다. 다행히 그 IPO는 성공했다.

나 역시 절대적 목표 가격과 가치 평가의 목표를 정하고 싶지만, 실제로는 배수보다 수익과 현금 흐름에 중점을 둔다. 애널리스트들은 종종 그 반대로 행동하지만, 시장이 수익 흐름에 부여할 가치를 예측하는 것은 극히 어렵기에 수익 예측에 대한 확신을 늘리는 것만이 가능하다는 게 내 생각이다. 나는 수익 전망에 대해 내가 옳다 하더라도 주식에 대해서는 틀릴 수 있다는 점을 항상 인식한다. 시장이 수익 개선의 지속 가능성을 믿지 않을 수 있고, 주식이 단순히 평가절하될 수도 있다. 물론 이러한 만일의 사태는 처음부터 분석에 포함해야 한다.

확률

행동경제학에서는 막대한 수익을 올릴 수 있다는 전망이 매우 유혹적으로 작용한다고 설명한다. 비트코인의 성공 사례를 보라. 나는 모험성을 시도하는 데에는 신경 쓰지 않고, 상승 가능성이 큰 반면 하락 리스크는 제한적이라고 판단하는 주식에 집중한다. 앞서 설명했듯이 보고서를 작성할 때 이러한 확률의 골격을 구성하는 것은 기본적 토대를 유지하고 아이디어에 휩쓸리지 않도록 하는 데 유용하다. 연구 조사에 몇 주를 할애하고 그것이 훌륭하다고 생각하면 쉽게 할 수 있는 일이다.

이 책을 위한 연구 조사를 수행하면서 나는 개별 투자의 조정에 대한 좋은 지표를 제공하는 '켈리 공식Kelly criterion'을 발견했다. 포지션의 크기는 기대 수익보다 성공 확률에 더 많은 영향을 받는다는 내용의 공식이다. 개인 투자자는 잠재 수익이 큰 대상에 매력을 느끼며 그것의 상대적으로 낮은 확률을 과소평가하지만, 발생 확률이 높은 적절한 수익이 더 유리한 대상이다. 마찬가지로 단일 포인트에 대한 추정을 이용하는 것보다 범위 내에서 예측을 구성하는 것은 해당 내용이 주가 리스크에 대한 개요서로 쉽게 변환될 수 있는 까닭에 좋은 원칙이라 할 수 있다.

포트폴리오 내의 적합성

해당 포지션이 포트폴리오에서 차지하는 비중과 어울림은 투자 규모의 결정에 영향을 미치기 때문에 중요하다. 여기에는 단순히 스타일뿐만 아니라 지리와 섹터, 경제 상황, 투자 기간 등과 같은 요소까지 포함해야 한다. 만약 대상이 그저 또 다른 글로벌 소비재이고, 이미 포트폴리오에 그런 종류가 많다면 기존 보유 자산을 대체해야 할 수도 있기에 비교할 수 있는 주식 평가 데이터를 다량 포함해야 마땅하다. 만약 가치주 위주의 포트폴리오에 또 다른 가치주를 추가하는 경우라면 왜 그것이 포트폴리오에 긍정적 영향을 미치는지 설명해야 한다. 지리와 섹터, 경제 상황과 관련해서도 마찬가지다.

촉매(기폭제)

시간 지평과 잠재적 촉매는 과대평가되어 있다는 것이 내 생각이다. 때때로 경쟁 업체의 IPO 등과 같은 기폭제는 명백히 드러나지만, 일반적으로는 시장이 식별된 기회를 인식하는 데 얼마나 걸릴지 알 수 없다. 이것은 "주식시장은 미인 대회와 같다"라던 케인스의 주장처럼 고전적인 심리 게임이며, 실제로 추측 게임인 셈이다.

그럼에도 내가 2017년 손런던Shon London 투자 아이디어 공모전에 참가했을 때, 잠재적 촉매를 나열하는 것이 필수 요건이었다. 당시 나는 내 아이디어가 전기차의 성장 및 궁극적인 자율주행차로의 전환과 관련이 있었기에 구글의 무인 자동차 기업 웨이모가 2018년 1분기에 자율주행차 경험에 대한 새로운 증거를 발표할 가능성을 나열했다. 그러한 소문을 기사나 여타 자료로 꾸준히 접했기에 나는 그들이 경쟁 업체보다 무사고 주행을 더 길게 기록했음을 알고 있었다. 그러한 발표는 시장이 자율주행차 채택이 시장에서 더 일찍 이뤄질 것으로 보도록 유도할 것이었다.

하지만 웨이모는 이 글을 쓰는 현재 기준으로 그와 관련한 어떠한 발표도 하지 않았다. 내 모든 논평은 잠재적으로 사실이었지만, 객관적 평가라기보다는 스토리를 그럴듯하게 꾸미기 위한 고전적인 셀사이드 책략에 가까웠다.

경쟁에서 이길 가능성은 적었겠지만, 잠재적 촉매 가운데 웨이모가 관련 통계를 발표할지도 모르나 이전에 해당 데이터를 발표한 적이 없으며, 거기에는 그럴만한 이유가 있을 것이라고 말하는 편이 더 나았을 것이다. 이것은 더 정확하고 덜 감정적인 진술이다. 만약 헤지펀드의 내부 보고서였다면 나는 분명히 그렇게 썼을 것이다.

동료의 평가와 토론

한 펀드에서 일할 때 우리는 보고서를 작성하면 다른 애널리스트들에게 보내 평가를 부탁하곤 했다. 당시 우리는 인원이 그렇게 많지 않았고, 각자가 많은 보고서를 작성하지도 않았기에 이 방식은 얘기하는 방식보다는 부담이 덜했다. 제대로 기능하는 팀에서 이런 행동 방식은 훌륭한 규율에 해당한다. 우리 업계의 모든 사람이 주식에 영향을 줄 수 있는 문제를 주시하고 있기에 그렇다. 보고서를 작성하기 전에 해당 주식에 대해 업계 동료들과 논의하면 더욱 효과적이다.

사안에 관해 대화를 나누면 엄청난 이점이 따른다. 때로는 대화나 토론 자체가 필요하지 않을 수도 있지만, 단순히 나의 주장을 입 밖에 내며 정리하는 것만으로도 거래나 테마의 장점에 대한 확신이나 의심의 정도를 높일 수 있다. 이것이 내가 일주일에 한 번 동료들과 점심을 먹으러 나가는 것이 좋다고 생각하는 이유 중 하나다. 이것은 소규모 팀이었던 한 펀드에서 정말 잘 작동했다. 우리 모두 출장이 잦았기에 평일 점심 식사에 모든 팀원이 항상 자리한 것은 아니었지만, 우리는 함께하는 자리에서 시장에 대한 서로의 생각을 나누고 테마와 개별 아이디어에 대한 확신을 얻기도 하면서 멋진 교류를 즐겼다.

규모가 더 크거나 덜 사교적인 팀의 경우 동료에게 15분 정도 커피 타임을 갖자고 요청해서 투자 가설을 점검하는 것이 좋다. 개인 투자자의 경우에도 마찬가지다. 친구와 함께 커피 한잔 하며 아이디어를 논의하는 것은 일반적으로 시간을 잘 쓰는 일에 해당한다.

최종 평가 및 결정

이 단계까지 왔으면 일반적으로 투자나 공매도를 해야 할 논거는 확립된 셈이다. 때때로 가치 평가가 너무 높으면 해당 주식을 관심 목록에 넣고 주가가 하락하기를 바라는 결정을 내릴 수도 있다. 어떤 계기로 그러한 조정이 발생할지 머릿속에 정리해두는 것이 바람직하다. 어쨌든 일반적인 경우 최종 평가 항목에는 다음과 같은 사항이 포함된다.

- 리스크 요소는 무엇인가? 각각의 발생 확률은 얼마나 되는가?
- 되짚어봐야 할 상쇄되는 불리한 점은 없는가? 어떻게 손실을 입을 수 있으며, 그 가능성은 얼마나 되는가?
- 이 아이디어는 포트폴리오의 다른 주식과 비교해 얼마나 매력적이며, 그것이 포함됨으로써 포트폴리오에 어떤 부정적 영향이 미치지는 않는가?
- 이 포지션을 유지하는 예상 기간은 어느 정도이며, 긍정적 또는 부정적으로 인식해야 할 촉매는 무엇인가?
- 이 주식은 포트폴리오에서 어느 정도의 비중을 차지하며, 점진적으로 그

비중을 늘려야 하는가?

마지막으로 차후의 적절한 매도 가격은 얼마이며, 어떤 요인으로 그 수준이 변경될 수 있는지 처음부터 정립해두는 것이 중요하다. 나는 보통 이것을 주가로 표현하지만, 배수(예컨대 2019년 이익 예측의 18배)로 표현할 경우 수익성에 대한 나의 예측이 정확하지 않을 수 있고, 출구 전략은 실제 수익을 기반으로 해야 한다는 것을 인식하고 있다. 미리 숙고해서 마련한 출구 전략이 있으면 해당 주식과 사랑에 빠질 위험이 줄어든다. 물론 바라던 주가 수준에 도달하면 포지션을 유지하기로 결정할 수도 있는데, 그것은 합리가 바탕이 되어야 하고 그 경우 새로운 출구 수준을 설정해야 한다. 이것은 개인 투자자들이 특히 따라야 할 훌륭한 규율이다.

제안을 전달하거나 주식을 매수 또는 매도하기 전에 나는 하룻밤 자며 해당 아이디어에 대해 생각하는 것을 좋아한다. 중요한 결정을 내릴 때는 그렇게 좋은 마음가짐을 갖고 피곤함(혹은 시차)을 느끼지 않는 것이 중요하다. 때로는 먼저 매수하고 나중에 공부할 수도 있지만, 이것을 습관화해서는 안 된다. 특히 그렇게 할 때 지나친 자신감을 갖지 않도록 주의해야 한다. 또 하나 유지해야 할 규율은 좋은 아이디어가 아니라는 판단이 들면 매몰 시간이 아무리 많아도 냉정하게 버려야 한다는 것이다. 시간을 많이 투자해 공을 들였다고 주가가 오르는 것은 아니다.

경우에 따라 마음이 편하지 않거나 마음 한구석에 잔소리가 맴돌면 나는 일주일 정도나 출장 기간 동안, 심지어는 휴가 기간 동안 아이디어를 내려놓고 묵힌 다음 새로운 마음으로 다시 들여다보기도 한다.

그리고 아무리 제대로 조사해서 탁월한 아이디어와 훌륭한 보고서를 보유했다고 해도 누구든 상사나 의뢰인이 방아쇠를 당기도록 설득하는 데 매번 100퍼센트 성공할 수는 없다는 사실을 인식해야 한다. 나 역시 늘 성공을 거둔 것은 아니다. 완벽과는 거리가 먼 나의 기록이 이를 여실히 보여준다. 한번은 내가 추천한 주식이 결국 포트폴리오에 들어가지 못했다. 그 주식은 이후 괜찮은 행보를 보였지만, 나는 우리가 결코 그것에 대해 다시 얘기하지 않을 것으로 생각했기에 나의 관심 목록에서 지워버렸다. 몇 주 후 상사는 내가 여전히 그것을 괜찮게 생각하는지 물었고, 나는 주가도 모르면서(끔찍하게 위험한 행동이었지만, 당시는 여전히 내가 신참에 가깝다는 입장을 인정하고 싶지 않았기에) 펀더멘털이 여전히 긍정적이라고 대답했다. 상사는 그날 밤 최고점에 오른 그 주식에 대해 엄청난 포지션을 보유하기 시작했고, 다음 몇 달 동안 내가 추천했던 수준에서 40퍼센트 하락했다.

이 이야기의 교훈은 돈을 잃는 것보다 차라리 바보처럼 보이는 게 낫다는 것이다. 또한 투자 대상으로 삼아 들여다본 항목은 일정 기간 이상 관심 목록에 두는 것이 이롭다는 사실을 보여준다. 물론 일단 결정을 내리고 포지션을 개시하면 비로소 일은 시작되는 것이다.

결론

아이디어를 기록하는 것은 훌륭한 규율이다. 리스크와 보상, 확률 등은 세세하게 기록할 때 훨씬 명확해진다. 이벤트의 전개 양상에 대한 예상을 담은 지도는 일이 계획대로 진행되지 않을 때 매우 유용하다. 원래의 이론에 집착하지 않고 잠재적 리스크와 보상을 보다 합리적으로 판단할 수 있기 때문이다. 이것은 하락하는 주식을 적절한 시기에 손절하는 데 중요하다. 손실 관리는 몇 가지 측면에서 이기는 주식을 선택하는 것보다 더 중요한 기술이다. 그래서 다음 장에서는 유지 관리를 테마로 논의를 이어가고자 한다.

Next level

11장 포트폴리오 관리

자신이 소유한 자산을 모니터링하는 것은 포트폴리오의 성공적 성과를 위한 최우선 순위의 과제다. 이는 너무도 명백한 얘기이지만, 애널리스트는 새로운 프로젝트에 많은 시간을 할애하느라 이를 소홀히 할 수도 있다. 투자자들은 일상적으로 뉴스를 추적해야 한다. 경제 요인이란 것이 갑작스러운 변화에 따라 움직이기보다는 오랜 기간에 걸쳐 발전한 신호에 따라 움직이기 때문이다. 투자자라면 그러한 신호의 정점에 올라 있어야 한다는 얘기다.

나는 다음 장에서 거시적 그림을 들여다볼 것인데, 외부 세계에서 일어나는 일과 시장이 그것을 보는 방식의 관점 모두를 다룰 것이다. 외부 경제 환경에서 일어나는 일을 제외하면 거시 방정식의 나머지 절반은 회사에서 일어나는 일과 그들이 시장과 소통하는 방법이 된다.

따라서 이 장에서는 기업과 시장 간의 직접적인 상호작용을 살펴보고, 시간이 지남에 따라 기업에 대한 시장의 태도가 어떻게 전개되는지 추적해볼 것이다. 직접적인 상호작용 부분에서는 다음과 같은 내용을 다룬다.

- 회사 회의, 애널리스트 회의, 투자자의 날, 인수 평가 등 회사의 상호작용을 이해하고 평가하는 방법
- 재무 관련 발표의 모니터링 방법
- 스프레드시트
- 기술적 분석의 이용 방법
- 일이 잘못되었을 때 해야 할 일을 살펴보는 방법. 물론 이는 종종 일어나는 일이다.

기업과의 상호작용

애널리스트는 회의를 통해 직접 대면하거나 회사의 발표 내용을 읽고 분석해 간접적으로 접하는 등 다양한 방식으로 회사와 상호작용할 수 있다. 그 모두를 여기에서 살펴보기로 하자.

실적 • 애널리스트에게 가장 바쁜 시기는 실적 시즌이며, 보고의 빈도가 증가함에 따라 때때로 평화와 고요함, 충분히 생각할 시간을 얻지 못할 수도 있다. 나는 1월 첫째 주에 이 섹션을 작성했는데, 수많은 소매업체에서 중요한 크리스마스 시즌 동안 어떠한 실적을 올렸는지 밝히는 매매 계산 명세서를 보고하는 시기였다. 크리스마스 시즌이 끝난 직후이므로 보고할 내용에 대한 정보를 얻을 수 있는 시간이 제한되기 마련이다.

대부분의 미국 기업 그리고 점점 더 많은 유럽 및 아시아 기업이 분기별로 보고하고 있고, 2년마다 보고하는 기업은 일반적으로 회계 기간 종료 직후에 매매 계산 명세서를 발표한다. 따라서 적어도 1년에 네 번은 중요한 금융 뉴스가 나온다고 할 수 있다. 일부 장기 투자자들

은 이 분기별 보고를 '소음'으로 간주한다. 한 장기 투자자는 분기별 수치를 보지도 않는다고 말했다. 이 특정 펀드는 우수한 성과를 내고 있으며, 나는 그런 성공적인 접근 방식을 결코 비판할 생각이 없지만, 각 보고 시점에 미래의 수익성과 궁극적으로 기업 가치에 대한 추정치를 구체화할 수 있는 추가 정보를 얻을 수 있다는 것이 나의 생각이다.

회사의 실적은 중요하므로 사전에 적절한 준비를 갖추는 것이 핵심이다. 오늘날의 실적 보고서는 30~70페이지로 상당히 긴 경향이 있으므로 모든 주요 재무 매개변수에서 무엇을 찾고자 하는지 알아야 하며, 결정을 내릴 수 있는 준비도 갖춰야 한다. 때때로 실적 발표는 시장이 열린 직후에 이뤄진다. 이 경우 우리는 데이터를 소화하고 전략을 결정할 시간을 가질 수 있다. 주식이 얼마나 많이 움직이느냐에 따라 어느 정도 매도할지 결정할 수 있다는 얘기다. 종종 특정 사업 부문의 마진이 왜 떨어졌는지에 대한 의문이 생길 수 있는데, 그런 경우에는 미팅이나 화상회의 또는 개별 통화 등을 통해 경영진으로부터 그 결과에 대한 이유를 들어야 할 필요가 있다.

애널리스트를 실망시키는 일련의 결과는 비록 그것이 컨센서스에 딱 부합하더라도 포지션을 조정해야 하는 이유가 될 수 있다. 한 펀드에서 우리는 시장보다 훨씬 앞서서 우리의 포지션을 이해하고 있었다. 우리가 기대하던 것만큼 결과가 좋지 않은 경우 우리는 컨센서스보다 나은 일련의 결과 세트를 이용해 포지션을 다듬었다.

나는 일반적으로 내 견해를 확정하기 위해 다음 날까지 기다리는 것을 선호하지만, 과거에는 종종 개장 전후 또는 통화 중이나 통화 후에 거래를 개시하기도 했다. 놀랍게도 재무이사는 종종 통화 중에 주식을 거래하고 싶게 만드는 무언가를 언급하곤 했다. 일반적으로 많은 주식을 매도할 수는 없지만, 헤지펀드에서는 성과의 20퍼센트를 청구하기도 하므로 팀은 모든 돈이 중요하다는 것을 예리하게 인식하지 않을 수 없다.

내 생각에 성공적인 실적 탐색의 핵심은 준비이며, 이것이 나만의 모델을 갖는 것이 도움이 된다고 생각하는 이유 중 하나다. 이를 통해 변동량(실제 결과 대 예상 결과)을 신속하게 보정하며 '재미있는 것'을 식별하고, 예측을 수정할 수 있다.

분기별 보고서, 수시 보고서, 연례 보고서 확인 • 많은 투자자와 대부분의 셀사이드는 분기별 실적 발표와 어닝스 콜에만 특별한 관심을 기울인다. 미국 기업은 또한 10-Q(연례 보고서의 분기별 버전)를 SEC에 제출해야 하는데, 이 보고서는 다소 늦게 나오며 일반적으로 몇 가지 유용한 추가 정보를 포함한다. 마찬가지로 모든 회사는 예비 결과에 따라 연례 보고서를 작성해야 한다.

[표 11.1]은 각각의 분기별 보고서를 처리하는 데 반나절이 걸리는 경우 미국 애널리스트들이 실적에 대해 걱정하는 데 대부분의 시간을 보낸다는 사실을 보여준다. 유럽 애널리스트들은 비교적 가볍게 넘어간다. 나는 이 추정 시간이 너무 낙관적이라고 생각한다. 예컨대 나는 회계장부 하나를 처리하는 데에도 상당히 오래 걸린다.

나는 일반적으로 회계 정책 명세서를 워드로 다운로드해 연도별 차이점을 검토한다. '버전 검토' 기능으로 두 문서를 비교해 차이점을 확인하는 것이다. 블룸버그와 팩트셋에는 '빨간 줄' 기능이 있으며, 인터넷에는 미국 기업의 보고서들에 대해 동일한 작업을 수행할 수 있는 여타 무료 도구가 다수 있다. 모두 컴퓨터가 읽을 수 있는 형식으로 제출하기 때문이다. 이는 시간을 절약하는 데 도움이 된다.

[표 11.1] 주식 분석에 투자하는 시간

	분기	수시	매매 계산 명세서	8-K 수시 보고서	회계 계정
기업당	4	2	2	3	1
필요 시간(시)	4	4	2	4	8

20개 기업의 경우	분기	8-K 수시 보고서	회계 계정	합계
미국 애널리스트	80	60	20	
미국 애널리스트의 시간	320	240	160	720

	수시	매매 계산 명세서	회계 계정	합계
유럽 및 여타 애널리스트	40	40	20	
유럽 및 여타 애널리스트의 시간	160	80	160	400

출처: 비하인드더밸런스시트 추정치

SEC 분기별 보고서 또는 수익 발표 시점의 영업 계획 보고서에 대한 의견에서 리스크 요소를 찾기 위해 이 작업을 수행하면 몇 가지 다른 정보도 얻을 수 있다. 예를 들어 2018년 초 미국 대선에 대한 러시아의 영향력 행사와 관련해 소동이 있었을 때, 페이스북은 마크 저커버그가 상원 청문회에 소환된 이후 영업 계획 보고서에 제품 리스크 관련 내용을 추가하는 식으로 그 표현 방식을 바꾸었다. "브랜드와 평판의 유지 및 강화, 우리의 지속적인 안전과 보안, 콘텐츠 검토 노력… 소송 및 정부 조사…." 만약 이러한 표현을 추가하지 않았다면 그들이 이것을 충분히 심각하게 다루고 있지 않다는 것을 암시했을 것이다.

이것은 상당히 난해한 일이지만, 인공지능 이용이 갈수록 확대됨에 따라 이와 같은 종류의 분석이 일상적인 일로 자리 잡을 것으로 보인다. 나는 많은 퀀트quant(quantitative와 analyst의 합성어로, 수학 및 통계에 기반해 투자 모델을 구축하거나 금융시장 변화를 예측하며 컴퓨터 알고리즘을 투자에 활용하는 사람을 말한다-옮긴이)와 상대적으로 규모가 큰 펀더멘털 헤지펀드가 이미 이를 실행에 옮기고 있다고 확신한다.

보고 일자 • 기업의 실적 발표에 앞서 그 보고 일자를 확인하는 것은 언제나 유용하지만, 요일을 확인하는 것도 그 못지않게 중요하다. 특정 회사가 항상 화요일에 보고하다가 갑자기 금요일로 보고 일자를 변경하면 모종의 문제가 생길 가능성이 있다는 신호로 봐도 무방하다.

보고 요일의 분포는 매우 편향되어 있다. 실적을 숨기고 보도 범위를 줄이려면 목요일이 가장 좋은 날이고, 그다음이 수요일이다. 좋은 실적을 보고하기에 가장 좋은 날은 화요일이다. 가장 널리 보도될 뿐 아니라 투자자들의 관심 또한 가장 많이 받고, 그들이 다음 날 실적 보고서를 읽을 여유까지 누릴 수 있기 때문이다. 물론 그런 수고로움까지 감수하는 투자자는 많지 않지만 말이다.

내가 아는 한 트레이더는 화요일이 시장의 특이한 날이며, 그래서 종종 월요일의 추세가 역전된다고 믿는다. 나는 얼마 후 그 트레이더 친구의 믿음이 틀렸으며, 실제로는 화요일이 시장에서 가장 좋은 날이라는 증거를 찾았다. 이는 시장 참여자들이 종종 얼마나 미신에 잘 이끌리는지를 보여준다. 화요일이 최고의 날이라는 것은 그 자체로 사람들이 핑계로 활용하고 싶어 하지만 별반 도움은 되지 않는, 그러한 무작위적인 사실 가운데 하나다.

버크셔해서웨이는 금요일 근무시간이 끝난 후 실적 보고를 하는

[표 11.2] 유럽 주식의 요일별 평균 보고 횟수

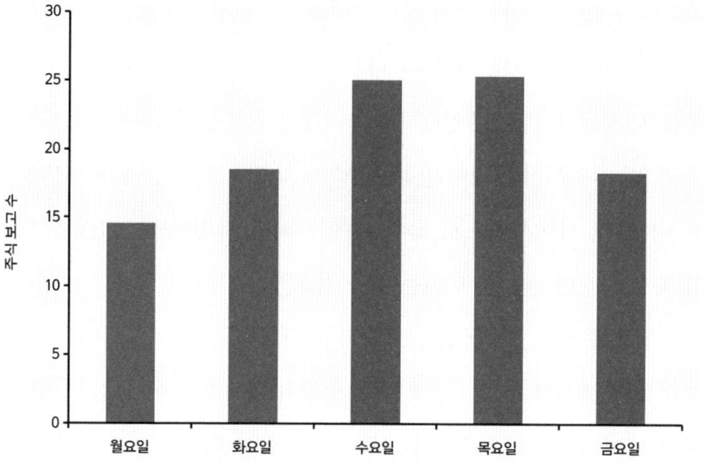

출처: 비하인드더밸런스시트

데, 그 덕분에 적절한 분석을 위한 시간을 제공한다. 이는 업계에 보편화된 관행은 아니지만, 장기 투자자들에게는 가장 좋은 방안이다. 그럼에도 따라 하는 조직이 없다는 사실이 약간 놀라울 정도다. 애널리스트들에게는 분주한 주말을 안겨주지만 말이다.

애널리스트 미팅 • 실용적이고 포지션의 규모가 큰 경우 나는 애널리스트 미팅에 참석하는 것을 선호한다. 모든 셀사이드 애널리스트가 나서서 나름의 질문을 던지기 때문에 종종 실적을 보지 않고도 회의장에 들어서는 것만으로 분위기를 가늠할 수 있다. 이것이 내가 직접 참석하는 것을 좋아하는 이유 중 하나다. 시장 참여자 또는 적어도 셀사이드가 어느 쪽으로 기울고 있는지 그 정서와 방식을 좀 더 잘 느낄 수 있기 때문이다.

이것은 분명 단순히 지리적 이유만으로 모든 회사에서 실행에 옮길 수 있는 일은 아니다. 예를 들어 대부분의 미국 기업은 어닝스 콜에 의존한다. 하지만 가능하면 이런 자리에 직접 참석하는 것이 좋다. 셀사이드 애널리스트로 일할 때 나는 주최 측에서 대답하기 곤란한 질문을 던지는 것으로 유명했다. 특히 그런 질문을 하는 애널리스트가 별로 없는 경우 이는 경영진이 드러내지 않고자 하는 문제에 시선을 모을 수 있다. 바이사이드로 옮긴 후에는 미팅 자리에서는 조용히 있다가 따로 사적인 질문을 던지는 편을 선호했다.

특정 주식을 오랫동안 보유하거나 장기간 추적 조사하다 보면 그 주식을 정말 잘 알게 된다. 몇 분기에 걸쳐 어닝스 콜에 관심을 기울이면 셀사이드 애널리스트들이 무엇을 질문할지 대체로 짐작할 수 있다. 그런 단계에 이르면 해당 주식과 구석구석 스며든 시장 심리를 제대로 이해하게 되고, 예상하는 주가 방향에 대한 더 나은 직관과 저점 및 고점에 대한 나름의 '감'이 생긴다. 해당 주식을 훨씬 더 잘 거래할 수 있는 위치에 이르렀다고 느낄 수 있다는 얘기다.

자본시장의 날 • 특정 시장에서 회사들이 2년마다 혹은 매년 자본시장의 날을 개최하는 추세가 늘고 있다. 내가 셀사이드 애널리스트로 일하던 시절, CMD는 1박 2일 여행하기 좋은 곳으로 가서 경쟁자들과 저녁 식사 후 술자리를 즐길 수 있는 좋은 구실이었다. 그런 자리에는 일반적으로 친하게 어울릴 수 있는 몇몇이 있기 마련 아닌가. 반면에 바이사이드의 삶은 다소 진지해서 대개 대본을 작성하고, 가장 세부적인 부분까지 시나리오를 짜서 이러한 이벤트를 준비한다.

CMD는 종종 웹캐스트, 즉 인터넷 생방송 방식으로 진행되기도 하므로 직접 참석하지 않고 온라인으로 접할 수도 있다. 이 경우는 오프라인 이벤트에서 놓친 회의에 '참석'할 수 있다는 점에서 유용하다.

나는 편안하게 내 책상에 앉아 '월마트 투자자의 날Walmart Investor Day'을 시청하고, 월마트 산하의 영국 소매업체 아스다Asda에 대해 파악한 적이 있다. 당시 우리는 영국의 슈퍼마켓 부문에 관심을 기울이고 있었다. 나는 비행기에 오를 정도로 흥미를 느끼지는 않았지만, 나의 일정에서 두어 시간 정도는 기꺼이 할애할 수 있었다. 결론은 가능한 한 직접 참석하는 것이 바람직하다는 것이며, 일반적으로 진지한 포지션과 관련이 있는 경우 특히 그렇다.

거의 대부분의 CMD는 준비 과정에서 얻는 정보가 실제 참석해서 얻는 것보다 더 중요할 수도 있다. 주가에는 이벤트에 대한 기대감이 반영되고, 회사는 사람들을 더욱 흥분시키고 주가를 높이기 위해 매우 특별한 무언가를 만들어내려 애쓰기 마련이다. 참석자 수 또한 상황 변동을 감지할 수 있는 훌륭한 지침이 된다. 매우 인기 있는 CMD는 아직 해당 이야기를 듣지 못한 신규 매입자가 적다는 사실을 나타내기도 한다.

나는 이러한 미팅이 업계 관계자들을 만나는 유용한 방법이 될 수 있다고 생각한다. 테스코의 CMD에 처음 참석했을 때 나는 거기서 그들이 초대한 최고의 공급 업체 관계자들을 만날 수 있었고, '스카이 투자자의 날Sky Investor Day'에서는 대형 회계 회사에서 일하는 미디어 전문가를 만났다. 또 다른 이점은 먹이사슬의 아랫부분에서 일하는 직원들도 만날 수 있다는 사실이다. 그들은 일반적으로 똑똑한 대학원생 인턴이거나 중간 관리자급에 속하기에 완전한 대표 자격을 갖추지는 못했지만, 모든 가능한 질문에 대해 올바른 답을 제시할 수준을 갖춘 사람들이다. 그중 테스코 CMD는 자신의 프레젠테이션 시간에 몇 분 늦게 도착한 부동산 전문가를 포함해 실제 관계자들로 구성되었다는 점에서 주목할 만했다.

참고로 덧붙이자면 공짜 선물을 얻을 기회도 따른다. 내 아내는 태양전지 라디오나 이어폰이 내장된 야구 모자 또는 알람 시계 겸용 기압계가 쌓이는 것을 보며 한 번만 더 쓰레기를 집에 가져오면 가만두지 않겠다고 했지만 말이다. 이 글을 읽는 IR 실무자를 위해 밝히자면 내가 가장 좋아한 선물은 바닥을 방수 처리한 피크닉 러그였다. 이것은 아내도 좋아했다.

회사 탐방 • 회사 탐방은 CMD와 다소 유사하지만, 시간이 좀 더 오래 걸리고 회사의 실제 운영 상황을 더 자세히 엿볼 수 있다. 저녁 식사 후 술자리는 내가 수년에 걸쳐 완성한 예술인데, 운송 부문 애널리스트에게는 당대 최고였던 위대한 댄 화이트Dan White의 손에 이끌려 시작되었다. 당시 우리는 애버딘 공항의 홀리데이인Holiday Inn에서 BAA 방문 첫날 밤을 보내고 있었는데, 댄은 저녁 식사 중에 반주를 곁들이고 나중에 라운지와 바에서 한 잔씩 더 했는데도 만족하지 않았다.

바가 문을 닫으려 하자 그는 나에게 자기 방으로 가서 한잔 더 하자고 했고, 우리는 그의 방에서 위스키 한 병을 주문했다. 호텔 직원이 위스키는 미니어처만 판매한다고 밝혔을 때 댄은 당황하지 않고 위스키 한 병 분량에 해당하는 미니어처를 갖다 달라고 했다. 아침 식사 쟁반에 미니어처가 가득 찬 모습을 그려보라.

내가 런던에서 일을 시작한 초기 시절, 연륜 있는 애널리스트들은 술 마시는 방법을 정말 제대로 알고 있었다. 엔지니어링 부문 최고의 애널리스트이자 우리 팀장이었던 피트 데이턴Pete Deighton은 내가 입사한 지 몇 주 후 나와 다른 신입 직원을 점심 식사에 데려갔다. 그는 레드와인 한 병과 로스트비프 샌드위치 세 개를 주문했고, 그렇게 샌드위치에 와인을 마신 나는 기분이 좋아져서 사무실로 돌아가 오후 일과를 보면 되겠다고 생각했다. 그런데 그는 한 병을 더 주문했고, 이어서 세 번째 병까지 비웠다. 1980년대에는 그런 일이 아주 예사였다.

회사 탐방에는 종종 환상적인 식사 자리가 포함되었다. 유로터널의 개장식이 특히 기억에 남는다. 또 기억에 남는 것은 인재 채용 회사인 헤이스Hays의 설립자 로니 프로스트Ronnie Frost와 함께 멋진 와인을 곁들여 즐긴 식사 자리다. 로니는 남프랑스에 있는 자신의 요트 선장에게 끊임없이 전화하거나, 종종 운전기사가 몰고 온 벤틀리에서 모습을 드러내던 유별난 인물이었다. 우리는 파리에서 회사 탐방을 마친 후 꽤나 취해 있었다. 다른 애널리스트들은 영국으로 돌아갔지만, 나는 프랑스 고객 몇몇을 만날 요량으로 파리에 머물던 터였다. 이는 그가 회사에 집중하지 않는다는 좋은 지표였다.

매번 그렇게 미식가의 여유를 만끽할 수 있었던 것은 아니다. 한번은 우리 투자 대상 중 한 곳의 경쟁 업체인 남아프리카 회사의 유럽 자회사를 방문하는 자리에 참석했다. 늦게 비행기를 타고 뒤셀도르프로 날아간 나는 일행을 만나러 구시가지에 있는 식당으로 향했다. 회사 경영진이 돼지고기 전문점을 선택했고, 나는 첫 번째 코스에 딱 맞춰 도착했다. 첫 코스 요리가 무엇인지 묻자 상무이사는 자랑스럽게 생돼지고기라고 설명했다. 으음….

여기서 그들의 판단력에 의문을 제기해야 마땅하다. 그 뒤 상황은 더욱 나빠졌다. 뉴욕에서 온 투자자 중 한 명은 유대인이라 음식을 거부했고, 남아프리카공화국의 애널리스트는 채식주의자였음에도 잘못된 의무감으로 음식을 먹었다. 이것은 아마도 내가 경험한 최악의 식사 자리였을 것이다. 아니다. 한 번 더 있었다. 내가 플레밍스Fleming's에서 여러 고객을 초대해 점심 식사 자리를 마련했을 때 나는 위와 유사한 당혹감을 느꼈다. 그날 제공된 유일한 메인 코스가 간 요리였기 때문이다.

셀사이드에서 일할 때 나는 글로벌 자동차 판매사인 인치케이프Inchcape와 매우 가까웠지만, 그들이 홍콩에서 투자자의 날을 개최하기로 결정했을 때 그다지 감흥이 일지 않았다. 그들은 신흥 시장의 성장에 크게 의존하는 영국의 시장 플레이였으며, 홍콩은 주요 수익 센터였다. 우리는 인치케이프 본사에서 그날을 시작했다. 그곳에서 그들은 시간을 절약하기 위해 화물용 엘리베이터를 타고 주차장으로 이동하기로 즉각 결정했다.

일행은 수가 꽤 많았는데, 화물용 엘리베이터는 그렇게 크지도 않았고, 심지어 에어컨도 없었다. 엘리베이터에 에어컨이 없다는 사실은 그것이 고장 나자 곧 실감할 수 있었다. 불행하게도 사람들이 엘리베이터에서 우리를 끌어내기까지는 1시간 훨씬 넘게 걸렸고, 그사이 우리가 느낀 열기와 더위는 펄펄 끓는다는 말이 부족할 정도여서 모두 큰 고통을 겪었다. 흡사 러시아워에 만원 지하철을 탄 것과 같았다. 지하철은 에어컨이라도 있지.

인치케이프는 그 시절 애널리스트들의 방문에 별로 운이 따르지 않았다. 이듬해에 우리는 인치케이프의 주최로 일주일 동안 남미를 방문했다. 즐거운 여행이었지만, 칠레의 한 포도원을 방문하던 중 아시아 금융 위기가 터졌다. 아시아 시장에 가장 많이 노출된 영국 주식인 인치케이프는 당연히 주가가 폭락했다. 그 여행에서 받은 편지에 사람들은 거의 관심을 기울이지 않았다.

경영진과의 대화 • 경영진과의 사적인 만남이나 다른 투자자들과 함께 경영진을 만나는 그룹 회의는 정말 많은 도움이 될 수 있다. 회사 경영진과 만나기에 앞서, 특히 처음 만나는 자리에 앞서 숙제를 많이 하면 할수록 그 만남에서 더 많은 것을 얻을 수 있다. 나는 1990년대에 대기업 애널리스트로 역할을 바꿨고, 자세한 요점과 질문 목록으로 무장한 채 톰킨스Tomkins의 재무이사와 첫 미팅을 가졌다. 그는 내 노력에 깊은 인상을 받아 당시 대기업 시대의 스타 중 한 명이던 CEO 그레그 허칭스Greg Hutchings를 불러 미팅에 합류케 했다. 그러나 나중에 그들은 거의 모든 인수 전문 기업과 마찬가지로 몰락의 길을 걸었다.

자세하고 철저한 준비는 경영진에 대한 존중을 보여주는 덕목이기에 그들은 보다 진지하게 상황에 임하고, 질문에 답하기 위해 더욱 열심히 노력한다. 하지만 흥미롭게도 질문을 많이 준비한다고 해서 통찰력을 얻을 수 있는 것은 아니다. 진정한 통찰력은 일반적으로 즉흥적인 질문, 즉 현장에서 추가적으로 던지는 질문에서 나온다. 경영자의 답변에 대한 가장 좋은 질문은 "그렇게 말씀하시는 이유가 무엇인지요?"다. 논거를 묻는 열린 질문은 일반적으로 경영진(특히 미국 기업의 경영진)이 제공하기 좋아하는 그럴듯하고 준비된 코멘트가 아닌, 그들의 실제 생각에 대한 통찰력을 제공한다.

앤서니 볼턴Anthony Bolton은 자신의 저서 《투자의 전설 앤서니 볼턴: 시류에 거슬러 투자하라!Investing Against the Tide》에서 회사의 프랜차이즈 강점이나 경쟁적 지위 등과 관련한 경제적 해자의 퀄리티를 추출하도록 고안한 경영진 미팅용 체크리스트를 사용할 것을 제안한다. 이것도 효과적인 접근 방식일 수 있겠지만, 애널리스트로서 나는 사전에 세부적 조사 작업을 수행하는 것을 선호한다.

대조적으로 브로커 회의에서는 단순히 아이디어를 찾거나 혹은 회사나 공급 업체, 고객, 해당 부문이 더 진지한 작업을 수행할 가치가 있는지 판단한다. 나는 때때로 최소한의 준비만 하고 회사와의 첫 미팅에 나가기도 하는데, 특히 내가 정말로 만나보고 싶은 회사들 사이에 일정이 비는 경우 그렇게 한다. 이러한 회의는 일반적으로 그룹 미팅으로 진행되는데, 해당 회사의 경영진을 만나고 싶어 하는 사람이 거의 없는 경우에는 단독으로 만나기도 한다.

나는 경영진과 만나기 전에 일반적으로 해당 주식과 과거의 실적, 가치 평가 등을 살펴보고 그들의 사업에 대한 나름의 식견을 얻으려고 노력한다. 하지만 이와 관련해 나는 예전에 실수를 저지른 적이 있다. 나중에 이턴Eaton이 인수한 산업 대기업인 쿠퍼인더스트리즈Cooper Industries의 경영자를 만나러 갔을 때였다. 기껏 살펴본 회사가 이름이 유사한 쿠퍼컴퍼니즈Cooper Companies라는 의료 서비스 기업이었던 것이다. 일대일로 만나는 자리였는데, 해당 기업에 대해 아는 게 없었으니 얼마나 어색하고 불편하게 시간이 흘러갔겠는가. 수년 동안 경영진 미팅을 수천 번은 아니더라도 수백 번은 가졌으므로 그런 한 번의 실수는 전체적으로 보면 그렇게 나쁜 성과라 할 수는 없다고 위안 삼는다.

정말 중요한 묘책 중 하나는 경영진의 보디랭귀지를 보는 것이다. 대기업 CEO와 CFO는 대부분 고도로 정치적인 동물로, 청중에 맞춰 진실을 왜곡하는 데 매우 익숙하다. 하지만 그들은 때때로 모종의 신호를 보내기도 하며, 최고 경영진 사이의 열악한 궁합을 노출하기도 한다. 한 IPO에서 창업자 겸 CEO는 CFO를 싫어한다는 사실을 끔찍한 보디랭귀지로 드러냈다. 1시간의 회의 내내 서로를 한 번도 쳐다보지 않았지만, 이 경우에는 주가에 아무런 영향을 미치지 않았다.

미국의 한 브로커는 투자자들의 참석 요청 수에 따라 회사의 콘퍼런스 순위를 표시하곤 했다. 하지만 나는 다른 투자자들이 관심을 기울이지 않는 회사에 참석하는 것을 좋아한다. 실제로 회의장에 자리한 사람의 수는 이후의 주가 추세에 대한 훌륭한 지침이 된다. 브로커 콘퍼런스에 참석할 때마다 기록하는 내 나름의 회의록에는 항상 참석하는 사람의 수에 대한 설명이 포함되어 있다. 연례 회의라면 과거와 관련한 추세가 훨씬 더 도움이 되고, 때로는 그런 식으로 과도한 열광을 감지해 포지션 정리나 공매도 기회를 발견하기도 했다.

가장 좋은 만남은 오랫동안 주식을 보유하며, 경영진과 건설적이고 따뜻하고 긍정적인 관계를 맺는 모임이다. 일단 그들의 신뢰를 얻은 후에는 비즈니스 전략과 그들이 도전에 어떻게 접근해야 하는지에 대해 매우 흥미로운 대화를 나눌 수 있다. 그런 것이야말로 내가 가장 좋아하는 경영진 미팅이다.

날카로운 질문 • 다음 분기의 실적에 영향을 미치는 요인에 집중하는 그룹 회의에서 나는 종종 테마를 바꾸려고 시도한다. 다음 분기의 문제는 내려놓고 조금 더 먼 5년 후나 10~15년 후 회사가 어떻게 변화할 것으로 보는지 등에 대해 논해보려는 것이다. 회사가 5년 후 원하는 목표에 이르기 위한 비전과 계획을 갖는 것은 여러모로 도움이 된다. 단기 성과에 초점을 맞춘 회의는 일반적으로 도움이 되지 않는다. 회사가 내부 정보를 제공하는 것을 경계하기 때문이다.

나는 때때로 CEO를 진정으로 움직이게 하는 것이 무엇인지 알아낼 수 있는 더 나은 기회를 얻기 위해 몇 가지 다른 질문을 던지기도 한다. 이것은 CEO가 사전에 예행 연습한 답변만 내놓게 만들지 않으려는 시도다. 훌륭한 CEO라면 다른 질문에 대해서도 스스로 짚어봐야 마땅하다.

인센티브에 대한 이야기 또한 많은 정보를 얻을 수 있다. "CEO 본인의 인센티브 구조는 어떠하며, 변경하고 싶은 사항이 있는지요? 중간 관리자나 직원들을 위해 새로 도입하고 싶은 인센티브가 있나요?"

"대부분의 투자자는 의식하지 못하지만, CEO는 위협으로 인식하는 경쟁 업체가 있는지요?" 이는 진입 장벽이 생각만큼 높지 않다는 사실을 드러낼 수 있다.

대답하기 어려운 훌륭한 질문은 "밤에 잠을 이루지 못하게 만드는 것은 무엇인지요?"다. 만약 그런 것은 없다고 답한다면 CEO는 매우 뻔뻔스러워 보일 수 있으며, 어떤 식으로든 답을 한다면 거기에 여러 가지 정보가 담길 수 있다.

"회사 문화의 가장 중요한 속성은 무엇이라고 생각하는지요?" 때때로 흥미로운 사실을 담은 대답을 이끌어낼 수 있는 질문이다.

"다른 CEO 가운데 존경하는 사람이 있는지요?" CEO가 일반적으로 논박하기 어려운 인물, 즉 워런 버핏 같은 인물을 답하지 않는 한 이 역시 흥미로운 정보를 얻을 수 있는 질문이다.

"당신이 나의 입장이라면 이 질문은 꼭 했어야 마땅하다고 생각하는 것, 그러니까 내가 빠뜨렸다고 생각하는 질문이 있는지요?" 이것은 마무리로 하기 좋은 질문이다. 대체로 놀랍고 훌륭한 질문은 다 했다는 상투적인 찬사나 듣게 될 테지만, 때로는 정직한 CEO가 당신에게 중요한 무언가를 말해줄 수도 있다.

IPO 로드쇼 팀에 대한 나의 첫 번째 인사는 파워포인트 덱을 빠르게 스캔하고 그것을 내려놓으며 그들의 소개를 중단시키는 것이다. "먼저 귀사가 우리 돈을 원하는 이유와 우리가 그것을 제공해야 하는 이유를 설명하는 것으로 시작하는 것이 낫겠습니다." 이 악의 없는 멘트는 놀랍게도 많은 CEO를 함정에 빠뜨릴 수 있다.

이런 식으로 대본에서 벗어나 움직이는 것은 모종의 재미있는 사건을 만들 수 있다. 인도의 한 IPO 기업 회장은 설립자의 아들이었고, 분명 사업에 대해 거의 아는 게 없어 보였다. 내가 대본에 없는 질문을 던지기 시작하자 그는 완전히 길을 잃었고, 경험이 풍부한 CEO와 대규모 지원 팀은 아무 말도 하지 않았다. 추정컨대 그들은 IPO를 홍보하는 일보다 보스가 형편없어 보이지 않도록 하는 데 더 신경 쓰는 것 같았다. 보스의 심기를 불편하게 만들까 봐 두려워하는 표정이 역력했다. 회사가 대본을 제쳐놓고 실질적 질문에 답하도록 하는 이 기술은 매우 효과적이다. 매우 성공한 사모펀드 전문가인 존 몰턴Jon Moulton은 자신도 같은 기술을 활용한다고 내게 말했다.

찰스 멍거의 '거꾸로 생각해보기'는 경영진이 드러내고 싶어 하지 않는 내용을 답변으로 끌어내는 데 도움이 될 수 있다. 나는 세인즈버리의 부동산에 대한 가치 평가와 대차대조표상에 드러나지 않는 운용 리스 형태의 재정 수준에 대해 우려했다. IR 팀을 만났을 때 나는 당연히 그들이 보유한 부동산의 가치 평가에 대해 물었다. 당시는 상황이 정말 나빠지기 전인 2014년 즈음이었다. 나는 가끔 사적인 모임에서 그러듯이 나의 입장이나 의도와는 반대로 질문의 틀을 잡았다. 나는 그들에게 슈퍼마켓의 4.7퍼센트 수익률에 근거한 가치 평가를 옹호하도록 요청했는데, 그들은 결연히 그 일을 해냈다.

잠시 후 나는 그들에게 운용 리스에 대한 내재적 자본 가치를 평가하기 위해 어느 정도의 배수를 적용해야 하는지 물었다. 그러면서 브로커는 아마도 7~8배를 적용하겠지만, 올바른 캡 레이트cap rate(부동산의 수익률을 나타내며, 부동산의 순영업이익과 시장가치를 활용해 계산한다-옮긴이)가 4.7퍼센트 수익률이라면 정확한 배수는 21이어야 한다고 제시했다. 참고로 나는 수년간 그래왔듯이 지금도 운용 리스의 자본화 문제로 여전히 고심하고 있다. 불행하게도 그러한 리스를 대차대조표에 포함하는 새로운 회계 기준인 IFRS16은 전체적인 그림을 기대했던 것만큼 명확하게 설명하지 못한다.

이 전략은 종종 효과적이다. 직접적 질문을 하면 경영진이 직접적 답변을 피하는 것이 어려워지지만, 때로는 너무 방어적인 자세를 취하게 만들 수 있다. 긍정적 질문을 하며 특정한 골칫거리를 중심으로 얘기를 풀어나가면 상대방의 마음을 여는 효과를 얻을 수 있다는 뜻이다. 또 다른 전략은 의견의 자유로운 표명을 요청하는 열린 질문을 하거나, 역시 열린 형태의 후속 질문을 던지는 것이다. 그리고 나는 질문 사이에 불편한 분위기를 조장하기 위해 항상 후속 질문을 하기 전에 약간 시간을 지체한다. 이 경우 상대방은 종종 자신이 의도하지 않은 추가 정보를 제공하게 되며, 이는 실제로 상황 파악에 큰 도움이 될 수 있다. 이러한 질문은 투자 우위를 도출하는 방법의 하나로, 회사가 내부 정보를 절대 제공하지 않으려고 해도 태도 등을 통해 모종의 통찰을 이끌어낼 수 있다.

좋은 예는 내가 한 벌지브래킷 회사에서 비방디의 경영진과 함께 마련한 조찬회에 참석했을 때다. 비방디는 곤란한 상황을 잘 피해나가는 약삭빠른 그룹으로 정평이 나 있었다. 한 애널리스트가 이렇게 말했다. "카낙플러스Canal Plus가 경영진 여러분이 인정한 것보다 훨씬 더 잘하고 있으므로 여러분이 1분기에 긍정적인 소식을 발표할 것으로 우리는 믿고 있는데요?" 이것은 경영진의 반응에서 많은 것을 배울 수 있는 종류의 질문이다. 이 경우 경영진은 다음 중 한 가지 반응을 보인다.

1. 아무 말도 하지 않는다.

2. 웃으면서 뭐라고 언급할 수는 없다고 말한다.

3. 우리는 그것이 잘되고 있다고 말한 적이 없다고 말하면서 의미를 축소하려 하거나, 그것이 호전되는 데 시간이 걸릴 것이라며 조심스러운 태도를 취한다.

이 세 가지 반응의 차이는 다음 분기에 대한 관점과 해당 기간의 주가 전망에 중요한 힌트를 제공한다. 어쨌든 이것은 투자자가 경영진의 질문 회피를 어떻게 불편하게 만들 수 있는지에 대한 좋은 예다.

하지만 가장 훌륭한 질문도 기업의 답변에서 아무런 소득을 올리지 못할 수도 있다. 예를 들어보자. 2017년 솔베이Solvay는 한 벌지브래킷 브로커 콘퍼런스에서 소규모 그룹에 프레젠테이션을 하고 있었다. 그들은 헤지펀드 애널리스트로 추정되는 10명 정도의 그룹에 현금 흐름과 수익에 강력히 초점을 맞추고 얼마나 규율 있게 움직이는지 이야기했다. 그들은 HOLT 방법론과 CFROI 계산을 보여주는 슬라이드로 그 점을 실증했다. HOLT 방법론이나 CFROI 계산은 상당히 기술적인 용어로 이 이야기와는 관련이 없으니 신경 쓸 필요 없다. 나는 숫자가 합산되지 않은 것처럼 보이는 이유를 물었다. 부문별 수익 계산이 그룹 평균보다 상당히 높았던 것이다.

두 명의 IR 팀원이 자리해 있었으나 누구도 이 간단한 질문에 대답하지 못했다. 그들의 첫 번째 반응은 숫자가 정확하다는 것이었지만, 내가 계산을 설명하자 참석한 여러 사람이 내 의견에 동의했다. IR 팀은 나중에 내게 설명을 해주기로 했지만 아무런 연락이 없었고, 그렇게 몇 달이 흘러갔다. 당시 나는 후속 조치를 취해야 하는 일부 서류 작업을 하고 있었는데, 결국 누군가가 솔베이 본사 라인에 비생산적 자산 더미가 있다는 답변을 가지고 나에게 돌아왔다. 이것은 다음과 같은 의미를 내포했다.

1. 중앙 본사에 매각할 수 있는 비생산적 자산이 있을 수 있다. 이를테면 부동산 같은 것 말이다.

2. 회사는 실제 데이터를 은폐해 등급을 높이려 하고 있었다. 저수익 자산이나 투자(예컨대 중앙 라인의 새로운 사업 개발) 등에 대한 계산을 보류해 사업 부문별 실적을 돋보이게 만들고 있었다. 이것은 긍정적 신호가 아니다.

3. IR 팀은 재정적 동인에 대한 기본적 이해가 부족했다.

그러나 이 이야기의 중요한 교훈은 데이터를 공개된 재무제표와 일치시키는 것이 **필수**라는 것이다. 이것은 절대적 황금률이다.

경영진과의 미팅은 내 프로세스의 필수 부분이다. 내가 경영진의 능력을 판단하는 데 능하다고 생각하기 때문에 그러는 것이 아니다. 사실 그 반대라고 해야 옳다. 사람의 능력을 평가하는 데 능한 쪽은 헤드헌터들이고, 나는 그쪽으로는 재주가 없다고 생각한다. 하지만 나는 특정인을 직접 만나면 그가 나에게 돈을 벌게 해줄지 아닐지에 대한 감을 아주 잘 잡을 뿐 아니라 판단할 수는 있다. 때때로 투자에 대해 크든 작든 위안이 될만한 정보를 얻을 수 있다는 점도 중요하다. 경영진을 만나지 않는다는 것은 이러한 기회를 포기하는 것을 의미하며, 그들을 만나는 것이 합리적 결정을 내리는 데 방해가 될 수 있다고 판단하는 경우에만 따라야 하는 정책(예컨대 수익 경고 등)이다.

나는 이와 관련해 테리 스미스의 의견에 동의하지 않으며, 경영진을 만나는 것이 정기적으로 전략의 표류를 포착하는 데 도움이 될 뿐 아니라 잠재적 주식 매도 시점에 대한 지표를 제공한다고 믿는다.

인수에 대한 평가

많은 CEO가 인수를 좋아한다. 인수는 분명 주주 가치를 높이는 훌륭한 방법이 될 수 있지만, 많은 CEO의 기대와 달리 그 반대의 결과가 나오는 경우가 더 일반적이다. 인수와 가치 축적 사이에 분명한 차이가 생기는 데에는 여러 가지 이유가 있다.

비용 시너지 • 이것이 인수의 가장 좋은 유일한 이유이며, 성공할 가능성도 가장 큰 부분이다. 예를 들어 경쟁 업체를 매입하고 백 오피스 back office(거래 체결과 직접적 관련 없이 그 이후의 과정이나 기타 지원 따위를 맡아 후방에서 업무를 도와주는 부서 또는 그런 업무–옮긴이) 비용을 제거하면서 소규모 사업체를 통합하는 것은 브렌타크Brenntag나 DCC 같은 유럽 기업이 실행한 바와 같이 매우 성공적인 공식이 될 수 있다.

비상장 기업에 대해서는 낮은 배수가 적용되고 리스크도 제한적이므로 생성 가능한 실제 수익이 매우 매력적일 수 있다. 이러한 성격의 소규모 거래는 심지어 발표할 필요조차 없으며, 이것이 리스크를 최소화하고 보상을 최대화하는 공식이다.

하지만 나는 일반적으로 연쇄 인수자를 경계한다. 인수로 인한 운전자본 혜택이 실현됨에 따라 이들 사업체의 운영 현금 흐름이 과장되기 때문이다. 즉 인수한 회사의 채무 일수와 재고가 줄어들고, 운전자본이 방출되고, 현금 흐름이 향상되면 운영이 실제보다 현금을 더 많이 창출하는 것처럼 보일 수 있다.

수익 시너지 • 수익 시너지가 발생할 수 있긴 하지만, 그것은 상대적으로 더 파악하기 어려운 경향이 있고 실망스러운 전략이 될 수 있다. 특히 고객이 대체 공급 업체를 원하는 산업에서는 통합 효과를 볼 수 없으며, 결과적으로 수익 면에서 시너지 효과도 발생하지 않는다.

지리적 다변화 또는 산업 다각화 • 두 가지 모두 경고 신호다. 새로운 지역이나 산업은 일반적으로 이해하는 데 시간이 걸리기 때문에 종종 성공을 장담하기 어려운 것으로 판명된다. 대개 지리적 다변화는 산업과 고객 기반이 비교적 동질적일 때 효과가 있다. 산업 다각화는 매우 어렵다. 나는 1990년대에 영국의 대기업 부문을 주로 탐색했는데, 그때부터 인수 사업에 대한 회의주의가 커졌다. 자크 밀러Jock Miller와 이언 로퍼Ian Roper가 이끄는 멜로즈와 워설 같은 특이한 예외조차도 단지 그 점을 확인시켜줄 뿐이다.

저렴한 거래 • 저렴한 인수가 아예 존재하지 않는 것은 아니지만, 일반적으로 매각에는 그만한 동기가 있기 마련이다. 따라서 그 부분에 초점을 맞춰야 한다.

인수는 종종 EPS 증가를 수반하고 시장에서 환영받기는 하지만, 일반적으로 주주들이 투자 가설을 재검토해야 한다는 신호에 해당한다. 다만 회사가 소규모 사업체의 연쇄 인수자이거나 거래 규모가 상대적으로 작은 경우 또는 멜로즈 같은 뛰어난 실적을 자랑하는 전문 인수자가 주도하는 경우는 예외다. 멜로즈의 GKN 인수는 획기적 규모의 거래다.

스프레드시트

믿거나 말거나 내가 런던 금융가에 처음 발을 들여놓았을 때 스프레드시트를 사용하는 애널리스트는 없었다. PC 조작법을 알고 있던 나를 경외감보다는 의심의 눈초리로 쳐다볼 정도였다.

당시 나의 동료이자 대기업 부문 최고의 애널리스트였던 마크 큐잭Mark Cusack은 1986년 핸슨Hanson의 임피리얼타바코Imperial Tobacco 인수를 분석하며 매우 복잡하고 고통스러운 일련의 전환 계산(현금, 현금 및 주가, 주가 및 전환 옵션)을 수기로 수행했다. 다량의 A4 용지에 연필로 작성한 그의 계산은 완성한 직후 복사 과정을 거쳐 판매 데스크에 배포되었다. 그와 동시에 분명히 팩스를 통해 금융가 곳곳에 전해졌을 것이다. 나는 이후 유사한 상황에서 그를 위해 관련 계산을 대신 해주겠다고 제안하면서 10분이면 충분하다고 덧붙였다. 그러나 그는 PC를 신뢰하지 않았기에(또는 어쩌면 나를 신뢰하지 않았기에) 두어 시간을 투자해 손으로 직접 계산하는 것을 선호했다.

하지만 나는 모든 가정을 하나의 최종 숫자로 조정하는 스프레드시트 맹신자에 대해서는 다소 의심스럽게 바라본다. 흥미롭게도 몇 년 전 석유 메이저 중 한 곳에서 해당 주식을 다루는 최고 애널리스트들의 스프레드시트에 대해 감사를 의뢰한 적이 있었다. 모두 오류가 있었고, 심각한 오류를 보이는 것도 있었다.

나는 투자 분석에 스프레드시트를 사용할 때는 몇 가지 간단한 규칙을 따라야 한다고 생각한다.

- **단순하게 유지하라. 너무 복잡해지면 검사하기도 어렵고, 가짜 정답을 추구하는 데 시간을 낭비하게 된다.**
- **기초 대차대조표와 기말 대차대조표를 맞춰라.**
- **손익, 현금 흐름, 대차대조표를 통합하라.**
- **특히 현금 흐름에 대해 표준화된 항목과 제목을 사용하라. 이것은 비교를 용이하게 하기 위함이다. 특이한 항목은 종종 별도의 분류를 통해 기타 항**

목으로 처리하면 된다.

- DCF를 사용해 회사를 평가하지 마라. 다른 곳에서 논의한 바와 같이 그것은 가정의 작은 변화에 너무 민감하게 작용한다. 나는 다양한 요인에 대한 가치 평가의 민감도를 이해하기 위해서만 이를 사용한다.

스프레드시트는 분명 애널리스트에게 매우 귀중한 도구다. 나는 스프레드시트가 없는 삶은 상상할 수조차 없을 정도다. 예전의 제약 부문 애널리스트들은 계산기로 의약품 매출을 계산하곤 했다. 하지만 나는 스프레드시트의 노예가 되는 것은 위험하다고 생각한다. 그래서 항상 수기를 통한 논리 점검으로 내가 대략적으로 정확한 답을 보유하는지 확인하려고 노력한다.

기술적 분석

기술적 분석은 주가 차트 분석으로 추세를 찾는 과정이다. 펀더멘털 애널리스트는 종종 기술적 애널리스트들을 해로운 영향을 끼치는 무리라고 비난한다. 내가 아는 한 헤지펀드 매니저는 슬프게도 몇 년 전에 세상을 떠난 뛰어난 기술적 애널리스트 리처드 크로슬리Richard Crossley에 대해서도 상당히 회의적이었다. 크로슬리는 세일즈맨 출신으로, 시장 분위기가 다양한 주식과 섹터의 추세에 따라 어떻게 달라지는지 탁월하게 설명하던 애널리스트였다. 그 헤지펀드 매니저는 '구불구불한 선 그리기'에 비용을 지불하는 것을 격렬하게 반대했다.

크로슬리가 뛰어나게 수행한 일과 그의 동료 중 일부가 오늘날에도 훌륭하게 수행하고 있는 일은 시장의 정성적 추세에 대해 정량적 그림을 제공하는 것이다. 차트 지상주의의 이면에 있는 '과학'은 내가 개인적으로 많은 신경을 쓰는 부분은 아니지만, 크로슬리와 그의 동료들은 나에게 차트를 관련성 있게 만드는 두 가지 간단한 전제를 가르쳐주었다.

- **지난 12개월 대비 새로운 고점을 찍은 주식은 단기적으로 저조한 실적이 아닌 높은 성과를 낼 가능성이 더 크다. 신저가를 기록한 주식의 경우는 그 반대다.**
- **해당 주식의 추세가 바뀌는 것은 중요한 신호이므로 투자자는 변경된 사항이 없는지 확인해야 한다.**

차트는 특정 주식이 시장 주기에서 어디에 위치하는지 이해하는 데 도움이 된다. 한 브로커에서 일할 때 우리는 주식의 5년 주가 비교 차트 아래에 논평을 써넣어야 했다. 나는 지금도 이 관행을 준수하고 있다. 이 간단한 규율은 애널리스트가 이전에 주가가 오르거나 내린 이유를 이해하는 데 도움이 된다. 그리고 그 지식은 그것의 미래 궤적을 추정하는 데 상당한 도움이 된다. 그러한 차트를 생성하고 이전 주기를 이해하는 것은 새로운 주식을 처음 들여다볼 때 귀중한 도움이 된다는 것이 내 생각이다.

리처드 크로슬리는 생전에 시장보다는 새로운 **섹터**의 상대적으로 높거나 낮은 주가 그리고 은행이나 식품 소매 같은 상대적으로 동질적인 섹터의 주가 변화에 특히 많은 관심을 기울였다. 이것은 무언가가 제대로 돌아가고 있는지 여부에 대한 중요한 지표가 된다.

어떤 주식이 새로운 고점과 저점을 찍는지 관찰하는 것은 유지 관리의 일상적 과업이다. 사실 말 그대로 매일 그럴 필요는 없겠지만, 관심은 늘 유지해야 한다. 그럼으로써 시장 심리를 알 수 있기 때문이다. 나는 유럽 시장이 종종 뒤따르는 미국 시장 상황에 세심한 주의를 기울이면서 전 세계로 시야를 넓혀 관찰하는 것을 선호한다. 신흥 시장의 개별 주식이 보이는 행보는 아마도 덜 중요하겠지만, 한국과 대만 같은 수출 지향적 경제를 보유한 시장의 추세는 거시적 트렌드에 대한 좋은 신호가 된다. 물론 특정 섹터(예컨대 컨테이너 운송)에서는 하위 섹터의 아시아 주식과 같은 더 많은 주식이 방향을 주도할 수도 있으며, 그것이 유럽의 머스크Maersk 그룹에 대한 지표를 제공할 수도 있다.

이에 대한 예로 미국 시장 대비 타이슨Tyson의 주가 차트([표 11.3])는 해당 주식이 2019년 8월에 새로운 52주 대비 최고가에 도달했음을 보여준다. 그 18개월 전인 2018년 4월에는 52주 대비 저점을 찍었는데

[표 11.3] 타이슨의 연도별 상대적 주가

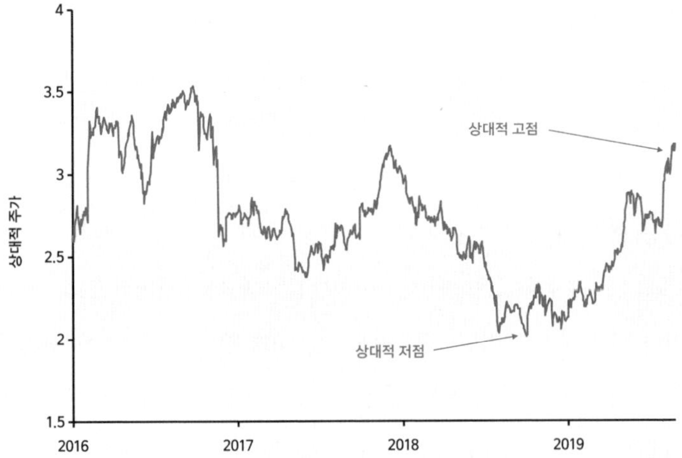

출처: 비하인드더밸런스시트에서 인용한 센티오 데이터

말이다.

나는 또한 거래량을 관찰하는 것을 좋아한다. 큰 거래량이나 새로운 최고 거래량에 따른 추세 변화는 가벼운 거래에 따른 변화보다 훨씬 더 중요하다. 평균 이상의 거래량 변동은 특정 주식 또는 섹터가 방향을 바꾸려는 초기 신호일 수 있다.

차트를 중시하는 내 친구들, 특히 내 오랜 친구이자 레드번Redburn의 전 동료인 닉 글리든Nick Glydon은 항상 12개월 대비 최고가를 매수하고, 12개월 대비 최저가를 매도하라고 말한다. 그러나 이것은 아마도 너무 단순한 전략일 것이다. 어쨌든 주가 비교 차트는 확실히 유익한 정보 출처이며, 섹터별 비교 차트와 거래량 평가로 유용하게 보완할 수 있다는 것이 나의 판단이다.

정량적 연구 조사 • 기술적 분석과 관련된 것이 정량적 연구 조사(퀀트)다. 이것은 정량적 규칙을 활용해 주식을 선택하는 방법을 설명한다. 나는 기술적 연구 조사를 이용하는 것과 같은 방식으로 정량적 연구 조사를 사용해 관심 분야를 식별하거나 포지션의 출구 전략을 미세하게 조정한다.

정량적 연구 조사는 특정 테마나 스타일에 맞는 주식 포트폴리오를 살펴보고, 여러 팩터가 최근의 시장 성과를 주도한 방법을 설명하는 것이 목적이다. 퀀트 포트폴리오는 회사마다 다르고 애널리스트마다 또 다르지만, 몇 가지 예를 들면 다음과 같다.

- **딥 밸류deep value(초저평가) 주식(주가순자산비율, P/E, 평균 P/E와의 편차 등)**
- **성장주(매출 증가, 때로는 수익성 증가)**
- **퀄리티 주식(보통 특정 형태의 수익률 기준, 변동성이 더해지기도 함)**

- **모멘텀 주식**(상승하는 주식, 때로는 추정치가 상승하는 주식)
- **리스크 주식**(일반적으로 변동성이 높거나 베타가 높은 주식)
- **배당금 · 인컴형 주식**(이율이 높거나 증가하는 주식)
- **소형주 · 대형주**

일부 헤지펀드, 특히 매버릭캐피털Maverick Capital은 잠재적 투자 범위를 제한하기 위해 정량적 규칙을 적용한다. 매버릭캐피털의 설립자인 리 에인슬리Lee Ainslie는 타이거 컵스tiger cubs 중 한 명이다. 이 '호랑이 새끼들'은 이전에 헤지펀드 세계의 구루 중 한 명인 줄리언 로버트슨 밑에서 성장한 매니저들을 말한다. 에인슬리는 내가 참석한 런던 콘퍼런스에서 자신은 펀더멘털을 선별하는 데 정량적 규율을 추가적으로 적용하며, 그것이 도움이 된다고 강조했다. 그렇게 하면 효과가 없을 것 같은 상황에서 벗어날 수 있을 뿐 아니라 다른 부분에 대해서도 추가적 확신을 얻을 수 있다는 것이었다. 그는 그러한 원칙을 옹호한, 내가 본 첫 번째 펀더멘털 분석 전문가였고, 나는 지금도 그것이 아주 합리적이라고 생각한다.

나는 기술적 연구 조사는 물론이고 갖가지 투자 아이디어와 정량적 연구 조사도 나름의 필터링 도구를 이용해 걸러내며, 시장이 현재 무엇에 매력을 느끼고 무엇을 싫어하는지에 대한 이해의 폭을 넓힌다. 이러한 도구를 사용하면 주식을 특정 스타일로 분류하는 데 도움이 되며, 이는 가능한 투자 기회를 식별하는 데 유용할 뿐 아니라 해당 주식이 마침내 포트폴리오에 통합되는 경우 리스크 요인을 이해하는 데에도 유용하다.

정량적 연구 조사를 검토할 때 내가 살펴보는 두 가지 주요 사항이 있다.

1. 이러한 포트폴리오나 스타일에 속한 각각의 주식은 어떤 성과를 보이고 있는가? 시장은 성장주와 모멘텀 주식을 찾고 있는가? 즉 시장이 위험을 선호하는 상황에 있는가, 아니면 퀄리티 주식과 대형주가 초과 성과를 기록하는 방어적 환경에 있는가?

2. 어떤 주식이 어떤 포트폴리오에 속하는가? 때때로 예상치 못한 주식이 퀄리티 포트폴리오나 가치 포트폴리오에서 튀어나오는데, 어울리지 않는 범주에 속하는 주식은 일반적으로 관심을 기울여야 한다는 신호다.

정량적 연구 조사의 다음 단계는 종종 다양한 팩터의 성과에 대해 논의하는 것이다. 다시 말하면 팩터는 애널리스트마다 다를 수 있지만, 가장 일반적인 요인은 다음과 같다.

- 가치 평가: NTM(미래 12개월의 예상치)과 현재, EV/EBITDA, P/E, 매출 대비 EV 등
- 성장성: EPS, FCF, RoE, EBITDA 등
- 비율: 총마진, 순 마진, EBITDA 마진, 자산 대비 FCF 등
- 변동성: 5개년 EPS 변동성, 다양한 기간의 베타, 가격 변동성 등
- 모멘텀: 1개월, 3개월, 6개월, 12개월 등의 주가 및 수익률
- 배당금: 1년간의 배당금, 배당금 수정 내역, 배당률 전망 등
- 기타: EPS 수정 내역, 자사주 매입 등

사실 어리둥절할 정도로 많은 팩터가 있는데, 너무 많은 것을 보면 매우 혼란스러울 수 있다. 그래서 나는 대개 현재의 실적에 초점을 맞

춘다. 핵심이 성장인가, 아니면 배당인가? 성장 카테고리에서 가장 성과가 좋은 팩터는 무엇인가? 나는 또한 자사주 매입 같은 팩터의 성과를 살펴보는 것을 특히 좋아한다. 다시 말하지만 그것은 시장 심리를 이해하는 데 도움이 되기 때문이다.

자사주 매입은 글로벌 금융 위기GFC 이후 저성장 세계와 특히 미국 시장에서 분명 배타적이지는 않지만 특별한 현상이 되었다. 자사주를 매입하는 미국 기업은 시장에서 가장 큰 매수 그룹 중 하나가 되었으며, 이것이 주가와 시장 성과에 도움이 되었다는 데에는 의심의 여지가 없다.

내 생각에 EPS에 대한 추정치 수정은 주가의 핵심 동인이며, 기술적 분석은 어떤 주식이 가장 많이 상향되고 있는지 보여준다. 나는 이익 상향 대비 주가 성과를 보는 것을 좋아한다. 한 브로커는 섹터 및 시장별 사분면四分面 분석을 통해 세계 최대 주식들에 대한 150페이지 분량의 보고서를 매월 생성한다. 한 축에는 상향치를 표시하고 다른 한 축에는 주가 성과를 보여주기 때문에 어떤 주식이 상향되는 상황에서 상대적으로 뒤처지고 있고(잠재적 매수 대상), 어떤 주식이 등급 재평가를 누리고 있는지(잠재적 매도 대상) 쉽게 알아볼 수 있다. 이러한 상관 도표는 여러 유형의 분석, 특히 이러한 팩터와 주가 성과 간 비교에 유용한 데이터의 시각화인 셈이다.

나는 현재의 시장 심리를 이해하려고 할 때 정량적 연구 조사가 가장 도움이 된다고 생각한다. 시간이 지남에 따라 저렴한 주식은 일반적으로 비싼 주식보다 더 나은 성과를 보이고, 높은 퀄리티는 낮은 퀄리티를 이기며, 긍정적인 수정 사항이 있는 주식은 언제나 수익이 떨어지는 주식을 이기기 마련이다. 그러나 현재 주가에 무엇이 작용하고 있는지 이해하려면 현재의 시장 분위기를 이해해야 한다. 다양한 스타일과 다양한 팩터의 성과를 살펴보는 것이 이를 달성하기 위한 편리한 방법이다.

보유한 것에 대해 걱정하라 • 시간 관리는 투자자와 애널리스트에게 필수적인 기술이며, 포트폴리오를 구성한 후 수행해야 할 가장 중요한 작업은 자신이 보유한 것을 모니터링하는 일이다. 문제의 소지를 찾고 문제가 발생하기 전에 벗어나는 것이 성과에 가치를 더할 가능성이 가장 큰 단일 활동이다. 애널리스트는 이미 보유하고 있는 것의 유지 관리를 우선시할 때 종종 다른 훌륭한 아이디어를 찾는 함정에 빠진다. 이런 경우에는 정기적 검토 과정이 도움이 된다.

검토 과정 • 상황은 변하기 마련이다. 그래서 포트폴리오 대부분은 패자를 제거하고 새로운 승자를 찾는 작업을 필요로 한다. 한 펀드에서 우리는 정기적으로 포트폴리오를 검토하고, 각 포지션에 대한 확신을 공식적인 기준으로 평가했다. 적어도 한 달에 한 번은 회의실에 모여 앉았으며, 거래처에서는 더욱 자주 그렇게 했다. 물론 워런 버핏이나 테리 스미스 같은 일부 투자자는 포트폴리오를 거의 변경하지 않는 것에 자부심을 갖지만 대부분의 투자자, 특히 헤지펀드나 단기 목표를 가진 고객들을 둔 펀드의 경우 정기적으로 각 포지션에 대한 확신을 평가하는 규율이 필수적이다.

이것은 어려운 과정이지만, 때로는 특정 목표 가격(예컨대 X에 도달하면 매도함)에 따라, 때로는 더 나은 기회를 잡기 위해 일부 주식을 솎아내는 일은 불가피하다. 대개 새로운 포지션은 처음에는 1퍼센트 정도와 같이 작은 투자로 시작하며, 아이디어에 대한 확신이 높아지거나 상대적 가격이 변화함에 따라 점차 증가하는 것이 일반적이다.

이 책은 분석에 중점을 두고 있지만, 포지션에 대한 정기적 검토는 포트폴리오 매니저가 포트폴리오의 여러 구성 요소가 지닌 상대적 매력을 평가하고 포지션의 규모를 결정하는 데 도움이 된다. 흥미롭게도 이 분야에 대해 다룬 글은 거의 없지만, 포트폴리오에 대한 검토는 애초에 올바른 주식을 선택하는 것만큼 성과 측면에서 중요한 요소다.

자신의 판단이 틀렸음을 인식하고 손실을 줄이는 것은 아마도 포트폴리오 매니저에게 필요한 가장 어려운 기술일 것이다. 오류를 인정하고 앞으로 나아가는 것이 필요하다. 우리 중 누구도 모든 것을 다 올바르게 처리할 수는 없으며, 중요한 것은 어제의 일이 아니라 내일 일어날 일이다. 하지만 우리 모두 이것을 알고 있음에도 손실 회피의 행동학적 금융 휴리스틱heuristic(논리적 분석이나 사실에 의거하지 않고 경험적 지식에 의존해 내리는 판단-옮긴이)은 업계에 깊숙이 뿌리박혀 있어 떨쳐내기 어렵다. '계속 보유하며 상승하기를 희망해보자'라는 것이 개인 투자자들의 일반적인 태도이며, 이는 성과 측면에서 해로울 수밖에 없다.

나의 상사 중 한 명은 이러한 손절에 정말 탁월했다. 그는 기미만 보이면 손을 떼어 더 이상의 손해를 막았고, 그런 일이 벌어진 데 대해 어느 누구도 탓하지 않았다. 그런 결과가 나오도록 실수한 사람에게도 말이다. 그가 정말로 화를 내는 경우는 좋은 기회를 놓쳤을 때였다. 나와 함께 일했던 또 다른 동료는 주식이 5퍼센트만 떨어져도 지나치게 감정에 치우친 반응을 보였다. 함께 일하는 게 너무 힘들 정도였다.

주식이 당신의 기대와 반대로 움직이면 투자 가설을 재검토하고 그것이 유효한지 확인해야 한다. 가설은 유효한데 주가가 하락한 이유가 분명하다면 추가로 투자해 평균 단가를 내리는 것이 합당하다. 대부분의 머니 매니저가 그 방법을 꺼리지만 말이다. 앞서 언급했듯이 이 일은 공매도의 경우 더욱 어렵게 느껴진다.

하지만 때로는 주식이 왜 기대와 반대로 움직이는지 모를 때가 있다. 나에게는 단 한 차례 이런 일이 일어났는데, 아무튼 이런 경우는 상황을 제대로 파악하지도, 통제하지도 못한다는 확실한 신호다. 비상구 표시등만큼이나 선명한 이 신호에 대해서는 이 장의 끝에서 논의할 것이다.

일이 잘못되었을 때

포트폴리오 매니저는 일반적으로 특정 포지션에 문제가 생겼을 때 훨씬 더 밀접하게 관여하게 된다. 내가 예전에 함께 일한 포트폴리오 매니저들은 환상적인 시장 안테나를 보유하고 시장의 주식 움직임에 고도로 적절히 대응하면서 지속적으로 포지션을 추가하거나 이익을 취하는 경향을 보였다. 그들은 종종 자금 유입에 보조를 맞추기 위해 그렇게 움직이기도 했다. 나는 일이 잘못되는 경우 감정적인 어려움을 느끼며, 그래서 미리 정해진 경로를 따라야 한다고 믿는다.

나는 이것이 내 직업의 가장 어려운 점이라는 것을 알았다. 따라서 일이 잘못되는 상황에 대처할 능력을 갖추는 것이 필수적이다. 내가 한 회사에서 일할 때 동료였던 포트폴리오 매니저 한 명은 이와 관련해 실로 도움이 필요한 인물이었다. 그로 인해 사무실 내에 많은 스트레스가 생겨날 정도였다. 나는 그 자산 관리자에게 해당 포트폴리오에 대해 조언하면서 각 포지션에 대한 추가 또는 축소 결정까지 직접 내려주었다. 당시 나는 매우 집중된 포트폴리오를 운영하고 있었지만, 내가 그의 포트폴리오에 대해 그런 결정까지 내렸던 것은 나의 개인적인 리스크 감내 성향이 강하게 작용했기 때문이다. 나는 이제부터 주식 매매로 평균 단가를 내리고 이익을 취하는 것에 대해 논하고자 한다.

폴 튜더 존스Paul Tudor Jones와 같은 트레이더는 "패자는 패배한 주식의 평균 단가를 낮춘다"라며 평균 단가를 내려서는 안 된다고 주장한다. 이 말은 어느 한 주식이 10달러일 때 그 주식을 사랑했다면 5달러일 때는 배로 사랑해야 한다는 워런 버핏의 철학과 반대된다. 실제로 특히 큰 펀드에 소속되어 1억 달러 이상을 투자하려는 경우 특정한 장기 투자 주식을 바닥이라고 여기는 일은 극히 어렵다.

물론 당신이 옳다면 평균 단가만 내려가는 것이고, 만약 당신이 틀리다면 훨씬 더 많은 돈을 잃게 된다. 문제는 특히 상황이 불리하게 돌아가고, 당신이 스트레스를 받으면(나의 경험상 이 두 가지는 함께 작용한다) 이를 구별하기가 상당히 어렵다는 것이다. 상황은 각 사안마다 다르지만, 평균 단가를 내리는 것은 잘못된 공매도를 손절할지 말지 결정할 때와 같은 원칙을 따라야 한다.

이미 큰 포지션을 투자한 공매도 대상 주식의 가치가 오르면 당연히 그것을 늘리는 일은 배로 어렵다. 그렇기에 더 많은 확신이 필요하고, 극적으로 더 많은 연구 조사를 수행해야 하며, 매수자의 심리를 완전히 이해해야 한다. 나는 같은 원칙이 매수 포지션에도 적용될 수 있다고 생각한다.

나의 일반적인 규칙은 주가가 매수 가격, 즉 애초의 매수 가격이나 추천 포인트에서 20퍼센트 하락하면 가설을 다시 검토해 변경된 사항은 없는지, 실수로 놓친 부분은 없는지 확인해야 한다는 것이다. 한 펀드에서는 주가가 10퍼센트 하락하면 심층 검토에 들어가는 원칙을 고수한다. 참고로 많은 트레이더가 그런 능력을 공언하지만, 나는 그들이 주식의 가치를 5퍼센트 가깝게 개선할 수 있다고 믿지 않는다.

일이 잘못되면 나는 다음과 같은 간단한 원칙을 따른다.

1. 20퍼센트 혹은 그 이상의 차질이 발생한 경우 평균 단가를 내리기 전에 가설을 다시 테스트하고, 적절한 경우 원래의 투자 이론을 확인하는 후속 보고서를 작성하며 해당 주식이 움직인 이유를 설명한다. 그것이 움직인 이유를 확실히 알지 못한다면 훨씬 더 많이 매수하는 것은 더욱 어려워진다.

2. 리스크 노출 측면에서 원래의 한도를 고수한다. 따라서 만약 이것이 원래 5퍼센트 포지션이었고, 우리가 4퍼센트를 보유한 상태에서 그것이 25퍼센트 하락해 지금은 3퍼센트 포지션이 되었다면 나는 단지 1퍼센트만 추가한다. 그것이 수정된 이유가 절대적으로 명확하고, 확신 정도가 훨씬 높아진 경우가 아니라면 말이다.

3. 하방 리스크 평가. 만약 이것이 매수 포지션이고 매우 안정적인 주식이라면, 즉 소송이나 규제와 같은 중대한 우발적 골칫거리가 없다면 심각한 손실 위험은 감소하고 추가 매수에 따른 리스크도 줄어든다. 그러나 리스크가 그보다 높은 상황이라면 추가 손실 가능성이 커지고, 추가 자금으로 리스크를 감수하려는 의지가 줄어든다.

4. 공매도의 경우 평균 단가를 올리는 것은 훨씬 더 어렵다. 우리는 매수 포지션과 동일한 관행을 따르지만, 다른 펀드에 있는 친구와 의논하는 것도 흔한 관행일 것이다. 만약 그들도 해당 아이디어에 대해 확신을 갖는다면 그들 또한 그것을 공매도할 것이고, 그러면 더 높은 가격에 평균 단가를 조정하는 일이 조금 덜 불편하게 느껴질 것이다. 이런 상황에 대한 내 최악의 경험은 몇 주 동안 그 일에 매달려야 했던 경우다. 이어서 나는 직속 상사뿐 아니라 뉴욕에서 두 번째로 크고 공

격적인 헤지펀드에 대해서도 책임을 져야 했다. 이 헤지펀드 관계자들은 내가 퇴근해서 집에 있는 저녁 시간에 주로 전화를 했다. 우리는 결국 보통주 공매도에서 30퍼센트라는 준수한 수익을 기록했고, 헤지펀드는 훨씬 더 많은 수익을 올렸다.

5. 나는 해당 주식이 섹터 대비 최저치를 기록하고 있으면 평균 단가를 내리는 것을 피하는 경향이 있다. 그러면 가설의 견실성을 유지하고 해당 산업이 마진 변화를 겪을 가능성이 있지만, 이것은 결과적으로 잘못된 주식을 선택했다는 의미다. 그렇다면 같은 섹터의 다른 주식을 사서 비중을 늘리는 것이 더 합리적일 수 있다. 나는 또한 확신이 충분히 서지 않는 경우 인내심을 발휘하려고 노력하며, 주가가 바닥이라고 말하는 것이 더 어려워지기 때문에 레버리지 상황에서 노출을 증가시키지 않으려고 애쓴다.

가설을 다시 테스트하는 이 개념은 간단하지 않다. 나는 주식이 크게 조정된 후 그 이유가 충분히 이해되지 않아 경영진을 만나기 위해 장거리 출장을 간 경우가 두 차례 있었다. 그리고 한번은 해당 기업과 주요 경쟁 업체를 탐방하는 길에 여러 브로커를 만나기 위해 뉴욕으로 날아가야 했는데, 택시 운전기사가 내가 예약한 호텔을 찾지 못해 꽤나 피곤한 하루를 보낸 적도 있다.

훨씬 더 나쁜 기억은 한 인도 회사에 대한 포지션이 잘못되었을 때였다. 이 회사는 새로운 자본을 끌어모으던 모기지 금융회사였다. 그들은 내 상사의 희망과는 달리 자신들의 과업에 그다지 헌신하지 않았다. 주가는 계속 하락했고, 누군가가 날아가서 회사의 상황을 파악해야 한다는 결정이 났다. 먼저 이것이 매우 성공적 투자였다는 사실을 인정하면서 이 글을 쓰고 있다는 것을 밝힌다. 인도에서 모기지 금융을 제공하는 회사는 어떤 회사든 거대한 성장의 기회를 누리고 있었다.

나는 무엇이 잘못되었는지 확인하기 위해 몇 몇 동료와 함께 뭄바이로 날아갔다. 그 회사의 CEO는 친절하게도 자신의 사무실을 내주며 우리에게 쓰라고 했지만, 문은 쐐기를 박아 열어두었고 비서는 하루의 대부분을 우리를 지켜보며 보냈다. 결국은 다음과 같은 몇 가지 위험신호를 확인했다.

- 설립자는 불행히도 자리에 없었고, 긴급한 일로 델리에 갔다고만 했다. 구체적 이유도 밝히지 않은 채 자리를 비운 것은 분명히 문제였다. 우리는 런던에서 날아왔고, 최대 주주 중 하나였다.
- 나는 모기지론의 집행 과정을 살펴보고 싶으니 지점 중 한 곳을 방문하게 해달라고 요청했다. CEO는 뭄바이에서 가장 가까운 지점도 거리가 너무 멀고, 우리가 직원들의 일에 끼어드는 것은 서로 불편하니 좋은 생각이 아니라고 했다.
- CEO의 보디랭귀지는 모두 다른 얘기를 하고 있었다. 그는 우리를 인도에서는 보기 드문 초대형 벤츠에 태워 점심 식사에 데려갔는데, 스스로 매우 검소하게 살며 사업에 집중한다고 주장하는 사람이 그렇게 비싸고 호화로운 차를 탄다는 사실이 어쩐지 거북하게 느껴졌다.
- 우리는 그들이 매우 야심 찬 계획으로 추진한 새로운 자회사를 책임지고 있는 중간 관리자 중 한 명을 만났다.
- 우리는 다시 한번 핵심 사업 바깥에 있는 부동산 개발 부문을 방문했는데, 그곳은 매우 비싼 아파트 단지였다. 흡사 런던의 일류 개발 단지처럼 보였다.

나는 그 포지션에 대해 전혀 마음이 편하지 않았으며, 그 어떤 확실한 정보도 얻을 수 없었다. 발을 빼는 데 도움이 되는 데이터도 찾을 수 없었고, 해당 포지션을 늘리기에 충분한 확신도 얻지 못했다. 포지션의 규모, 특히 해당 주식의 거래량 대비 규모를 감안해 우리는 현상 유지를 하기로 결정했다. 나는 개인적으로 그 포지션에 대해, 특히 경영진과의 거래에 대해 매우 불편하게 생각했지만, 다행히 시간이 지남에 따라 회사는 제대로 굴러가기 시작했다.

실수 • 사실 내가 저지른 실수만으로도 책 한 권을 쓸 수 있지만, 그러지 않는 두 가지 이유가 있다. 첫째, 나는 헤지펀드와 관련해 내가 한 일에 대해 기밀 유지 계약에 묶여 있다. 둘째, 실수를 잊으려는 것은 인간의 자연스러운 성향이다. 애널리스트나 펀드매니저로 일하려면 자신의 능력에 대한 어느 정도의 확신이 필요하다. 아이러니한 일이다. 실수를 기억하고 염두에 두는 것이 같은 실수의 반복을 피하는 데 도움이 되기에 하는 말이다.

나는 내가 제약을 받지 않던 시절에 저지른 두 가지 큰 실수에 대해 간략히 설명할 생각이다. 하나는 저스트이트Just Eat이고, 다른 하나는 오카도다.

나는 저스트이트에 대해 아는 것이 없었다. 그들이 호주에 있는 동급 회사를 8억 달러에 인수했다는 사실 외에는 말이다. 저스트이트가 인수한 회사는 적자를 내고 있었고 매출은 제한적이었는데, 전혀 말이 되지 않는 가치가 매겨진 것이었다. 그 회사에 대한 가치 평가는 호주 인구 전체에 각각 40달러씩 나눠줄 수 있는 금액이었다. 나는 그에 대해 브론테캐피털의 존 헴프턴과 대화를 나누었고, 우리는 그것이 터무니없는 가격이라는 데 동의했다. 우리는 저스트이트의 경영진이 지적

능력을 상실한 것이라는 결론을 내렸다. 어쩌면 애초부터 그런 능력이 없는 것인지도 모른다면서 말이다.

존은 저스트이트에 대해 소규모로 공매도에 들어갈 생각까지 한 듯했다.

주식은 처음에는 하락했지만, 반등한 후로 계속해서 크게 상승했다. 2015년 6월에 지나치게 비싼 호주 기업을 인수했는데, 그로 인한 영향도 거의 없었다.

나는 당시 일하던 헤지펀드에서 저스트이트 주식의 매수를 염두에 두고 검토해보았지만, 그들의 호주 거래를 도저히 묵과할 수 없었다. 몇 년 후 나는 이전에 피델리티Fidelity에서 엄청나게 성공적인 경력을 쌓은 펀드매니저이자 자신의 헤지펀드인 펜사토캐피털Pensato Capital을 운영하던 그레이엄 클랩Graham Clapp과 이야기를 나누었다. 그는 자신이 저스트

[표 11.4] 저스트이트의 연도별 주가

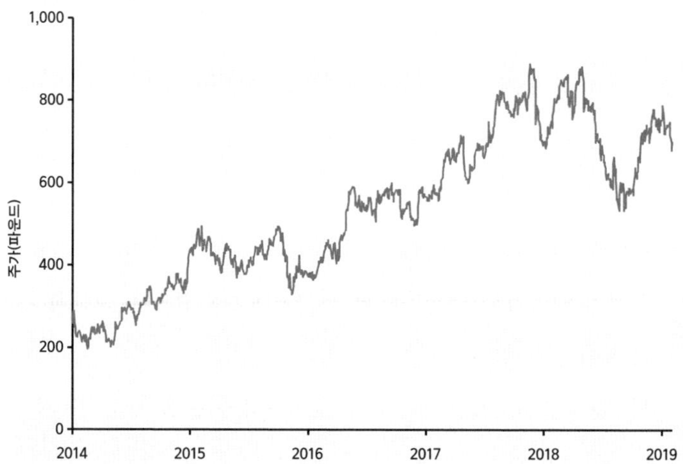

출처: 비하인드더밸런스시트에서 인용한 센티오 데이터

이트 주식에 투자한 이유를 설명하면서 경영진으로부터 노샘프턴이나 그와 유사한 작은 마을에 있는 주요 경쟁 업체를 인수한다는 이야기를 들었기 때문이라고 했다. 그러면서 그들 업계에서는 일단 지역에 자리 잡은 업체를 축출하는 일이 거의 불가능에 가깝다고 덧붙였다. 그 얘기를 들으니 그들이 왜 그렇게 많은 돈을 주고 호주 거래를 성사시켰는지 납득이 갔다.

2010년대 중반에는 오카도를 추천하기 직전까지 간 적이 있었다. 당시 그 주식은 주로 공매도 대상이었고, 모두가 싫어했다. 하지만 경영진은 자신들이 기술 회사를 설립 중에 있으며, 곧 창고 자동화와 음식 배달 기술을 세계 곳곳의 슈퍼마켓에 판매할 것이라고 설명했다. 공신력 있는 경영진의 입에서 나온 이야기였음에도 주식시장이 이를 믿지 않는 보기 드문 사례였다. 하지만 나는 정말 흥미로운 기회라 생각하고 꽤 많은 시간을 오카도를 검토하는 데 투자했다.

불행히도 그들의 회계장부는 사업의 손실을 가리키고 있는 것처럼 보였다. 실제로 적자였지만, 그 손실 정도가 무익한 상거래보다 사업과 기술에 대한 투자에서 비롯한 것인지는 알 길이 없었다. 나는 매우 영리한 투자자인 댄 에이브러햄스와도 이야기를 나눠봤지만, 장부상의 수치에 대해 어떤 위안도 얻을 수 없었다. 나는 애널리스트 회의에 참석해 비상임 회장인 스튜어트 로즈 경Sir Stuart Rose에게 질문했다. 그는 오카도가 가치를 평가하기 어려운 회사라는 데 동의했으나, 충분히 기분이 좋아 보이지는 않았다.

나는 창고를 방문하게 해달라고 요청했다. 기술을 보고 판단할 수 있는지 확인하기 위해서였다. 그렇게 햇필드의 창고까지 둘러보았지만, 그다지 인상적이지는 않았다. 최신 기술을 갖춘 최신 창고에 가보고 싶다고 했더니 불편하게도 새벽 4시 30분에 방문해야 한다고 했다. 내가 새벽 방문에 동의하자 그들은 기존 주주에게 우선권을 주고 싶다고 했다. 어쨌든 이 방문으로도 나의 우려는 여전히 줄어들지 않았다.

나는 계속 시간을 내어 숫자를 살펴보았고, 셀사이드 및 여타 투자자들과 이야기를 나눠봤으며, 재무이사도 만나보았다. 하지만 그럼에도 나는 여전히 모종의 교착 상태에서 벗어나지 못했다. 그 주식을 사려면 무언가 확실한 신뢰감이 들어야 했다. 마침내 나는 회사로부터 CEO와 함께하는 브로커의 오찬에 초대를 받았다. 그는 늦게 도착했고, 질문에 매우 신중한 자세로 대답하거나 어떤 질문에는 아예 대답을 하지 못했다.

그들은 약속한 해외 계약을 성사시키지 못했고, 숫자는 타당해 보이지 않았으며, 경영진은 얼버무리는 태도를 보일 뿐 별로 도움이 되지

[표 11.5] 오카도의 연도별 주가

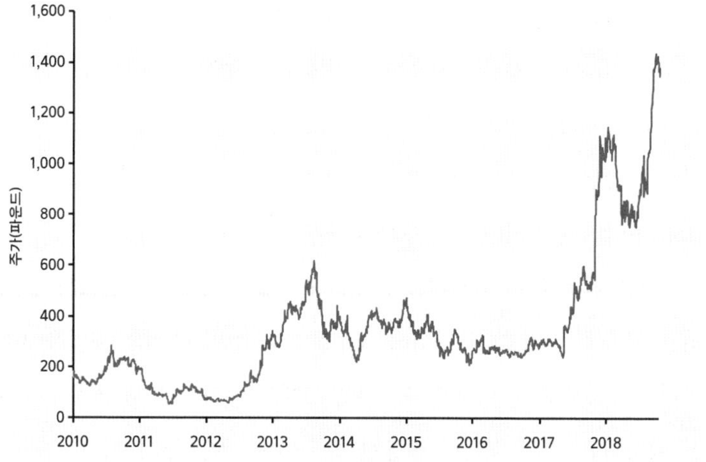

출처: 비하인드더밸런스시트에서 인용한 센티오 데이터

않았다. 연이어 실망이 쌓이는 상황이 전개된 것이다. 그래서 경영진이 사실대로 말한 것으로 밝혀지면 아주 저렴한 주식이 될 수도 있겠다는 생각이 들었다. 나는 결국 그들의 주식을 살 수 없다는 결론을 내리고 손을 뗐다. 그러나 이후 그들은 마침내 크로거Kroger와의 계약 성사를 발표했고, 주가는 말 그대로 로켓처럼 치솟았다.

그러나 상황이 더 나쁘게 전개되었을 수도 있었다. 많은 헤지펀드가 그랬듯이 나 역시 공매도 포지션에 들어갈 수도 있었다는 의미다. 내가 그런 재난에 휘말리지 않은 것은 이미 다른 대형 공매도의 관심 대상이 있었고, 경영진이 자신들의 계획을 확고히 믿는 것처럼 보인 덕분이다. 그들의 태도는 나를 불편하게 했지만 말이다.

결론

유지 관리는 애널리스트의 작업에 필수적 부분이며, 효과적인 포트폴리오 관리의 핵심이다. 돌아가는 상황을 일상적으로 꿰뚫고 있지 않으면 어느 날 아침 자신이 보유한 주식에 대한 전망이 크게 바뀌었음을 발견하고 충격을 받기 쉽다. 세상은 그 어느 때보다 빠르게 변화하고 있으며, 그런 만큼 포트폴리오와 관련해 무슨 일이 일어나고 있는지 제대로 파악하려면 시간을 투자해야 한다.

많은 전문 투자자가 매일 새로운 눈으로 자신의 포트폴리오를 보려고 애쓰며, 마치 그날 아침에 매수한 것처럼 각 주식의 매력을 재평가하려고 노력한다. 이렇게 포지션을 그대로 유지하는 게 좋을지 여부를 평가하는 것은 대단히 훌륭한 규율이며, 개인 투자자들도 매일은 아니더라도 정기적으로 수행해야 하는 일이다. 많은 헤지펀드가 한 달에 한 번 전체 포트폴리오를 공식적으로 검토하는 규율을 준수한다. 개인 포트폴리오의 경우 분기별 검토가 적절한 빈도일 것이다.

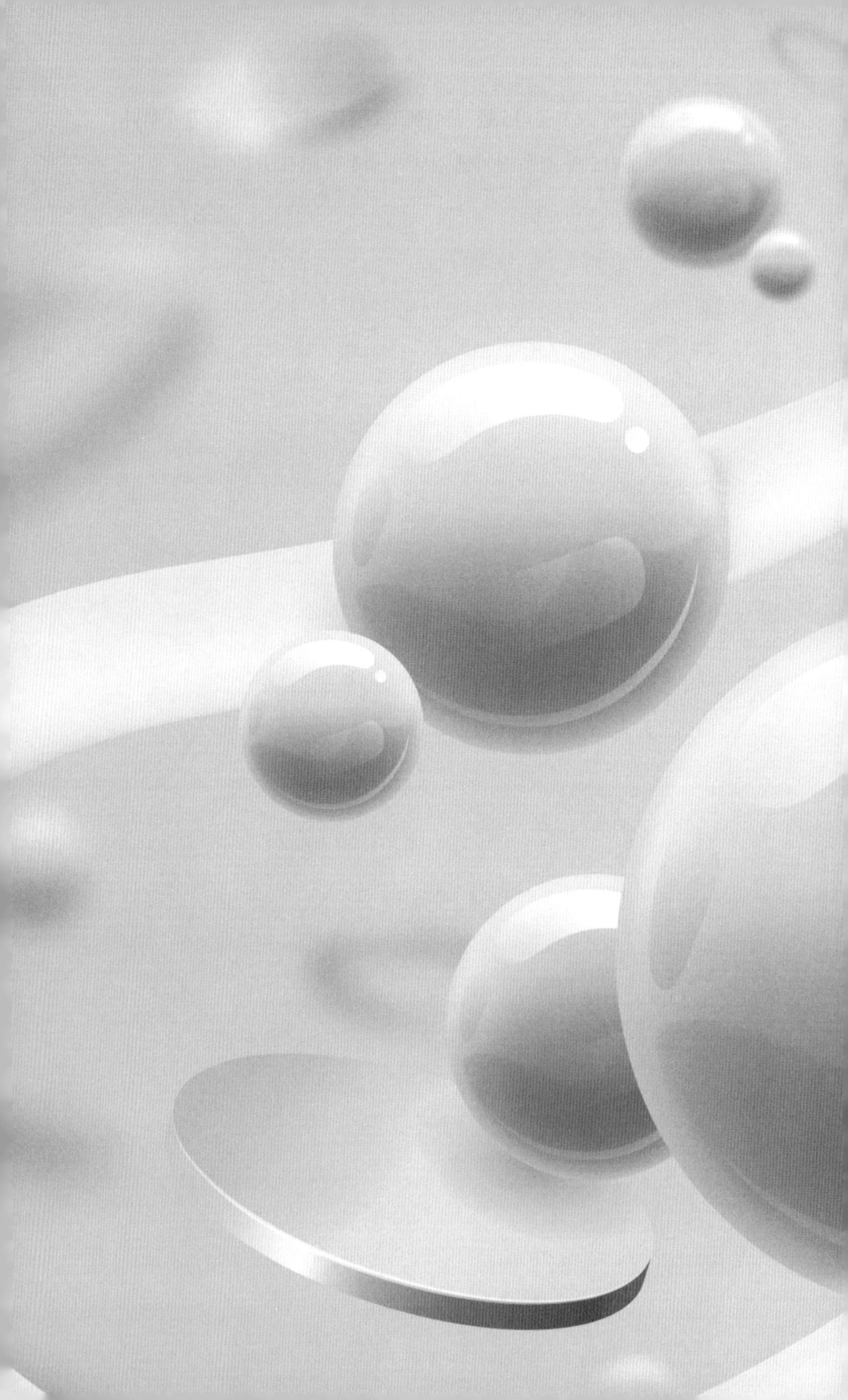

Next level

12장 거시경제 분석

많은 투자자가 시장의 전반적 평가에 대해 걱정하는 데 많은 시간을 소비한다. 예를 들어 자산운용 전문가로 일하는 나의 고객 한 명은 월례 투자위원회가 있을 때면 매번 연초에서 현재까지의 실적과 금리 전망, 시장의 예상 방향에 대해 걱정하느라 지나치게 많은 시간을 소비하곤 했다.

이러한 것은 투자자가 걱정하느라 시간과 에너지를 들일 필요가 있는 가장 생산적인 무엇이 아니다.

이 장에서 나는 왜 투자자가 경제적 요인보다 기업에 더 많은 관심을 기울여야 하는지 그 이유를 살펴볼 것이다. 그렇긴 해도 거시적 환경은 예측하기가 매우 어렵긴 하지만 주식의 거대한 동인이며, 절대로 무시할 수 없는 것임에는 변함이 없다. 따라서 나는 거시적 지식에서 주식 전망을 추론하는 것이 얼마나 어려운지부터 논할 것이다. 그런 다음 유가와 같은 원자재 가격의 이동 방향 등의 미시경제적 요인이 시간과 관심을 투자하기에 더 중요한 영역이라고 생각하는 이유를 설명할 것이다. 여기서 '거시'라는 용어는 경제 전반의 보다 광범위한 추세를, '미시'라는 용어는 특정 산업이나 개별 원자재 또는 개별 경제 영역의 추세를 묘사하는 데 사용한다.

나는 또한 정치가 적어도 포트폴리오와 관련해 사람들이 생각하는 것만큼 중요하지 않은 이유를 설명하고 경기 주기와 여타 주기에 대해 논할 것이며, 내가 정기적으로 이용하고 모니터링하는 몇 가지 경제적 요인으로 결론을 내릴 것이다.

거시경제 관련 지표

나는 거시경제 애널리스트는 아니지만, 추세의 일반적 방향에 대해 파악하고 우리가 경기 주기의 어느 단계에 있는지 이해하는 것은 중요하다고 생각한다. 나는 주요 경제체의 중요한 변수를 살펴보고, 그것이 가속화하고 있는지 또는 둔화하고 있는지 감을 잡으려고 노력한다.

나는 의도적으로 이것을 단순하게 유지한다. 예를 들어 중국은 세계에서 두 번째로 큰 경제체이지만, 경제적 통계 수치가 매우 부정확하기 때문에 서구에서는 중국에서 실제로 무슨 일이 일어나고 있는지 완전히 이해하는 사람이 거의 없다. 많은 투자자가 미국이나 독일의 생산량에 생긴 작은 변화에 대해 걱정하느라 너무 많은 시간과 노력을 들이고 있다. 그러한 미묘한 변화는 잘못 알려지거나 잘못 해석될 여지가 매우 큰 중국에서 일어나는 이벤트보다 훨씬 덜 중요한데 말이다. 중국이 더 빠르게 성장할 것인지, 아니면 더 느리게 성장할 것인지는 거의 모든 요소를 압도할 정도로 중요성이 큰 요소다.

나의 경험상 주식 포트폴리오에 가장 중요한 영향을 미치는 거시적 요인은 FX, 즉 환율 변동이다. 이것은 제대로 방향을 잡기가 매우 어려운 요소이기도 하다.

두 번째로 중요한 것은 유가와 전반적인 원자재 가격의 변동이다. 이러한 요소는 회사의 수익성을 판단하는 데 중요하게 이용된다. 하지만 이 역시 불행하게도 일관적이고 정확하게 예측하기가 불가능하다. 그리고 사람들이 토론하는 데 많은 시간을 할애하는 요인은 아마도 이 자율일 것이다. 그럴 필요가 없는데 말이다.

환율 • 환율 변동은 종종 주식, 특히 수출 기업이나 항공사와 같이 통화 노출이 복잡하게 발생하는 기업에 훌륭한 기회를 제공한다. 달러화 강세와 같은 환율의 움직임으로부터 수익을 창출하는 몇 가지 사례를 들면 다음과 같다.

1. 수익성에 상당한 영향을 미칠 수 있으므로 BMW나 그와 유사한 유럽의 수출 기업 주식을 매수한다.

2. 유럽 혹은 아시아 지역의 항공사 주식을 매도한다. 대서양 및 태평양 횡단 노선에서 거둬들이는 달러 수익보다 연료, 항공기 감가상각, 임대 비용과 같은 달러 비용이 훨씬 더 클 수 있기 때문이다.

3. 미국 생산 기업의 경쟁자 위치에 있는 수출 기업의 주식을 매수한다. 예를 들어 에어버스는 유로화 기반의 비용 구조가 주를 이루지만 달러화로 판매되고 있다.

수년 전 매우 높이 평가받던 펀드에서 에어버스의 수주 잔고 대부분이 달러화와 연동되지 않는 통화를 사용하는 신흥 시장 저가 항공사의 주문이라는 이유로 주식 매도를 결정한 일이 있다. 저가 항공사의 비용 기반이 상승함에 따라 불가피하게 항공기 주문을 취소할 수 있고, 요금 인상과 수요 억제로 이어질 수 있다는 가설에 근거한 결정이었다. 당시 나는 에어버스가 항공기 한 대당 훨씬 높은 판매 수익을 창출하고 있다는 사실에 비하면 그들이 우려하는 문제가 그리 중요하지 않다는 점을 지적한 바 있다. 지난 수년 동안 나는 해당 주식에 대한 긍정적 견해를 일관되게 유지해왔다.

석유 • 석유는 쓰이지 않는 데가 없다. 2017년 한 콘퍼런스에 참석했을 때 엘리베이터에서 네슬레Nestle의 CFO와 우연히 마주쳐 짧은 대화를 나눈 적이 있다. 그는 회사가 직면해 있던 원자재 비용의 난관에 대해 언급했다.

- **커피**
- **유가. 네슬레의 생수 사업 부문에서 페트병 생산을 위한 플라스틱 원재료 비용 요인으로 작용한다.**
- **우유**

식음료 제품이 주요 생산품이며, 수익의 일관성으로 높이 추앙받는 소비재 기업의 CFO가 플라스틱 원재료 비용에 반영되는 유가의 간접적 영향에 대해 말한 것이다. 이는 유가가 다수의 산업 분야에 직간접적으로 미치는 영향을 아주 잘 보여준다. 비록 예측하기가 불가능에 가까울지라도 유가를 예의 주시하는 것은 매우 중요하다.

금리 • 앞으로 금리가 오를지, 오른다면 언제 오를 것인지를 걱정하느라 지나치게 많은 시간을 소모하는 투자자가 적지 않다. 한 자산 관리 의뢰인은 2015년 매월 정기적으로 가진 투자 회의 때마다 연준Fed이 언제 금리를 인상할 것인가에 대한 토론을 벌였다. 그해가 시작되던 1월에 나는 다음과 같은 이유로 그것이 시간 낭비임을 지적했다.

1. 연준이 언제 금리를 인상할 것인지는 누구도 알 수 없다.
2. 위원회조차 금리 인상 시기를 확실히 알지 못할 것이다.

3. 전례 없이 널리 사전 예고된 금리 인상이었기 때문에 이미 최대치의 할인율이 적용되었을 가능성이 크므로 시장에는 큰 변화가 없을 것이다.

그해 8월이 되어서도 그들은 여전히 똑같은 안건으로 토론을 벌였으며, 그렇다고 1월보다 더 정답에 가까운 결론을 얻은 것도 아니었다. 이것은 매우 흔히 저지르게 되는 실수다. 투자 성과에 영향을 줄 수 있는 쟁점에 집중하는 것이 중요하다.

무엇을 언제 걱정해야 하는지만 알고 있어도 노력의 낭비를 상당 부분 줄일 수 있다. 실제로 처음 한두 번의 금리 인상은 일반적으로 주식시장 동향에 큰 차이를 만들지 않는다. 주식은 첫 번째 금리 인상 이후 한동안 계속 상승할 수 있기 때문이다. 첫 번째 금리 인상을 앞두고, 특히 인상률이 한 번에 25bpbasis point(이자율의 최소 단위로 1bp는 0.01퍼센트–옮긴이)일 때 방어적으로 포지션이 구성되어 있지만 않다면 포트폴리오가 급락하는 일은 없을 것이다. 과연 금리는 시간과 노력을 들여 걱정할만한 가치가 있는 대상인지 의구심이 들 정도다.

자산 관리업체 GMO의 제임스 몬티어는 사실상 금리가 실물경제에 미치는 영향은 거의 없다고 믿는 사람이다. 그것은 매우 극단적인 견해일 수 있다. 그러나 나는 금리가 인플레이션을 해소하는 데 도움을 준다는 일반적인 지혜에 대해 회의적인 입장이다. 미국과 같이 부채비율이 높은 소비사회에서 금리 인상은 곧 가처분소득의 감소를 의미한다. 하지만 가처분소득은 실업률이 감소하고 근로자가 임금 인상을 요구하거나 직장을 옮길 때 증가하는 것이 일반적이다. 부동산 담보대출·신용카드·자동차 대출 등에 영향을 미치는 이자 비용은 가처분소득의 매우 큰 동인일 수 있으며, 사람들은 금리가 인상되었을 때 더 높은 임금을 요구할 필요를 느낄지도 모른다. 이것은 과연 인플레이션 완화에 도움이 되는가?

2007년 당시 누군가는 레버리지 비중이 과도하게 높은 미국의 소비자에게 반대되는 베팅을 하는 것이 좋다는 명확한 생각을 했을 것이다. 큰 그림을 보려고 하면 오히려 훨씬 더 복잡해질 수 있다. 예를 들면 나는 인구 고령화로 인한 인플레이션의 영향력에 대해 내 머릿속에서 벌어지는 혼자만의 논쟁에 꽤 오랜 시간을 할애하고 있다.

어쩌면 명확한 답을 가진 질문이라고 생각할 수도 있으나 두 가지의 상반된 방향을 주장하는 매우 설득력 있는 글을 읽은 적이 있다. 한편에서는 근로자 수가 줄어들어 더 높은 임금을 요구할 수 있기 때문에 인플레이션을 초래하고, 그럼으로써 인플레이션의 소용돌이가 생겨난다고 주장한다. 반면 다른 한편에서는 사람들이 소비와 저축을 줄이기 때문에 디플레이션이 발생한다고 주장한다.

그런 이론적 주장들은 인공지능AI과 같은 기술적 발전의 영향력에 의해 압도당할 가능성이 크다. 나는 이러한 장기적 관점의 쟁점과 양쪽 모두의 주장에 대해 이해하고자 애쓴다. 때때로 단정적 결론에 도달하는 일이 불가능하더라도 말이다.

현시점에서 또 다른 주요 난제는 중국이다. 중국은 파산할 것인가? 신용 대출이 가파르게 증가했고, 점점 늘어나는 부채는 GDP의 점진적 하락을 조장하고 있다. 중국 당국이 능숙한 관리 역량을 갖추고 있다면 앞으로 계속 성장할 수도 있을 테지만, 애석하게도 중국 당국의 관리 역량은 아직 입증된 바 없다.

왜 거시적 분석은 문제가 되는가

거시적 사건을 지켜보는 것은 주식시장을 주시하는 일보다 더 어렵다. 누군가가 그것을 체스와 비교한 것에서 알 수 있듯이 거시적 분석에는 수많은 변수가 포함된다. 체스 경기에서 두 명의 플레이어가 각각 두 번씩 이동한 다음에 나올 수 있는 이동 조합의 수는 7만 2,084개이며, 각각 네 번씩 이동한 후에는 2,880억 개 이상의 시나리오가 나올 수 있다. 글로벌 시장과 경제는 체스보다 더 한없이 복잡하고, 그만큼 더 어렵다.

미국 선거 여론조사원이자 전문가인 네이트 실버Nate Silver는 자신의 저서 《신호와 소음The Signal and the Noise》에서 미국 분기별 GDP를 분석한 첫 번째 보고서상의 오차 한계는 ±4.3퍼센트 범위 내에서 수정될 수 있다고 밝혔다. 이는 보고된 수치를 넘어서는 것이었다. 그런데도 투자자들은 GDP 지표에 엄청나게 큰 관심을 보인다. 이미 지나간 기간을 되돌아보는 회고적 관점의 수치인 데다 사후 보고서이며, 자신이 주주인 기업의 분기별 실적은 이미 다 알고 있다는 점을 감안하면 주식 투자자에게 그것이 그렇게 중요한 이유를 설명하기가 쉽지 않다. 과거에 대한 거시적 분석이 어렵다면 미래에 대한 예측은 얼마나 더 어려울지 상상해보라. 수백 명의 전문가가 향후 1~2년간의 GDP 성장률과 수백 가지의 다른 변수에 대해 예측하지만, 그것이 들어맞는 사례는 극히 제한적일 뿐만 아니라 그들의 예측에 의존하는 것은 위험하기까지 하다. 다행히도 굳이 그럴 필요가 없다. 왜 그런가에 대해서는 이제부터 설명할 것이다. 거시경제에 대한 기본적 이해는 투자 과정을 계획하는 데 유용할 것이나 그 이상은 필요하지 않다.

거시적 관점은 어떻게 취하는가

나는 경제적 추세의 방향에 집중하며 환율 전망에 특별한 관심을 기울인다. 제대로 예측하기는 어렵지만, 개별 기업의 수익성과 주식 성과에 매우 중대한 영향을 미친다. 거시적 상황에 대해 평가할 때 나는 다음 세 가지 원칙을 고수하고자 노력한다.

1. 데이터를 활용하라 • 나는 다수의 월간 지표를 살펴본다. 특히 관심이 있는 분야의 구매관리자지수PMIs, 자동차 판매량, 주택 착공 건수, 철도 화물 물량에서부터 공항의 여행객 증가량에 이르는 광범위한 운송 분야 통계 수치, 전력 생산과 소비, 평균 소득과 실업 관련 자료 등이 그것이다. 정부 데이터는 신뢰성이 떨어지는 경향이 있고(미국 정부의 데이터가 가장 믿을만하고, 중국 정부의 데이터는 가장 신뢰도가 떨어진다), 추후 수정될 수 있다. 반면 공항 여행객 수와 수입 화물의 양은 실제 수치이며, 일반적으로 수정 대상이 아니다.

2. 전문가 의견을 따르지 마라 • 런던 금융가와 뉴욕 월 스트리트에서 활동하는 전문 경제학자의 수는 엄청나게 많다. 그들은 현재 상황에 근거한 예측에는 뛰어나지만, 거시적 관점에서 본 걱정거리의 주요 원인인 경기 침체를 예측하는 것은 대체로 형편없다. 당신이 돈을 벌 수 있도록 만드는 일보다는 말만 잘할 뿐인 경제 평론가들은 일단 피하고 보는 것이 상책이다.

무료로 이용 가능한 거시적 분석 자료도 아주 많다. 훌륭한 블로그도 많고, 트위터가 도움이 될 수도 있다. 그러나 합의된 의견이거나 잘못된 것이 대부분이다. 한때 캐나다의 자산 관리 회사 글루스킨셰프Gluskin Sheff에서 경제 전문가로 활동한 적이 있는 데이비드 로젠버그David

Rosenberg는 예외적으로 주목할만한 인물이다. 덴마크의 투자은행 삭소뱅크Saxo Bank의 스텐 야콥센Steen Jakobsen의 다소 과격한 예측도 내가 즐겨 찾아보는 정보에 속한다.

3. 모든 것에는 주기가 있다고 가정하라 • 1990년대 그리고 2010년대에 들어 다시 한번 목격했던 것처럼 경기 주기가 비정상적으로 길어질 수 있지만, 언제나 끝은 있게 마련이다. 안전하고도 작동 가능한 추정이다. 경기 주기에 대해서는 이후에 더 자세히 다룰 것이다.

일반 상식과 관찰만으로도 경기 주기의 어느 지점에 위치하고 있는지에 대한 합리적 관점을 얻을 수 있을 것이다. 예를 들면 영국 경제의 맥을 짚어보고 싶을 때 나는 거리에 비계飛階(높은 곳에서 공사를 할 수 있도록 임시로 설치하는 발판 등의 장치물—옮긴이)가 있는 주거용 건물이 얼마나 많은지를 살핀다. 즉 주택 착공 건수가 이전 경기 주기의 정점일 때와 비교해 동일한가? 아니면 더 많은가, 더 적은가? 이와 마찬가지로 동원된 크레인의 수도 도움이 될 수 있다.

위에서 인용한 데이터는 경제성장이 가속화하고 있는지, 아니면 둔화하고 있는지 가늠할 수 있는 훌륭한 판단 근거가 되어줄 것이다. 섹터별 데이터는 더 빠르고 더 정확할 뿐만 아니라 일반적으로 사용되는 광범위한 경제적 수치보다 더 나은 지표가 될 수 있다. 나는 운송 분야의 통계 수치가 특히 유용하다는 것을 알게 되었다. 운송 분야는 경제의 최일선에 있는 경향이 강하기 때문이다. 항공교통 성장률의 둔화 현상은 경기 침체에 선행해 나타나는 것이 일반적이다. 예를 들면 영국에서 런던~에든버러 간 항공교통 통계는 경제 건전성을 파악하는 믿을만한 지표의 역할을 하고 있다.

거시 vs 미시

나는 투자자들이 정확한 GDP 성장률이나 올해 금리 인상 횟수 등 경제의 자질구레한 부분에 대해 걱정하느라 지나치게 많은 시간을 낭비하고 있는 것은 아닌지 의구심을 갖고 있다.

경제성장의 방향과 가속도(성장이 둔화하고 있든 가속화하고 있든)는 중요한 변수다. 그러나 경제활동의 추정치는 주식을 선별하기 위한 올바른 기초를 다지는 데 필요한 정도의 폭넓은 정확성만 제공할 수 있으면 된다. 이것은 롱온리 주식 포트폴리오에 필요한 현금 또는 헤지펀드 포트폴리오에서 매우 중요한 총 익스포저exposure(기업이나 개인이 외환 거래, 대출, 투자와 관련해 부담하게 되는 위험-옮긴이) 및 순 익스포저와 같은 자산 배분에서도 마찬가지다.

위험을 회피할 영역 또는 노출을 감수해도 좋을만한 영역을 식별하는 데 가장 유용한 것이 거시경제 구조에 대한 이해다. 특정 영역 및 테마 또는 지리적 위치에서는 리스크를 감수할 수도 있고, 또 다른 경우에는 회피하고자 할 수 있다는 얘기다. 예를 들어 경제 건전성을 이유로 미국을 선호할 수도 있으며, 오랫동안 금리가 낮았고 경기 주기의 후기에 있을 경우 경기가 둔화하면 정부의 재정 지출이 경제적 지원에 사용될 것이라는 예상하에 인프라 분야에서 위험에 노출되더라도 투자할 수 있다.

또한 가격 결정력을 테마로 기업을 찾을 수도 있다. 저성장 국가에서, 특히 디플레이션 환경에서는 판매량 증가가 이윤 증대로 이어질만한 수익 성장의 원동력이 되기에 충분치 않을 수도 있기 때문이다. 이런 선택을 종합해보면 최종 결론은 미국의 골재 생산 기업 중 하나인 벌컨머티리얼스Vulcan Materials의 주식으로 이어질 수도 있을 것이다.

거시경제가 아닌 주식에 집중하라

따라서 나의 견해는 시장 수준이나 GDP 성장률과 같은 거시경제학적 데이터보다는 자신의 포트폴리오에 포함되어 있는 주식의 가치 평가에 대해 고민하는 것이 훨씬 더 중요하다는 것이다.

2016년 투자자들에게 보내는 펀드스미스의 서신에서 테리 스미스는 거시적 요인에 관심을 두지 않는다고 밝혔다. 그는 2017년 시장과 기업에 영향을 미칠 수 있는 요인을 ① 영국의 유럽연합 탈퇴를 의미하는 브렉시트 ② 중국 ③ 인도의 '고액권 통용 금지 조치' ④ 프랑스의 대선 ⑤ 독일의 선거 ⑥ 금리 ⑦ 한국 ⑧ 트럼프 ⑨ 유럽중앙은행ECB의 양적 완화 ⑩ 시리아 ⑪ 유가 순으로 꼽았다.

스미스는 이러한 결과가 전부 혹은 일부를 예측할 수 있게 해준다고 하더라도 투자 측면에서는 크게 도움이 되지 않는다는 점을 지적하며 이렇게 말했다. "예측을 유용하게 활용하려면 그것이 거의 정확한 예측이어야 한다. 그뿐만 아니라 시장의 반응을 예측하기 위해서는 시장에서 일어날 것으로 예상되는 일을 측정할 필요도 있다. 부디 행운을 빈다."

2016년 1월 1일에 1926년 S&P 500 지수와 함께 다음과 같은 소식을 접했다고 상상해보라. 향후 12개월 이내에 중국의 신용 위기 공포가 찾아올 것이다. 전 세계적으로 10조 달러가 넘는 국채가 마이너스 이자율을 기록할 것이다. 일본의 중앙은행인 일본은행BOJ은 국채 이자율의 목표를 0퍼센트로 설정할 것이다. 영국이 국민투표 결과에 따라

유럽연합에서 탈퇴할 것이다. 도널드 트럼프Donald Trump가 미국 대통령으로 당선될 것이다. 당신은 S&P 500이 13퍼센트 가까이 상승할 것이라고 예측할 수 있었겠는가?

2016년 2월 중순, 중국의 디플레이션 공포가 정점에 이르렀을 때 S&P 500은 1829년과 같다는 소식을 들었다면 어떤가? 당신이라면 저점에서 거의 20퍼센트나 상승할 것이라고 예측할 수 있었을까?

2016년 초반, 헤지펀드 관계자들이 모인 만찬 석상에서 한 해의 출발이 좋지 못한 상태가 지속되던 상황에 연말의 시장 상승을 예측한 사람은 단 한 명이었다. 흥미롭게도 그는 헤지펀드가 아닌 롱온리 투자자였다.

신흥 시장의 경우도 마찬가지다. 2016년이 시작되던 시점에 중국의 1분기 성장에 대한 엄청난 공포, 유가와 원자재 가격의 폭락, 브라질과 한국의 대통령 탄핵 사태, 튀르키예에서 발생한 쿠데타 시도 등의 사건에 대해 이미 알고 있었다고 가정한다면 신흥 시장이 전 세계에서 가장 높은 성과를 올리며 두 자릿수 상승을 기록할 것이라고 예측할 수 있었겠는가? 주기적으로 움직이는 수많은 영역 및 섹터와 마찬가지로 신흥 시장에서 주가의 긍정적 움직임을 조장하는 데 필요한 것은 끔찍한 것에서 정말 나쁜 것으로 바뀌는 뉴스뿐이다.

대다수 전문가가 2016년 미국 대선에서 힐러리 클린턴이 승리할 것으로 생각했다. 실제로 트럼프의 승리를 예측한 사례는 찾아볼 수 없었다. 예전의 한 동료가 지적한 것처럼 브렉시트와 트럼프의 승리를 정확히 예측했다고 하더라도 정확한 결과를 도출하지는 못했을 것이다. 전문가들은 대부분 트럼프의 당선으로 주식시장이 폭락할 것이라고 생각했지만, 오히려 가파르게 상승했다. 트럼프가 수락 연설을 끝낸

후 영국 시간으로 오전 9시에 이미 그의 승리가 시장에 긍정적으로 작용했다는 것이 사실상 명확해졌다. 적어도 초기에는 말이다.

일부 주식 관리자들이 거시적 환경에 관심이 없다고 공언하는 것은 충분히 이해할 수 있다. 그렇다고 해서 거시경제를 완전히 무시해도 좋다는 말은 아니다. 자신의 포트폴리오를 구성하고 가장 수익률이 높은 투자 영역을 찾아내기 위해 경제 전망에 대한 견해는 필요하다.

주기

거시경제를 이해하기 위한 핵심은 주기를 살펴보는 것이다. 하워드 막스Howard Marks의 말처럼 현재 경기 주기의 어느 지점에 있는지를 이해하는 것이다.

주기가 다양한 데다 각각 나름의 시간적 범위가 있기에 이것은 그리 간단한 문제가 아니다. 나는 다음과 같은 주기의 기본 체계를 사용한다. 이것은 여러 명의 현명한 평론가로부터 차용한 것이다.

- **부채와 디레버리징deleveraging(부채와 차입을 줄여나가는 것-옮긴이) 주기: 이것은 브리지워터Bridgewater의 레이 달리오Ray Dalio에 의해 유명해졌다. 기간이 너무 길어서 즉각적으로 적용하기에는 적절치 않다.**
- **인구통계: 마찬가지로 장기간이다. 그러나 성장 방향을 이해하고 광범위한 성장 기대치를 설정하는 데 매우 중요하다. 그리고 매출액 추정에도 중요하다. 향후 10년간의 성장은 지난 10년보다 높을 것인가, 아니면 낮을 것인가? 여기에는 몇 가지 핵심 요소가 있다.**
  - **– 전체 인구통계와 인구 성장률**

- 16~64세 연령대에 속한 인구수: 즉 노동 가능 인구수
- 퇴직자 수: 2010년대 중반부터 미국의 베이비붐 세대는 매월 1만 명씩 은퇴하고 있다.
- 출산율: 미국의 15~44세 여성 100명당 출산율은 1960년대에 1.9퍼센트, 1970년대에 2.3퍼센트였던 반면, 2000년 이후로는 0.8퍼센트로 떨어졌다. 영·유아는 경제활동에 적지 않은 영향을 미치기 때문에 출산율은 경제성장에 매우 중대한 역할을 한다.
- 유사한 변수로 가계 형성을 들 수 있다. 가정을 꾸리는 것 또한 적지 않은 경제적 자극이다. 가계 형성이 둔화하면 경제성장 역시 활기를 띠지 못한다.

• 경기순환: 마지막 경기 침체기는 언제였으며, 다음번 경기 침체기는 얼마나 빨리 도래할 것인가? 경제학자들이 이것을 정확히 예측하는 일은 거의 없지만, 답을 찾아야 할 질문임은 분명하다.
• 비즈니스 주기: 개별 부문의 주기는 경제 전반의 주기와 다소 동떨어져 있다. 예를 들어 내가 동향을 추적하던 운송 부문은 경제를 주도하는 분야이기 때문에 예측이 쉽지 않다.
• 주식시장 주기: 강세장 혹은 약세장이 지속되는 동안 우리는 어디쯤에 있는가? 마찬가지로 경제 주기와 약간 다를 수 있다. 대체로 18개월 정도 앞선다.

현재 주기의 어느 위치에 있는가를 판단하는 좋은 방법은 한동안 억눌려 있던 수요, 즉 이연 수요를 고려하는 것이다. 경제학에서는 종종 간과하는 요소이기도 하다. 2010년 후반 미국의 경제 침체기를 예고하는 다음과 같은 특정 징후들이 있었다.

- 자동차의 수요가 감소했다. 그나마 전체 시장을 지탱한 것은 일반 승용차가 아닌 경트럭 매출이었다.
- 중고 자동차 가격이 하락세였다.
- 수요 감소로 인한 아파트 공급 과잉 조짐이 있었다.
- 상가 부동산의 경우 가치가 있는 장소를 제외하고는 임대하기가 어려웠다.

이처럼 다수의 징후가 나타난다면, 특히 미국과 같이 소비자가 주도하는 경제구조에서 그들이 고액 구매를 회피한다면 성장이 가속화할 가능성은 거의 없다. 물론 불가능한 것은 아니지만, 상당한 자극이 없다면 훨씬 어렵다는 것은 분명하다.

트럼프의 감세 정책과 높아진 소비자 신뢰도 덕분에 2018년 상반기 미국의 경제는 가속화되었다. 그러나 2020년 초반의 주기는 지속될 것으로 보인다.

정치

내가 1980년대 중반 주식시장에 처음 발을 들여놓았을 때 정치는 시장에 중대한 영향을 미치는 것으로 간주되었고, 영국 정부의 예산안 발표는 주요 사건이었다. 연구 부서 전체가 예산 조치와 그것이 주식에 미치는 영향을 상세하게 기술하는 상당한 수의 책을 제작하는 일에 관여했다.

내가 책의 편찬에 일조한 것은 1987년 2월이었다. 만화가 그려진 컬러 표지는 언제나 사전에 인쇄되었고, 주요 예산 조치는 예산안이 발표되는 전날 밤사이 그 위에 중복으로 인쇄되었다. 그해에는 나의 첫 번째 해외 마케팅 업무를 위한 미국 출장이 예정되어 있었다. 운 좋게도 나는 완성된 책을 들고 미국으로 향하는 콩코드기에 몸을 실었다. 당시 나에게는 엄청난 사건이었다. 영국항공이 기업공개를 앞두고 있던 때였고, 런던에서도 몇 안 되는 항공업계 애널리스트였던 나는 어렵사리 비행기의 조종석을 방문할 수 있었다. 당시 자리에 함께한 사람은 재규어Jaguar의 기술이사였던 짐 랜들Jim Randle이었다. 조종석은 매우 비좁았고, 수없이 많은 다이얼이 계기판을 뒤덮고 있었던 것으로 기억한다.

비행기가 착륙한 후 들고 갔던 책을 동료에게 전달했다. 영국의 예산안을 맨해튼에서 발표하는 것은 우리가 처음이었다. 그때는 이메일을 사용하기 훨씬 이전이었고, 팩스를 사용했는지도 확실치 않다. 상상해보라! 나는 유명한 투자 매니저인 하칸 카스테그렌Hakan Castegren을 만나기로 한 다음 일정을 위해 라과디아 공항으로 이동해 보스턴행 비행기에 올랐다.

당시에는 예산안에 관한 연구 자료의 중요성이 대부분의 예산 조치가 언론을 통해 사전에 유출되는 오늘날에 비해 훨씬 더 큰 것으로 간주되었다. 최근 들어 선거 결과에 따른 권력의 변화와 같은 특수하게 제한적인 경우를 제외하고 정치는 더 이상 주식시장에 그다지 중대한 요인이 아니다. 2016년까지는 그랬다. 정치와 정치적 리스크를 전면으로 옮겨놓은 것은 브렉시트와 트럼프였다.

미국의 정치 주기 • 전략가들은 종종 미국의 정치 주기에 대해 이렇게 말한다. "새로운 대통령의 취임 첫해는 긍정적이고, 3년 차에 정점에 이른다. 그리고 다음 선거를 위해 달려가는 4년 차에는 다소의 불확실성으로 인해 시장의 긴장감이 조성된다."

이와 같은 정치 주기는 일반적으로 특수한 지역 조건에 따라 달라진다. 선거 결과가 접전 양상을 보이거나 연립정부일 경우 불확실성이 증대하는 것 또한 여기에 포함된다. 정치적 사건은 블룸버그나 CNBC에서 시끄럽게 떠들어댈지언정 시장에 엄청난 영향을 미치는 사례가 거의 없다. 공화당과 민주당 대통령 간의 성과 차이는 단지 소음에 지나지 않는다는 말이다. 실제로 주식시장은 지난 100년 동안 민주당 집권하에서 더 나은 성과를 거두었다. 민주당 대통령 시기에는 거의 75퍼센트의 수익을 올렸다. 공화당 평균의 2배가 넘는다.

리스크를 이해하라 • 투자자는 정치색을 강하게 드러내지 않을 수 있다. 그렇게 하더라도 자신의 정치적 성향에 따른 투자 행위에 대해 금전적 대가를 지불할 고객은 없을 것이다. 정치적 사건의 확률을 추정하는 것은 극도로 어려운 일이다. 최근 영국과 미국의 선거에서 거의 모든 여론조사 결과가 완전히 빗나간 예측이었다는 것만 봐도 알 수 있다. 그러나 리스크에 대한 이해는 반드시 필요하다. 모두 동일하게 말이다. 비록 확률 계산은 불가능할지라도 리스크 및 보상 판단을 위한 기본 체계는 갖출 수 있다.

2016년 6월, 영국의 유럽연합 탈퇴를 결정한 국민투표는 정권 교체라기보다 실제로 경제적 변화를 불러일으킨 정치적 사건의 비교적 보기 드문 사례다. 영국 국내 주식은 강한 매도세를 보인 다음 빠르게 반등했다. 나는 어느 정도 신중함을 가지고 국민투표에 접근했다. 결과는 초박빙이었다. 투표 결과 잔류하는 것으로 결정될 가능성이 크고, 버클리홈스Berkeley Homes와 같은 주택 건설 기업의 주식이 10~15퍼센트 반등한다는 것이 나의 예상이었다. 만약 탈퇴하는 것으로 결정될 경우 주택 건설업체에 대한 공매도로 20~30퍼센트의 수익 달성이 가능해 보였지만, 비대칭적인 리스크가 존재했다. 나는 '탈퇴'가 '잔류'보다 2배 더 가능성이 있다고 잘못 보지 않았다.

브렉시트 국민투표 결과가 탈퇴로 나올 경우 파운드화의 급락 가능성이 상당히 크다는 것을 알고 있었기에 나는 영국에서 수출 역량이 높은 기업과 영국 이외의 지역에서 거둬들이는 해외 수익이 상당한 기업을 물색했다. 그런 다음 내 예상대로 투표 결과 영국이 유럽연합에 잔류하는 것으로 결정되는 경우에도 저평가되어 보이는 주식을 찾았다. 이런 이유로 나는 디아지오의 매수를 권유하게 되었다. 디아지오의 주가는 여러 가지 이유로 많이 하락한 상태였지만, 수출을 통한 수익률이 높고 해외 매출이 큰 비중을 차지하고 있었기 때문에 파운드화의 약세로 인한 수혜를 입을 수 있었다. 또한 고퀄리티이지만 상당히 안정적인 비즈니스는 이미 저평가되어 있었다.

만약 시장이 영국의 유럽연합 잔류라는 투표 결과에 빠르고 강하게 반응한다면, 비록 실적은 저조하더라도 주가는 여전히 상승했을 것이다. 그러나 그 결과가 탈퇴라면 유망한 투자가 되는 장점이 있었고, 순식간에 주가 상승으로 인한 수익률 20퍼센트 달성도 가능했다. 그리고 실제로 그렇게 전개되었다.

영국의 국민투표를 통해 교훈을 얻은 나는 2016년 미국 대선을 앞두고 매우 조심스러웠다. 누구도 트럼프의 승리를 예상하지 않았지만, 혹여라도 그의 승리로 결정되었을 때 곤란한 상황에 직면하고 싶은 사람도 없었다. 나는 선거 전날 스프레드 베팅spread betting(경기나 사건의 결과가 특정 범위 내에 들 것이라고 내기하는 것-옮긴이) 시장에서 약간의 돈을 걸었다. 트럼프의 승리에 걸었는데, 배당이 거의 6배에 달했다. 내가 그런 내기에 참여한 이유는 트럼프가 승리할 가능성을 눈치채서라기보다는 가격, 즉 배당이 잘못되었다고 생각했기 때문이다.

많은 국가에서 정치는 극도로 복잡하고 혼란스러워졌다. 선거를 앞두고 포트폴리오의 재정비는 반드시 필요하다. 예상치 못한 결과에 대한 보호막을 마련해야 한다는 의미다. 어떤 결과가 나오더라도 좋은 성과를 올릴 수 있는 주식을 보유하고, 어느 한쪽의 승리에 치우치지 말아야 한다.

결론

거시경제는 절대 쉽지 않다. 뛰어난 재능을 보유한 개인이 운영하는 많은 헤지펀드만 봐도 알 수 있다. 최근 몇 년 사이에 폐쇄되었거나 보잘것없는 수익만 올리는 펀드들 말이다. 내가 기대하는 최선은 거시적 환경에 대한 폭넓은 이해를 통해 리스크를 감수해야 할 때와 주의를 기울여야 할 때가 언제인지 직감적으로 파악하는 것이다. 어쨌든 그럼에도 거시경제는 주식 선별에 필요한 정보를 제공하며, 주식 투자자가 고려해야 할 중요한 요소임은 분명하다.

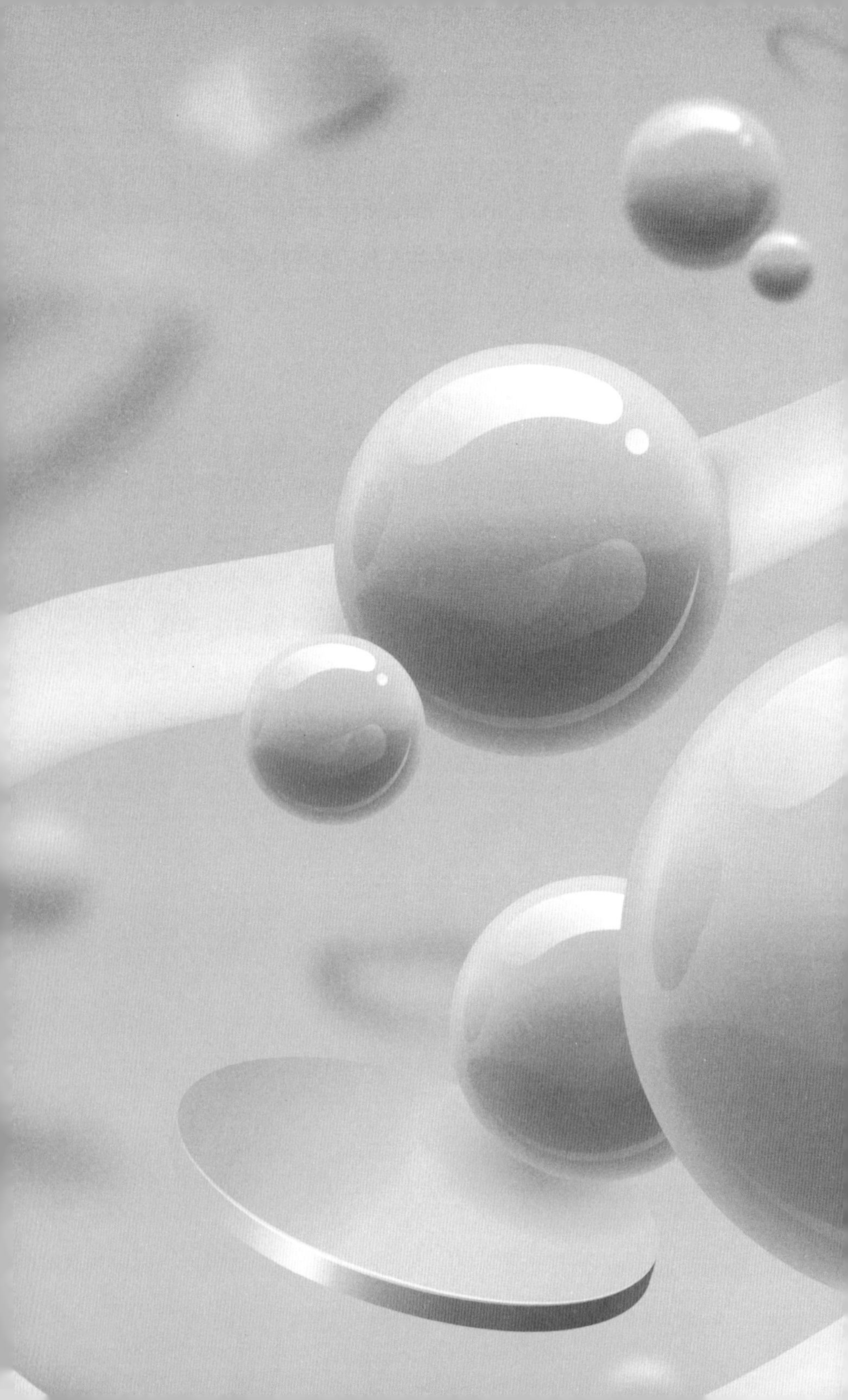

Next level

13장 전망

나는 지금까지 주로 투자은행을 위해 일했던 셀사이드 애널리스트와 헤지펀드에서 일했던 바이사이드 애널리스트로서 어떻게 업무를 수행했는지 설명했다. 이러한 업무는 세월의 흐름에 따라 그 성격이 변해왔다. 그리고 기존 기술도 여전히 일반적으로 유효하지만, 특히 21세기 최첨단 기술은 다음 세 가지 방식으로 기업 분석에서 점점 더 중요한 역할을 하고 있다.

1. 거의 모든 산업 분야에서 기업 대부분에 영향을 미치는 파괴

2. 기술 자체에 대한 분석

3. 새로운 방법의 이용

이 장에서는 투자자 대부분에게 단연코 가장 중대한 영향을 미치는 '파괴'에 초점을 맞출 것이다. 그런 다음 기술 회사에 대한 분석과 새로운 방법의 이용 방안에 대해 간략하게 논하고, 결론 부분에서 2020년대의 향후 10년을 전망하고자 한다.

파괴의 개념

평론가들은 1990년대 기술 붐의 과잉과 마케팅 메시지 노출 횟수의 가치에 대한 아이디어 그리고 그와 유사하게 난센스로 여겨지는 것들을 비웃는 경향이 있다. 그러나 아마존은 1999년 기술 붐이 절정에 달한 이후로 지금까지 주식시장을 훨씬 능가하는 실적을 보여왔다. 처음에는 90퍼센트 하락하고서도 말이다. 그리고 페츠닷컴Pets.com에 대한 그 모든 소동에도 불구하고 그와 동일한 비즈니스 모델인 츄위닷컴Chewy.com이 20년 후 30억 달러가 넘는 가격에 새 주인에게 팔릴 것을 깨달은 사람은 거의 없었다.

[표 13.1] 아마존의 연도별 주가

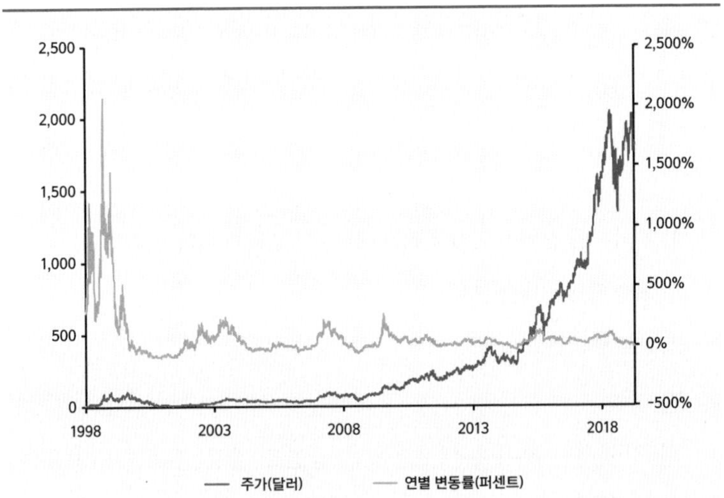

출처: 비하인드더밸런스시트에서 인용한 센티오 데이터

붐의 정점이 거품이 아니라는 얘기는 아니다. 어떤 거품이든 적어도 하나의 주식은 그 이후로 주식시장을 능가하기 마련이다. 내가 말하고자 하는 것은 아마도 1990년대가 완전히 미쳤던 건 아니었을 것이라는 얘기다. 확실히 많은 주식이 터무니없는 가치로 평가되었지만, 투자자들은 인터넷이 제공하는 기회와 인터넷이 안겨줄 파괴를 인식하고 거기에 큰 미래 가치를 부여한 것도 사실이다.

파괴의 문제는 오늘날 모든 애널리스트가 고려해야 하는 가장 중요한 영역 중 하나다. 여기에는 새로운 산업 진입자에게 제공되는 기회와 기존 기업에 가해지는 위협이 포함된다. 파괴는 미래 분석에서 핵심적 요소가 될 것이기 때문에 그 회사를 연구하는 접근 방식에서 벗어나 별도의 장에서 다루는 것이다.

기술주에 투자하는 방법은 그 자체가 책 한 권 분량이므로 이 장에서는 다루지 않는다. 또한 파괴의 여파가 어디에서 어떻게 나타나는가의 문제도 이 장에서 크게 언급하지 않을 것이다. 대신 파괴에 대한 나의 주관적 생각을 중심으로 함께 토론해보고자 한다. 이것은 과학이라기보다 예술에 더 가깝다. 정해진 규칙이 존재하지 않는 영역 말이다. 다만 나의 실제 경험에 근거한 사례들이 도움이 되길 바란다.

여기에서 나는 판도를 바꿀만한 발명 혹은 발전을 포착하는 것이 투자자와 업계 종사자 모두에게 얼마나 어려운 일인지, 그런 발전이 미래에 미치게 될 영향력에 대한 평가는 또 얼마나 어려운지, 그리고 포트폴리오에 포함된 주식에 가해질 위협은 어떻게 평가할 것인지에 대해 논의하고자 한다.

파괴는 그럴만한 자격이 없음에도 불구하고 많은 투자자를 영웅으로 만들었다. 적어도 내가 보기엔 그렇다는 얘기다. 그들은 단지 운 좋게 파도를 잘 탔을 뿐이다. 또한 매우 현명한 몇몇 투자자를 바보로 만들기도 했다. 나 역시 순전히 운이 좋아서 바보처럼 보이는 것도 피할 수 있었고, 영웅이 되는 것도 참담하게 실패했음을 인정하지 않을 수 없다. 지금까지 내가 선택한 접근법은 지나치게 보수적이었다.

파괴의 속성

베네딕트 에반스Benedict Evans는 실리콘밸리의 동종 업계에서 가장 크게 성공을 거둔 벤처캐피털 회사 앤드리슨호로위츠Andreessen Horowitz의 전 파트너이자 전략 전문가다. 그의 블로그에 등록된 이메일만 해도 13만 개가 넘는다. 그가 그 훌륭한 테슬라 관련 글을 작성한 것은 2018년 8월이었다. 그는 테슬라를 파괴적 세력으로 평가했고, 자동차 산업계의 아이폰iPhone과 같은 존재가 될 기회를 아주 정확하게 일축했다. 그 글은 시장에 대한 진정한 파괴적 영향력을 갖추기 위해 필요한 것에 대해 매우 통찰력 있는 논평을 제공하고 있기에 분명 읽어볼만한 가치가 있다.+ 베네딕트는 나와 친구가 되었다. 가까이에서 보니 그는 정말 뛰어난 인물이었다.

그 글에서 그는 노키아Nokia가 그다지 좋은 전화기가 아니라는 이유로 아이폰을 무시한 사실을 지적했다. 마찬가지로 자동차 제조사들이 2018년 여름에 모델 3가 텐트에서 생산되고, 단차가 발생했다는 이유로 테슬라를 무시했다는 것이다. 그의 글을 계속 읽어보자. "테슬라가 아이폰이 해당 영역에서 보인 것과 같은 진정한 파괴자의 면모를 보일 것인지는 두고 볼 일이다. 하지만 사실 그럴 가능성은 희박하다는 것이

+ Benedict Evans, 'Tesla, software and disruption', https://www.ben-evans.com/benedict-evans/2018/8/29/tesla-software-and-disruption.

나의 판단이다. 그 이유는 자동차 산업의 순전한 규모도 그렇고, 전기차의 기술 혁신에서 기존 업체들이 테슬라에 비해 점점 불리한 상황에 직면할 수 있지만 다른 모든 영역에서 엄청난 이점을 누리고 있다는 사실을 고려할 때 그렇다."

파괴의 개념은 새롭게 등장한 시장 진입자와 아이디어 혹은 방법론이 산업 분야의 경쟁 구도를 변화시키는 것이다. 아이폰을 예로 들면 우선 애플은 전화기 제조에 그리 뛰어나지 못했다. 노키아의 소프트웨어 제작 기술은 형편없는 수준이었다. 그러나 언젠가부터 전화 통화가 전화기의 부수적 목적이 되어버렸다. 그것은 도저히 예측하기 어려운 변화였다.

때때로 새로운 기술이나 아이디어가 그다지 파괴적이지 않은 것으로 드러나기도 한다. 일반적으로 공급망이나 유통, 소매 단계에서 어느 정도 영향력이 발휘되기는 하지만 기존 기업들이 적응하는 법을 빠르게 학습하기 때문이다. 파괴적 기술의 영향력을 평가하는 일이 매우 어려운 이유도 여기에 있다. 종종 새로운 기술이나 아이디어의 창시자와 최대 수혜 기업이 일치하지 않는 경우도 있다. 베네딕트가 지적한 것처럼 애플은 PC를 발명했지만, 얼마 버티지 못하고 뒷전으로 밀려났다. 주요 수혜자는 IBM이나 델Dell과 같은 하드웨어 제조 기업도 아니었다. 물론 두 기업 모두 이후 장기간에 걸쳐 막대한 이득을 얻기는 했지만 말이다.

애플의 발명으로 가장 큰 이득을 본 회사는 마이크로소프트였다. 주목할 것은 마이크로소프트가 열등한 소프트웨어로 승자가 되었다는 점이다. 엑셀Excel은 로터스 1·2·3Lotus 1·2·3에 비하면 형편없는 수준의 복사본에 불과했고, 로터스 노츠Lotus Notes는 이메일 소프트웨어 중 최강의 성능을 보유하고 있었다. 그러나 로터스는 인수 합병 이후 IBM의 막강한 재정적 뒷받침에도 불구하고 결국 사멸하고 말았다.

이러한 결과는 애플 2eApple IIe의 출시 이후 수년 동안 터무니없다고 여겨졌을 것이다. 어떤 면에서는 우수한 제품이 승리하지 못한 사실은 여전히 놀라운 일이다. 개인적으로는 실망스럽기까지 하다. 나는 로터스 제품을 훨씬 더 선호했고, 30년이 지난 지금 내가 사용하고 있는 마이크로소프트의 제품은 여전히 열등하니 말이다. 그러나 사전 패키지 또는 번들 소프트웨어로 무장한 윈도우Windows의 힘 앞에서 단일 제품의 성능은 단숨에 제압당했다. 그런 결과의 예측이 매우 어려운 이유가 바로 이것이다.

2010년 후반 〈파이낸셜 타임스〉의 전면 기사에서 아이패드의 출시에 관한 기사를 읽고 큰 소리로 이렇게 질문한 기억이 있다. "아이패드가 어떤 용도로 쓰일지 아는 사람 있나요?" 그러자 동료 중 한 사람이 "런던에서 큰 집을 살 여유가 없는 사람들이 서재를 둘만한 공간이 없는 작은 집에서 책 읽을 때나 사용할 것"이라고 대답했다. 엄청나게 건설적이지는 않지만, 여기에서 이것을 언급하는 이유는 당시로서는 수년 후 내가 거의 모든 회의에서 '아이패드를 사용하지 않는' 희귀한 사람 중 하나가 될 것이라는 상상 자체가 불가능했음을 설명하기 위해서다. 이것을 알았다면 나는 몰스킨Moleskin 노트북의 매출을 부정적으로 예측했을 것이다. 그러나 몰스킨 노트북의 인기는 여전한 것으로 보인다. 특히 콘퍼런스 참가자들에게 선물용으로 나눠주기에 안성맞춤인 제품이다. 이처럼 파괴를 측정하는 것은 절대 쉬운 일이 아니다.

파괴는 어떻게 소매 투자에 영향을 미치는가?

기존의 비즈니스 모델이 온라인 비즈니스라는 새로운 경쟁 상대와 맞닥뜨린 지금, 파괴는 투자자들이 고려해야 할 핵심 리스크 중 하나가 되었다. 그런 현상이 가장 두드러지는 비즈니스가 바로 소매 부문이다. 특히 오프라인 상점이 과도하게 많은 미국은 더더욱 그렇다. 투자회사 카우언Cowen은 2017년 인구 1인당 소매 상점의 공간이 영국과 독일은 각각 약 427제곱미터, 약 223제곱미터인 데 비해 미국은 약 2,183제곱미터인 것으로 추정했다.

미국은 근로자 10명 중 한 명이 소매업에 종사하고 있어 소매 부문이 위축될 경우 경제가 심각한 타격을 입는다. 실례로 13D리서치에 따르면 2017년 4월까지 6개월간 미국의 석탄 산업 분야에서 새롭게 채용된 근로자보다 소매 부문에서 일자리를 잃은 근로자의 수가 더 많았다. 소매 부문에서 일자리를 잃은 근로자의 4.2퍼센트만이 운송 및 물류 부문으로 이동했으며, 이는 명확한 온라인 대체 역할이다.

오프라인 소매 기업은 어쩔 수 없이 비즈니스를 온라인으로 전환하며 대응했지만, 부적합한 공급망 구축 문제와 더불어 제대로 대처할 만한 역량을 갖춘 기업은 극소수에 불과하다. 2017년 프라이스워터하우스쿠퍼스PwC와 JDA소프트웨어JDA Software에서 실시한 설문 조사에 따르면 전 세계 350개의 소매 기업 중 온라인 판매를 통해 수익을 창출하는 곳은 고작 10퍼센트에 불과하다. 놀라운 수치이기는 하지만, 대다수 소매 기업에서 운영하는 무료 반품 정책(의류, 신발 등)과 일반적으로 매우 낮은 판매 수익률을 고려할 때 이해하지 못할 것도 없다.

이것은 점차 경험적 사회로 바뀌면서 찾아온 소비 형태의 변화와 결합한다. 2016년 처음으로 미국 소비자들이 식당이나 술집에서 지출한 돈이 식료품 가게에서 지출한 액수를 초과했다. 특히 젊은 소비자들은 온라인에서 더 많이 지출한다. 그들은 일찍 결혼하지 않는 데다가 결혼 후 출산하는 자녀 수도 더 적고, 더 작은 집에서 산다. 이 모든 것이 소비재 판매를 감소시키는 요인이다.

한편 영어권 경제체에서 소비자들이 지출을 위해 대출을 늘리면서 신용 한도가 점점 나빠지고 있는데, 이는 무작정 지속될 수 없는 추세다. 미국의 경우 학자금 대출, 자동차 대출, 신용카드 대출 등으로 인해 전반적인 신용 지표가 악화하는 징후가 나타나고 있다.

이는 소매 부문에 대한 투자를 매우 어렵게 만든다. 특히 소매 부문 산업이 이분화되고 있어 더더욱 어렵다. 한쪽에서는 영국의 마크스앤드스펜서Marks & Spencer와 같은 기존 소매 기업이 소비자들에게 외면당하며 과거 전성기에 견줄 수 없는 극히 저조한 등급인 데 반해 다른 한쪽에서는 온라인 소매 기업들이 시장의 사랑을 독차지하며 종종 하늘을 뚫을 듯한 높은 등급을 자랑한다. 솔직히 말해 이렇다 할 해명을 내놓기 어려운 현상이다. 어쩌면 지속되기 어려운 현상으로 드러날지도 모를 일이다.

실례로 영국의 온라인 소매 기업 아소스ASOS의 주가는 수익 경고를 발표하고 연 매출 증가 추정치 20~25퍼센트를 15퍼센트로 하향 조정한 이후 40퍼센트나 급락했다. 연 매출 증가 추정치의 수정은 중대한 변경 사항이며, 가치 평가 배수가 매우 높은 소매 기업이라는 점에서(2018년 9월 아소스의 P/E 배수는 약 80배에 달했다) 주가 하락은 그리 놀라운 일도 아니다.

기술의 영향력

주식시장은 파괴적 위협을 재빨리 인지하지 못할 수도 있다. 그러나 그것을 인지하는 사람들의 수가 점점 늘어나고, 주가 하락이 가속화하면서 주가에 미치는 영향은 갑작스럽고도 급격하게 나타날 수 있다. 우리는 이미 수년 전 전기차와 자율주행차라는 두 가지 테마가 주요 관심사로 대두되었던 자동차 산업 부문에서 그 실제 사례를 지켜본 바 있다.

나는 자율주행차가 인터넷의 발전과 유사한 거대한 변화라고 믿는다. 부동산에서 운송까지 모든 투자 부문에 걸쳐 엄청난 파문을 불러일으킬 변화 말이다.

전기차가 초반부터 파괴적 세력으로 간주되었던 것은 아니다. 2010년대 중반의 컨센서스는 전기차 보급률이 2025년까지 5퍼센트 미만에 불과할 것이며, 10년 후에는 BMW나 메르세데스 등 업계를 주도하는 자동차 회사들이 약 20퍼센트의 판매 점유율을 차지할 것이라고 예측한 바 있다.

그러나 전기차 가격이 배터리 기술의 발전에 좌우되고, 코발트 공급의 제약을 극복하거나 피해갈 수 있다는 가정하에 기술 산업의 진화를 쫓아갈 확률이 높을 것으로 보인다는 사실을 고려할 때 시장점유율이 그렇게 낮을 것이라는 예측은 실현 가능성이 크지 않다. 배터리 가격이 현저히 낮아지면 전기차 가격 또한 내연기관 자동차보다 훨씬 저렴해질 것이다. 적어도 전생애 보유 비용whole-life cost 측면에서는 말이다. 그 시점에 이르면 예상을 뛰어넘는 수준의 보급률은 필연적 결과일 것이다. 이미 순수한 전기차를 위한 플랫폼 개발은 과다할 정도로 진행되고 있다.

전기차의 정확한 침투 곡선은 보다 전통적인 경기순환 섹터 및 부동산과 같은 3차 산업에 대한 투자 시사점을 이해하는 것과는 관련성이 낮다. 자율주행차가 보편화되면 주차에 쓰이던 많은 공간의 용도가 변경될 수 있기 때문이다. 주식시장의 컨센서스 또한 자율주행이 점점 현실화되기 시작한 2010년대 후반부터 변화 속도가 빨라지고 있다는 사실을 받아들이기 시작했다. 주식시장은 전기차 보급에 대해 과소평가했으며, 자율주행차 도래 시기에 관해서는 지나치게 낙관적이었다는 것이 내 생각이다.

베네딕트 에번스를 처음 만났을 때 나는 엄청나게 많은 메모를 했다. 그는 온갖 종류의 기술 동향에 대한 놀라운 통찰력을 보여주었다. 그와 함께 커피를 마시며 우리가 살아가는 세상에서 무슨 일이 일어나고 있는지 서로 의견을 나눈 1시간은 나에게 매우 흥미로운 시간이었다. 나는 독자들이 미래 기술 발전의 영향을 평가하는 어려움과 복잡성 그리고 그것이 투자자들에게 어떻게 중대한 위험을 초래하게 될 것인지 이해하는 데 그때의 기록이 도움을 줄 수 있다고 생각했다. 실제로 자신이 과거에 얼마나 잘못 생각하고 있었는지 되짚어보는 것은 매우 훌륭한 학습법이며, 과도한 자신감이 불러올 수 있는 위험을 줄여준다. 일반적 논평이 순식간에 구식이 되어버리는 기술 파괴의 영역에서 유용한 기법이기도 하다.

2017년, 나는 당시 경영 컨설팅 기업 액센처Accenture가 디지털 에이전시를 인수하는 것을 보며 대형 광고 기업들이 위기에 노출되었다고 판단한 월 스트리트의 관점이 잘못된 것이 아닌가 생각했다. 또한 중개인을 배제하고 구글과 협업을 통해 자사 광고를 디자인하고 게재하려는 현대Hyundai의 행보를 걱정스럽게 지켜보았다. 흥미롭게도 월 스트리트의 관점은 지나치게 단기적이었으며, 보다 심각하고 장기적인 문제가 있다는 것이 밝혀졌다. 말하자면 이런 것이다.

1. 아마존: '대시 버튼Dash Button'은 이러한 추세를 보여주는 좋은 사례다. 가정용 세제 브랜드인 타이드의 대시 버튼을 소비자의 세탁기에 부착하기만 하면 아마존은 제조사인 프록터앤드갬블 제품의 중개자 역할에서 벗어날 뿐만 아니라 광고 에이전시가 되는 것이다.

2. 세상을 집어삼키는 이동통신: 소셜 미디어를 통한 광고가 점점 늘어남에 따라 광고 에이전시의 불필요성이 증가하고 있다. 여행사들이 직면한 현상도 이와 다르지 않다.

3. 텔레비전의 종말: 텔레비전 시청 시간이 빠르게 줄어들고 있다. 인터넷이 인쇄물을 없애는 수년 동안 텔레비전은 그나마 입지를 지키고 있었지만, 이제는 같은 방향으로 흘러가고 있다. 넷플릭스와 아마존은 콘텐츠 소비 부문에서 HBO를 추월했다. 게다가 넷플릭스와 아마존에는 광고도 없다.

4. 광고비의 50퍼센트만 외부 마케팅에 대한 지출이다. 나머지 50퍼센트는 광고 수수료를 포함하지 않는 쿠폰, 상품 진열, 매장의 판촉 활동에 쓰인다. 온라인 소비가 증가하고 아마존을 찾는 소비자가 늘어남에 따라 마케팅 부서의 A&P(광고와 판촉) 투입 금액 또한 감소할 것이다.

5. GDP에서 광고가 차지하는 비율은 수십 년 동안 변동이 없었다. 향후 10년 내에 분명 감소할 것이다.

이에 대한 반대 주장도 없지 않다. 회사가 소비자들에게 자사 브랜드를 홍보하는 데 있어 광고와 A&P 지출의 전통적 역할이 더 이상 중요하지 않은 환경에서 광고 에이전시를 비롯한 그와 유사한 중개자 역할의 중요성은 감소하는 것이 아니라 오히려 증가할 것이다. 소비자의 마음을 끌어당길 수 있는 더욱 창의적인 방법이 필요하기 때문이다. 시장은 축소될 수 있지만, 텔레비전 광고의 가치는 점점 높아질 것이다.

영국의 텔레비전 광고에서 그런 징후들을 찾아볼 수 있다. 더 화려하고 더 창의적인 광고들이 제작되었다. 2016년 크리스마스 광고비로 지출한 내역을 살펴보면 56억 파운드(+5퍼센트)의 범위에 존루이스John Lewis(700만 파운드), 마크스앤드스펜서(700만 파운드), 버버리Burberry(1,000만 파운드), 심지어 히스로 공항까지 포함된다.

베네딕트와 나는 자동차업계와 전기차 및 자율주행차에 대해서도 의견을 나누었다. 나는 오랫동안 OEM사(주문자 상표 부착 생산 기업. 예컨대 포드, GM 등)들이 위협을 받고 있다는 견해를 유지해왔다. 전기구동장치와 자율주행이라는 두 가지 영역 모두에서 막대한 기술 개발 비용을 지출해야 하기 때문이며, 이는 무시할 수 없는 잠재적 부담이다. 베네딕트는 전기차를 더 큰 위협으로 보고 있으며, 내 의견 또한 다르지 않다.

완전한 자율주행이 실현되기까지는 앞으로 10년 혹은 그 이상의 시간이 걸릴 것이지만, 그사이에 분명 중대한 진전이 있을 것이다. 자율주행 트럭이 바로 그것이다. 고속도로는 자율주행차에 최적화된 주행 환경이다. 여전히 운전자가 탑승할 테지만, 그는 운전실에서 잠을 잘 것이다. 결론적으로 말하사면 훨씬 더 긴 장거리 주행이 가능해질 것이라는 얘기다. 군집 주행(여러 대의 트럭을 일원화된 제어 시스템으로 묶어 일정 간격을 유지하며 주행하는 것)은 연료 소비를 절감시킬 것이고, 이것은 시장 규모가 8,000억 달러에 이르는 미국에서 조만간 실현될 것이다. 아마존이 물류 개선 노력을 집중할 부분 또한 바로 이것이다. 트럭용 우버Uber for trucks는 단순한 비즈니스가 아니며, 적지 않은 시도도 있었다. 그러나 아마존이 보유한 장점은 상당한 규모의 운송 물량이 이미 내부적으로 존재한다는 것이다.

비록 완전한 자율주행차가 먼 미래의 일이라 해도 제조 기업과 부품 공급 기업들은 상당한 규모의 기술 개발 비용을 지출해야만 한다. 연구 개발에 대한 투자 비용의 점진적 증가가 소비자가 자동차에 더 많은 돈을 지불하길 원하는 결과로 이어지지는 않을 것이므로 판매 수익률의 감소는 불가피하다.

자율주행차의 발전은 점진적일 것이다. 전 세계의 모든 운전자가 일제히 자동차 열쇠를 내려놓고 2040년 1월 1일을 기점으로 우버의 자율주행차로 전환하는 빅뱅은 일어나지 않을 것이라는 얘기다. 그보다는 애리조나의 피닉스처럼 자율주행차의 주행에 보다 적합한 기후와 지리적 조건을 갖춘 도시가 얼리 어답터가 되고, 이후로 하나둘씩 사용자가 늘어나는 점진적이고 단계적인 전환이 이뤄질 것이다. 따라서 우리는 그것이 부동산, 운송 등 다양한 산업 부문에 어떤 영향을 미치는지 장기간에 걸쳐 관찰해야 한다. 짐작하건대 그 결과는 실로 엄청날 것이다.

아마존의 위협

베네딕트와 의견을 나누며 기록한 메모가 독자들에게 도움을 줄 것이라 생각한 것과 비슷한 맥락에서 아마존의 전 고위 경영진 출신인 지인과 나누었던 대화를 요약 정리해본다. 기술의 발전에 대한 고민이 왜 중요한지, 파괴에 대한 예측이 얼마나 어려운지, 그리고 아마존이 놀랍도록 성공적인 비즈니스를 누릴 수 있는 이유가 무엇인지 보여줄 수 있을 것이다.

시장 지위 • 2016년 미국 온라인 시장에서 아마존은 50퍼센트가 넘는 점유율을 달성했다. 그들은 이 성공을 여러 가지가 조합된 결과라고 강조했다. 말하자면 다음과 같은 것이다.

- 맹렬한 최저가 우선 정책: 아마존은 평판이 좋은 경쟁사에 뒤지지 않을 것이다.
- 타의 추종을 불허하는 방대한 선택 기회: 제공하는 상품의 종류가 1억 8,000만 SKU stock keeping unit(유통업계에서 개별 상품의 재고 추적 관리를 위해 사용하는 기본 단위-옮긴이)에 달하는 영국 사이트가 있다. 짐작하건대 아마존의 그것은 가장 가까운 경쟁사의 100배에 이른다.
- 유료 구독 서비스 '프라임Prime': 고정 가격은 고객들이 더 광범위한 구매 활동을 통해 이 비용을 상쇄하도록 장려하며, 반드시 아마존을 제일 먼저 방문하도록 만든다. 프라임은 비디오, 음악, 킨들 대출 도서관 등 혜택 적용 대상을 지속적으로 확대하고 있다.
- 제3자 판매: 전체 주문량의 절반을 자치하는 만큼 매우 중요하다.
- 배송 속도

브랜드 • 소위 브랜드 기업에 아마존은 엄청난 위협이 된다. 진정한 차별성을 가진 브랜드나 충분한 마케팅 역량을 보유하고 있다면 이런 위협에 저항할 수 있을 것이다. 나이키가 아마존에 굴복한 것은 이런 역학 구조를 입증하는 사례다. 나이키는 아마존에 자사 제품의 공급을 보류하다가 결국 백기를 들고 판매를 허용해야만 했다. 아마존이 포기할 수 없을 정도로 중요했기 때문이다. 유사한 제품을 판매하는 대다수 브랜드는 상당한 압박감을 느낄 것이다.

중국의 위탁 제조업체가 만든 제품을 생각해보자. 중국 업체는 아마존 시스템 내 중개인을 활용해 최소한의 이윤으로 동일한 제품을 공급할 수 있고, 상당한 할인으로 소비자를 유혹한다. 시간이 지나면서 고객들은 중국 업체가 만든 제품과 원래 브랜드 제품 사이에 차이점이 별로 없다는 것을 알게 되고, 결국 좀 더 저렴한 제품으로 갈아탈 것이다. 전자 제품 부문에서 그랬던 것처럼 브랜드 제품 또한 범용화를 경험할 것이다.

식료품 • 아마존은 신선 식품 공급망 확보 차원에서 160억 달러에 홀푸드마켓Whole Foods Market을 인수했다. 자체적으로 유기적 조직을 구축하려고 했다면 수십 년은 걸렸을 것이다. 이는 아마존이 영국의 식료품 유통업체 모리슨과 협력하기로 한 동인이기도 하다.

아마존의 입장에서는 소비자가 가장 많은 지출을 하는 품목인 식품 사업을 배제할 수 없다. 대수의 법칙에 직면한 아마존은 장기적 성장을 유지하기 위해 식품 사업이 필요하다. 식료품 배송은 본질적으로 매력적인 사업은 아니다. 고객이 직접 상품을 골라 담아 들고 가는 상점들과 경쟁해야 하기 때문이다. 월마트와 테스코는 수십 년간 누적된 경험을 통해 운영 방식을 개선해왔지만, 여전히 수익률은 매우 낮다. 다양한 종류의 비신선 식품을 대상으로 한 식료품 배송이 오히려 합리적일 수 있으나 아마존의 사례를 보면 그리 성공적인 것도 아니다. 아마존은 오프라인 식료품 매장인 아마존프레시Amazon Fresh에 대한 관심을 끌기 위해 고군분투하고 있다.

식료품을 위한 올바른 경제적 모델은 존재하지 않을지도 모른다.

절대 만만치 않은 독립적 비즈니스이며, 슈퍼마켓은 배송 업무를 위한 금전적 지원을 제공한다. 슈퍼마켓은 반품 요청을 받았을 때 실제 상품을 되돌려 받는 대신 현금을 환불해주는 경향이 있으며, 이는 추가적 수익률 감소 원인이다.

서비스 • 킨들다이렉트퍼블리싱Kindle Direct Publishing, KDP은 자가 출판을 위한 주요 플랫폼으로 변모했다. 일반 출판사의 경우 책을 출간한 베스트셀러 저자에게 돌아가는 몫이 15~30퍼센트에 그치는 반면, KDP에서는 저자가 직접 가격을 설정할 수 있고 소매 가격의 70퍼센트가 저자의 몫이다. 2015년 아마존 상위 100개의 저작물 중 31개가 자가 출판된 책이었다.

음악 서비스는 무료다. 그러나 아마존은 음악을 많이 듣는 소비자가 일반 소매 물품을 구매하기 위한 지출도 많이 하는지, 그리고 개별 상품에서 창출하는 수익이 없더라도 음악 소비자들이 전체 생태계에 부가가치를 더할 수 있는지를 평가하기 위해 매우 신중하게 측정한다.

동영상 서비스에서 넷플릭스와 아마존은 음식이나 와인과 같은 틈새 채널을 시작할 수 있는 여력이 있다. 만약 2만 명의 구독자를 확보할 수 있다면 그들에게는 나쁘지 않은 비즈니스다. 다른 방법으로는 그 정도의 구독자 수를 달성할 수 없을 것이며, 기존 방송사에서는 시도할 수 없는 사업이다.

다양한 비즈니스에서 아마존의 전략을 검토하는 일에는 상당한 시간이 소요된다. 그러나 다른 산업에 미치는 영향이 지대할 수 있다는 점에서 발전 과정을 지켜보는 것이 중요하다. 아마존이 특정 분야에 관심을 두고 있다고 언급하는 것만으로도 주가를 요동치게 만들기에 충분하기 때문이다.

벤처캐피털

앞서 나의 투자 포트폴리오에서 일정 부분은 벤처캐피털과 사모펀드에 할당되어 있다고 언급한 바 있다. 나는 벤처캐피털 세계와의 접촉을 유지하는 것은 상장 주식 전문 투자자에게 필수적이라고 확신한다. 거기에는 두 가지 중요한 이유가 있다.

1. 정보 우위에 따르는 이점은 점차 희소해지고, 어떤 정보든 순식간에 판독할 수 있는 인공지능을 앞세운 투자 자동화는 정보의 중요성을 더더욱 감소시킬 것이다. 따라서 장기적 관점의 투자 전망을 제시할 수 있는 능력이 전문 투자자에게 더 나은 차별화 요소가 될 확률이 높다. 그렇게 하기 위해서는 한발 앞서 생각할 수 있는 역량이 필요하다.

2. 이에 더해 기술이 급속도로 발전하고 모든 게 빠르게 변화하는 세상에서 앞으로 일어날 수 있는 일에 대해 파악하는 것은 필수적이다. 그렇지 않으면 그것은 곧 투자에 대한 위협이 될 것이며, 대처할만한 시간도 없을 것이다.

내가 선택한 방법은 런던의 파운더스팩토리Founders Factory와 같은 벤처캐피털 회사나 베네딕트 에번스와 같은 애널리스트 그리고 신생 기업이나 벤처기업에 투자하는 엔젤 투자자들과 지속적인 교류를 이어가는 것이다. 스타트업에 직접투자를 하는 것도 내가 선택한 방법에 속한다. 스타트업 중 몇몇은 기존 모델을 구식으로 만들어버릴 수 있는 혁신성을 갖추고 있다. 다가올 위협을 인지하고 있다는 것은 주식에 관한 긍정적 또는 부정적 시나리오를 평가하는 데 매우 유용하다.

새로운 스타트업과의 만남은 사람들이 무엇을 꿈꾸고 있는지 알아볼 유용한 기회를 제공한다. 물론 그중에는 터무니없는 사업 계획도 있다. 실제로 나에게 투자 제안을 해온 삭스바이포스트닷컴socks-by-post.com 처럼 말이다. 그러나 때로는 그럼으로써 발전에 대한 통찰력을 얻기도 한다. 그렇게라도 접하지 못했다면 발견하지 못했을 깨달음이다.

일례로 인재 채용 분야의 중요한 발전이라고 기억하는 제안서가 있었다. 기존의 직업소개소를 대체할 수 있는 무료 구인 게시판을 성공적으로 구축한 사례였다. 내가 그 회사에 투자하지 않은 이유는 20년 전의 경력을 허위로 기재한 창업자의 부인이자 파트너의 이력서 때문이었다. 왜 거짓 경력을 기재했는지는 알 수 없으나, 그 사실을 알게 된 후 신뢰할만한 가치가 없어 보였다.

그들의 무료 구인 게시판은 기본적으로 전문 인력을 하위 분야별로 분류함으로써 고용주에게 전체 후보자 명단과 무료 광고의 기회를 제공했다. 보다 복잡한 절차를 필요로 하는 20퍼센트의 직업군에 대해서는 고용주에게 500파운드 정도의 이용료를 부과하고, 자체적으로 보유한 이력서 데이터베이스는 물론 다른 데이터베이스까지 검색해 적절한 후보자를 찾아주는 서비스를 제공했다. 인공지능의 발전과 더불어 이와 같은 프로세스는 매우 효과적일 것으로 보였다.

그들은 한 잠재 고객을 위해 연봉 8~10만 파운드 수준의 마케팅 책임자 후보를 검색한 결과를 대표적 사례로 제시했다. 세계적인 인재 채용 대행사 헤이스Hays를 비롯해 여타의 이력서 데이터베이스를 활용했기 때문에 그들의 최종 후보자 명단은 값비싼 수수료를 내야 하는 헤드헌터의 그것과 정확히 일치했다. 헤드헌터 이용 비용이 2만 7,000파운드인 데 비해 그들이 부과하는 서비스 이용료는 500파운드에 불과했다.

그 후로 나는 인재 채용 대행사의 수수료가 장기적이고 지속적으로 낮아질 수도 있겠다고 생각했다. 브렉시트 이후 저점 대비 50퍼센트의 급성장을 달성한 헤이스는 브렉시트에 대한 지나치게 낙관적인 정서의 악화와 장기적 관점에서 본 수수료 압박의 충격파에 취약한 모습을 보였다. 그 벤처기업을 만나지 않았더라면 나는 이 잠재적 리스크를 파악하지 못했을 것이며, 그 자체로 충분치 않은 가치 평가 외에 투자를 고려해야 할 다른 어떤 이유도 찾지 못했을 것이다.

파괴의 근원이 되는 기업

분명히 인지해야 할 장기적 요인은 순이익률의 속성이다. 사상 최고치에 도달한 미국 기업의 수익과 순이익률은 평균 회귀 등의 가능성에 대한 수많은 논평을 불러일으켰다. 이런 결과에 영향을 미친 몇 가지 동시대적 요인이 있다는 것이 내 생각이다.

첫째, 고수익 기술 기업이 증가한 점이다. 구글이나 페이스북(현 메타)과 같은 기술 기업은 많은 자본이 필요하지 않고, 이익률은 매우 높다. 물론 결과적으로 그보다 훨씬 낮은 수익과 이윤을 취하는 파괴적 비즈니스가 많다는 점에서 이것이 유일한 이유는 아닐 것이다.

둘째, 많은 산업 분야에서 집중화가 증가하는 현상이다. 이런 현상을 측정하기란 쉽지 않지만, 지난 20년간 미국의 상장 기업 수가 거의 절반으로 줄어든 것으로 보아 이전과 비교해 산업 간 통합이 더욱 활발히 이루어졌을 가능성이 크다. 덧붙이자면 사모펀드 소유 기업이 증가했다는 말이기도 하다. 사모펀드 소유 기업은 장기적 사업 건전성에는 관심이 적고, 단기적 현금 창출에 더 중점을 둔다. 조너선 테퍼Jonathan Tepper의 《자본주의의 신화The Myth of Capitalism》는 이와 같은 산업 통합의 문제와 영향 그리고 그에 따른 반발 등에 관해 다룬 훌륭한 저서다.

미국의 항공 산업은 통합의 증가 현상을 보여주는 전형적인 사례이며, 항공사의 주식은 상당 부분 재평가되었다. 그러나 2017년 4월 유나이티드항공United Airlines의 비행기에서 베트남계 미국인 다오 박사Dr. Dao가 강제로 끌려나갔던 사건은 업계의 경쟁 구도가 약화하면서 소비자가 부당한 대우를 받는 데 대해 대중이 반응할 때 발생할 수 있는 소셜 미디어의 반발을 보여준다. 미국 소비자들의 실질소득 감소에 직면한 일용 소비재fast-moving consumer goods(빈번하고 빠른 소비가 이루어지는 제품-옮긴이) 부문에서는 소비재 생산 기업들이 제품 포장의 크기를 줄이는 방법으로 대응했다.

투자를 위한 장기적 전망을 고려할 때 이런 유형의 대처 방식에는 소비자의 반발이 있을 것이라는 위험 요소가 투자 방정식에 반영되어야 한다. 예를 들어 영국의 노동당과 토리당, 양당이 구상한 에너지 가격 상한선이나 미국 항공 산업에 도입되는 규제 또는 소비자 보호 조치의 가능성과 같이 규제 강화라는 더 장기적인 측면의 반응이 나타날 수도 있다.

이런 위험이 만연해 있는 곳은 다름 아닌 플랫폼 기술 기업이다. 뉴욕이나 파리 같은 관광도시에서 부동산 소유자의 임대 사업에 대해 보다 엄격한 통제를 가하는 상황에 놓인 에어비앤비Airbnb를 생각해보면 이해가 빠를 것이나. 우버의 성공은 소속 운전기사들이 결국 우버에 합류할 가능성이 컸던 영세한 택시 회사들을 파괴함으로써 이루어진 것이다. 이에 대한 가치 평가는 경쟁 파괴와 독점 창출에 의해 어느 정도는 정당화되었을지도 모른다. 그러나 일정 시점에 이르면 정치인들이 이러한 플랫폼 기업에 관여해 규제를 도입하게 될 것이다.

기술주의 분석

기술주에 대한 세부적 분석은 분명 이 책에서 다루고자 하는 내용의 범위를 넘어선다. 기술주 매수자들은 수익성을 걱정할 필요가 없으며, 현재 거래 손실이 클수록 궁극적인 시장점유율은 높아진다고 주장한다. 나는 이런 관점에 근본적으로 동의하지 않지만, 복잡한 문제임은 틀림없다. 고객 평생 가치와 획득 비용 간의 관계에 중점을 두는 것은 여전히 유효한 기법이다. 그러나 내가 앞서 상세히 다루었던 기존의 분석 기법을 완전히 대체하지는 않을 것으로 보인다.

2019년 미국에서 가장 권위 있는 최대 투자은행에서 그 가치를 500~1,000만 달러로 추정한 위워크WeWork의 상장이 실패로 돌아갔다. 보다 도전적인 가치 평가에 대한 투자자의 신뢰가 없었기에 200만 달러에도, 100만 달러에도 실패했다. 위워크는 기술주가 아니며, 그것이 상장 실패의 주요 원인이라고 생각한다. 또한 우버, 리프트Lyft와 같은 유명 기술주들 또한 상장한 이후 전체 주식시장이 신고가를 경신할 때도 자사의 주가는 하락하는 현상을 지켜봤다([표 13.2] 참고).

이러한 인터넷 관련 주식은 플랫폼처럼 움직이기도 하며, 승자 독식의 특성을 나타낸다. 우버는 가장 많은 수의 운전기사를 보유하고 있어 대기 시간이 가장 짧고, 그런 이유로 더 많은 고객을 유치할 수 있다. 투자자에게는 상당히 매력적인 선순환 운영 구조인 셈이다.

또 다른 주요 재정적 특성은 자본이 극도로 적다는 점이다. 우버는 택시를 한 대도 보유하고 있지 않다. 따라서 고객 확보 성장 단계가 정점에 도달하면 기업의 현금 창출 또한 매우 높아진다.

투자에서 문제점은 가치 평가에 엄청난 어려움이 따른다는 것이

[표 13.2] 2019년 우버와 리프트의 주가

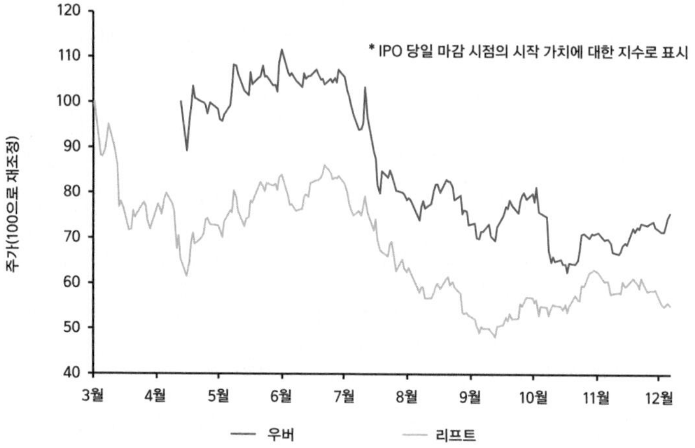

출처: 비하인드더밸런스시트에서 인용한 센티오 데이터

다. 투자 단계가 얼마나 오래 지속될지 예측하기가 어렵다는 말이다. 투자 단계의 완료 시점에 수익성을 평가하는 것은 그보다 더 어렵다. 초기에 주도권을 구축했다고 하더라도 앞으로 경쟁을 피할 수 있다는 의미는 아니기 때문에 가격 압박에 직면하는 결과로 이어지는 경우가 많다.

그러한 사례로 넷플릭스를 들 수 있다. 넷플릭스는 여타 경쟁사보다 콘텐츠 비용을 더 많이 지출하고, 규모도 훨씬 더 크다. 넷플릭스의 성공에 이끌려 스트리밍 시장으로 진출하려는 새로운 참여 기업들이 물결을 이루고 있다. 내가 살펴본 한 연구에 따르면 HBO, 디즈니, 애플 등 다수의 신규 사업자가 시장에 진입함에 따라 고객에게 부과하는 스트리밍 서비스의 구독료가 1년 사이에 넷플릭스의 월 15.99달러에서 프라임 서비스와 묶어서 판매하는 아마존 비디오Amazon Video의 경우 월 250

달러 이상까지 상승한 것으로 나타났다.

기술주를 분석할 때 나는 고객 평생 가치와 획득 비용 간의 관계를 살펴보는 LTV/CAC 기법을 사용하지만, 매출 대비 EV 또한 중요한 매개변수 중 하나로 사용한다. 내 경험상 자신이 가장 잘 알고 잘 이해하는 벤치마크를 사용하는 것이 무엇보다 중요하다. 가치 평가 분석을 위한 튼튼한 기초가 되어줄 것이기 때문이다.

새로운 분석 기법

빅데이터 분석은 의심할 여지 없이 향후 몇 년간 분석의 핵심 요소가 될 것이다. 내가 아는 유럽계 펀드 중 한 곳은 데이터 과학자가 기존 분석가보다 훨씬 더 많다. 런던에서 소규모지만 성공적인 롱온리 투자회사를 운영하는 친구가 있다. 여덟 명의 분석가가 근무해오던 그 친구의 회사에 최근 데이터 분석가가 처음으로 합류했다. 이런 추세는 분명 앞으로도 계속될 것이다. 나를 비롯한 기존 분석가들은 빅데이터 분석 기법 중 일부를 이해한다고 해도 대부분의 세부 사항을 다루기엔 역부족이다.

예전에 함께 일했던 동료 분석가 중에 위성 이미지를 사용해 월마트 주차장에 서 있는 자동차 대수를 계산하는 아이디어를 내놓은 사람이 있었다. 앞으로 이런 일을 점점 더 많이 경험하게 될 것이다. 그러나 불행히도 이것은 개인 투자자는 물론이고, 대다수 기관 투자자의 손이 닿지 않는 범주에 속한다. 나는 자원이 충분한 대규모 헤지펀드에 소속된 지 꽤 오랜 시간이 지났기 때문에 그런 펀드가 기술을 활용하는 방법에 대한 최신 정보는 알 수 없다. 헤지펀드는 두 가지 주요한 방식으로 기술을 활용한다.

1. 유망한 주식을 선별하는 방법: 정량적 접근법은 기본적 분석과 함께 정량적 기법을 사용하는 것이다. 퀀트 방법은 점점 더 정교해지고 있다.

2. 기술을 직접적으로 사용해 정보를 추출한다. 예를 들면 특정 분야에서 가격 추세를 결정하기 위해 웹사이트를 스크랩하거나 빅데이터를 분석할 수도 있고, 결정에 필요한 정보를 얻기 위해 웹 데이터를 사용할 수도 있다. 웹 데이터의 사용은 사례를 들어 논의해보도록 한다.

나는 합병을 진행 중인 기업을 위한 분석 작업에 이핏Yipit을 사용한 적이 있다. 미국 시장에서의 운영 비용 절감 가능성을 판단하기 위해서였다. 두 기업이 소유한 모든 매장과 창고의 주소를 읽어들여 지도상에 표시하는 데 그 기술을 활용했는데, 매우 간단하면서도 놀라운 효율성을 보였다. 물론 기술이 없던 과거에도 이런 일을 할 수는 있었겠지만, 아주 많은 시간이 소요되었을 것이다. 반면 오늘날에는 재능 있는 한 명의 프로그래머가 제한된 시간을 투입하는 것만으로 충분하다. 똑똑한 소프트웨어를 사용해 얻은 중복되는 매장에 대한 세부적 분석 자료는 높은 수준의 지리적 적합성을 보여주었고, 이 회사가 발표한 목표치를 능가할 수 있는 여지가 있음을 시사했다.

반직관적이긴 하지만, 컴퓨터가 인간보다 월등히 우수한 영역은 아마도 언어 처리일 것이다. 일부 펀드와 다수의 연구소에서는 추세를 파악하기 위해 자연어 처리 기법을 사용하고 있다. 예를 들어 컴퍼니워치Company Watch는 일종의 신용 등급을 나타내는 '알트만 점수Altman score'를 수정된 형태로 생성하는 데이터 제공자다. 이곳은 수년 동안 재정적 난관에 직면할 위기에 놓인 기업을 정확히 식별하는 데 90퍼센트 이상의 성공률을 기록하고 있으며, 순전히 기업의 공시 자료에 대한 분석 작업을 수행한다.

최근 이곳은 기업의 각종 보고서와 실적 보고서를 '판독'하기 위해 자연어 처리 기법을 활용하기 시작했다. 놀랍게도 언어 분석 결과의 성공률이 숫자를 분석한 것보다 1퍼센트 더 높게 나타났다. 나에게는 분명 놀라운 사실이다. 사람보다 컴퓨터가 더 효과적으로 이런 작업을 수행할 수 있다는 명백한 사실은 우려 대상이라 생각한다.

요약

이 장에서 나는 전망을 제시함으로써 책의 결론에 도달하고자 노력했다. 분명한 것은 기술이 투자의 미래를 평가하는 중심적 역할을 하며, 파괴는 오늘날의 투자자에게 가장 중요한 테마 중 하나라는 점이다.

기술의 발전은 단순히 주식을 선택하는 것뿐만 아니라 기업을 분석하는 방법에도 적잖은 영향을 미친다. 대규모 펀드라면 큰 그림을 인지하고 새로운 잠재적 리스크에 대한 조언을 제공할 수 있는 고퀄리티의 기술 연구 조직을 갖출 수 있다. 그렇다면 소규모 펀드와 개인 투자자는 상대적으로 불리한 위치에 있는 것이다. 따라서 이들은 기술의 발전과 보조를 맞추며 그에 따른 장기적 영향력을 파악하기 위해 부단히 노력해야만 한다.

무엇보다 중요한 것은 전통적인 비즈니스라 할지라도 '파괴-잠재적 리스크와 기회'에 관한 연구 활동이 반드시 필요하다는 점이다. 애완동물 사료 제조업체만큼 안정적이고 경기 변화에 둔감한 기업일지라도 온라인 애완동물 사료 소매상인 '주플러스Zooplus'가 지배적 구매자가 될 수도 있는 잠재적 위험에 직면해 있다. 어떤 산업도 예외는 없다.

개인 투자자는 월마트 주차장에 서 있는 자동차 대수를 계산하는 거대한 데이터 세트를 생성할 수 없다 할지라도 상식 수준의 원칙과 기본적 분석 작업을 통해 가장 가능성이 높은 월마트의 미래 전망과 현재 주가가 그러한 기본 요소를 적절히 할인하고 있는지 판단할 수 있을 것이다.

미래

기술과 파괴는 중요한 테마 중 하나다. 2020년대 투자 환경을 지배하게 될 또 다른 테마를 꼽는다면 다음과 같다.

- **ESG 경영과 기후변화 • 중국 • 신흥 시장 대 선진 시장**

ESG 경영과 기후 변화 • 현재 자산 관리 산업 부문의 화두는 ESG 경영이다. 책임 있는 투자에 대한 압박은 곧 주요 석유산업과 같은 분야의 주식에 대한 투자 감소를 의미한다. 자금 흐름만으로 실적이 떨어질 가능성이 커질 것이다.

기후변화 문제는 점점 더 중요성이 커지고 있다. 따라서 분석가들은 음료 회사의 플라스틱 사용 실태와 같은 관련 쟁점을 다룰 수 있도록 이 분야에 대한 이해도를 넓혀야 한다. 앞서 언급한 바와 같이 이 문제는 퀄리티 순위에서 필수적 요소가 될 것이다.

중국 • 중국과 관련한 쟁점은 따로 책 한 권을 써도 충분할 것이다. 분명한 것은 중국과 중국 시장의 역할이 향후 10여 년 동안 많은 기업의 성공에 중요한 요소가 될 것이라는 점이다. 비록 나의 전문 분야는 아니지만, 지대한 관심을 가지고 있는 테마임은 틀림없다.

신흥 시장 대 선진 시장 • 2020년이 시작되는 첫째 주에 BBC 라디오 4의 〈투데이〉 프로그램에 잠시 출연해 올해의 전망에 대한 의견을 나눈 후 이 글을 쓰고 있다. 향후 10년에 대한 논의도 가능할 것이라 생각했고, 한 가지는 분명해 보였다. 2030년의 첫째 주에 나는 선진 시장이 세 가지 쟁점을 반영할 것이라 기대하고 있을 것이다.

1. 대다수 서구 경제권은 불리한 인구통계에 직면할 것이다. 이민이 가능한 해결책일 수 있으나 노동인구 감소와 퇴직자 증가, 저축 감소 등의 문제가 발생할 수 있다.

2. 금리는 이미 극도로 낮아져 있다. 금리 조정 기회는 제한적일 것이며, 금리가 보다 '정상적인' 수준으로 상승할 경우 주가수익비율이 낮아지는 디레이팅의 위험이 있다.

3. 20세기 초반 이후로 미국의 주식시장은 엄청난 수익을 누려왔다. 미국 시장이 마이너스 수익을 기록한 것은 1930년대와 2000년대, 단 20년뿐이다. 두 번 모두 1929년과 1999년의 사상 최고점에 이은 붕괴 현상이었다. 2019년 고점 이후의 붕괴를 예측하는 것은 아니다. 그러나 과거의 추세를 이어가기는 더 이상 어려울 것이다.

이런 이유로 기회가 있다면 신흥 시장에서 찾을 가능성이 크다는 것이 내 생각이다. 인도와 같은 신흥 시장은 엄청난 인구통계를 보유하고 있으며, 과거에 성장을 저해하던 몇몇 제약을 해결하고 있는 것으로 보인다. 주식시장의 가치 또한 상당히 높지만, 외국 투자자가 개별적으로 접근하기는 쉽지 않다. 아시아를 비롯한 그 외 지역에 수많은 기회가 있겠지만, 리스크 평가를 위해서는 앞서 설명한 거시적 요인에 대한 보다 상세한 이해가 있어야 할 것이다.

결론

독자들이 이 책을 즐겁게 읽는 동시에 유익한 정보도 얻었기를 진심으로 바란다. 30년간 투자 경력을 쌓으며 내가 터득한 기법을 전수하면서도 흥미를 느낄 수 있도록 만들고자 노력했다. 무엇보다 투자 성과 향상에 도움이 되었으면 한다. 여기까지 읽어준 독자 여러분께 진심으로 감사의 마음을 전한다.

Next level

14장

코로나19 관련 후기-
한국어판 특별장

* 이 장은 한국어판 출간이 확정된 후 2021년 하반기 시점에 시장의 전망에 대해 저자가 논한 장이다. 이 점을 고려하여 읽는다면 많은 시사점을 얻을 것으로 기대한다.

이 책은 2020년 5월에 출간할 예정이었다. 그러나 자신의 기술을 향상하려는 투자자를 위해 내가 개설한 온라인 12개월 프로그램인 '애널리스트 아카데미Analyst Academy'의 출시 시기와 겹치는 바람에 원고의 마감 기한을 지키기 어려웠다. 그렇게 원고 완성이 지연되던 중에 코로나19가 터졌다. 그런 연유로 나는 이 후기를 마련해 팬데믹의 결과로 투자가 어떻게 변화할 수 있는지에 대한 몇 가지 생각을 덧붙이기로 결정했다. 팬데믹의 영향으로 너무 많은 것이 변해 이를 고려하지 않고 주식 투자 및 연구 조사에 관한 책을 쓰는 것은 거의 무의미해 보였다.

내가 이 책의 집필을 완성한 것은 2020년 4월이었다. 돌이켜보건대 팬데믹의 여파로 엄청난 불확실성이 존재하던 그때 이후로 많은 일이 벌어졌고, 바로 그것이 내가 한국 독자들을 위해 새로운 후기를 써 내려가는 이유다. 따라서 새롭게 추가하는 내용은 팬데믹의 여파와 그에 따른 변화에 중점을 두고 있음을 밝힌다.

이 책이 한국어로 번역된다는 사실은 나에게 무한한 기쁨이 아닐 수 없다. 헤지펀드 주식 애널리스트로서 나는 한국 주식시장에 관해 연구하고, 한국 기업들을 직접 접하기 위한 준비에 상당한 시간을 투입한 바 있다. 어느 기업에 대해 알려면 그 기업의 근거지를 직접 방문하는 것이 좋다고 생각하기에 내가 살펴본 몇몇 한국 기업을 만나기 위해 실제로 한국 방문 일정을 준비하기도 했으나, 그 계획은 태풍으로 인해 무산되고 말았다. 그러나 이렇게 새로운 후기를 집필하는 동안 이 책에 대해 직접 얘기할 수 있는 기회가 마련되었고, 나는 기대에 부풀어 내 생애 첫 서울 여행을 위한 일정을 준비하고 있다.

바라건대 나의 책이 요긴한 읽을거리가 되어 내가 다시 한국을 방문했을 때는 독자들을 직접 만날 수 있기를 기대해본다. 운이 따라준다면 이 책을 시작으로 향후 더 많은 한국판 출간을 위한 협력이 이루어질 수 있을 것이다.

코로나19 여파에 대한 재고

원래 영어판 원본에서 나는 이렇게 기술한 바 있다. "나는 이 장의 효력이 책의 나머지 부분보다 덜 지속적일 것이라고 확신한다. 그러므로 독자 여러분은 2020년 사회 활동의 많은 부분이 통제되던 가운데 예측가들이 2021년의 수익이 2019년의 그것을 상회할 것으로 기대하던 팬데믹 위기의 초기에 이 장이 쓰였다는 사실을 염두에 두길 바란다." 이 책이 출판되었을 때, 나는 그런 예측이 공상적인 가정처럼 보일 것이라고 확신했다. 그와 더불어 내가 언급했던 여타의 팬데믹으로 인한 변화에 대해서도 굳게 확신할 수 없게 되었다. 실제로 경기회복의 강도는 놀라울 정도였고, 2021년은 아니더라도 2022년의 수익은 2019년의 수익을 상회할 것이라는 예측이 나오고 있다.

애초 나의 예측은 광범위한 거시적 그림과 그것이 기업에 의미하는 것, 두 가지 영역으로 나뉘었다. 지금도 그 범주에는 변화가 없다. 거시적 그림과 관련해서는 금융 억압financial repression(금융시장이 자유로운 상태였다면 다른 곳에 쓰였을 자금이 정부 정책으로 정부의 목표 달성을 위해 쓰이는 것-옮긴이)과 자본 통제capital control(초단기 투기성 자본의 거래나 외화자산의 이동을 제한하는 조치-옮긴이)에 대해 논할 것이다. 이자율이 한동안 낮게 유지되는 이유와 그것이 의미하는 바에 대해서도 알아볼 것이고, 인플레이션 가능성과 기업 및 개인 부문의 대차대조표 복원의 필요성을 포함해 몇 가지 잠재적 파급효과에 대해서도 설명할 것이다.

그런 다음 나는 기업 부문의 더 강력한 대차대조표에 대한 열망의 증폭과 공급망의 역내onshore 시장에 대한 필요성 증대 현상, 그리고 주식 평가와 운전자본, 인컴 펀드에 미치는 영향을 통해 팬데믹이 기업과 주식 투자자에게 미칠 영향을 논의할 것이다. 마지막으로 이것이 어떻게 '필요 이상의' 기업 적립금 축적 현상으로 이어질 것인지 살펴보고, 보다 많은 부정행위가 드러나는 결과를 불러올 가능성이 큰 이유에 대해 언급할 것이다.

1. 거시적 전망

코로나19 팬데믹이 금융 시스템에 막대한 충격을 안긴 것에는 이견이 없다. 두드러진 결과 중 하나는 2021년 말 현재 전 세계 거의 모든 국가의 부채가 2년 전에 비해 훨씬 더 증가했다는 것이다. 2020년 초에도 상황은 그다지 매력적으로 보이지 않았다.

늘어난 부채 • 글로벌 금융 위기 이후 선진 경제권의 국가 채무는

100퍼센트 이상 현격히 증가했다. 경제 위기를 다룬 유명한 저서 《이번엔 다르다This Time is Different: Eight Centuries of Financial Folly》의 공동 저자인 라인하트Reinhart와 로고프Rogoff는 GDP 대비 90퍼센트를 상회하는 국가 채무는 경제성장을 저해할 것이라고 경고한 바 있다. 그러나 수치 산출 과정에서 실수가 있었다는 사실이 밝혀지면서 그들이 제시한 통계와 결론이 훼손되었다. 두 명의 학자가 역사적 흐름에 기반해 미래에 발생할 경제적 사건을 예측해낼 가능성은 희박했다.

[표 14.1] GDP 대비 국가 채무 비율

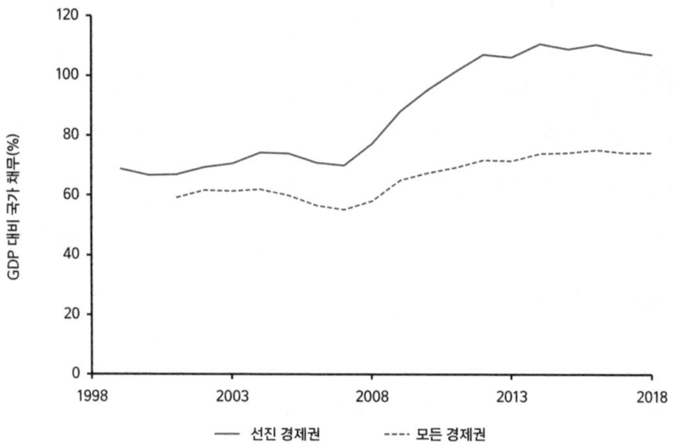

출처: BIS

단순히 상식적으로 보자면 GDP보다 높은 부채는 분명 좋지 않은 현상이며, 정부는 그것을 줄일 방법을 모색해야 한다. 앞서 나는 이 그래프가 새롭게 갱신되는 2020년 말 즈음에 우리는 다시 한번 엄청나게 늘어난 국가 부채를 확인하게 될 것이라고 설명한 바 있으며, 내 말은 그대로 입증되었다. 높은 국가 채무는 분명 우려 대상이다. 최근 미연

방 부채가 GDP의 127퍼센트에 이른다는 기사를 접한 바 있다. 제2차 세계대전이 끝날 무렵 정점을 찍었던 119퍼센트보다도 더 높은 수치다.

그러나 모든 국가의 부채가 똑같이 높다면 그리 큰 문제가 아닐 수 있다. 상대적 불이익이 존재하지 않기 때문에 재원 조달 불가능이라는 현실적 위험은 없을 것이기 때문이다. 나는 일개 주식 분석가일 뿐이니 내가 이 문제에 대해 더 깊이 언급하는 것은 주제넘은 일이다.

추측하건대 어느 시점에 다다르면 지출에 부담을 느낀 정부가 부채 부담을 경감시킬 방법을 모색할 것이다. 대개는 어쩔 수 없이 금융억압 정책을 시행해 이자율이 인플레이션보다 낮도록 할 것이다. 이러한 정책이 효과를 거두기까지는 수년이 아니라 수십 년의 시간이 소요될 수 있기에 분명 주식 투자자들에게 중대한 영향을 미칠 것이다.

이는 단지 정부 차원의 문제만이 아니라는 점에 주목할 필요가 있다. 기업 부채 또한 엄청나게 증가했다. 금융기관을 제외한 총부채는 GDP의 250퍼센트가 넘는다. 예측하건대 2020년 말에 이르면 그 수치는 훨씬 더 증가할 것이다. V, W, U 또는 L, 그 어떤 형태의 곡선을 그리며 회복하든 상관없이 그럴 것이다.

GDP 대비 부채비율을 줄이는 최선의 방책은 고도성장이다. 따라서 시기적절한 경기 부양책의 실시가 모든 국가의 최우선 과제가 되어야 한다. 제대로 실행되기만 한다면 분명 지금의 난국을 타개할 수 있을 것이다.

세금 인상 • 짐작하건대 정부가 선택할 수 있는 또 다른 해결책은 기업과 개인에게 더 높은 세금을 부과하는 것이다. 하지만 높은 세금에는 경제적 충격이 수반된다. 짐 차노스Jim Chanos는 정부의 긴급 구제 지원을 받은 기업은 더 높은 세금을 부과받게 될 것이라는 의견을 밝힌 바

[표 14.2] GDP 대비 총부채비율

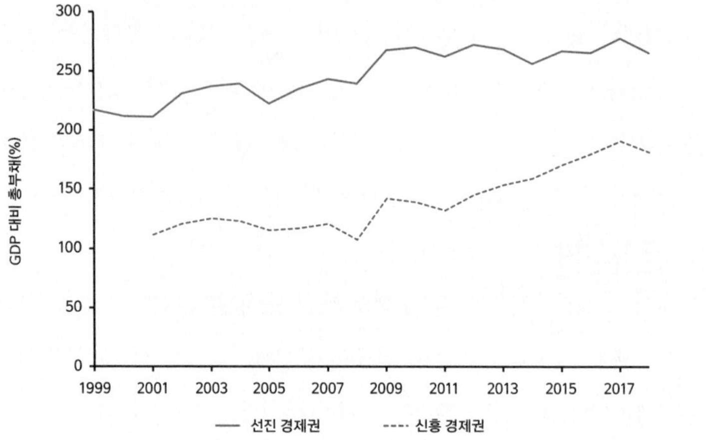

출처: BIS

있다. 보험료에 할증이 붙는 것과 같은 원리다. 그의 계산에 따르면 만약 미국 정부가 트럼프 행정부 이전 수준으로 세율을 변경할 경우 S&P 2021 컨센서스 수익 170달러(이는 과도하게 높은 추정치라는 것이 나의 개인적 의견이다)는 135달러로 하향 조정되어야 한다.

투자자 입장에서는 그리 달갑지 않은 방법이지만, 정부의 선택지에 몇 가지가 더 포함된다. 이는 저명한 금융사학자 러셀 네이피어가 언급한 방법들이기도 하다.

- 부유세
- 배당금 통제
- 투자 제한
- 금 소유권 제한(1930년대에 한 차례 시행된 바 있다)

· 자본 통제

자본 통제는 가장 흥미로운 방법인 동시에 온갖 쟁점을 불러일으키는 방법이다. 전 세계가 상호 연결된 오늘날의 금융 환경에서 도저히 있을법한 일이 아니라고 생각할 수도 있다. 그러나 만약 당신이 한 국가의 운명을 책임진 대통령이라면, 예를 들어 튀르키예의 대통령이라면 어떻게 하겠는가?

정부의 해결책은 반드시 더 높은 성장을 이루어낼 수 있는 것이어야 한다. 부디 이것을 달성하기를 바란다. 그렇지 않은 결과는 그다지 매력적이지 않을 것이다.

낮은 이자율의 지속 • 나는 과거 글로벌 경제 위기 이후 상황과 마찬가지로 한동안 인플레이션이 억제될 것이라는 추정에 기반해 낮은 이자율이 유지되는 기간 또한 한동안 지속될 가능성이 매우 크다고 생각했다. 그리고 1960년대 중반에 그랬던 것처럼 결국 인플레이션이 발생한다면 그에 따른 충격은 실로 놀라울 것이라는 예측도 했다.

낮은 이자율은 연금 적자에 영향을 미친다. 이에 대해서는 다음에 논의할 것이다. 이론적으로 저금리는 성장주의 가치 평가를 지속적으로 끌어올린다. 경제성장이 둔화함에 따라 성장주는 더더욱 매력적이기 때문이다. 이는 과거 수십 년 동안 승자로 군림하던 '기술주'들이 여전히 승자의 지위를 유지해야 한다는 말이 된다. 이에 대해 나는 두 가지 주의 사항을 지적하고자 한다.

이러한 가치 평가는 영원히 성장할 수 있는가? 나무는 하늘 높이 자랄 것인가? 그렇지 않다. 이미 상대적 가치 또한 현저히 증가했다. 스타캐피털Star Capital은 자체적인 종합 평가 지표에 근거해 2020년 2분기 현재 성장주와 가치주의 관계가 과거 닷컴 시대의 정점을 이미 넘어선 것으로 판단한 바 있다.

2021년 상반기에 가치주의 귀환을 언급할만한 몇 가지 징후가 포착되기도 했다. 그러나 성장주의 가치 평가는 이 책의 원서가 출판된 이후에도 지속적 증가 추세를 멈추지 않았다.

파급효과와 인플레이션 • 코로나19 위기로 인해 상당수의 산업 분야는 심각한 생존 가능성의 문제에 봉착했다. 특히 항공, 여행, 서비스산업은 직격탄을 맞은 셈이다. 기간은 각 분야별로 다를 것이라 생각했다. 크루즈 산업 분야를 예로 들면 2021년 1분기 크루즈 산업의 가치 평가가 코로나19 사태 이전 수준을 상회한다는 사실에 적잖이 놀라기도 했다. 주가는 추락했지만 가치 총액은 증가했다. 기업들이 현 위기를 극복하기 위해 막대한 부채를 떠안고 더 많은 주식을 발행했기 때문이다. 궁극적으로 시장은 우려가 현실화되었고, 주가는 다시 떨어졌지만 상승된 가치 평가는 그대로 유지되었다.

산업 분야를 막론하고 간접 효과가 작용한 것은 명백했다. 코로나19 위기 초반에 우리가 미처 파악하지 못한 것은 일반적 경기 하락을 넘어서는 간접 효과였다. 식량 부족, 제조 공급망의 중단, 축구 선수 임금 지급 불능 사태, 40년 역사의 F1 팀인 윌리엄스의 매각과 스포츠 자체의 폐지 가능성 등 잠재적으로 매우 심각한 문제이지만 우리의 생각이 미치지 못한 무수히 많은 파급효과가 여기에 포함된다. 그중 몇몇은 이미 현실로 드러났다. 내가 적절히 고려하지 못한 것은 경제 체계 안으로 흘러들어간 막대한 자본 덕분에 대다수 배가 좌초되지 않고 수면 위에 머무를 수 있을 것이라는 점이다.

팬데믹 이후 나타나는 결과 중 가장 영향력이 클 것으로 예측한 것은 개인의 저축 성향 증가였고, 그로 인해 경제성장이 둔화할 것이라고 생각했다. 단기적 관점에서는 그리 좋은 예측이 아니었다. 실제로 두 번째 봉쇄 조치 이후 누적된 소비 성향이 매우 큰 것으로 나타났다. 특히 팬데믹 기간 동안 소비 활동을 할 수 없던 전문직 종사자들이 쇼핑이나 여행과 같이 자신을 위한 소비 활동에 목말라 있었기 때문이다. 내 예측은 장기적 관점에서 볼 때 더 타당할지도 모른다.

앞서 나는 인플레이션이 돌아올 것이라는 전망을 암시한 바 있다. 수요가 침체된 상황에서는 불가능해 보이지만, 1960년대 중반에는 그러했다. 인플레이션은 현실로 나타났고, 이후 15년 동안 극적인 부의 파괴 현상이 이어지지 않았던가. 그러나 나는 이것이 정부에 도움이 될 뜻밖의 선물이 될 수도 있다고 생각했다. 다시 재현될 수 있을 것인가? 어쨌든 돈을 마구 찍어낸 대가는 치르게 될지도 모를 일이다.

지난 10년간 엄청난 규모의 양적 완화에도 불구하고 인플레이션은 다시 시작되지 않았다. 그러나 이번에는 다르다. 여기에는 두 가지 이유가 있다.

1. 이미 유동성이 넘쳐나는 상태에서 더 많은 자금이 유입되었다.

2. 과거에는 수요 성장이 미미했고, 부실기업도 살아남을 수 있었다. 다시 말해 공급에 의한 영향력이 그렇지 않은 상황에 비해 크지 않았다는 말이다. 그러나 이번에는 다수의 기업이 파산할 수 있고, 공급이 중단될 가능성도 매우 크다.

처음에는 인플레이션이 즉각적으로 시작될 것이라고 생각했다. 원유 수요가 커지면 유가 급등으로 이어지고, 플라스틱과 화학 산업 그리고 가장 큰 타격을 입은 경제 분야에까지 영향이 미친다는 추론에 근거한 생각이었다. 심각한 타격을 입은 경제 분야에서는 공급 감소 현상이 나타날 터였다.

항공사들이 파산하고 업계가 신속하게 수용력을 회복하지 못함에 따라 비행기 좌석을 구하기 어려워질 것이다. 적어도 일시적으로는 그럴 것이다.

외식 수요가 팬데믹 이전과 비슷한 수준으로 회복되는 동안 소규모 식당은 물론, 체인을 보유한 일부 대기업마저 문을 닫게 되면서 요식업의 수용력이 전반적으로 감소할 것이다. 억눌린 수요는 저하된 비용 감당 능력에 의해 상쇄된다.

숙박업이나 식당과 같은 여타의 소규모 영세 사업장 등에서도 이와 유사한 수용력 감소 현상이 나타날 것이며, 궁극적으로 가격이 상승하게 될 것이다.

나는 노동력이 충분히 공급될 것이므로 비용 상승 인플레이션은 경험하지 않을 것으로 예측했지만, 그 또한 빗나가고 말았다. 다수의 산업 분야에서 노동력 확보에 적잖은 어려움을 겪고 있다. 적어도 특정 분야에서는 공급 부족으로 인한 새로운 형태의 인플레이션이 나타날 수 있다고 생각했는데, 그 생각은 틀리지 않았다.

원본의 집필을 마친 이후로 인플레이션에 관한 더 많은 토론이 벌어졌다. 팬데믹 상황을 빠져나오는 과정에서 인플레이션의 가파른 상승을 목격했기 때문이다. 이 인플레이션이 일시적인 것인가, 아니면 장기간 지속될 것인가에 대한 토론으로 쟁점이 바뀌었다.

인플레이션의 문제점은 그것이 사라지도록 만들기 쉽지 않다는 데 있다는 말을 한 적이 있다. 인플레이션이 몇몇 산업 분야에 국한된다면 주식시장에 미칠 영향은 긍정적일 것이다. 그러나 중·단기 내에 4퍼센트 이상 치솟는다면 가치 평가 배수에 심각한 영향을 미치게 된다.

2. 기업과 주식 투자자

대차대조표의 복원 • 개인과 기업의 대차대조표는 복원되어야 한다는 것이 나의 생각이었다. 그러나 팬데믹이 경제에 미치는 영향을 완화하는 역할을 한, 도처에 넘쳐나는 소위 눈먼 돈의 여파를 과소평가했다.

내가 제시한 요점은 봉쇄 조치 이후 소비자가 두 가지 유형으로 나뉜다는 것이다. 부유한 피고용인, 즉 자신의 수입에 아무런 영향을 받지 않은 피고용인에게는 누적된 소비 욕구가 있다고 해도 과언이 아닐 것이다. 비록 저축에 타격을 입더라도 말이다. 그들은 당장이라도 달려나가 고가의 상품을 구매하고, 외식을 위한 식당을 선택할 때 기꺼이 더 비싼 값을 치를 것이다. 그동안 외식을 제대로 못 했으니 비싸더라도 더 좋은 곳을 선택할 것이라는 얘기다. 이런 피고용인은 소수일 것이며 자영업자, 휴직자, 실업자 등 지출을 줄여야 하는 사람의 수가 더 많다는 것이 나의 추측이었다.

부유층은 부분적으로 영향을 받지 않았다고 하더라도 소득분배의 하위 계층 대부분과 중산층은 훨씬 더 빈곤해지거나 빈곤하다고 느낄 것이다. 주식시장이 상향 안정화된다면 부자들에게는 나쁘지만은 않을 것이다. 그러나 대다수는 사업주로서 손실을 보게 될 것이다. 반대로 시장이 하락한다면 역자산 효과reverse wealth effect(자산 가치가 하락함에 따라 소비가 침체되고 다시 자산 가치가 떨어지는 악순환–옮긴이)가 나타날 것이다.

나는 2020년부터 2022년 사이에 기업들이 설비투자와 재량 지출을 가능한 한 축소할 것이라고 생각했다. 그러나 지금 상당수의 기업이 생산능력 부족을 경험하고 있다. 현재까지는 내 예측이 실현되지 않고 있다.

요새 대차대조표 • 컨설팅 및 회계 전문 기업 KPMG의 전 수석 경제학자 앤드루 스미스Andrew Smith는 영국의 봉쇄 조치 초기에 "재정적 완충 장치가 매우 제한적인 기업이 너무나 많다는 사실이 충격적이다"라고 말했다. 지난 40여 년에 걸쳐 투자자와 투기꾼들이 점점 낮아지는 이자율의 혜택을 누려왔다는 점을 감안하면 그리 놀라운 일도 아니다. 부채를 감당할 배짱만 있다면 돈을 벌 수 있었다는 말이다. 이것은 지난 10년 동안 자사주 매입이라는 난장판으로 막을 내렸다.

팬데믹이 남긴 유산 중 하나는 보수주의와 리스크 회피의 강화일 것이라고 생각한다. 그러나 지금은 반드시 그렇다고 확신할 수 없다. 이사회는 보다 보수적인 접근법을 적용하길 바라는 것이 정석이다. 우리에게 닥친 팬데믹의 충격은 위험 회피 성향이 낮은 책임자일지라도 만일의 경우를 대비해 더 많은 현금과 기금이 필요하다고 인정하도록 만들어야 한다. 이사회는 또 다른 팬데믹이 닥쳐올 것에 대비한 안전장치를 필요로 해야만 한다. 만약 이사회가 공격적이지 않은 접근법을 적용한다면 그것은 주식 투자자에게 두 가지를 시사한다.

1. 2010년대 최대 주식 매수자는 기업이었다. 팬데믹 이후 대차대조표가 복원된다고 하더라도 자사주 매입은 그리 많지 않을 것이다.

2. 그 결과 자기자본이익률RoE이 하락할 것이다. 고가에 매입하더라도 자사주 매입은 대개 RoE를 끌어올린다. 금리가 낮기 때문이다. 저금리는 유지될 것이다. 그러나 보다 보수적인 대차대조표는 RoE 하락의 한 요인이 될 것이다.

저명한 중국 전문 평론가 마이클 페티스Michael Pettis는 2020년 4월 자신의 트위터를 통해 이렇게 말했다.

"부동산과 자산 가격의 상승, 부채의 급증, 느슨한 통화 조건 등이 수년간 지속되면 기업의 대차대조표는 투기성이 매우 높은 방식으로 구성되는 경향이 있다. 사실상 '부채 가치가 자산 가치와 역의 상관관계를 갖는 재무제표'에 베팅을 하는 것과 다를 바 없다.

시간이 지남에 따라 경제 전반이 더 위험한 대차대조표를 향해 '이동'하고 있다. 이것은 거의 모든 분야에서 문제를 일으킬 가능성이 매우 크다. 특히 수십 년간 인위적인 고성장, 부동산 가격의 폭등, 과도한 유동성, 부채의 폭증 등으로 거의 모든 기업의 대차대조표 구조가 변형되어버린 중국은 더욱 문제일 수 있다.

전도된 대차대조표는 경기 흐름에 전적으로 순응한다. 정도가 심하게 전도된 대차대조표를 보유한 기업들은 호황기에 놀라운 성과를 올리는 경향이 있다. 종종 현명한 경영 결과라는 평판도 쌓아 올린다. 그러나 경기가 나빠지면 한순간에 무너져내린다."

중국은 아직 팬데믹의 마지막 효과를 경험하지 못한 것일 수도 있다. 만약 선진 시장의 투자자들이 보다 안전한 대차대조표를 추구한다면 기업들은 그에 반응할 수밖에 없을 것이다. 그러나 아직까지 그런 증거는 거의 없다.

팬데믹 위기 이전부터 이미 투자자의 대응은 시작되었다. 2020년 2월 7일 자 〈그랜츠 인터레스트 레이트 옵저버Grant's Interest Rate Observer〉는 이런 글로 시작했다. "최저 금리, 가장 협조적인 연준Fed, 가장 짧은 정크본드 평균 회수 기간, 가장 높은 기업 차입금, 가장 장기간에 걸친 사업 확장 등이 정크 본드와 투기 등급의 거래 가능한 은행 부채 '레버리지론'이라는 이름의 가치 제안 틀이다. 투자 관점에서 본 결론은 이것이다. '충격에 대비하라!'" 그러나 돈의 영향력은 시장을 압도해버렸고, 나와 짐 그랜트Jim Grant를 비롯한 보수적 투자자들을 퇴물처럼 보이게 만들었다.

공급망의 온쇼어링 • ING의 경제 전문가 마크 클리프Mark Cliffe는 팬데믹 초기에 이런 예측을 내놓았다. "향후 기업들은 '적시 공급'으로 재고 부담을 줄이는 기존 방식에서 '만약의 사태에 대비하기 위해' 충분한 재고량을 확보하는 쪽으로 변화할 가능성이 크다. 공급 또는 수요가 단일 출처에 의존하는 상황을 경계하게 될 것이며, 기업의 활동이나 그 위치를 전환할 수 있는 역량이 증대할 것이다." 분명 거기에는 관련 비용이 발생한다.

2020년 4월 18일 자 〈파이낸셜 타임스〉는 팀 하퍼드Tim Harford가 쓴, 위와 유사한 내용의 글을 게재했다. "마지막 전쟁을 치르고 싶은 유혹이 강하고 일고 있다. 우리는 금융 위기 이후 은행에 준비금을 마련했지만, 경제 건전성을 위한 준비금에는 주의를 기울이지 않았다."

적시 공급 방식의 내재적 위험과 공급망의 다변화가 점차 명백해짐에 따라 기업들은 분명 더 많은 재고량을 확보하고, 공급망을 더욱 다변화시키고자 할 것이다. 또한 팬데믹 상황의 재발에 대한 사전 안전조치의 일환으로 온쇼어링onshoring(인건비 등을 이유로 해외로 나간 기업의 생산 시설을 다시 본국으로 되돌리거나 공급망을 본국에 구축하는 현상-옮긴이)을 확대할 것이다. 여기에도 두 가지 시사점이 있다.

1. 생산 비용이 증가할 것이다.

2. 재고량과 운전자본이 증가함에 따라 수익률이 떨어질 것이다.

일부 구성 요소의 희소성을 감안할 때 마치 이 예측은 실현될 것처럼 보인다.

연금 적자의 현저한 증가 • 채권 가치가 상승한 것은 좋은 소식이다. 적자가 증가한 상황에서 정부는 이자율을 낮게 유지할 수 있는 엄청난 인센티브를 갖는 셈이다. 그러나 연금 적자는 두 가지 중요한 수치 사이의 차이다. S&P 500이나 FTSE 100 내에서는 흑자 기업이 있을 수도 있다. 그러나 나는 아주 오랫동안 그런 조직을 보지 못했다.

1. 주식 비중이 높으면 초기에 자산이 현저히 감소했고, 채권 비중이 더 높은 펀드들은 비교적 감소 폭이 줄어들었다. 주식시장 상승으로 이러한 압박은 완화되었다.

2. 심각할 정도로 부채가 증가했다. 채권 수익률을 기준으로 현재 가치로 할인하는데, 채권 수익률이 폭락했기 때문이다. 이는 대다수 상장 기업의 연금 적자가 상당한 수준으로 증가할 것임을 의미한다. 주가에 미치는 영향은 간접적이며 100퍼센트 이하이지만, 여전히 잠재적으로 매우 심각한 수준이다. 차기 회계 일자에 채권이 2퍼센트 낮아지면 이론적으로 주식 가치가 절반으로 줄어드는 영국의 한 소매 기업을 살펴보았다. 근로자 수가 많은 기업은 연금 익스포저(연금에 대한 리스크 노출)로 인해 금리 인하에 대한 높은 민감도를 보였다.

운전자본의 감소 • 운전자본이 감소할 것이다. 그것도 대차대조표의 차변과 대변, 양쪽 모두에서 말이다. 지난 10~15년 동안 막대한 규모의 운전자본을 형성한 산업체가 상당수에 이르는 것을 지켜봤다. 애석하게도 그들 중 다수가 자본 형성을 위해 동원한 방법은 공급자에게 지급해야 할 대금을 제때에 주지 않는 방식이 지배적이었다. 그들의 공급망이 월등할 정도의 견고함을 갖추고 있지 않다면 그들은 더 많은 재고량 확보의 필요성과 공급자에게 보다 신속하게 대금을 지급해야 하는 필요성에 직면하게 될 것이다. [표 14.3]은 과거 15년간 일렉트로룩스Electrolux의 운전자본 변동 상황을 보여준다.

[표 14.3] 일렉트로룩스 운전자본

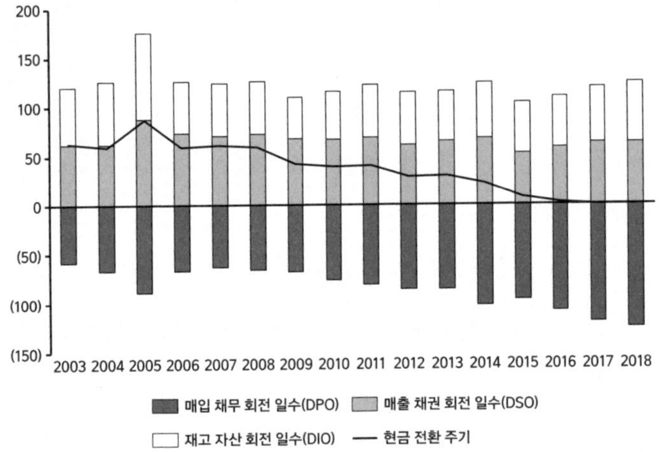

출처: 비하인드더밸런스시트에서 인용한 센티오 데이터

회수 주기(매출액이 운전자본으로 묶여 있는 일수)가 15년 전 63일에서 정점인 87일을 지나 0에 도달한 것으로 보아 놀랍도록 향상된 것처럼 보인다. 그러나 이 수치에 도달한 과정을 살펴보면 매출 채권 회전 일수가 60일 선에서 거의 변동이 없다. 재고자산 회전 일수는 사실상 소폭 늘어나 대략 60일 근처에 머무른 반면, 매입 채무 회전 일수는 60일에서 120일로 2배가 되었다.

일렉트로룩스가 자사의 관행에 더없이 관대하게 운영해온 이후 공급자들은 여전히 굳건히 버틸 수 있을 정도로 탄탄한 회사들일 수도 있다. 그러나 나는 그렇게 생각하지 않는다. 오히려 대다수 공급자들이 일렉트로룩스의 봉쇄 조치로 인해 심각한 피해를 보게 될 것이다. 일렉트로룩스가 사전에 대금 지급에 나서지 않는 이상 공급자들은 더 이상 공급을 할 수 없게 될지도 모른다. 일렉트로룩스의 운전자본이 막대하게 감소하는 신호가 되는 셈이다. 그것은 건축업자가 다시 집을 짓는다거나 주택 보유자가 새롭게 집을 단장하며 거액을 지출한다고 간주하는 것이다.

여기서는 일렉트로룩스라는 한 기업을 특정해 사례를 제시했지만, 이것은 이런 형태의 재무 구조를 형성한 수많은 상장 기업에 적용된다. 미리 말하자면 보기 드물지 않다는 얘기다. 예를 들면 애플의 2021년 상반기 대차대조표가 이러한 영향을 받은 것이 대표적이다.

인컴 펀드는 지금 어디에 있는가? • 나는 상당수 기업의 최우선 과제는 대차대조표의 복원이라고 생각했다. 배당금은 부차적인 문제일 것이다. 정부의 구제 금융 지원 대상인 기업이라면 배당금이 제한되거나 채무 상환이 완료될 때까지 금지될 가능성이 크다. 인컴 펀드 관리자들의 선택 폭은 점점 더 좁아질 것이다. 이는 펀드매니저는 말할 것도 없고, 영국의 수많은 연금 수급자에게 매우 중대한 쟁점이다. 나는 이 섹터에서 보유 지분 매각을 주장해왔다.

브리티시텔레콤British Telecom이 배당 기대치를 새롭게 조정하는 기회로 이것을 사용할 것은 어느 정도 예측할 수 있었다. 로열더치셸Royal Dutch Shell은 배당금 지급 부분에서 견실한 것으로 보였고, 많은 사람에게 FTSE 100 기업 중 가장 안전한 배당으로 인식되었다. 그러나 로열더치셸이 배당금을 삭감하자 어떤 기업도 안전하지 않다는 인식이 팽배해졌다.

다년간 연속적으로 배당금을 지급한 일부 기업의 경우 인컴 펀드가 점점 더 한정된 주식 그룹을 대상으로 해야 함에 따라 재평가될 수도 있다는 것은 당연한 결과일지도 모른다. 이런 일은 미국에서 일어날 개연성이 더 높다는 것이 내 생각이다. 미국 기업들은 대개 분기별로 배당금을 지급하며, 자사주 매입을 포기할지언정 배당금 지급은 중단하지 않기 때문이다. 지급하는 배당금은 훨씬 적은 것이 일반적이다. 애플, 마이크로소프트의 주식은 오랫동안 강력한 주가 실적을 유지해왔지만 존슨앤드존슨Johnson & Johnson, 프록터앤드갬블과 같은 기업의 주식은 그렇지 못했다. 그러나 이 네 기업은 모두 일관되게 배당금을 지급해왔고, 일부 전통적인 배당주보다 인컴 투자자들에게 보다 안전한 투자처로 인식될 수 있기 때문에 새로운 관심을 끌 것으로 보인다.

물론 배당금은 한국 주식시장의 특징이기도 하다. 그러나 나는 브리티시텔레콤이나 로열더치셸과 같이 태도의 변화도 미미하고, 주식도 소수에 불과할 것으로 생각한다.

'횡령'과 그레이트 리셋 • '횡령'이라는 용어는 존 케네스 갤브레이스John Kenneth Galbraith가 자신의 저서 《대폭락 1929The Great Crash 1929》에서 처음 사용했다.

"주가 폭락이 여러모로 횡령에 미친 영향은 자살에 미친 영향보다 훨씬 심각했다. 경제학자에게 횡령이란 가장 흥미로운 범죄다. 다양한 형태의 절도 범죄 중에서 유일하게 시간 변수를 포함하기 때문이다. 범죄가 이루어진 시점에서부터 그것이 발각되기까지 수 주, 수개월 혹은 수년의 시간이 경과할 수 있다. 덧붙이자면 이 시간은 횡령자가 원하는 이득을 챙기고 횡령을 당하는 자는 이상하게도 손실을 체감하지 못하는 시기다. 심리적 부의 순수 증가 현상이 나타난다. 드러나지 않은 횡령 목록은 기업과 은행 내부에, 보다 정확히 말하자면 그 외부에 언제나 존재하고 있다. 이 목록에 포함된 '비자금'이라고 불러야 마땅한 금액은 언제라도 수백만 달러에 이른다. 또한 비즈니스 주기에 따라 그 규모가 달라진다. 호황기에는 사람들의 경계심이 느슨해지고, 신뢰도가 높으며, 돈이 넘쳐난다. 그러나 돈이 넘쳐나더라도 언제나 더 많이 갖고자 하는 사람은 있게 마련이다. 이런 환경에서 횡령 범죄 발생률은 상승하고, 그것이 발각되는 비율은 하락한다. 그리고 횡령은 급속도로 증가한다. 반면 불황기에는 이 모든 것이 반대로 나타난다. 긴밀하면서도 의심스러운 눈초리들이 돈을 예의 주시한다. 그것을 관리하는 사람은 그렇지 않다는 것을 스스로 증명하기 전까지는 부정직한 사람으로 여겨진다. 예리하고 세심한 회계감사가 이루어지고, 상도덕 수준은 엄청나게 높아진다. 횡령의 규모도 축소된다."

2019년부터 2020년까지 나는 너무나 많은 기업이 분식 회계를 자행하고 있다고 주장한다. 이것이 바로 '횡령'이다.

[표 14.4]에 따르면 경제 측정 지표인 S&P 500 영업 이익률과 NIPA 마진 사이에 격차가 있음을 보여준다. 경제 이익률이 지속적으로 하락한 데 비해 S&P 500 영업 이익률은 꾸준히 상승하고 있다. 이는 1990

[표 14.4] S&P 500 영업 이익률과 세후 기업 이익률(IVA, CCAdj 포함)

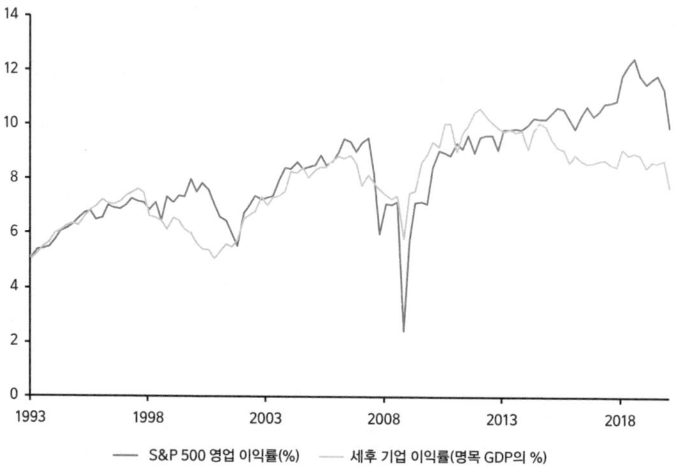

출처: 경제분석국의 IVA 및 CCAdj와의 IBES(Refinitiv) 및 세후 이익

년대 후반 상황과 정확히 일치하는 현상으로, 수익률이 부풀려졌음을 지적하고 있다. 과거에는 S&P 500 영업 이익률이 경제 이익률 수준으로 떨어지면서 바로잡을 수 있었고, 이번에도 그럴 것이다. S&P가 다소 높을 수밖에 없는 몇몇 기술적 원인이 있기는 하지만, 이 정도로 높을 수는 없다.

이른바 그레이트 리셋을 시작할 수 있는 기회가 재무 책임자에게 주어졌다. 코로나19 위기가 가져다준 기회 말이다. 이익은 재편성될 것이고, 팬데믹이 변명거리가 되어줄 것이다.

비록 코로나19 위기에 기인한 지속적 영향이 없었더라도 대다수 상장 기업의 이익은 재편성되었을 것이다. 수년 동안 수익률을 부풀려 왔지만, 이제 그것을 바로잡을 수 있는 기회가 주어졌다는 말이다. 코로나19 위기의 효과를 적용하지 않더라도 예측치는 하락할 것이다.

기업의 수익과 관련해 마지막으로 짚고 넘어갈 것이 있다. 우리가 현재 경험하고 있는 경기 침체 상황과 가장 유사한 것은 2011년 일본에서 발생한 지진이다. 일본 기업들이 공급망을 재가동하고 다시 정상적인 상태로 복귀하기까지 매우 긴 시간이 소요되었다. 중국은 이미 거의 회복되었다고 말하고 있다. 그러나 그 외의 국가는 그 과정에 더 긴 시간이 필요할지도 모른다. 이는 매우 중요한 예측이었으며, 많은 지역에서 공급망이 상당히 늘어났다는 점에서도 그러하다.

결론

영문판 원본에서 밝힌 바와 같이 나는 시장이 어떤 결과에 도달할지 알 수 없었다. 팬데믹 초기에는 개별 기업에 대한 예측치를 제시하는 것조차 전혀 쉽지 않았다. 지금까지 나의 오랜 경험으로 볼 때 과거 그 어느 때보다 힘든 일이었다. 예를 들면 9·11 테러 사건 직후 항공업계의 주식에 관한 조사를 진행할 때만큼이나 힘든 과정이었다. 당시 장·단기적 측면 모두에서 시장에 훌륭한 기회가 많았다는 것은 긍정적인 소식이었다. 그런 기회는 드물게 찾아오기 때문이다.

기후변화, 인구 노령화, 중산층의 부상 등과 같은 구조적 추세는 개의치 않고 지속될 것이다. 어쩌면 우리는 예상치 못한 파급효과를 지켜보게 될지도 모른다. [표 14.5]에서 알 수 있듯이 1930년 대공황 시기에 아이스크림 매출은 44퍼센트나 급락했다. 1930년의 정점을 되찾는 데 7년이 걸렸고, 그것을 능가하는 데에는 4년이 더 걸렸다.

이제 우리는 불가능한 일이 실제로 벌어질 수 있다는 것을 알고 있다. 원유 선물이 마이너스 가격에 거래될 것이라고 그 누가 예측할 수

[표 14.5] 연도별 미국 내 아이스크림 생산량(12개월 기준, 100만 갤런)

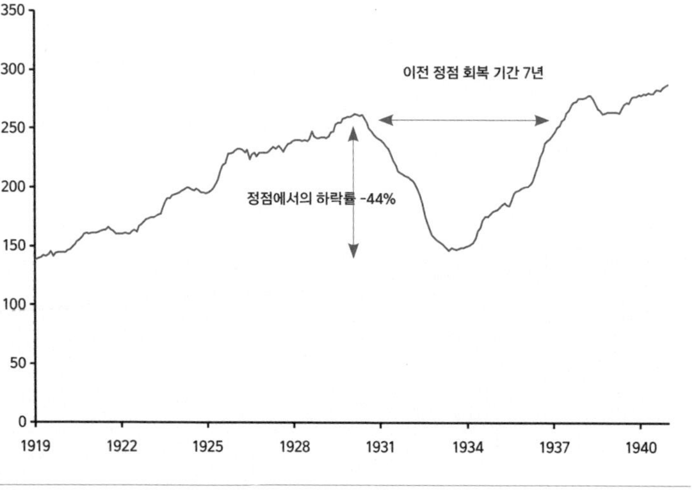

출처: St. Louis FRED

있었겠는가?

이 장에서 내릴 수 있는 결론은 이전이나 지금이나 한 가지다. 일어날 수 있는 모든 우발적 사건에 대비해 각자의 포트폴리오가 보유한 회복 탄력성을 평가해야 한다. 확률은 낮겠지만, 정상 분포의 왼쪽 끝에 있는 극단적 사건이 끼칠 수 있는 영향도 고려해야 한다. 이렇게 애널리스트 팀은 한자리에 모여 일어날 수 있는 일에 대해 치열하게 고민하고 가능성을 타진한 후 그것이 포트폴리오에 미칠 영향력을 판단해야 한다.

간단한 예를 한 가지 들면 오늘이 인플레이션이 시작된 1965년과 같은 시점이라고 가정해보는 것이다. 1982년에는 금리가 15퍼센트까지 치솟았다. 이번에는 그 정도까지 이르지는 않을지도 모른다. 특히 실질금리가 제로 상황에서 출발하는 것이기에 그렇다. 그러나 만약 2030년 혹은 2035년에 금리가 10퍼센트까지 상승한다면 당신의 포트폴리오에는 어떤 여파가 미칠 것이라고 생각하는가? 대다수 젊은 투자자들은 금리가 15퍼센트에 도달한 세상을 상상조차 할 수 없을지도 모른다. 상상하지도 못할 일을 생각하는 것, 그것이 바로 내가 이 팬데믹 위기로부터 얻고자 하는 교훈이자 이 책의 결론으로 그리 나쁘지 않다고 생각하는 이유다.

감사의 말

어떤 책도 혼자 힘으로 쓰는 것은 아니다. 나는 이 책을 준비하는 기나긴 시간 동안 많은 사람으로부터 환상적인 도움과 지원을 받았다. 매슈 굿맨Matthew Goodman이 메이페어에 있는 체코니스Cecconi's에서 나와 함께 아침 식사를 하면서 이 글을 쓰라고 권하지 않았다면 여러분은 이 글을 접하지 못했을 것이다. 이어서 그는 나를 출판 에이전트인 로버트 더들리Robert Dudley에게 소개해주었다. 로버트의 적극적인 관심은 내가 집필이라는 인고의 길에 들어서도록 이끌었다. 책의 잠재력을 보고 훌륭한 편집 작업을 수행해준 해리먼하우스Harriman House의 편집장 크레이그 피어스Craig Pearce에게 특히 감사드린다.

또한 해리먼하우스의 전체 팀과 웹 에이전시 버즈바Buzzbar, 그리고 탁월한 마케팅 능력으로 책의 프레젠테이션을 구성하는 데 도움을 준 애나 다우니Anna Downey에게 특히 심심한 감사를 표한다. 나의 교육 사업인 비하인드더밸런스시트의 사내 카피라이터인 조지프Joseph는 어렵지 않게 책 제목을 떠올렸다. 훌륭한 제안이었다.

서로 흉금을 털어놓는 오랜 친구인 앤드루 스미스Andrew Smith는 원고의 초안을 읽고 건설적인 논평을 제공했으며, 이후 도미닉 오코넬Dominic

O'Connell과 마굴 안사리Mahgul Ansari도 원고를 읽고 평가하는 도움을 주었다. 모두에게 진심으로 감사드린다.

나의 경력에 많은 도움을 준 사람들이 없었다면 이 책은 잉태조차 되지 않았을 것이다. 이 자리에 열거하기에는 너무 많지만, 몇몇 인물만큼은 특별히 언급하고 싶다. 애널리스트로서 경력을 쌓도록 처음 제안한 로이 댄칙Roy Dantzic과 첫 직장을 제공하고 많은 것을 가르쳐준 밥 코웰Bob Cowell, 그리고 나에게 멋진 기회를 주고 이후 소중한 친구가 되어 준 존 홈스John Holmes 등이 그들이다. 우리는 여러 차례 함께 일했고, 지금도 함께 사업에 참여하고 있다.

토스카펀드Toscafund에서 나를 위해 역할을 만들어준 마틴 휴스Martin Hughes에게 특별한 경의를 표해야 마땅하다. 그 직무는 내가 수행한 최고의 일이었다. 다른 어떤 역할에서보다 더 많이, 더 빨리 배웠다. 알티마 파트너스Altima Partners의 전임 CEO인 존 웹스터John Webster, 그리고 내가 퀄리티 투자에 대해 배운 자산 관리사 베스트라웰스Vestra Wealth의 설립자인 데이비드 스콧David Scott에게도 마찬가지로 경의를 표하며 감사드린다. 더불어 나의 교육 사업에 대해 일찍부터 도움과 격려를 준 러셀 네이피어Russell Napier에게도 특별한 감사를 표한다.

나는 또한 책 표지에 오른 아들의 이름을 보고 매우 자랑스러워했을 돌아가신 부모님에 대해서도 그 사랑과 은혜를 되새긴다. 두 분 모두 내용은 이해하지 못하셨겠지만, 개의치 않았을 것이다. 마지막으로 서재에 틀어박혀 글을 쓸 시간을 허락해준 아내 줄리Julie와 아들 맥스Max 그리고 핀Finn에게 무한한 고마움을 표한다.

넥스트 레벨

초판 1쇄 인쇄일 2022년 10월 11일
초판 1쇄 발행일 2022년 10월 21일

지은이 스티븐 클래펌
옮긴이 안진환
감수 이현열

발행인 윤호권
사업총괄 정유한

편집 신수엽 **디자인** 형태와내용사이(표지) 박지은(본문) **마케팅** 명인수
발행처 ㈜시공사 **주소** 서울시 성동구 상원1길 22, 6-8층(우편번호 04779)
대표전화 02-3486-6877 **팩스(주문)** 02-585-1755
홈페이지 www.sigongsa.com / www.sigongjunior.com

ISBN 979-11-6925-299-7 03320

*시공사는 시공간을 넘는 무한한 콘텐츠 세상을 만듭니다.
*시공사는 더 나은 내일을 함께 만들 여러분의 소중한 의견을 기다립니다.
*알키는 ㈜시공사의 브랜드입니다.
*잘못 만들어진 책은 구입하신 곳에서 바꾸어 드립니다.